西南财经大学法学院
光华法学文丛

高晋康　主编

法人代表权限制的效力规则研究

——基于案例统计和两大法系的比较法研究

吴越 龙涓 宋雨
赖虹宇 庄斌 张怀岭
著

本书出版得到西南财经大学『2019建设世界一流大学（学科）和特色发展引导专项』经费支持。
本书系吴越教授主持的国家社科基金项目『法人代表权限制的效力规则研究』（项目编号：15BFX099）的最终成果。

法律出版社
LAW PRESS·CHINA

吴　越　男，1966年生，四川广安人。德国法兰克福大学法学博士，西南财经大学法学院教授、博士生导师，西南财经大学公司法治研究中心主任，商法学科带头人，四川省有突出贡献专家，兼任中国商法学会常务理事。著有专著、译著10余部，主持国家社科基金等科研项目10余项。在《中国法学》、《法学研究》、《法制日报》、《检察日报》等报刊公开发表论文60余篇，多次获得中国法学会、教育部、环保部以及四川省人民政府的优秀科研成果奖。

龙　涓　女，1983年生，四川成都人。四川大学法学学士，中国政法大学法学硕士，西南财经大学法学博士，现为成都理工大学法学院讲师。在《西南民族大学学报（社会科学版）》《南京大学法律评论》等期刊上发表论文多篇，参与多项国家社科基金课题和其他省部级课题研究。

宋　雨　男，1983年生，四川成都人。西南财经大学法学院博士研究生。在《社会科学研究》等期刊上发表论文多篇，参与多项国家社科基金课题、省部级课题的研究工作。

赖虹宇　男，1989年生，四川简阳人。法学博士，现为西南财经大学法学院师资博士后，台湾地区中正大学法学院访问学者。在《中国法学（英文版）》《中国行政管理》等CSSCI期刊上发表学术论文多篇；主持中国博士后科学基金面上资助项目、中国法学会年度课题等省部级课题多项，并参与主研多项国家社科基金课题。曾荣获“蔡定剑宪法学基金会2016年优秀论文”二等奖；“第十一届中国法学家论坛征文奖”优秀奖等多项学术奖励。

庄　斌　男，1987年生，江苏常州人。法学博士，现为四川省社会科学院研究生学院讲师。在《法治论坛》《土地科学动态》《经济体制改革》《南方金融》《环境保护》等核心期刊上发表学术论文多篇；出版学术专著《土地承包权与经营权分置制度研究：改革逻辑与立法选择》。荣获2018年度第二届全国社科青年论坛会议论文三等奖。主持中央高校基本业务经费课题，并参研多项国家社科基金及其他省部级课题。

张怀岭　男，1983年生，河北邯郸人，德国柏林洪堡大学法学博士，慕尼黑大学LL.M.，中国政法大学法学硕士，现为西南财经大学法学院副教授，硕士研究生导师。中国法学会证券法学研究会理事。出版德文专著两部、中文译著一部；在《国际问题研究》《德国研究》《中德私法研究》等期刊发表论文多篇；主持国家社科基金项目1项，省部级课题3项、中央高校课题2项。

摘 要

法人代表权限制的效力规则如何？换言之，公司的代表人、代理人超越权限签订的合同究竟是有效、无效抑或效力待定？这不单是我国司法实践中面临的一个重要的课题，更是涉及民法和商法的衔接与互动的重大理论问题，其解决方案甚至涉及我国《民法典》的制订和商法自身的完善。

就司法层面而言，与本书紧密相关的一个问题是，公司的法定代表人、经理等超越公司章程的限制，甚至违背《公司法》第 16 条的明文规定而签订的担保合同是否有效？这个问题近年来长期困扰着司法实践，“同案不同判”现象大量存在，尽管最高人民法院于 2015 年公布的指导性案例“招商银行诉大连振邦股份贷款担保案”使后续裁判大抵趋于一致，但是，课题组通过对选取的2013～2017年间越权担保合同有效性的418份裁判文书样本的统计却发现，即使在该指导性案例公布之后，依然存在同案不同判的现象，且自2015年之后，越权担保合同被判无效的概率有逐年缓慢上升的趋势，就连最高人民法院自己的判决，也出现了相互矛盾的现象。不仅如此，同案不同判背后，法官们对这一问题的回答折射出我国《公司法》《合同法》《担保法司法解释》等重要的民商事法律及其解释之间的不和谐与冲突。相关的学术研究虽然层出不穷，但提出系统性解决方案的，到目前为止尚付阙如。

鉴于此，本书的主要研究内容即是，以民法和商法的关系为大视野，始终立足于民法和商法的互动与衔接，就公司代表人、代理人的限制的种类和限制的性质，以及这种限制对越权代表合同的效力的影响和归责原则等问题展开研究。

第一，本书研究发现，民事代理制度与公司法定代表人、经理人等商事代表人制度存在紧密的内在联系。无论是在大陆法系国家，还是在英美法系国家，通说和司法裁判的一致观点即是，代理和代表本质上相同；凡是与公司代表权相关的问题，原则上都可以用代理法（law of agency）的原理来阐释，这方面最重要的诠释手段即是表见（代理）授权（apparent authority）与无权代理。也即，完全可以用表见代理制度来构建和阐释表见代表，也完全可以用无权代理制度来构建和诠释无权代表。但是，民事代理与商事代表也存在一些显著的区别，如民事代理无需登记，而商事代表（如公司的法定代表人、经理人）通常需要登记；民事代理通常是意定的，以委托授权为基础，而商事代表则通常是法定的；民事代理授权既可以是概括的，也可以是个别的；但商事代表授权通常是概括的。倘若说民事代理权是完全可以限制的话，那么法定代表权能否限制、限制的种类(法定限制抑或章程限制)以及这种限制对越权代表行为的效力的影响等问题的答案,则显得更为复杂。

第二,课题组通过国际比较研究发现,公司法定代表人以及经理等其他代表人、代理人的越权代表行为的有效性问题,在西方国家也经历了一个曲折的历程。这尤其以英国法的转变历程最具有代表性。最初,英国普通法严守古老的“越权”(ultra vires)规则,即公司只能在章程载明的经营范围(目的范围)内从事经营活动,超越经营范围的交易将被法院判定为自始无效(null and void)的交易。但是,后来法官发现,过于严苛的越权规则其实不利于交易安全和经济的发展,“自始无效”规则逐渐松动,以著名的图尔宽德判例为契机,英国公司法最终摒弃了古老的越权规则。与此相应,随着英国加入欧盟,英国公司法和司法实践还放弃了其坚持已久的“推定公知”(deemed notice)原则,该原则要求与公司交易的人必须首先超越该公司的章程中对代表公司行事的代表人或代理人有无权限限制,否则交易相对人将面临交易无效或者可撤销等不利后果。根据英国《2006 年公司法》,与公司交易的相对人没有义务获悉公司章程的内容,并且,不得仅仅因为相对人“知道或者应当知道”公司章程对公司代表人、代理人的权限限制而认定相对人“不为善意”,也即完善了越权代表交易中的善意相对人认定标准。反之,大陆法系国家如德国,则早在其《商法典》中就确立了这样的规则,即公司章程对公司代表人和经理人的权限限制对第三人没有约束力。换言之,德国商法区分公司的内部关系和外部关系,公司章程对代表人、代理人的权限限制对内有效,对外没有约束力。

非常遗憾的是,我国最新颁行的《民法总则》第 61 条第 3 款、第 170 条第 2 款虽然也明确提出了“善意相对人”概念,并且明确了法人的章程对代表人或代理人的权限限制不得对抗善意相对人这一重要的原则,从而对《合同法》第 50 条中的"知道或应当知道"标准进行了合理的扬弃,但是,对于什么是善意相对人,依然没有提供明确的认定标准,而这正是司法实践中的重大分歧之一。

第三,研究发现,《民法总则》的颁行,也不能根本性改变司法实践中的越权代表交易有效性的同案不同判的现象。原因就在于,《民法总则》所规定的越权代表或者越权代理行为的效力,仅仅是针对"章程限制"语境下的越权。然而,在实践中,公司的代表人或代理人倘若超越"法定限制"而从事的越权行为,其效力又是如何呢?研究发现,这种现象不唯中国才有,国外也普遍存在。这其中,最为典型的问题领域就是涉及董事、高管的关联交易,其中尤其又以涉及董事、高管和控制股东的关联贷款、关联担保和重要的资产处置等最具有代表性。很显然,公司关联交易问题首先不是一个纯粹的民法问题,而是一个典型的商法问题,尽管它又与民法问题复杂地交织在一起,因为这反过来又涉及关联交易的效力问题。

既然公司关联交易问题是一个典型的甚至在中外都十分泛滥的商法问题,那么首先应当由商法自身给出答案。事实上也是如此。研究发现,处于先锋阵营的英美公司法首先给出了系统化的解决方案,这就是为关联交易设置安全港程序(safe harbor procedure)。鉴于并非所有的关联交易都对公司不利,因此,英美公司法仅仅抓取"董事利益冲突交易"(directors' conflicts of interests transaction)进行规制,对症下药设置了内部控制程序,这包括涉事董事的信息披露义务、董事会批准程序甚至股东(大)会批准程序等。而对其中最容易侵害公司利益的关联交易,即涉及董事、控制股东的关联贷款、关联担保、处置公司资产等关联交易行为,英美公司法更进一步进行了特别规制,要求关联贷款担保以及处置公司资产等行为不得危及公司的生存，并提出了量化标准。无独有偶，我国《公司法》第16条对公司的对外投资和对外担保进行了专门规定，并且，对于公司向股东、实际控制人提供担保这一关联交易，特别规定了股东（大）会批准程序和表决权回避制度，不能不说是用心良苦。

那么，违背上述的安全港程序或者明线规则的关联交易，尤其是违法的关联贷款担保交易的效力又是如何呢？研究发现，对这一问题的回答更为复杂，即便是活跃在前沿阵地的英美公司法和其司法实践，也经历了一个曲折的转变历程。最初，英美判例法认为，关联交易都是对公司有害的，因此，关联交易可以是无效的或者是可撤销的。然而，随着法官对关联交易认知上的转变，这种呆板的无效—可撤销（void or voidable）裁判思路也逐步得以转变；有的关联交易，即使没有公司机关（董事会或股东会）的批准，倘若交易对公司而言是公平的，也可能被法官认定为有效。这种认知上的转变，反映在英美的公司立法中，即是如今的关联交易的安全港程序以及关联贷款担保和处置资产中的“明线规则”（bright line rule）。自从英美公司法中诞生了涉董事、高管、控制股东的利益冲突的关联交易的安全港程序和明线规则之后，英美判例法在衡量关联交易的有效性时，首先当然是看某一关联交易是否履行了安全港程序，以彰显程序正义，但同时也会启动内在公平（intrinsic fairness）或者实质公平（material fairness）测试标准。有时，一项关联交易即使获得了公司机关的批准，但倘若交易本身不公平，仍然有可能被法院判决交易无效或者可撤销；反之，一项关联交易，即使没有公司机关的批准，但如果交易具有内在公平或者实质公平性，仍然有可能被法院判决有效。由此可见，关联交易的公平性，才是决定其效力，同时也是越权代表交易的效力的终极评判标准。

第四,以上的比较法研究结论对我国的启示就是,在判断越权代表交易的有效性时,应当区分常规交易和非常规交易,区分职务行为与个人行为,尤其应当区分公司的普通对外担保和关联担保交易。首先,在立法上,我国《公司法》应当系统性地规范涉及董事、高管和实际控制人的关联交易安全港程序,正如欧盟正在做的那样:欧盟正在酝酿效仿英美公司法,起草欧盟公司法之"关联交易指令",系统性规范关联交易,而不仅是针对关联贷款担保进行零星的规制。其次,我国《公司法》还应当明确关联交易的效力问题,也即违背安全港程序或者明线规则的关联交易,可以是无效的,除非涉事董事、高管或者实际控制人能证明,该关联交易对公司而言是公平的,此时,即使该交易未能履行法定的公司机关批准程序,也有可能是有效的。但遗憾的是,我国《公司法》第 16 条第 2、3 款虽然对关联担保交易进行了十分严苛的规制,但由于法律没有明确违背该条规定的越权担保交易的效力问题,才导致直到今天,仍然有法官对此问题的认识存在巨大的分歧。直到今天,仍然有法官对《公司法》第 16 条属于内部管理规范还是效力性强制规范争论不休。

第五,上述结论同时也表明,《民法总则》或者未来的《民法典》对商法中的关联交易效力规则的提炼是有限的。民商本是一家,但民法的归民法,商法的还得归商法。《民法总则》有关章程限制语境下代表人或代理人越权行为的效力规则只是解决了越权代表行为效力的一般性问题,而有关关联交易语境下的越权问题,则是一个特殊问题,应由商法予以专门规定为宜。倘若是这样,就应当重新审视《民法总则》第 85 条以及《公司法司法解释四》中有关公司机关决议被撤销或者决议不成立情形下涉及关联交易中的越权代表行为的有效性的规则。理由在于,在公司决议被撤销或者决议不存在（尤其是伪造公司决议）情形下，是否影响到与公司相对人的交易的有效性，关键仍然是要看交易对公司是否公平，而不宜一概地为了维护交易安全而牺牲交易的公平性。

以上结论，对于如何认识和协调民商关系，完善我国公司法中的关联交易规则，以及减少司法中的同案不同判现象，形成更多的民商共识，无疑都具有重要意义。

目　录

第一章 问题的提出、司法实践与研究综述

第一节 问题的提出

我国《公司法》于2005年修订时增加了公司对外投资和对外担保的预防性控制条款。根据《公司法》第16条第1款，公司进行对外投资交易或者为他人提供担保(非关联担保)时，由《公司法》授权公司章程对公司的对外投资行为和对外担保行为进行内部控制，并未强行要求“必须”经过公司机关的特别授权(董事会决议或股东会决议)。而根据该法第16条第2款、第3款，公司为股东或实际控制人担保(关联担保)时，则要求必须经过股东(大)会决议授权，且有关的股东应当回避表决。由于我国《公司法》在作出上述规定时，并没有规定没有取得公司机关(董事会或股东会)决议授

权的担保(越权担保)行为的有效性,导致过去10余年国内法学界理论认识分歧巨大,且法院的判决出现了大量的同案不同判现象,法院裁判公司担保合同有效性的依据也是五花八门,莫衷一是。有的法院判决越权担保合同有效,有的则判决越权担保无效或者可撤销,在责任承担方面,有的法院判决担保合同无效时,担保人不承担责任,有的则依据担保法司法解释,判决担保人承担二分之一的担保责任,不一而足。

一、最高人民法院公布的指导案例中的两种对立的裁判思路

鉴于司法实践的严重混乱,最高法院终于打破沉默,于2015年公布了有关公司担保的指导案例即“招商银行诉大连振邦股份关联贷款担保案”,[①]试图统一裁判规则,减少同案不同判。

在该案中,招商银行大连远东港支行根据约定向大连振邦集团有限公司(以下简称“振邦集团”)发放一笔贷款,其控股的子公司大连振邦股份有限公司(以下简称“振邦股份”)为母公司“振邦集团”提供担保。“振邦股份”向招商银行出具了“不可撤销的担保书”,并以“振邦股份”名下的国有土地使用权作为抵押,并办理了抵押登记。由此可见,这是一起典型的关联担保案,属于关联交易。“振邦股份”共有8名股东,其中“振邦集团”是该公司的控股股东,持有振邦股份61.5%的股份,同时也是振邦股份的实际控制人。按照《公司法》的上述规定,振邦股份为其母公司提供担保,“必须”经由振邦股份的股东大会决议授权,且控制股东,同时也是本次担保的受益人“振邦集团”应当回避表决,由其余7名无关联的股东进行投票表决。但是,振邦股份的1名小股东称,振邦股份

① 参见“招商银行股份有限公司大连东港支行与大连振邦氟涂料股份有限公司,大连振邦氟涂料集团有限公司借款合同纠纷案”(最高法〔2012〕民提字第156号),载《中华人民共和国最高人民法院公报》2015年第2期,第30页。

并未就此担保事项召开过股东大会,也未通过有关的担保决议。经法院审理查明:案涉《股东会担保决议》确实存在部分股东印章虚假、使用变更前的公司印章等瑕疵,以及被担保股东振邦集团公司出现在《股东会担保决议》中等违背公司法规定(未回避表决)的情形。(至于案涉《股东会担保决议》是否涉嫌造假,则不得而知。)

本案的一审法院和二审法院均认为,根据《公司法》第16条第2、3款的规定,由于涉及公司未控制股东和实际控制人担保,因此必须经过股东大会决议授权,公司法的上述规定属于(效力性)强制性规定,因此该项担保属于无效担保;又根据担保法司法解释,担保人和被担保人均存在过错(被担保人因为没有尽到应有的审查义务而被认定具有共同过错,且不构成善意相对人),法院判决振邦股份向债权人招商银行承担二分之一的担保责任。

最高人民法院于2012年提审本案时进行了改判,判决担保合同有效。改判的主要理由有三:一是强调应当维护交易安全,强调"诚信";二是为招行银行的"善意相对人"身份辩护,认为"银行不是专业的法律服务机构",并且担保人振邦股份"不属于上市公司",因此对于"振邦股份"出具的(涉嫌伪造的)《股东会担保决议》顶多只能进行"形式审查",而没有能力进行"实质审查"。理由在于,"股东大会是否召开、何时召开",均超出了交易相对人的审查能力范围。

综上,最高人民法院的上述裁判思路与本案的一审、二审法院的裁判思路争锋相对,较为典型地反映了我国法院近年来在越权担保,尤其是公司关联担保纠纷中的两种不同的裁判思路。根据该指导案例的裁判思路,即公司的法定代表人等代表人、代理人越权从事担保交易时,尽管没有公司机关决议的实际授权(包括伪造股东会决议或者决议不存在等情形),仍然构成“表见代表”或者表见代理;反之,另一种裁判思路则认为构成无权代表或无权代理,即越权。

围绕越权代表行为到底属于表见代表还是无权代表,法官在裁判时对下列问题也存在巨大的分歧:

1. 法官如何认识《公司法》第16条第2款的规范中“必需”的性质?

2. 缺乏股东会决议授权(含伪造决议,决议有重大瑕疵)的关联担保合同到底是应当判有效、无效抑或效力待定?

3. 法官要回答越权担保合同的效力问题,又必须进一步回答交易相对人是否为善意,因为无论是根据《合同法》第50条,还是如今的《民法总则》第61条第2款和第170条第2款,倘若判决越权担保合同有效,一个不可缺少的前提即是相对人为善意。为此,法官又必须回答下列子问题:

(1)交易相对人是否负有对担保合同的“形式审查义务”?以及形式审查义务的边界在哪里?因为这个问题不仅是判断合同效力的不可缺少的因素,同时也是接下来划分相关人责任的重要标准;

(2)如果交易相对人未尽到“形式审查义务”,能否仅仅因为未尽此种义务而认定相对人不为善意?换言之,法官能否仅仅因为相对人知道或者应当公司代表人缔结合同的当时缺乏公司机关的决议授权就能判决担保合同无效吗?

4. 倘若法官判决关联担保合同被判无效或者被撤销,则如何在公司、公司代表人(行为人)和交易相对人之间分配法律责任?与此相关的一个子问题即是:无效担保合同责任划分的依据是什么?

二、最高人民法院的判决自相矛盾

照理说,最高人民法院于2015年发布上述指导案例之后,最高人民法院自身以及下级人民法院的判决都应当趋于一致，同案不同判的现象应当大幅度下降。然而，课题组研究发现，尽管最高人民法院在指导案例中的“表见代表”裁判思路逐渐占据主流，但是，并非所有的法官都认可最高人民法院的裁判思路，就连最高人民法院自身的判决，在该指导案例发布之后，也出现了自相矛盾的现象。而这正是课题组继续就此问题展开深入研究的重要原因。

（一）指导性案例中的“表见代表”裁判思路逐渐占据主流

课题组进行的案例统计①显示，在2015年最高人民法院公布关于公司代表人越权担保的公报案例即上述的“招商银行诉大连振邦股份关联贷款担保案”以后，越权担保合同被法院判决有效的比例进一步上升并稳定在80%以上。这表明，最高人民法院在指导案例中所坚持的“表见代表”裁判思路逐渐为最高人民法院自身和下级法院所认同，如图1-1所示。②

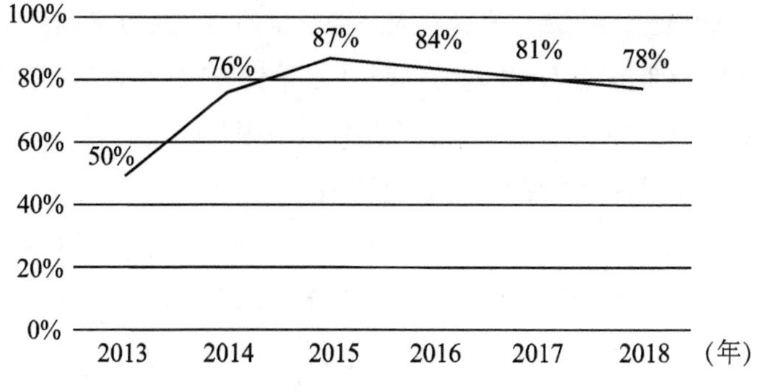

图1-1 裁判担保为有效的案件比例变化趋势

① 详细的统计数据、数据来源以及相关的分析，请参见本书第二章案例统计。

② 详细的案例统计和数据分析，请参见本书第二章的案例统计部分。

(二)指导案例公布后的同案不同判现象依然存在

但是,上述统计数据同时也显示,即自2015年裁判越权担保案件为有效达到了峰值的87%之后,担保合同的有效性又呈现缓慢下降,同时越权担保合同的无效率又呈缓慢上升的趋势,这不能不说是出现了反常现象。

根据课题组的研究,之所以在最高人民法院发布了指导案例之后仍然会出现较为显著的"同案不同判"现象,就在于许多的法官,包括最高人民法院的法官,并不认同指导案例中的裁判规则和裁判理由。为此,课题组不得不追问,同样是公司担保纠纷,为何出现了不同的裁判思路?为何在指导案例发布之后,仍然有不少的法官并不认同呢?

研究发现,关于公司代表人的越权担保交易,本来就有两种不同的裁判思路,其一就是"表见代表"思路,其二就是"无权代表"思路。两种裁判思路针锋相对。

与此相应,在判断交易相对人是否善意的另一关键问题上,两种裁判思路也出现了严重对立,坚持"表见代表"裁判思路的法官认为,交易相对人对于公司代表人的代表权限是否存在限制,是否取得公司机关决议的授权,甚至是否违背法律(如《公司法》第16条第2、3款),公司是否召集股东(大)会,涉案股东是否回避表决,以及股东(大)会决议是否伪造,甚至公司印章是否伪造,公司是否先后有不同的印章①等,均不负担审查义务,只要是公司代表

① 例如,在一则案例中,最高人民法院认为,只要法定代表人的签字是真的,哪怕公司印章系伪造,即构成表见代表行为。参见"重庆赞立有限公司买卖合同案涉担保案",最高法(2017)民申字第1696号裁决书。在另一则案例中,最高法院认为相对人无义务审查公司是否现有有两枚不同的印章,参见(2016)最高法民申230号裁定书。

人在担保合同上进行了签字，就构成表见代表，且推定相对人善意。反之，持"无权代表"裁判思路的法官则认为，交易相对人负有形式审查义务，交易相对人应当审查公司代表人是否取得了公司机关决议的授权，是否违背法律的明文规定，审查关联股东是否回避表决，要求代表人提供公司机关决议和召开股东(大)会的会议记录，否则，交易相对人不为善意，起码认为交易相对人存在过错。此外，关于实践中常见的公司印章造假的问题，交易相对人虽然通常无法辨别公司印章是否伪造，但是，也应当进行合理的形式审查，例如有的公司的印章是有编号的，倘若是经常性的交易，为何此次担保交易的印章编号不一样了呢？这都是属于交易相对人合理形式审查义务的范畴。①

下面选取几份较为具有代表性的裁判文书进行对比分析，这些判决均是在最高人民法院发布上述指导案例之后形成的，应当说具有代表性。这些判决均没有遵循最高人民法院的上述指导案例中的裁判思路，并且给出了不同的裁判理由。

1. 最高人民法院：专业担保公司未尽合理审查义务不为善意(2016)

在河北敬业担保公司涉公司关联担保一案②中，债务人圣帝隆房地产有限公司的法定代表人谢某某伪造了公司印章，并且伪造了《反担保保证书》和《保证书》，且法院查明圣帝隆公司并未授权谢某进行担保，一审法院和二审法院均判决该担保行为无效，即不

① 参见海南省高级人民法院在"大寺坡矿产资源开发有限公司"涉担保纠纷案一案中的观点。在该案中，涉案公司曾经先后有两枚不同的印章，且印章编号不一致；并且担保时未出具公司股东会决议。法院认为，相对人未尽到合理的形式审查义务。参见海南高院(2016)琼民再第12号判决书。

② 参见最高法(2016)民申2633号裁定书。

构成表见代表,且担保人具有过错,不属于善意相对人。最高人民法院维持了下级法院的判决,并认为,担保权人作为"专业担保公司",理应尽到合理的形式审查义务,即应当要求担保人的法定代表人在从事担保交易时,出具公司机关的授权决议,"专业担保公司"明知公司法有相关规定而未尽到相关的形式审查义务,不为善意。

可见,最高人民法院在本案中并未遵循"招商银行诉大连振邦股份担保"案这一指导案例的裁判思路。不仅如此,最高人民法院内部的自相矛盾观点委实难以令人信服。在招商银行一案中,最高人民法院认为,"银行不是专业的法律服务机构",言下之意是"银行怎么知道《公司法》中有专门规定?"反之,在河北敬业担保公司一案中,最高人民法院又坚持认为担保公司是专门从事担保的,言下之意是交易相对人理应知道《公司法》中有专门规定。正是因为最高人民法院对于交易相对人是否知道或者应当知道法律有专门的规定出现彼此矛盾的观点,才导致了最高人民法院自身的判决自相矛盾。

关于法律是否具有推定公知的属性,任何具有法律常识的人恐怕都知道,法律和司法并不会原谅法盲。这正如对交通违法行为的查处一样,交警并不会因为驾驶人违背了交通规则而原谅一个法盲。由此可见,最高人民法院在招商银行那个指导案例中的观点,委实是站不住脚的,这也正是最高人民法院也不认可该判决的裁判思路的重要原因。

2. 江苏省高级人民法院:法律具有推定公知的属性(2015)

在金坛市钢材物流城有限公司借贷担保案①中,江苏省高级人

① 参见江苏高院(2015)苏民终字第00606号判决书。

民法院认为,“法律既已将公司为股东担保的行为予以明文规定即具有公开宣示效力,蒋炜理应知晓并遵守该规定,不得以不知法律有规定或宣称对法律有不同理解而免于适用该法律。因此,钢材公司为股东王华借款提供担保是否经股东会决议,理应成为蒋炜‘应当知道’的内容。”由此可见,江苏高院认为“法律具有推定公知属性”。课题组认为,这种观点推翻了最高人民法院在指导案例中认为银行不是专业法律服务机构,从而不应当知道法律有强制性规定的观点。

类似地,在另一起公司关联担保案中,江苏省高级人民法院认为,《公司法》第 16 条第 2 款有明文规定,相对人(理应要求担保人提供公司决议而未要求),导致不能提供公司股东会会议的授权决议,(相对人不为善意)担保应属无效。[①]

3. 上海市高级人民法院:相对人未尽审查义务不为善意(2017)

在“桦清信息公司借款涉关联担保案”[②]中,上海市高级人民法院认为,“从本案担保合同形成过程看,程纪西当场在《提供担保协议书》上手写添加被申请人作为担保人,潘子系加盖被申请人公章后当场返还,故再审申请人在接受被申请人担保合同时,明知未经过股东会或者股东大会决议,其没有履行起码的形式审查义务即接受了被申请人的担保,不属于受法律保护之善意第三人”。在该案中,上海市高级人民法院援引了《公司法》第 16 条第 2 款的规定,虽然没有说明该规定是否属于效力性强制规定,但从其裁决书的上下文和裁决结果来看,应当认为上海高院在本案中间接地认为《公司法》的上述规定属于效力性强制规定。

---

① 参见江苏高院(2016)苏民申第 2353 号裁定书。

② 参见上海高院(2017)沪民申第 934 号裁定书。

4. 海南省高级人民法院:未召开股东会进行决议授权,越权担保合同无效(2016)

在“大寺坡矿产资源开发有限公司”涉担保纠纷案①中,大寺坡公司为李某的债务提供担保(关联担保),海南省高级人民法院认为,大寺坡公司在为李某提供担保时,债权人作为相对人并未要求公司出具股东会的决议授权,而《公司法》第16条第2款又有明文规定,因此认定相对人未尽到合理的形式审查义务,认定越权担保合同无效,维持原判。

课题组认为,海南省高级人民法院的观点应当得到支持。同时,这种观点隐含的一个立场,正是江苏省高级人民法院秉承的观点,即法律具有推定公知的属性,法律和司法都不能原谅“法盲”。由此可见,即便是在最高人民法院发布了指导案例之后,其所倡导的裁判思路和裁判规则也并未在法院中得到一致的遵循。之所以出现了这种现象,即是最高人民法院公布的那个指导案例中的某些观点存在着值得商榷的地方,其中有些观点甚至违背法律常识,例如,认为“银行不是专业的法律服务机构”,等于间接地说法律可以原谅“法盲”。

5. 江西省高级人民法院,相对人明知股东大会未进行决议构成恶意串通(2016)

在江西嵩汇科技管业有限公司关联担保案②中,江西省高级人民法院认为,“公司为股东担保未经股东会决议并不当然导致合同无效,但债权人对此有基本的审查义务,若债权人明知公司提供担保未经股东会决议或不可能在股东会上通过该决议,而仍然要求公

① 参见海南高院(2016)琼民再第12号判决书。

② 参见江西高院(2016)赣民再第6号判决书。

司控制人以公司财产提供担保，足以证明系公司控制人与债权人恶意串通损害公司利益。对此种情形下担保合同效力应予否定。”

这表明，倘若相对人明知担保人所在的公司理应进行股东大会表决而未表决的情况下，相对人没有尽到“基本的审查义务”，不属于善意第三人，且有可能构成恶意串通，损害公司利益，因此，最终被法院否定了担保合同的效力（交易被撤销）。

6. 四川省高级人民法院：法定代表人以公司名义为自身债务提供担保不为职务行为（2018）

在四川省高级人民法院（2018）川民申 675 号侯永胜、戴永能民间借贷纠纷案中，提供担保公司的法定代表人（同时也是公司股东）违反《公司法》第 16 条第 2、3 款的规定，在未经公司股东会决议的情况下，以公司名义为自身的债务向债权人提供担保。在双方签订的借款合同中，上述法定代表人在担保人处签字并加盖公章。债务到期后，债务人未按约定偿还债务，故债权人对提供担保公司起诉，要求其为债务人债务承担连带担保责任。

在本案审理中，法院认为本案的焦点在于作为相对人的债权人是否有理由相信公司法定代表人有权为自身债务代表公司对外提供担保，即法定代表人为自身债务提供担保的行为是否属于法定代表人的职务行为。法院认为：“戴某作为担保公司法定代表人，虽然可以代表公司对外开展经营活动，但其行为应在法律、公司章程等规定的权限范围内活动。”“从交易风险控制角度而言，债权人应严格审查戴某的职务权限，并以此证明自己的善意第三人身份。”通过庭审调查可知，“债权人知道戴某系德阳担保公司法定代表人身份和德阳担保公司股东，戴某代表德阳担保公司为其本人借款提供担保的行为，债权人就应知道不是为担保公司正常经营活动所从事的职务行为，而是违反《中华人民共和国公司法》强制性规定损害公司利益的行为。故一审、二审判决认定债权人仅以戴某系担保公司法定代表人即信赖担保公司的担保行为,未尽审慎注意义务,不构成对戴某越权代表行为的善意,不属于受法律所保护的善意相对人。"

上述裁判意见表明,在大陆法系代表制度框架之下,法定代表人的行为就是法人组织行为,即法定代表人在以法人组织名义对外行为时,其人格与法人组织人格具有高度同一性。然而,法定代表人的代表权限并非没有边界,其行为也应当属于职务行为,其行为效果才能归属于公司。当代表人行为明显超越公司正常经营范围时,作为相对人的债权人属于应当知道代表人可能越权事实的情况,其应当对代表人的权限进行审查以证明其主观善意。

(三)分歧的焦点:公司关联担保

从以上对最高人民法院于2015年发布指导案例以来对争议案例的分析不难看出,如今,对于越权担保合同的效力,主要集中在公司关联担保领域,而在公司的非关联担保领域,即普通的对外担保领域,分歧已经基本解决。

1. 司法裁判对公司普通对外担保中的越权效力规则的倾向性意见

实际上,早在2007年,时任最高人民法院民二庭庭长的宋晓明法官指出,有关公司担保能力、担保额度及担保审批程序方面的规定,系调整公司内部关系的规范,通常不能产生对抗担保债权人等公司以外的第三人:[①]对于未经公司董事会或股东(大)会决议授权或追认的越权担保合同,除相对人不为善意外,原则上是有效

① 孙晓光:《加强调查研究　探索解决之道——就民商事审判工作中的若干疑难问题访最高人民法院民二庭庭长宋晓明》,载《人民司法·应用》2007年第13期,第11~20页。

的;并且这一裁判规则与如今生效的《民法总则》第61条第3款以及第170条第2款的规定也是吻合的。《民法总则》中的上述规定,可以称之为公司代表人或代理人超越公司章程规定的权限限制与交易相对人签订合同效力的一般性规则。①

2. 司法裁判对公司关联担保中越权行为效力的认识分歧

但对于公司为本公司的股东或实际控制人提供担保(以下简称关联担保)的行为,由于涉及关联交易,立法者则在第16条第2款中进行了区分规定,即对公司向(控制)股东或实际控制人担保,要求"必须"有股东(大)会决议。不仅如此,该法第16条第3款还进一步规定了涉及该关联担保交易的股东的表决权禁止与回避表决制度,以强化公司权力机关对关联担保的预防性控制。根据立法学的一般原理,倘若立法者用"必须"而不是用"应当"或者"可以"来表述一个完整的法律规范,那么通常可以将该规范理解为一条"命令语句",即包含了"命令和禁止"内容,②也即通常所说的"禁止性规范"而不是授权性规范(赋权性规范);③此时,"必须"应与"不得"或者"不能"同义。对合同效力的判断而言,一条法律规范是否属于合同法意义上的效力性强制规范,最为可靠的标准即为该规范能否产生对抗效力。然而遗憾的是,《公司法》的立法者在当时并未写明违背该款的禁止性规范的法律后果是什么,也即未经股东(大)会决议授权或追认的关联担保合同到底应属有效、无效抑或效力待定?换言之,《公司法》第16条的规范属于不

① 关于《民法总则》第61条第3款、第170条第2款,第85条的规定与《合同法》第50条以及《担保法司法解释》《公司法司法解释四》之间的逻辑关系,详见后文的论述。

② 参见[德]伯恩·魏德士著:《法理学》,丁晓春、吴越译,法律出版社2013年版,第53~54页。

③ 关于禁止性规范与赋权性规范的区分,详见后文的论述。

完整法律规范，公司法自身存在一个法律漏洞。① 为法学理论界和司法实务界留下了一个未解之谜，至今都是公司法自身遗留下来的一大“悬案”。②

除此之外，我国《公司法》第124条还专门针对上市公司的关联交易设置了特殊的预防控制程序：“上市公司董事与董事会会议决议事项所涉及的企业有关联关系的，不得对该项决议行使表决权，也不得代理其他董事行使表决权。该董事会会议由过半数的无关联关系董事出席即可举行，董事会会议所作决议须经无关联关系董事过半数通过。出席董事会的无关联关系董事人数不足三人的，应将该事项提交上市公司股东大会审议。”同样令人遗憾的是，对于未遵守上述程序的关联交易的效力如何认定，同样是一个巨大的“谜题”。

尽管相关的学术文献可谓汗牛充栋，但遗憾的是，修订后的《公司法》自2006年实施以来，司法实践中法院对于公司的关联担保交易的效力并未达成一致，判决关联担保交易有效或无效的都有。尽管原则上承认关联担保效力的裁判思路逐渐成为多数法官认可的观点，但是，从本课题进行的司法统计来看，还远远不能认为已经达成了共识。

从本课题进行的司法统计不难看出，对于在什么情况下关联担保交易有效，在什么情况下关联担保交易无效，我国的司法实践并未提供一份系统性的分析框架。

---

① 本课题组认为，《公司法》第16条有关越权担保合同效力的漏洞，属于目的漏洞。参见[德]伯恩·魏德士著：《法理学》，丁晓春、吴越译，法律出版社2013年版，第357~358页。

② 罗培新：《公司担保法律规则的价值冲突与司法考量》，载《中外法学》2012年第6期。

第二节　国内外研究综述

一、国内研究综述

与司法实践中的分歧一致，我国的法学理论界对于上述问题的认识，也远远未达成共识，分歧依旧。

课题组的研究发现，倘若对公司担保合同的效力问题“不加区分”地进行研究，恐怕永远都无法找到正确的答案，正如许多文献所强调的那样。但问题是如何区分认定，才能取得共识呢？可以说现有的文献尚未达成共识，分歧依旧。目前的有关越权代表合同效力的司法裁判观点与学术观点，大致有“原则有效，例外无效”；①“原则无效，例外有效”②以及效力待定说③三种观点。为叙

① 参见王保树，崔勤之著：《中国公司法原理》，社会科学文献出版社 1998 年版，第 42 页；蔡晖：《新公司法对公司担保的规范》，载《人民法院报》2006 年 4 月 5 日，第 04~05 版；钱玉林：《公司法第 16 条的规范意义》，载《法学研究》2011 年第 6 期，第 126~135 页；蒋建湘：《商法强制性规范的类型、性质与边界》，载《法学杂志》2012 年第 7 期；钱玉林：《寻找公司担保的裁判规范》，载《法学》2013 年第 3 期，第 32~37 页。

② 参见赵旭东主编：《公司法学》，高等教育出版社 2006 年版，第 200~201 页；李金泽：《〈公司法〉有关公司对外担保新规定的质疑》，载《现代法学》2007 年第 1 期，第 84~89 页；曹士兵：《〈公司法〉修订前后关于公司担保规定的解读》，载《人民司法》2008 年第 1 期，第 22~28 页；甘培忠：《公司法适用中若干疑难争点条款的忖度与把握》，载《法律适用》2011 年第 8 期，第 6~15 页；朱广新：《法定代表人的越权代表行为》，载《中外法学》2012 年第 3 期，第 484~502 页；高圣平：《担保物权司法解释起草中的重大争议问题》，载《中国法学》2016 年第 1 期，第 228~246 页。

③ 意识到关联担保与非关联担保的区别，但并不主张区分性对待，同时否认规范性质识别的意义的观点，参见周伦军：《公司对外提供担保的合同效力判断规则》，载《法律适用》2014 年第 8 期，第 2~9 页。未明确区分关联担保与非关联担保的观点，参见王利明著：《合同法研究》（第 1 卷），中国人民大学出版社 2002 年版，第 620~627 页；张学文：《董事越权代表公司法律问题研究》，载《中国法学》2000 年第 3 期，第 105~111 页；曹嘉力：《越权代表行为的法律效力初探——兼评〈合同法〉第 50 条》，载《当代法学》2002 年第 9 期，第 40~42 页。

述方便，本课题分别称之为"有效说""无效说""效力待定说"。

这三种学说当中，有的研究文献虽然也可能对合同效力判断进行了某种程度的区分，①如"区分原则—例外关系"或者认为应当"具体问题具体分析"等，但这种区分，并非是本课题研究意义上对关联担保和无关联担保效力进行分别处理的区分。鉴于此，本课题将旗帜鲜明地提出应区分关联担保和非关联担保，并应建立差异化的越权担保合同的效力裁判规则的观点，称之为（狭义）"区分说"，并与上述三种学说并列。按照区分说，违背第16条第1款的越权代表合同对公司而言不产生抗辩效力，公司通常不得主张合同无效或者撤销合同；而违背第16条第2、3款的越权代表合同，对公司而言则有可能产生抗辩效力，公司可以主张合同无效或者撤销合同。本课题对有代表性的学术观点或实务观点的分歧焦点，统计如表1-1所示。

表1-1　违反《公司法》第16条担保合同效力性质学说梳理

学说名称	规范性质认识	相对人注意义务（形式审查义务）	相对人善意标准	越权担保合同效力
有效说 王利民、崔建远、钱玉林等	第16条（第1、2、3款）属内部管理规范	通常认为相对人无形式审查义务	"相对人知道或者应当知道"代表人缺乏授权本身通常不构成"恶意"	原则有效，例外无效（有的观点隐含着表见代表或表见代理的认识）

① 参见崔建远、刘玲伶：《论公司对外担保的法律效力》，载《西南政法大学学报》2008年第4期，第29~36页；张舫：《法定代表人越权签约对公司的拘束力——对〈公司法〉相关条文的分析》，载《法学论坛》2011年第3期，第136~141页；高圣平：《公司担保相关法律问题研究》，载《中国法学》2013年第2期，第104~114页。

续表

学说名称	规范性质认识	相对人注意义务(形式审查义务)	相对人善意标准	越权担保合同效力
无效说 赵旭东、 朱广新、 罗培新等 (仅部分地认为)	第16条(第1、2、3款)属效力性强制规范	相对人负有形式审查义务(更高的注意义务)	相对人知道或者应当知道代表人缺乏授权本身很有可能构成“恶意”	原则无效,例外有效[含有参照无权代理进行解释的观点(追认说)或代表权滥用观点]
效力待定说 周伦军、 高圣平等 (仅部分地认为)	第16条(第1、2、3款)属“赋权性”规范,同时具有强制性特征;或者否认规范识别的价值	通常认为相对人负有形式审查义务	相对人知道或者应当知道代表人缺乏授权本身可能构成“恶意”	一般都主张区分对待,或者说“视具体情况”而确定合同效力。[含参照无权代理进行解释的观点(追认说)。有的则含有意见代理的认识。]

续表

学说名称	规范性质认识	相对人注意义务(形式审查义务)	相对人善意标准	越权担保合同效力
“区分说”(仅指主张区分认定关联担保与非关联担保合同的效力的学说,此外不包括其他意义上的区分认定观点)王宝树、刘贵祥等	A. 第 16 条第 1 款属内部管理规范; B. 第 16 条第 2、3 款属效力性强制规范(因含有“必须”和“不得”表述,且与公司章程无关)	A. 根据第 1 款,相对人并无形式审查义务; B. 根据第 2、3 款,相对人负有形式审查义务	A. 根据第 1 款,相对人“知道或者应当知道”代表人超越章程限制本身不构成相对人恶意; B. 根据第 2、3 款,相对人知道代表人缺乏决议授权可能构成恶意	A. 非关联担保合同,原则有效,即使未经公司机关决议追认; B. 关联担保合同,可能无效或者可撤销,但倘若符合公司利益,则属有效。(隐含代表权滥用认识)

具体而言,对上述四种学说的观点分歧,本节作如下的归纳:

1. 规范性质识别中区分说与有效说、无效说和效力待定说的分歧

课题组认为,由于判断合同效力一个首要的问题即是合同是否违反法律的效力性强制规定(抗辩效力),因此,首先必须识别涉及公司代表人签订的越权担保合同所适用的法律规范的性质,即一条法律规范究竟属于效力性强制规范抑或非效力性强制规范。识别规范的性质,是法官适用法律识别合同效力的逻辑起点。

为此,关于《公司法》第 16 条第 1、2、3 款规范的性质,现有的文献中有许多并未区分,或者虽然认识到这种区分,但认为这种区

分不至于直接影响到越权担保合同的效力判断。首先是司法实务界的观点，以最高人民法院在 2015 年公布的公司借款担保的指导性案例中的观点最具有代表性，即越来越多的法官倾向于将整个第 16 条的规范理解为内部管理性强制规范，尽管并非在所有的判决中都是如此。

反而是在学术界，分歧甚至比实务界还要大。“有效说”认为①（整个）第 16 条的 3 个条款都属于公司内部管理规范（赋权性规范），而不属于《合同法》第 52 条第 5 款意义上的效力性强制规范，越权担保合同原则有效；反之，“无效说”则认为②（整个）第 16 条的 3 个条款都属于效力性强制性规范，并将整个第 16 条笼统解读为判断担保合同效力之“必须”条款。③

对上述的“一刀切”的规范性质识别的论点，持区分说的研究者则旗帜鲜明地指出，应当区分第 16 条第 1 款和第 2、3 款，也即区分关

① 参见钱玉林：《〈公司法〉第 16 条的规范意义》，载《法学研究》2011 年第 6 期第 126-135 页，钱玉林：《寻找公司担保的裁判规范》，载《法学》2013 年第 3 期，第 32~37 页；蒋建湘：《商法强制性规范的类型、性质与边界》，载《法学杂志》2012 年第 7 期，第 51~57 页；吴越：《法定代表人越权担保行为效力再审——以民法总则第 61 条第三款为分析基点》，载《政法论坛》2017 年第 5 期，第 94~104 页。

② 参见赵旭东主编：《公司法学》，高等教育出版社 2006 年版，第 222 页（“如果担保决定的作出以及担保数额违反了公司章程的规定，第三人就不得以没有审查公司章程为由进行抗辩”）；刘俊海著：《新公司法的制度创新：立法争点与解释难点》，法律出版社 2006 年版，第 108 页（“任何人不得以其不知公开的法律规则为由而主张抗辩”）；李金泽：《〈公司法〉有关公司对外担保新规定的质疑》，载《现代法学》2007 年第 1 期，第 84~89 页；曹士兵：《〈公司法〉修订前后关于公司担保规定的解读》，载《人民司法》2008 年第 1 期，第 22~28 页；甘培忠：《公司法适用中若干疑难争点条款的忖度与把握》，载《法律适用》2011 年第 8 期，第 6~15 页。

③ 如周伦军法官在解读《公司法》第 16 条时认为，“从公司个体来看，上述规定意味着未经公司机关决议，任何人无权代表公司对外提供担保”，但周法官并不认为越权担保合同原则无效，而是主张区分认定。参见周伦军：《公司对外提供担保的合同效力判断规则》，载《法律适用》2014 年第 8 期，第 2~9 页。

联担保和无关联担保,这种观点隐含着对第16条第1款和第2款的规范的不同性质的认识,即第1款属于内部管理性强制规范,原则上不影响越权担保的合同效力判断,而第2款则可能对可能直接影响到越权担保合同的效力判断,即不排除其可能的对抗效力。①

在规范性质的识别方面,除上述三种观点外,还有一种"折中"观点,即一方面将整个第16条的规范解读为"必须",但是对此种必须究竟对判断越权担保合同的效力是否产生影响,则间接地否认规范性质识别说于判断合同效力而言的应有价值。② 最后,还有观点仅仅是针对《公司法》第16条第1款的规范性质进行了解读,认为该款既是"赋权性规范",同时又具有(法律)"强制性"特点,但对于第16条第2款和第2款的规范性质,则未明确予以界定。③ 课题组将这两种折中观点称之为"规范性质回避说"。持这种观点的研究者,通常也就持"效力待定说"观点,如前述周伦军法官等。表1-2是法院对规范性质的识别的统计:

表1-2 法院裁判时对《公司法》第16条3个条款规范性质的识别情况

《公司法》第16条	管理性强制规定	未识别规范性质	合计
第1款	108件(50.70%)	105件(49.30%)	261件
第2、3款	153件(52.04%)	141件(47.96%)	246件

① 明确提出区分关联担保与普通担保概念的,当属王宝树、刘贵祥等学者,参见王保树、崔勤之著:《中国公司法原理》,社会科学文献出版社1998年版,第42页;刘贵祥:《公司担保与合同效力》,载《法律适用》2012年第7期。另见周伦军法官对观点的分析和归纳:周伦军:《公司对外提供担保的合同效力判断规则》,载《法律适用》2014年第8期,第2~9页。

② 参见周伦军:《公司对外提供担保的合同效力判断规则》,载《法律适用》2014年第8期,第2~9页。

③ 罗培新:《公司担保法律规则的价值冲突与司法考量》,载《中外法学》2012年第6期,第1232~1246页。

2. 学说对关联担保合同效力的分歧

基于对《公司法》第16条3个条款规范性质的识别，关于缺乏股东会决议授权（未经“追认”）的关联担保合同的效力，由于无论是无效说、有效说或者效力待定说均没有意识到关联担保与非关联担保的区分，或者认为区分没有必要，因此按照这三种观点，关联担保与非关联担保的效力判断规则，本质上是一致的。

反之，“区分说”则认为，应当区分第16条第1款和第2款，也即区分普通担保和关联担保，分别认定越权担保合同的效力。区分说均认为，公司的非关联担保合同，虽然未经公司机关决议（未经追认），合同原则有效；但是对于关联担保合同，区分说中有的隐含着合同无效的认识（本课题称之为区分说之“原则无效说”或者说“对抗效力说”），[①]有的则认为仍然应当进一步区分，即从公司利益是否受到损害判断合同的效力（本课题称之为区分说之“公司利益判断说”）。[②]

有必要指出的是，有的观点[③]虽然也主张区分认定越权担保合同的效力，但是，其实际上并未真正区分第16条的3个规范的不同对抗效力，因此不是本课题意义上的“区分说”。

3. 学说对交易相对人善意的认定标准的分歧

基于保护善意第三人的合同法原理，当交易相对人为善意

---

① 参见王保树、崔勤之著：《中国公司法原理》，社会科学文献出版社1998年版，第42页。

② 参见刘贵祥：《公司担保与合同效力》，载《法律适用》2012年第7期。

③ 如高圣平教授倾向于认为公司法第16条属于“强制性规范”，但是在认定担保合同效力时，仍然应当“视具体情形”认定担保合同的效力。参见高圣平：《公司担保相关法律问题研究》，载《中国法学》2013年第2期，第104~114页。另参见周伦军：《公司对外提供担保的合同效力判断规则》，载《法律适用》，2014年第2期，第2~9页。

时,担保合同应属合同有效,反之,当交易相对人不为善意时,非关联担保合同应属无效。在这一点上,可以说学界已基本达成共识。争议的焦点仅仅在于区分善意相对人和非善意相对人的标准,围绕这一关键问题,观点之间的分歧集中在:

(1)公司担保交易的相对人是否负有"形式审查义务",具体而言,就是交易相对人是否应当要求公司的代表人提供授权证明文件,即提供董事会或股东(大)会的决议证明文件?

(2)如果"相对人知道或应当知道"公司代表人没有获得授权,则是否构成交易相对人的"不善意"?

(3)如果相对人未尽形式审查义务,即交易相对知道或应当知道在公司代表人缺乏授权而未要求其提供公司机关决议的证明文件时,担保合同是否有效?

为此,区分说与另外三种学说的观点既有分歧之处,也有共同之处。

"无效说"主张交易相对人通常负有形式审查义务;而"有效说"主张交易相对人通常没有形式审查义务。至于"效力待定说",由于根据该学说,倘若越权代表合同未经公司追认,合同应属无效,因此效力待定说通常也主张交易相对人负有形式审查义务。不过,由于司法实践中,多数观点均认为越权担保合同有效,仅仅凭借交易相对人"知道或应当知道"公司的签约代表缺乏公司机关的决议授权,不能推定交易相对人不为善意,也就等于说,实践中的多数观点并不赞同交易相对人负有形式审查义务;或者说,在裁判裁判文书中,多数判决中没有认定相对人形式审查义务;仅有少数判决认定相对人形式审查义务。

反之,区分说则认为,交易相对人对于非关联担保合同中公司代表人是否获得了公司机关的决议授权,并不负有形式审查义务;

但是,区分说则认为交易相对人对关联担保合同负有形式审查义务,否则有可能会产生对抗效力。这是区分说与有效说、无效说和效力待定说的联系和区别。

关于在担保合同被法院认定(自始无效)或者被法院判决无效(撤销合同)的情形下,应当如何划分公司、签约代表人(行为人)以及交易相对人之间的法律责任,学者的观点也不尽一致。根据本课题的梳理,大致形成了三种学说,即(1)合同有效说;①(2)合同无效说②或其变通"注意义务提高说"(或形式审查义务说);③(3)有条件承认合同效力说(区分认定说)。④

二、国外研究综述

研究发现,国外民商法对于公司代表人、代理人的越权行为的效力,其实明确区分了违背章程限制的越权和违背法定限制的越权两种不同性质的越权,并分别建立了不同的效力规则。

---

① 参见王保树、崔勤之著《中国公司法原理》,社会科学文献出版社1998年版,第42页;蔡晖:《新公司法对公司担保的规范》,载《人民法院报》2006年4月5日;钱玉林:《公司法第16条的规范意义》,载《法学研究》2011年第6期,第126~135页;蒋建湘:《商法强制性规范的类型、性质与边界》,载《法学杂志》2012年第2期,第51~57页;钱玉林:《寻找公司担保的裁判规范》,载《法学》2013年第3期,第32~37页。

② 参见赵旭东主编著:《公司法学》,高等教育出版社2006年版,第200~201页;李金泽:《〈公司法〉有关公司对外担保新规定的质疑》,载《现代法学》2007年第1期,第84~89页;曹士兵:《〈公司法〉修订前后关于公司担保规定的解读》,载《人民司法》2008年第1期,第22~28页;甘培忠:《公司法适用中若干疑难争点条款的忖度与把握》,载《法律适用》2011年第8期,第6~15页。

③ 参见罗培兴:《公司担保法律规制的价值冲突与司法考量》,载《中外法学》2012年第6期;梁上上:《公司担保合同的相对人审查义务》,载《法学》2013年第3期。

④ 参见崔建远、刘玲玲:《论公司对外担保的法律效力》,载《西南政法大学学报》2008年第4期;张舫:《法定代表人越权签约对公司的拘束力——对〈公司法〉相关条文的分析》,载《法学论》2011年第3期,第136~141页;高圣平:《公司担保相关法律问题研究》,载《中国法学》2013年第2期,第104~114页。

（一）章程限制与古老越权规则的衰落

与我国学术界和司法实务界对越权担保合同的效力问题分歧依旧、争论不休的局面相反，课题组的研究发现，无论是诸如法国、德国、日本、整个欧盟等大陆法系国家的法律，还是以英国、美国等英美法系国家为代表的成文法和判例法对越权（ultra vires）代表合同的效力问题以及相关问题早已解决。“公司章程对公司代表人的权限限制不得对抗善意相对人”如今已是大陆法系和英美法系国家共同的法律原则和司法裁判准则。①

不过，研究也发现，英美法系国家对公司代表人超越公司章程规定的限制而签订的合同的效力的裁判规则，无论是法院的司法实践，还是相关的成文法的形成，都经历了一个较为漫长的历史转变，即经历了从最初的“越权无效”规则到中途的“越权有效”，一直到现在的原则有效，例外无效的历程。② 这与本课题所选取的裁判文书样本所进行的越权担保合同的有效率的逐年变化趋势是吻合的，因此，从比较法研究的角度进行展开，揭示中外司法实践的共同规律与差异性，不仅具有国内研究的价值，而且也具有比较法研究的价值。

---

① 详情请参见本书第三章和第四章的论述。

② 英国公司法的代表性著作中的有关英国公司法中的越权代表合同的有效性规则的历史演变的代表性论述，参见［英］D. French，S. Mayson，C. Ryan，*Company Law*，28th ed.，2011，Oxford，pp. 618－619。［英］R. R. Pennington，Company Law Butterworths，2001，pp. 129－158。美国公司法的代表性著作中的代表性论述，参见［美］Gabaldon/Sagers，Business Organizations，Wolters Kluwer，New York，2016，pp. 412－420.［美］Hamilton R. W.，Macey J. R.，Moll D. K.，The Law of Business Organizations：Cases，Materials，and Problems，West Academic Publishing，2014，pp. 181－190。有关美国公司立法的规则演变的立法背景的官方评论，请参见［美］Charles R. T. O'kelley & Robert B.，Corporations and other Business Associations：Selected Statutes，Rules and Forms，Thompson，Wolters Kluwer，2014。

(二)关联交易中的法定限制与违法代表行为的效力规则

本书研究还发现,域外法律,尤其相对活跃的英美公司法,对于公司向董事、控制股东、实际控制人提供借款或担保(关联借款与关联担保),也有专门性的规定;①不仅如此,域外公司立法对于涉及董事、控制股东或实际控制人的利益冲突交易,还建立了一般性的预防控制程序,即被美国《示范商事公司法》的立法者所形容的关联交易"安全港程序"(safe harbor procedure)以及资产处置中的"明线规则"(bright line rule),②争议的焦点,仅仅是集中在个案研究中如何认识上述关联交易中越权(或者说违法)代表行为的效力以及相应的责任分配问题。换言之,一些国家在立法层面虽然取得了共识,但是,国外的司法实践中,往往仍然存在同案不谈判的现象,并且,研究还发现,上述国家的司法实践对违法的关联交易的效力的认识,也经历了一个曲折的转变历程。司法裁判从最初的违法关联交易自始无效逐渐转变为区分性认定违法关联交易的效力,司法裁判认识的转变,进而导致了法律制度的转变,最为显著的例子即是美国《示范商事公司法》以及《特拉华州通用公司法》对关联交易的系统性立法规制。

本书研究还发现,对于公司的法定的代表人,以及公司章程自定的代表人超越权限而签订合同的效力,尤其是在英美公司法中,是采用代理法的原理进行阐释的,因为英美法认为,代表与代

---

① 参见英国《2006年公司法》第197条;美国特拉华州《通用公司法》第143条。详情请参见后文的论述。

② [美] Charles R. T. O'kelley & Robert B., *Corporations and other Business Associations: Selected Statutes, Rules and Forms*, Thompson, Wolters Kluwer, 2014, pp. 106-107. 相关法条参见英国《2006年公司法中》第41条(董事利益冲突交易);美国示范商事公司法第8章第F次章(董事的利益冲突交易)的规定;以及美国特拉华州通用公司法第143条(董事利益冲突交易)。详情请参见后文论述。

理，其实没有本质区别。① 而在德国法中，也不乏运用民事代理规则来解释公司代表权的观点，对经理的代表权也可以适用德国《民法典》（BGB）第164条意义上的有关民事代理（Stellvertretung）的一般规定。②

因此，在相关的研究中，争议的焦点早已不再是越权担保合同是否有效，而是在什么例外的情况下，应当裁判合同无效的问题。研究发现，由于国情不同，国外的越权代表规则在立法规制的路径上，与我国《公司法》存在显著的差异。为此，本书将在正文的研究中予以展开，在此不再赘述。③

三、本书的研究目的、研究方法和创新之处

从以上的文献梳理不难看出，现有的国内研究不仅对上述问题未达成一致，也未能为司法实务界提供系统化的裁判标准。与此同时，鉴于《民法总则》已经生效，总则中第61条第3款、第170条第2款对《合同法》第50条的规定有了实质性的修订，对担保法司法解释也产生了实质性的影响，进而必将对越权担保合同的裁判规则产生重大影响，而现有文献并未展开系统性的研究，所以，尽管现有研究文献取得了重要的成果，但鉴于民法总则生效之

---

① 例如，英国公司法的代表性著作中用专章的形式，详细地阐释了为公司行事时的代理与归入问题，参见 D. French, S. Mayson, C. Ryan, Company Law, 28th Ed. ,2011, Oxford, pp. 612－666.［英］R. R. Pennington. Company Law Butterworths, 2001, pp. 145-53. 美国公司法的代表性著作同样以专章形式讨论公司法中的代理问题，参见［美］Gabaldon/Sagers: Business Organizations, Wolters Kluwer, New York, 2016, pp. 43－130.［美］Hamilton R W, Macey J R, Moll D K. , The Law of Business Organizations : Cases, Materials, and Problems, West Academic Publishing, 2014, pp. 15-42.

② ［德］Andreas Wien, Handels－und Gesellschaftsrecht, Springer Gabler, Wiesbaden, 2013, S. 49.

③ 详情请参见本书第四章、第五章的论述。

后，相关法律中的许多法律规定都有待重新审视，所以，对这一课题进行重新研究，具有十分重要的理论价值和司法实践的价值。

鉴于此，本书的研究目的是：首先，梳理公司代表人超越公司章程规定的限制而签订担保合同（越权担保）的效力和归责原则的一般性规则，在此基础上，重点地梳理公司为股东和实际控制人提供担保（关联担保）的效力的裁判标准和归责原则，即关联担保合同的效力规则和归责原则。其次，课题组以公司关联为链接点，进一步展开对公司关联交易的一般性规制和相应的越权代表行为的一般性规则。最后，以我国最新生效的《民法总则》和《公司法》第16条的规范为基点，从民商法关系的角度，全面梳理民法总则和公司法相关规则之间的逻辑关系，并对《合同法》、担保法司法解释中相关规则的废除或修改提出了对策建议，为我国起草和制订《民法典》时如何兼顾民法规则与商法规则的协调提供某些思路。

在研究方法上，本书拟分别从司法实践和比较法研究的两大维度展开。本书首先是对自2005年《公司法》颁布实施以来我国的公司担保案件进行了较为完整的司法统计，为本书之目的，重点对公司关联担保案件进行司法统计，力图呈现完整的司法图景。①其次，本书从比较法研究的角度，即从英美法系和大陆法系国家的民商事立法和司法的角度去梳理其立法目的、立法理念和规制路径。这也是本书在研究方法和研究视觉上的创新之处。

除此之外，鉴于中外的民商法研究和司法实践的多数观点均

① 例如，罗培新教授的文献对2007~2010年间的越权担保合同纠纷进行了较为详细的司法统计，参见罗培新：《公司担保法律规则的价值冲突与司法考量》，载《中外法学》2012年第6期，第1232~1246页；另见参见吴越：《法定代表人越权担保行为效力再审——以民法总则第61条第三款为分析基点》，载《政法论坛》2017年第3期，第94~104页。

认为,代表与代理在本质上并没有差异,因此,本书在法律解释上,主要采用代理法的观点来阐释公司代表人的越权代表行为效力的判断原则和归责原则,并力图归纳出代表人越权行为效力的一般性规则。但正如下文的研究所表明的那样,商事代表制度与民事代理制度虽然本质相同,但由于各自的立法目的不同,所属领域不同,所保护的法益不同,两者仍然存在一些不可忽视的细微区别,而现有的研究则可能忽视了这种区别。这是本书的第二个创新点。

鉴于《民法总则》第 61 条第 3 款、第 170 条第 2 款以及第 85 条有关法人的法定代表人以及其他执行法人事务的“工作人员”(如董事、高管、职员等)对代表人的越权行为的归责规则有了实质性的改进,课题组首先进行案例统计展开司法裁判层面的研究,接着从《民法总则》的最新规定着手,展开规则体系的研究。

第二章 越权担保合同案例统计研究

第一节 案例统计说明

一、为何选取公司担保案件作为统计样本？

课题组在对越权担保效力的司法裁判规则进行案例研究和案例统计时，仅选取公司担保案件作为分析样本，而不是对所有类型的法人代表越权行为进行分析和统计，主要是基于如下的理由：

首先，自2005年《公司法》修订以来，这些年来有关公司担保效力的纠纷争议不断，尤其是围绕《公司法》第16条中有关公司代表人越权进行担保效力的学术争论非常激烈，分歧巨大，因此，选取越权担保案件作为统计分析样本，弄清越权担保效力的裁判规则，本身就具有十分重要的理论意义和实践意义。

其次,越权担保纠纷中,无论是司法实践还是学术研究中,争议的焦点即是应否区分章程限制和法定限制,区分公司普通对外担保和公司关联担保,从而区分性认定越权担保的效力规则,并进一步将该规则上升为一个普遍意义上的越权规则。而本课题组研究发现,《公司法》第16条第1款的规定,即是授权公司章程对公司对外投资或者对外担保时做出进一步限制,故其属于"章程限制";反之,《公司法》第16条第2款以及第3款则是《公司法》的明文规定,与公司章程无关,无论认为其性质属于内部管理性强制规定,还是属于效力性强制规定,其属于"法定限制"应当没有争议。如今,随着《民法总则》第61条第3款和第170条第2款的生效,区分章程限制和法定限制的立法理念已经较为清晰。因为,《民法总则》的上述规定,仅仅是针对法人的发表人或代理人在"章程限制"语境下的越权。

由此可见,越权担保行为虽然仅仅是法人代表或代理人越权行为中的一个小类,但却具有典型性,具有"个别代表一般"的典型特征。这种统计分析,对本课题组验证研究结论具有十分重要的意义。

再次,无独有偶,课题组在研究过程中发现,公司为股东或实际控制人提供借款、担保或者贷款担保不仅是我国公司实践中的一个较为突出的现象,而且在英美法系和大陆法系国家都十分典型,因此它也是一个全球性的现象。即公司关联交易中,关联借款担保现象非常普遍,甚至可以说十分泛滥。基于此,英美公司法和大陆法系国家或地区的公司法都有专门性的规定。因此,课题组选取越权担保案件作为统计分析的样本,无疑具有比较法上的意义。事实上，课题组在进行论证分析时，选取了中外都十分常见的关联贷款担保案件进行比较，有助于更加清晰地解释其中的裁判思路和裁判规则，发现我国《公司法》及其司法实践中的漏洞，减少同案不同判的现象。

最后，其他种类的越权代表行为，由于种类繁多（例如，公司对外投资、处置公司资产、公司并购中的越权代表行为），司法裁判文书数量也十分巨大，因此，限于研究能力，本课题组不再进行司法统计研究。但课题组在其他章节的论述中，有可能会涉及其他类型的越权担保行为，并进行个案分析。

二、越权担保合同案例的数据来源①

课题组通过检索北大法宝所登载的关于公司为他人提供担保相关案例的裁判文书确定样本案例来源，②采用多阶抽样③的方法从中抽取507个相关案例对公司为他人提供担保问题展开研究。④样本案例包含我国四个审级的人民法院所审理的案件；⑤在审判程

① 需要说明的是，本课题组某成员在博士在读期间，首先搜集了2008～2013年间我国有关越权担保合同效力纠纷的裁判文书94份，课题组在此基础上发表了阶段性论文。后因该成员毕业工作等原因退出本课题研究，由另一课题组成员对2013～2018年我国有关越权担保合同效力纠纷的507份裁判文书进行了搜集和数据分析。

② 由于中国裁判文书网所收录的裁判文书并非司法实务中所有相关案例的裁判文书，因此本课题将裁判文书网收录的裁判文书视为全部相关案件的一阶随机样本。

③ 参见［美］Alan Agresti、Barbara Finlay著：《社会科学统计方法》，朱红兵、何丽娟译，电子工业出版社2011年版，第23页。

④ 样本案例抽样起始时间为2013年8月2日，截止时间为2018年12月31日。

⑤ 样本案例中最高人民法院审理案件为全国范围内整群抽样，高级人民法院审理案件为全国范围内整群抽样，中级人民法院和基层人民法院所审理案件为北京市、天津市、上海市及重庆市四直辖市范围内的整群抽样。

序方面，样本案例包含了通过一审、二审和审判监督程序裁判的案件，能够在一定程度上反映司法实践的整体情况，如表 2-1 所示。

表 2-1　507 份司法案例的法院裁判状况概览

审理年度	审理法院和程序(单位:件)												合计
	最高人民法院			高级人民法院			中级人民法院			基层人民法院			
	一审	二审	再审	一审	二审	再审	一审	二审	再审	一审	二审	再	
2013	/	/	/	/	2	/	/	/	/	/	/	/	2
2014	/	1	8	1	30	20	1	5	/	24	/	/	90
2015	/	1	13	5	42	16	9	12	1	28	/	/	127
2016	/	2	13	2	49	32	5	13	1	23	/	/	140
2017	/	1	13	1	11	17	2	10	1	3	/	/	59
2018	/	4	7	3	30	9	4	20	/	11	/	1	89
合计	63			270			84			90			507

第二节　越权担保合同司法裁判概况

通过对样本案例统计的司法观察可以发现，各级人民法院对公司违反《公司法》第 16 条的规定为他人提供担保所订立的合同效力问题已基本上达成了共识，裁判担保为有效的案件比例占全部样本案例的绝大多数(所有样本案例裁判担保有效率为 82%)。在样本案例中，各级法院的裁判结果的整体情况，如表 2-2 所示。

表 2-2　各级法院裁判结果一览

裁判法院	裁判结果				
	有效	无效	不成立或未生效	对公司不生效	合计
最高人民法院	51 件 80.95%	7 件 11.11%	/	5 件 7.94%	63 件 100%
高级人民法院	222 件 82.22%	39 件 14.44%	1 件 0.37%	8 件 2.96%	270 件 100%
中级人民法院	79 件 94.04%	4 件 4.76%	/	1 件 1.19%	84 件 100%
基层人民法院	62 件 68.88%	26 件 28.88%	/	2 件 2.22%	90 件 100%
合计	414 件 81.66%	76 件 14.99%	1 件 0.20%	16 件 3.16%	507 件 100%

从第 16 条是否对担保合同的效力状态存在影响的角度，本课题通过对样本案件的梳理分析，总结归纳出审判实践在此问题上呈现出的两类不同意见。第一类裁判案例认为《公司法》第 16 条对担保合同效力存在影响，在对担保合同的效力进行裁判时必须要对第 16 条加以考虑；第二类案例裁判则是完全隔断了《公司法》第 16 条与担保合同效力之间的牵连，认为公司为他人提供担保与公司其他行为一样，不必根据第 16 条的规定做特殊考虑。从数量统计结果来看，这两类认识大概各占样本案例一半比例，表明实践审判对此问题存在的巨大分歧。

从法的效力角度来看，样本案例的认识则显得更为一致：大部

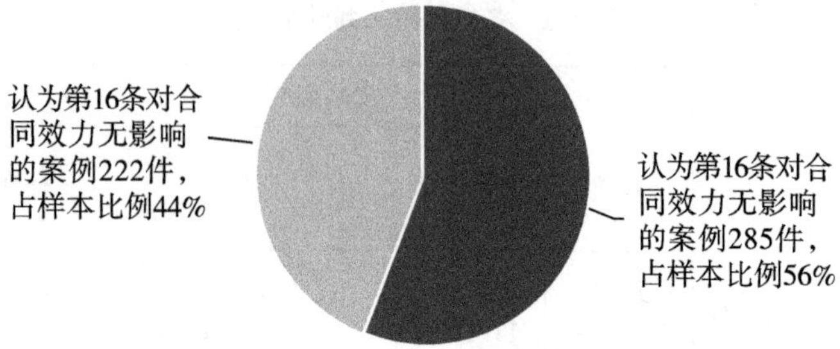

图 2-1 《公司法》第 16 条对担保合同效力是否存在影响的裁判认知

分裁判认为《公司法》第 16 条对担保合同不具备直接约束力，这部分裁判占样本案例比例的 89%（453 件），仅有小部分裁判认为其能够直接对担保合同的效力进行评价，其占比为 11%（54 件）。然而，结合《公司法》第 16 条是否对担保合同的效力存在影响这一角度进一步观察发现：在否认《公司法》第 16 条对担保合同的效力具有直接约束力这种观点内部，对第 16 条是否对担保合同效力存在影响这一问题仍然存在较大分歧。在认为第 16 条对担保合同不具备直接约束力的裁判中，认为第 16 条不能直接对担保合同的效力做直接评价，但应考虑其影响的案例占 49. 89%（226 件）；认为在判定担保合同效力时既不能直接援引第 16 条作裁判也不应该对其作特别考虑的案例占 50. 11%（227 件）。

从时间变化上来看，暂且不论后续案例对 2015 年（2012）民提字第 156 号公报案例的理解是否与该公报案例的意旨相同，单从样本案例的统计上来看，该公报案例的公布虽然基本上实现了裁判结果的统一，但是还没有从根本上消除这一差异。

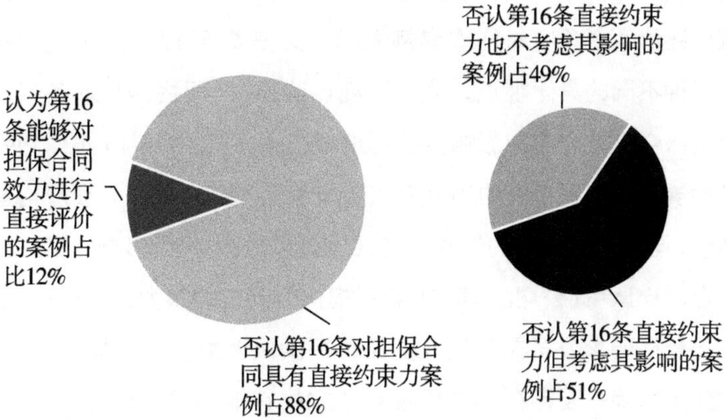

图 2-2　《公司法》第 16 条对担保合同效力的影响及法的约束力认知

表 2-3　否认《公司法》第 16 条具有直接约束力案件中的裁判认知态度

审理年份	第 16 条是否对担保合同效力判定存在影响的案件比例	
	有影响	无影响
2013 年	100%	/
2014 年	67%	33%
2015 年	55%	45%
2016 年	51%	49%
2017 年	56%	44%
2018 年	54%	46%

通过对上述样本案例统计情况的观察可以发现，司法裁判中的主要争议点目前集中在各级法院对《公司法》第 16 条的规范意义在认识上的差异，即《公司法》第 16 条是否对担保合同的效力存在影响以及存在什么样的影响。将认为《公司法》第 16 条对担保

合同效力是否存在影响以及第16条是否能够对担保合同的进行直接评价两个角度对样本案例进行交叉归类,可以得到裁判实务中四种不同的具体观点。第一种观点认为《公司法》第16条不仅对担保合同效力存在影响,且该影响源自《公司法》第16条作为强制性规范对担保合同的约束力。公司为他人提供担保必须严格遵循《公司法》第16条的形式规定,否则合同效力将受影响。第二种观点同样认可《公司法》第16条对担保合同的约束力,但并不在形式上严格要求公司在为他人担保时提供决议文件等材料,而是从实质上认为只要存在不违反股东意志的其他形式也符合第16条的规定。比较典型的情况是公司为股东或实际控制人提供担保时虽然没有形成股东会决议,但表决权过半数股东在担保合同上签字或全体股东互为家庭成员推定为全体股东知情并同意。第三种观点在考虑《公司法》第16条对合同效力存在影响的基础上,否认了第16条对担保合同具有直接约束力。这种观点认为《公司法》第16条对公司的法定代表人(或其他代表公司签订担保合同的人)的权利进行了限制,在对担保合同的效力进行裁判时必须要对这种限制加以考虑,结合越权规则进行判定。上述三种观点加上完全排除第16条对担保合同效力影响的观点使得实践中对此问题的认识产生了四种不同的具体观点:

由于各法院在对《公司法》第16条与担保合同效力之间关系上存在四种不同看法,故法院在对涉及第16条的担保合同效力进行认定时形成了四种不同的裁判路径,分别为:

1. 认为第16条对担保合同的效力存在严格形式规范作用的裁判路径为:查明案件事实并严格根据第16条的规定对合同效力进行判定。

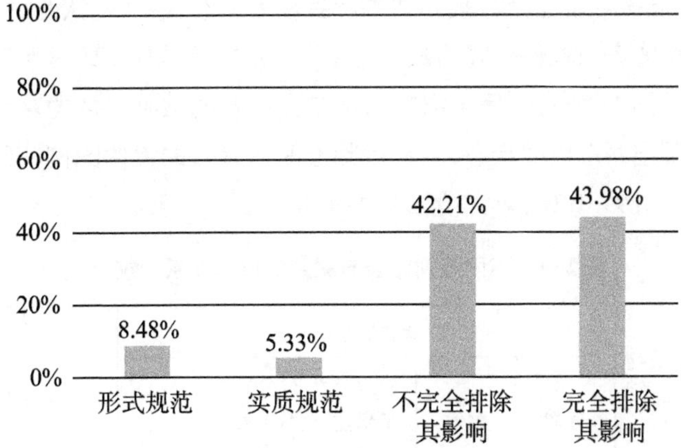

图 2-3　各法院认定担保合同效力时对第 16 条规范意义认识的样态分布

2. 认为第 16 条对担保合同的效力应该从实质意义上去理解的裁判路径为：查明案件事实并判断其是否符合第 16 条之规定，如果不符合则通过判断是否有能够表明股东意志的其他形式存在而判定合同效力。

3. 认为第 16 条对合同存在影响但不应单纯通过第 16 条规范对担保合同效力作出认定的裁判路径为：首先查明案件事实，然后说明理由排除第 16 条对担保合同的效力作直接评价，但不完全排除第 16 条对合同效力的影响，最后依据《合同法》第 50 条、最高人民法院《关于适用〈中华人民共和国担保法〉若干问题的解释》（以下简称《担保法解释》）第 11 条等越权规则判定合同效力。

4. 认为第 16 条对担保合同效力不存在影响的裁判路径为：查明案件事实，说明理由排除第 16 条的适用，按公司一般行为规则进行裁判。

本课题通过梳理样本案例对比不同裁判路径下的裁判结果发

现,不同裁判路径会对裁判结果产生较大影响,特别是认为《公司法》第16条对担保合同的效力存在严格形式规范作用的裁判路径和认为第16条对担保合同效力不存在影响的裁判路径的裁判结果呈现出两个极端状态,两者裁判担保为有效的案件比例分别为0.90%和99.10%。[①] 详情如表2-4所示。

表2-4　不同裁判路径与裁判结果的关系的统计

第16条与担保合同的关系	裁判结果					典型案例
	有效	无效	未成立或未生效	对公司不生效力	合计	
形式规范的裁判路径	/	38件 88.37%	1件 2.33%	4件 9.30%	43件 100%	(2016)苏民申2353号
实质规范的裁判路径	24件 88.89%	2件 7.40%	1件 3.70%	/	27件 100%	(2016)苏民终23号
不完全排除其影响裁判路径	168件 78.50%	34件 15.89%	/	12件 5.60%	214件 100%	(2012)民提字第156号(公报案例)
完全排除其影响裁判路径	221件 99.10%	2件 0.90%	/	/	223件 100%	(2016)最高法民申字1006号

① 实际上,认为《公司法》第16条对担保合同的效力存在严格形式规范作用的裁判路径认定违反《公司法》第16条规定则担保合同效力存在瑕疵;另一方面,认为第16条对担保合同效力不存在影响的裁判路径基本上认定违反第16条的担保合同全部为有效,统计显示此路径下被判无效的案例系因其他原因被判定担保合同无效。

第三节　越权担保中表意人类型与权利外观

在本课题所收集的案例中，公司表意人的种类多种多样，包括公司法定代表人、公司经理及公司的普通职员。公司、企业代表与代理的范围可以分为概括授权、部分概括授权和个别事务授权。上述三类代表权的范围从最为广泛到个别，概括授权的范围最为广泛，除非法律和章程另有规定，否则具有概括授权的公司代表人对于公司全部事务原则上均具有代表权，如个体企业主、执行合伙人、公司的法定代表人等；部分概括授权的范围小于概括授权的范围，它通常是指与职务相关的一类事务的代表权限，如公司的副经理、部门经理等。部分概括授权的权利范围通常通过章程或契约予以限制。最后，公司、企业当中还具有个别授权的代理人。这类代理权限的范围在上述三类权限中的范围最小，它仅指对个别事务具体的、个别的授权。

由于权限范围的不同，三类代表权的权利外观并不相同。同时，在公司对外的表意行为当中，公章也起着重要作用。根据公司代表人、代理人的不同种类与是否使用公章，统计公司对外担保案件的有效率，如表 2-5 所示。

表 2-5　表意人类型结合权利外观情况裁判结果一览 ①

		裁判结果															
		有效								担保合同存在效力瑕疵							
		公章	法定代表签字或加盖个人名章	公章+代表人签字	公章+代表签章+决议	公章+授权	公章+授权+决议	公章+决议	合计	公章	法定代表签字或加盖个人名章	公章+代表人签章	公章+代表签章+决议	公章+授权	公章+授权+决议	公章+决议	合计
概括授权的代表人	法定代表人	79件（79%）	20件（64.52%）	108件（89.26%）	18件（94.74%）	/	/	11件（100%）	236件（83.69%）	21件（21%）	11件（35.48%）	13件（10.74%）	1件（5.26%）	/	/	/	46件（16.31%）
	总经理	11件（73.33%）	/	/	/	1件（50%）	/	/	12件（70.59%）	4件（26.67%）	/	/	/	1件（50%）	/	/	5件（29.41%）
	合计	90件（78.26%）	20件（64.52%）	108件（97.74%）	18件（94.74%）	1件（50%）	/	11件（100%）	248件（82.94%）	25件（21.74%）	11件（35.48%）	13件（10.74%）	1件 5.26(%)	1件（50%）	/	/	51件（17.06%）
部分概括授权的代表人	非执行董事	1件（100%）	/	/	/	/	1件（100件）	/	2件（100%）	/	/	/	/	/	/	/	/
	监事	3件（100%）	/	/	/	1件（100%）	/	/	4件（100%）	/	/	/	/	/	/	/	/
	经理	9件（64.29%）	/	/	/	1件（100%）	/	1件（100%）	11件（68.75%）	5件（35.71%）	/	/	/	/	/	/	5件（31.25%）
	其他高管	1件（100%）	/	/	/	/	/	/	1件（100%）	/	/	/	/	/	/	/	/
	合计	14件（73.68%）	/	/	/	2件（100%）	/	11件（100%）	18件（78.26%）	5件（26.32%）	/	/	/	/	/	/	5件（21.73%）

① 本统计中，除去样本案例判决文书中未明确说明表意人具体类型或外观权利状况案件 51 件，共计有效案件 367 件。

续表

		裁判结果															
		有效								担保合同存在效力瑕疵							
		公章	法定代表签字或加盖个人名章	公章+代表人签字	公章+代表签章+决议	公章+授权	公章+授权+决议	公章+决议	合计	公章	法定代表签字或加盖个人名章	公章+代表人签章	公章+代表签章+决议	公章+授权	公章+授权+决议	公章+决议	合计
个别授权的代表人	无职务实际控制人	12件（75%）	/	/	1件（100%）	1件（50%）	/	/	14件（73.68%）	4件（25%）	/	/	/	1件（50%）	/	/	5件（26.32%）
	无职务股东	12件（85.71%）	/	/	/	1件（100%）	/	/	13件（86.67%）	2件（14.29%）	/	/	/	/	/	/	2件（13.33%）
	工作人员	2件（50%）	/	/	/	/	/	/	2件（50%）	2件（50%）	/	/	/	/	/	/	2件（50%）
	公司以外人员	2件（66.67%）	/	/	/	/	1件（100%）	3件（100%）	6件（85.71%）	1件（33.33%）	/	/	/	/	/	/	1件（14.29%）
	合计	28件（75.68%）	/	/	1件（100%）	2件（66.67%）	1件（100%）	3件（100%）	35件（77.78%）	9件（24.32%）	/	/	/	1件（33.33%）	/	/	10件（22.22%）

通过对司法案例的观察，可以发现个别授权的代表人所签订的公司担保合同的有效率相比概括授权与部分概括授权的更低，部分概括授权的代表人签订的公司担保合同又比概括授权的代表人签订的公司对外担保合同有效率低，从一定程度上反映出当公司代表人超越权限签订公司对外担保合同构成表见代表的权利外观要求不一样，个别授权的代表人权利外观的要求更为严格，这也符合商事代表制度的要求。

通过法院裁判公司对外担保存有瑕疵的案件的法条依据的梳理，能够进一步厘清法院在裁判公司对外担保案件时的裁判思路。在公司对外担保合同中，公司对外担保合同效力存有瑕疵的案件共 94 件，法院裁判时援引《合同法》为主要裁判依据，其中最主要的裁判理由是违反《合同法》第 52 条第 5 款，即违反法律的强制性规定。这样的案件在本书收集的合同效力存有瑕疵样本案例中共计 47 件，占 50%，说明规范识别的思路对法院裁判的影响较大。其次，援引《合同法》第 50 条表见代表规则对案件进行裁判的案件有 32 件，占 34.04%。说明通过表见代表思路裁判公司对外担保案件的裁判路径也具有重要影响力。

表 2-6　以《合同法》为中心担保合同效力存有瑕疵案件的裁判理由和依据

法条依据	法条内容	裁判理由关键词	案件数量	典型案例
《合同法》第 48 条	行为人没有代理权、超越代理权或者代理权终止后以被代理人名义订立的合同，未经被代理人追认，对被代理人不发生效力，由行为人承担责任。	公司缺乏意思表示或表意人超越权限订立合同公司不予追认	6 件（6.38%）	（2016）渝民再 202 号

续表

法条依据	法条内容	裁判理由关键词	案件数量	典型案例
《合同法》第49条	行为人没有代理权、超越代理权或者代理权终止后以被代理人名义订立合同，相对人有理由相信行为人有代理权的，该代理行为有效。	相对人明知或应当知道，不能证明自己是善意，不构成表见代理	5件（5.32%）	（2014）苏民终字第00373号
《合同法》第50条	法人或者其他组织的法定代表人、负责人超越权限订立的合同，除相对人知道或者应当知道其超越权限的以外，该代表行为有效。	相对人明知或应当知道，不构成表见代表	32件（34.04%）	（2016）最高法民申2633号
《合同法》第51条	无处分权的人处分他人财产，经权利人追认或者无处分权的人订立合同后取得处分权的，该合同有效。	公益用地不得抵押	1件（1.06%）	（2016）最高法民再335号
《合同法》第52条第2款	有下列情形之一的，合同无效：（二）恶意串通，损害国家、集体或者第三人利益。	相对人明知没有股东会或董事会决议，仍然与公司签订合同	3件（3.19%）	（2016）赣民再6号

续表

法条依据	法条内容	裁判理由关键词	案件数量	典型案例
《合同法》第52条第5款	有下列情形之一的，合同无效：（五）违反法律、行政法规的强制性规定。	违反法律的强制性规定	47件（50.00%）	(2015)民申字第3236号

关联交易，包括关联的担保交易，其实并非局限于为公司的股东或实际控制人提供担保的交易。从关联交易的范围来看，关联交易中的“关联方”的范围，的确比《公司法》第16条第2款所规定的范围（股东、实际控制人）要大。公司的关联方，大致可以划分为关联自然人和关联企业两大类。公司的关联自然人，包括了董事、监事、经理、股东、实际控制人和与上述人员存在进一步的关联关系的人或者企业；公司的关联企业，包括公司控股或参股的公司，公司自身的参股公司和控股公司，以及由该公司的共同控股公司或控制人控制下的兄弟公司等。按照这一划分标准，通过对样本案例的司法统计观察发现，我国司法实践中违规关联担保的案例要远远多于非关联担保，样本案例中关联担保的案件数量为303件，占到了样本案件总量的72%，并且法院对关联担保的裁判显然比非关联担保更为谨慎，整体来看关联担保的裁判有效率仅为78%，而非关联担保达到了93%。

即便抛开将不同审级法院作比较可能带来的统计误差，单以同一审级的人民法院裁判的公司违规担保案例来看，关联担保案件数量也远远高于非关联担保案件的数量，这一实践事实回应了原国务院法制办主任曹康太于2005年2月25日在第十届全国人民代表大会常务委员会第十四会议上所作的“关于关联交易。社会各方面普遍反映，一些上市公司的控股股东、董事、监事、高级管

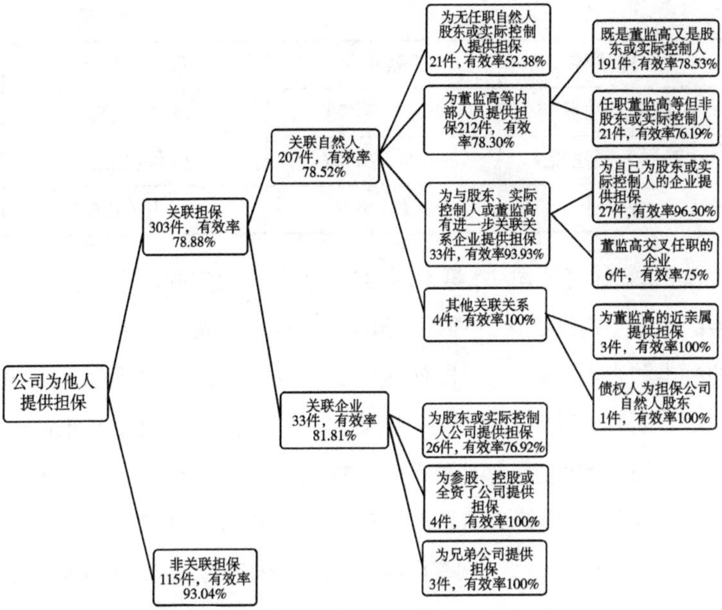

图 2–4　关联担保与非关联担保裁判有效率对比

理人员和其他实际控制公司的人利用关联交易‘掏空’公司，侵害了公司、公司中小股东和银行等债权人的利益”的说明，尤见在我国违规关联担保发生的频率更高，有可能给公司、股东或债权人等带来的损害更大，对关联担保和非关联担保进行区分规制具有现实意义。

表 2–7　样本案例中法院审理的关联担保与非关联担保案件数量一览

审理法院	关联担保	非关联担保
最高人民法院	35 件(56%)	28 件(44%)
高级人民法院院	144 件(53%)	126 件(47%)

续表

审理法院	关联担保	非关联担保
中级人民法院院	45 件(54%)	39 件(46%)
基层人民法院	70 件(78%)	20 件(22%)
合　计	294 件(58%)	213 件(42%)

我国现行《公司法》第 16 条第 2、3 款的规定并没有将关联关系的范围扩得那么大的原因主要有两点：一是实践中的关联关系的种类和表现形式太多，即使按上述标准界定关联关系也难以将实践中所有的关联关系穷尽，显然立法者在立法条文中也难以通过立法技术实现这一点；二是为存在关联关系的个人或企业提供担保，并不一定会给公司带来损害，如果一味要求关联交易必须由股东(大)会决议决定，则有可能损害交易效率，提高交易成本。因此，法律不宜也不可能"一刀切"地对关联交易进行整齐划一的规定，而是仅仅将实践中出现最多的，最有可能损害公司、其他股东或债权人利益的为股东或实际控制人提供担保这种情况纳入调整范围。在样本案例的关联担保中，公司违规为股东或实际控制人提供担保的案例占到了全部关联担保案件的 58%，共 294 件，裁判担保有效率为 76%。

如前文所述，课题组认为，"区分论"的重要意义在于法官在个案的裁判中，按照《公司法》第 16 条第 1 款和第 2 款、第 3 款对不同案件进行区分，对于第 1 款规定的非关联担保交易，交易相对人并无形式审查义务，因为根据《民法总则》第 61 条第 3 款的规定，公司章程的内部限制性规定不得对抗善意相对人；而对于违背《公司法》第 16 条第 2 款、第 3 款的关联担保交易，由于这并非公司章程的内部限制性规定，而是《公司法》的明文规定，不能直接适用《民法总则》第61条第3款的规定，交易相对人因此负有要求公司代表人提供公司公司股东会决议或决议证明的询问义务（形式审查义务），以此作为法院对交易相对人是否善意的重要依据。实践中，虽然各级法院对于此问题尚未达成一致，但认为公司为其股东或实际控制人提供担保时交易相对人具有审查义务的案例要多于公司为其他人提供担保具有审查义务的案例。

表2-8　法院认为不同担保类型是否具有审查义务案例统计结果

担保类型	具有形式审查义务	不具有形式审查义务
为股东或实际控制人提供担保	70件（24.31%）	218件（75.69%）
为其他人提供担保	31件（15.27%）	172件（84.73%）
合　计	101件（20.57%）	390件（79.43%）

有观点认为，在公司对外担保案件中，应当根据相对人是否为金融机构提出不同的审查义务标准。就相对人是否为金融机构确定不同审查标准的问题，从实践中反映出的情况来看，各级法院并没有表现出明显的倾向性，基本上就金融机构与非金融机构按照同样标准执行，体现了同等法益同等保护的原则。

表2-9　法院认为是否根据不同相对人确定其审查义务的统计结果

相对人是否为金融机构	具有审查义务	不具有审查义务
金融机构	24件（20.87%）	91件（79.13%）
非金融机构	64件（19.34%）	267件（80.66%）
合　计	88件（19.73%）	358件（80.27%）

最高人民法院在裁判吴文俊与泰州市天利投资发展有限公司

与周文英民间借贷纠纷案时[案号:(2014)民申字第1876号]明确表达了区分《公司法》第16条第1款和第2款、第3款的裁判意见:

“股东会何时召开,以什么样的形式召开,何人能够代表股东表达真实的意志,均超出交易相对人的判断和控制能力范围,如以违反股东决议程序而判令合同无效,必将降低交易效率,同时也给公司动辄以违反股东决议主张合同无效的不诚信行为留下了制度缺口,最终危害交易安全,不仅有违商事行为的诚信规则,更有违公平正义。故本案一、二审法院以案涉《股东会担保决议》的决议事项并未经过振邦股份公司股东会的同意,振邦股份公司也未就此事召开过股东大会为由,根据公司法第十六条规定,作出案涉不可撤销担保书及抵押合同无效的认定,属于适用法律错误,本院予以纠正。”

课题组认为,在为公司股东或实际控制人提供担保的关联担保交易中,交易相对人是否履行对公司股东(大)会决议形式审查义务是判定交易相对人是否为善意的重要参考依据,但这并不意味着相对人违反该形式审查义务就一定能直接判定担保合同无效,判定越权担保合同效力的最终依据应该是结合相对人是否善意判定该关联担保交易是否有利于公司的整体利益,特别是在个案裁判中应借鉴英美公司法的“明线规则”等内在公平测试进行判定。在李英与吴政中、上海迪亚克仓储服务有限公司、上海芝冲物流有限公司民间借贷一案[案号:(2014)普民二(商)初字第11667号]中,审理法院即通过对综合因素判定合同效力:

债务人吴某为迪亚克公司股东兼法定代表人,吴某也是芝冲公司股东。迪亚克公司注册资本为200万元,芝冲公司注册资本为500万元。债务人吴某向债权人李某借款100万元,迪亚克公司和芝冲公司在未经过股东会决议情况下为吴某向李某的上述债务提供连带保证担保。后因吴某逾期未偿还债务,两公司也未履行保证责任,债权人李某将债务人吴某,担保人迪亚克公司、芝冲公司诉至法院,要求三被告承担连带清偿责任。审理法院的裁判意见认为,"原告表示其知道被告吴政中系被告芝冲公司和被告迪亚克公司的股东,但未调取两公司的工商登记信息确认,也未看见过两公司的章程或股东会决议。法院认为,公司法第十六条第二款规定'公司为公司股东或实际控制人提供担保的,必须经股东会或者股东大会决议',该立法本意虽在于限制公司主体行为,但在本案中,担保数额已达被告迪亚克公司注册资本的二分之一、被告芝冲公司注册资本的五分之一,若两者承担担保责任势必会对公司经营产生较大影响,对此,原告表示其清楚被告吴政中系两被告公司的股东,但未能提供证据证明两被告公司为股东对外担保是经过股东会决议同意一节事实,故本院认定《借款协议书》和《担保承诺书》中两被告公司提供担保的条款无效。考虑到原、被告是具有平等身份的商事主体,原告并不能因为不了解公司法律而免除其应当明知的义务,原告明知被告吴政中股东身份却未查阅两被告公司同意对外担保的股东会决议,故对于担保条款无效是存在过错的,被告芝冲公司和被告迪亚克公司应对被告吴政中主债务不能清偿部分的二分之一承担连带赔偿责任。"

由上述案例可以看出,审理法院认为《公司法》第16条对担保合同没有直接约束力,不能仅仅因为违反该规定就判定担保合同无效。但是,考虑到债权人在接受公司担保时,明知债务人是提供担保的公司的股东却未履行形式审查义务,且如果判决公司承担保证责任可能给公司的经营产生较大影响,综合判定担保合同效力为无效,这一做法类似于美国示范公司法从程序规范和资产配置角度为关联担保交易上"双保险"的做法。

为公司股东或实际控制人提供担保的关联担保案件违反《公司法》第16条的事实形态,可以分为没有公司股东(大)会或董事会决议文件以及表意人出示了相关决议文件但该决议文件存有瑕疵两种情况，而没有决议的情况占绝对多数，这也反映出我国司法实践中公司为股东或实际控制人提供担保的关联交易亟待规范。

表 2-10　违反《公司法》第 16 条情形的裁判结论

事实违反状态	裁判结果				
	有效	无效	对公司不生效力	未生效或未成立	合计
无决议	194 件	56 件	9 件	4 件	263 件
	73.76%	21.29%	3.42%	1.52%	
决议有瑕疵	28 件	2 件	/	/	30 件
	93.33%	6.67%			
合计	222 件	58 件	9 件	4 件	293 件
	75.77%	19.80%	3.07%	1.37%	

2017 年颁布并实施的《公司法司法解释(四)》着重规范了公司内部治理结构，该解释将决议瑕疵类型分为三类：决议无效、决议可撤销和决议不成立。

表 2-11　样本案例中关联担保决议瑕疵与合同效力一览

决议瑕疵类型		担保有效	担保合同存在效力瑕疵
决议可撤销	表决程序违反 16 条 3 款	14 件(93.33%)	1 件(6.67%)
决议不成立	未召开会议	4 件(100%)	/
	会议未表决担保事项	/	1 件(100%)
	表达结果未达标	6 件(100%)	/
	伪造签名	4 件(100%)	/
合计		28 件(93.33%)	2 件(6.67%)

通过对样本案例中决议存在瑕疵的关联担保案例观察发现，司法实践的做法与本课题观点基本吻合，在决议可撤销和不成立的情形，法院基本遵循保护善意相对人规则维护相对人的信赖利益，当决议存有瑕疵情况下，担保合同有效率达到了93.1%。

实践中，当公司不存在非关联股东或者非关联股东不足法定人数或者不足章程规定的人数时，法院一般不会僵硬的因公司情况不满足《公司法》第16条的规定而判决担保合同无效，而是根据具体情况具体分析。在镇江新区中小企业投资担保有限公司与常州金凤凰动力机械有限公司、华丽娜等追偿权纠纷案中［案号：(2014)苏商再提字第0025号］，镇江新区中小企业投资担保有限公司作为债权人，常州金凤凰动力机械有限公司作为担保人为公司股东胡某、华某的债务提供担保。金凤凰公司向新区投资担保公司提供担保已经公司股东会决议，但由于公司仅有胡某、华某两名股东无法满足《公司法》第16条的要求，原审法院判决担保合同无效。再审时法院认为："公司为股东提供担保并不为法律所禁止，只是需要经过股东会决议批准。二审法院认为公司股东以决议形式用公司财产为其个人债务提供担保，违反了公司相关管理人员的忠实义务、应为无效，系适用法律错误。且本案中，股东会决议作出时，原金凤凰柴油机公司的股东仅有胡明松、华丽娜二人，不存在其他股东，故并不适用《中华人民共和国公司法》第十六条第三款的规定。原金凤凰柴油机公司2009年5月31日股东会决议不违反法律规定，合法有效。"

同时，统计数据表明，无论担保合同是否有效，只要担保人存在过错，公司均被判决承担一定比例的担保人责任。反之，法院判决越权行为人自己承担责任的情况则非常少，仅有9件，如表2-12所示。

表 2-12　越权担保裁判责任承担方式

责任承担方式	担保合同　效力状况				数量	占比
	有效	无效	对公司不生效力	未成立或未生效		
公司承担担保责任	412 件（100%）	/	/	/	412 件	81.45%
公司承担过错责任	/	30 件（100%）	/	/	30 件	5.92%
公司承担缔约过失责任	/	1 件（100%）	/	/	/	0.20%
越权人承担合同责任	/	4 件（44.44%）	5 件（55.56%）	/	9 件	1.78%
公司不承担责任	1 件（1.85%）	41 件（75.93%）	11 件（20.37%）	2 件（3.7%）	54 件	10.65%
合计	413 件（82.30%）	76 件（14.99%）	16 件（3.16%）	2 件（3.94%）	507 件	100%

第三章　法人代表代理授权与行为归属学说

在对本书所提出的“法人代表权限制的效力问题”和我国相关的司法实践进行案例统计所反映出的问题进行回答之前，首先应当对公司代表授权和代理授权的类型以及相关的行为归属的有关学说和实践进行基础性研究。理论虽然源于实践，但是，实践却离不开理论的指导。因此，对法人代表代理授权和行为归属的有关理论进行系统的梳理，在本书的研究中，具有奠基作用和引领作用。本章主要研究了代理代表制度与商业组织的内在关联；以及公司的诞生、公司独立人格与代理制度的内在关联。在此基础上，本章重点研究了公司代表权、代理权与行为归属（attribution）的相关学说与实践。

第一节 代理代表与商业组织的内在关联

一、代理与代表的内在逻辑及其民商法律体系

所谓代理(英文 agency①;德文 Stellvertretung②),即是代理人以被代理人的名义从事法律行为,其行为后果归属于被代理人的一种法律制度。代理关系存在的基础,即是委托授权(authority;Vollmacht)。所谓代表(Representation;Vertretrung),则是指代表人以被代表人的名义或者以自己的名义从事法律行为,其行为后果归属于被代表人的一种法律制度。代表关系存在的基础,同样是委托授权,也有可能是法定的授权。在西语中,代理和代表其实并没有特别的区分,且西方法学著述均认为,代理与代表制度本质上是相同的。例如,德国民法学者在解释民事代理关系时,也秉承了这种"内外有别"理念,即区分委托人与代理人间的内部关系(或基础关系),和代理人与第三人间的外部关系,也即认为民事代理权也具有所谓"抽象性"(Abstraktion)或"无因性""独立性"原则。为德国民法所倡导的代理无因性理论,其实是德国民法对商事委托代理实践经验的接受与推广。③ 但民法学者所举的例子,却是德国《商法典》第 49 条、第 50 条规定的商事代表越权代表情形。④ 由此可见,代理与代表概念其实是彼此交织的。

---

① [美]Hamilton R. W.,Macey J. R.,Moll D. K.,*The Law of Business Organizations:Cases,Materials,and Problems*,West Academic Publishing,2014,p. 15.

② [德]Alexander Scheider,Vollmacht im Unternehmen,Gabler,2005,S. 15.

③ 吴前煜:《从两大法系间的冲突与融合构建商事代理制度——以商事代理授权行为之无因性为契机》,载《商事法论集》2009 年第 1 期。

④ [德]Wolf M.,Neuner J.,Larenz K.,*Allgemeiner Teil des Bürgerlichen Rechts*,München:CH Beck,2004,SS. 863-865.

代理与代表的细微区别在于，代理的授权基于被代理人和代理人的合意（consent），而代表的授权既有可能是基于代表人和被代表人的合意，也有可能是基于法律的直接规定或者说法定授权，从这个意义上说，代表可以分为授权代表与法定代表两种。商法和公司法中的"法定代表人"（Gesetzlicher Vertreter）即表明，其权限是来自法律的规定而不是约定，但是，法定代表关系在本质上仍然是一种授权关系，即广义的代理关系。因此，从广义上说，代表制度仅仅是代理制度的一种特殊形式。

汉语"代表"和"代理"之间，也存在内在的逻辑关系。"表"在汉语中是与"里"对应的，成语"表里如一"即是这个意思。如果"代表"作名词用，即是指"代表人"（Representative），如果作动词用，即是指代表行为（Representation）。从现代代理制度以观，"代表"即代为表达之人和代为行动之人，他所反映的这个"里"，即是代表人背后的人或者群体。"理"在这里，通常作动词，即"打理（事务）"，从这里不难看出代表和代理的关系：代表人代理被代理人的事务。代理也可作名词用，即指代理人（agent）。从这个意义上说，代表和代理两个词，其实在很多场合就是同义词，只不过运用的情景有所差别而已。例如，"我代表张三处理这件事情"和"我代理张三处理这件事情"所表达的内容其实是完全一致的。但是在英文中，agent（代理人）和 agency（代理，代理制）则是名词，因此，如果要表达"代理"或者"代表"某人行事，通常要用"on behalf of"（以……名义）。例如，"我代表张三处理这件事情"在英文中则应当表达为"I handle this matter on behalf of Mr. Zhang San."

在德国私法中，代理（Stellvertretung）和代表（Vertretung）其实非常相似。只不过，民事领域的代理由德国《民法典》第 164 条以下的若干条文调整；而商事代理人（Handelsvertreter）和经理权

(prokura)制度,则由德国《商法典》第49条以下的若干条文以及公司法等商事特别法调整。但德国学者也指出,商事代理与经理制度,其实与民事代表与代理制度本质上没有差异,商事代表与代理制度,充其量算是民事代理制度的特殊表现形式而已。①

民事代理与商事代理,尤其是与商事组织中的代表的区别,主要体现在两个方面:第一,民事代理无需登记,而商事代表,尤其是法定代表人以及经理权人,需要进行商事登记,因而民事代理和和商事代表的公众知晓程度有所不同;第二,民事代理因为主要取决于委托人的授权,取决于代理人和被代理人的约定,因此,其意定的成分更多,可以进行限制,而商事代表,如法定代表人的代表权限以及经理人的代表权限,其法定的成分更多,法定代表权和经理权,通常不能进行限制。

在英美民商法中,尤其是美国民商法中,代理制度十分发达。英美普通法中本身就有大量的代理法规则,这些规则至今适用。在美国,由美国法律协会所编写的《代理法重述》(Restatement of Agency Law)于1958年公布了第2版,于2006年公布了第3版。普通法中的代理法则与《代理法重述》共同构成了美国民商事代理的重要法律渊源。②

美国公司法学者汉密尔顿(Hamilton)教授指出,现代社会的所有商业交易几乎都隐藏着代理关系。例如,个体企业主与其员工之间的关系受代理法约束,正如公司与高管的关系受代理法约束一样。代理关系本身并非是一种商业组织形式,而是商业组织运转的手段。最为显著的例子即是,公司作为法律拟制的人,即法

① [德]Alexander Scheider, Vollmacht in Unternehmen, Gabler, 2005, S. 16.

② [美]Hamilton R. W., Macey J. R., Moll D. K., *The Law of Business Organizations: Cases, Materials, and Problems*, West Academic Publishing, 2014, p. 16.

人,其一切行为都必须通过其代理人来完成。① 这可以解释,为什么英美的商业组织法(law of business organizations)著述首先就要介绍代理制度,然后才阐释公司、合伙等具体的商业组织法律制度。这也是在英美的公司法中,阐释公司的代表人制度,准用代理法进行解释的根本原因。例如,美国的两部比较有代表性的《商业组织法》教科书均在开头用专章介绍代理制度,②这充分表明了代理制度对于理解商业组织法的重要性。

代表制度和代理制度在本质相同的同时,存在的细微区别,如图 3-1 所示。

图 3-1 代表与代理区别

① [美] Hamilton R. W., Macey J. R., Moll D. K., The Law of Business Organizations: Cases, Materials, and Problems, West Academic Publishing, 2014, p. 15.

② 参见[美]Hamilton R. W., Macey J. R., Moll D. K., The Law of Business Organizations: Cases, Materials, and Problems, West Academic Publishing, 2014, pp. 15-41; Theresa Gabaldon & Christopher L. Sagers, Business Organizations, Wolters Kluwer, 2016, pp. 43-105。

从以上对德国和美国民商法中的代理与代表制度的内在逻辑关系的阐释出发,本课题组也认为,民事代理和商事代理以及商事代表制度,本质上相通。凡属公司代表人越权行为的效力和归责问题,都可以准用民事代理的一般原理进行阐释。当然,在利用民事代理制度解释商事代表制度,尤其是产生法定代表人制度和经理代表制度时,也应当考虑到商法自身的一些特殊性。

就代理和代表制度在我国民商法中的法律渊源而言,《民法通则》和《民法总则》均规定了民事代理制度,这与德国民法和英美民法本质上并没有区别。在商事特别法方面,我国并没有德国《商法典》那样的对商事代理和商事代表人的专门规定,而仅仅是在《公司法》等商事组织法中规定了法定代表人制度。然而,《公司法》等专门法对法定代表人的规定,也仅仅是作了极为简单的规定,因此,对法定代表人制度的原理,也只能依据我国民法中的代理制度的原理进行阐释。对此,本书在后文有详尽的分析。

二、代理制度的起源

在人类社会和法律制度的历史长河中,代表制度和代理制度远远早于公司制度,代表制度和代理制度的适用范围也远远超出了民商法的范畴。因此,在展开本书的主题讨论之前,简要回顾一下代表制度、代理制度和公司制度的历史,交代研究的背景,是有必要的。

从人类社会中的个体角度以观,但凡不能事必躬亲者,都需要由另一个自然人代表不能亲躬之人,并由代言人“代理”完成某事,或者完成一系列事务。例如,中国人重“礼节”的传统由来已久。“送礼”,原则上应当亲自去送。但若遇到必须“送礼”以表达“礼节”然而又无法亲自送礼的情形,就只能找人代送了。送礼之人即是民法意义上的委托人,代为送礼之人即为送礼之人的代表人(受托人),也就是代理人。现代社会虽然支付手段便捷,微信支付即可代表送礼,但这只能说减少了事必亲躬的事务,代表和代理的需求则有增无减,这是因为现代社会高度分工,个人的许多事务需要委托专业人士代理完成,如解决个人之间的纠纷虽然可以不请律师,但是请律师代为打官司的需求还是存在的。

从人类社会的群体角度以观,无论是原始社会的部落制、酋长制,还是封建社会中的君王制、帝王制,其实都与代表和代理制度相关。酋长是部落群体的代表,代理部落事务;君王、帝王则是臣民的代表,代理封建国家的事务,君王、帝王声称是“替天行道”,这算是封建国家的君王、帝王代表制和代理制的“法理基础”。而在现代民主国家,实行人民当家做主,国家元首是国家的代表,政府首脑是政府代表人民处理政务的代表。可见,代理和代表的理念很早就有了,几乎在人类社会生活的所有领域都存在代表、代理的需求,并且很早就有了代表和代理的习惯法。但毋庸置疑的是,商事代表制度和商事代理制度则是随着商业兴起而诞生的。事实上,只有到了资本主义社会,商事代表和商事代理制度才真正形成起来。或者甚至可以说,资本主义制度的诞生与商事代表和商事代理制度的诞生有紧密的内在联系,其同时出现并非偶然。

而我们通常所说的代理制度,其实主要就是指民商事代理制度。正因为如此,甚至有学者指出,要理解商事组织法(公司法、企业法等法律),就不得不了解代理制度,因为代理法与商事组织法相互交织,如果不了解代理法对商业组织法的影响,就无法了解公司法乃至整个商法制度的全貌。因为,简单说来,“做生意就是通过他人做事情”（doing business means doing things through other people）。[①] 至于商事代表制度，更是与商业组织法有着紧密的关联。通过下属的有约束力的代表（legally binding representation through subordinates），[②]也即是通过（商业组织内的人）具有约束力的代表，如我国的法定代表人制度，这正是公司法、企业法的核心制度之一。

既然如此，那么商事代表、商事代理制度又是如何诞生的呢？在古罗马法中，并没有现代意义上的代理制度。我们发现，无论是在德国学者编著的《罗马法教科书》，还是我国学者翻译的《罗马法教科书》，均无对代理制度的相关论述。然而，这并不意味着，古罗马就没有商人，也不意味着，古罗马并没有代理的理念和实践。例如古罗马的男性头领制，与现代社会的商人交易习惯颇有几分类似。既然古罗马的商人也存在无法事必躬亲的烦恼，而且罗马已经出现了商业组织或者说类似于商业的组织，那么在古罗马的商业交易习惯中，就必定包括以他人之名签订合同和以他人名义从事生意往来的习惯规则。虽然我们无法考证当时的实际交易场景，但是有一个拉丁文术语透露了其中的玄机。这个拉丁文就是 per pro（以某人的名义），用今天的话说，即是总代表权。以下就是根据当时的交易习惯还原的交易场景：

一个家族式的古罗马企业生产某种产品（也有可能是奴隶贩卖），他代表该家族企业对外签订该产品的买卖合同（也有可能是奴隶贩卖合同）。由于奴隶或产品属于整个家族，而并非属于家族

---

① ［美］Theresa Gabaldon & Christopher L. Sagers, *Business Organizations*, Wolters Kluwer, 2016, p. 46.

② ［美］Theresa Gabaldon & Christopher L. Sagers, *Business Organizations*, Wolters Kluwer, 2016, p. 48.

头领一个人,因此,该头领只能以家族的名义贩卖产品或者贩卖奴隶。如何区分头领自己的买卖行为和头领代表整个家族的买卖行为呢?关键是看头领以谁的名义签订合同。如果该头领系以自己名义买卖自己所属的物品,那么他只需要在契约上签署自己的名字即可(也有可能是类似于我国古代的签字画押)。反之,如果该头领代表整个家族买卖家族所属的物品(如土地、甚至是奴隶),那么他就必须以家族的名义签字。在拉丁文中,"以某人之名",即是应当表述为"per pro"或"per procura"或者简写为"ppa."。何以为证呢?这个证据就是在以拉丁文为共同母语的国家,如欧洲国家和美国等国,依旧保留着这种签名的方式,尽管已经不常见了。

例如,在德国的商业交易习惯中,德国商人代表其商业组织或者他人签订合同时,仍然可以按照上述的拉丁文样式在合同上签名,表明他是代表他人或者商业组织签订商业合同。不仅如此,procura(德文 Prokura)作为一项正式的商业制度被写进了德国《商法典》,演变为"经理权"。这至少表明,在德国《商法典》诞生的时代,这种书写方式是非常常见的。众所周知,德国法深受潘德克吞法学(Pandekten)的影响,而所谓的"潘德克吞法学",无非就是德国法学学者通过自身梳理对罗马法的系统整理和再造。

这种拉丁文的签名的样式也见于其他西欧国家。在当代的商业生活中,虽然上述的拉丁文表述方式不再流行。例如,在与拉丁文同样有着天然联系的英语国家,虽然商人或者公司代表人签订合同时仍然可以采用上述的拉丁文样式,但是更为常见的样式则是英文"on behalf of"(以……名义)。毕竟拉丁文距离现今社会已经非常遥远,正如文言文对于当代中国而言同样遥远一样。

在德国,源于拉丁文 per pro 的"总代表权"最终演变为德国《商法典》中的经理权(Prokura)制度在其《商法典》第一编总则第五章(第48~58条)中具有重要的地位。与之并行的,还有《商法典》第一编总则第七章(第82~92c条)的"代理商(贸易代表)"(Handelsvertreter)和第八章(第93~104条)的"居间商"(Handelsmakler)制度。经理权、代理商(贸易代表)和居间商制度构成了较为严密的商事代表和商事代理体系,从而与民事代表(如民事合伙、社团的代表)和民事代理制度严格区分开来。商事总代表与民事代理的根本区别在于,前者遵循"权限法定"原则,后者遵循"权限约定"原则;前者需要经过商事登记,而后者无须商事登记。立法上进行这种区分的根源,即是为了照顾到商事交易的特殊性。①

顺便提及一下,有译者将德文 Prokura 译为"商事代理"②或者译为"全权代理人"。③ 这几种译法并非准确,相比之下"经理权"或"总代表权"或许更符合立法者的本意。根据 Romain 等人编撰的《德英法律与商业术语词典》,对德文 Prokura 的英文解释是:"general power of representation; per pro; collection endorsement",④据此,Prokura 的本意即是"总代表权"或"概括授权",其词源为拉丁文"per pro"或"per procura",相应地,德国《商法典》中所指的总代表人(Prokurist)或者说"总经理"应当是泛指一切商业组织的总经理,其权限类似于我国公司法中的"总经理",拥有广泛的代表

---

① [德]Brox H. ,*Handelsrecht und Wertpapierrecht*,Beck,2003,S. 83.

② 参见[德]托马斯·莱塞尔,吕迪格·法伊尔著:《德国资合公司法》,高旭军等译,法律出版社2005年版,第532页。

③ 参见[德]格茨·怀克,克里斯蒂娜·温德比西勒著:《德国公司法》,殷盛译,法律出版社2010年版,第174、794页"词条索引";杜景林、卢谌著:《德国商法典》,中国政法大学出版社2000年版,第1页。

④ [德] A. Romain, K. Macmahon, D. , Rutter: Dictionary of Legal and Commercial Terms[M]. German-English,C. H. Beck,1994,p. 618.

权。因此，于德国《商法典》的语境而言，该词译为“经理权”或“总代表权”最为贴切，因为授予经理权的人就是企业主（Unternehmer），而企业主自己则是该企业的“法定代表人”（gesetzlicher Vertreter）。倘若译为“商事代理”或“全权代理人”，那么就混淆了与德国《商法典》中“商事代表”并行的“代理商”（Handelsvertreter）制度。德国在《商法典》之外，又颁布了《股份公司法》和《有限责任公司法》，而在这两部对商业组织法而言最重要的单行法中，则规定了特别的代表制度。按照特别法优于一般法适用的原理，德国股份公司、有限责任公司中的代表制度，并不适用《商法典》中有关商事代表人的一般规定。

我国由于实行民商合一的立法例，缺少《商事通则》（或《商法通则》），因此没有“经理人”“代理商”“居间商”等法律所正式承认的术语。[①] 再者，由于商事组织单行法（《公司法》《合伙企业法》等）已经先于《商法通则》诞生，再单独规定商事代表已经没有太大的实际意义。至于商事代理（如代理商、居间商等）则可以准用民事代理法的有关规定。地方立法中，仅有《深圳经济特区商事条例》对“代理商”进行了规定。[②]

因此，无论从哪个角度来看，要解读公司法律制度，就必须首先了解商事代表和商事代理制度。

尽管德国有学者认为，商事代理制度早于民事代理制度，但这是德国的个案，并不能代表二者之间在其他国家、其他法系中又是如何相互交织的全貌，至于商事代理、民事代理制度与商事组织法

---

① 参见郑曙光、胡新建：《论我国代理商制度的立法构造》，载《宁波大学学报》（人文版）2009年第6期，第119~125页。

② 参见于新循：《论代理商：法律上的严格判断——以〈深圳经济特区商事条例〉为参照》，载《重庆工商大学学报（社会科学版）》2007年第3期，第88~91页。

中的商事代表制度三者之间何者为先，更是缺乏有说服力的论证。而民事代理、商事代理与商事代表制度究竟孰先孰后，则缺乏详细的考证，不过，这已经不重要了。

当代中国法律中的代表制度和代理制度，尤其是民商事代理制度和公司制度应当是从西方输入中国的，这似乎没有疑问。

在国外，根据一些学者的考证，代表和代理制度可谓源远流长。早在数百年、甚至是数千年前，广义的代理制度已经在古希腊、古罗马、伊斯兰法等法系中诞生了。① 不过，尽管代表和代理制度存在于众多的法系之中，但并非所有的法系国家在最初就将其称之为代理法，而是产生了一些具有相同功能的制度。例如，在古罗马法的著述中，合同就是特定的人之间的协议，按照这一思想，罗马的法律思想家很难接受对第三人有约束力的合同。但是，随着时间的推移，现实中的罗马法找到了允许有约束力的代表的多种途径，同时又避免了与罗马法思想家的学说相违背。例如，后来的罗马法允许罗马市民家族的男性头领通过其任何家庭成员，包括奴隶和其他仆人签订有约束力的协议。这就是古罗马法中的家族头领制（***Pater Familias***）。因此，古罗马法中尽管没有现代意义上的代理制度，但是，从罗马法的上述变通不难看出，它在事实上已经承认了代理制度。这同时也表明，正如罗斯科·庞德指出“书中的法与行动中的法”存在巨大的差距，而学说的假定则表明“法学理论如何在多重观点和多重行为的压力之下妥协”。②

① ［美］Theresa Gabaldon & Christopher L. Sagers, *Business Organizations*, Wolters Kluwer, 2016, p. 47.

② ［美］Pound R., “Law in Books and Law in Action”, *Am. L. Rev.* 12, 1910, p. 44.

三、古代中国为何没有诞生现代代理制度?

那么,中国情形又是如何呢?中国古代有没有现代民商法意义上的商事代表和代理制度?照理说,但凡有现代商业组织的地方,就必定有商事代表;但凡有商事交易的地方,就必定有商事代理。实际情形又是如何呢?

在中国的汉朝和唐朝,工商业就已经非常发达了。在汉武帝及之后的时期,出现了著名的《盐铁论》的争论,争论的焦点,即是当时的盐业、铁业等重要的工业是否应当收归国有还是应当保留私人所有、私人经营。那么,我们自然要追问,在汉朝,工商业组织内部的所有权关系和经营权关系是如何安排的,更为重要的是,当时工商业组织是由谁来行使代表权的?而在唐朝的鼎盛时期,中国已经是世界的商业中心,而且在那个时候已经出现了外国商人。我们自然又要追问,既然在唐朝,商业交易已经非常发达,那么必定就会有相应的商业交易制度,包括代理制度,如果没有正式的商业交易制度,也必定会有相应的包括商事代理在内的商业交易惯例。

然而,假设归假设,历史归历史。研究发现,出于种种原因,中国古代并没有出现现代意义上的代理制度,而是止步于居间制度,即驵侩和牙人制度。

中国传统社会长期处于自给自足的小农经济状态,商品流通和商品交换关系始终处于以家族为基本单位的小农经济所必须和必要的范围之内,使商品经济无法得到长足发展。然而这种必须和必要的商品交换与商品流通模式却依然要面对日益增加的交换主体客观条件或主观能力等方面事实上的不足,使代其从事和完成交换活动成为可能。早在先秦时代,受他人之托,为他人办理买卖交易并收取报酬便成为一种民间职业,并已见诸史料的记载。《吕氏春秋·尊师》中载“段干木,晋国之大驵也”;[①]《史记·货殖列传》也有“节驵会”的记载。[②] 其中,“驵”,考其意,《说文解字》云:“驵,牡马也。……一曰马蹲驵也”,[③]本意为雄马,引申为壮马,好马之意。这里“驵”或“驵会”(其中“会”为“侩”的通假),应为从事说合马、牛等重要物资交易的中介人。因此,可以认为,至迟到汉代,“驵侩”作为一种职业,实为受人之托,代其获取交易信息,为交易的达成而居中牵线和促成者。到唐代,驵侩的业务范围已经扩大到动产和不动产交易的各个领域,据明初陶宗仪《南村辍耕录》所载:“今人谓‘驵侩’者为‘郎’,本谓之‘互郎’,谓主互市事也,唐人书‘互’作‘牙’,‘互’与‘牙’字相似,因讹而为‘牙’耳”,[④]由此,“驵侩”的称呼也为“牙人”或“互郎”所取代。

从某种意义上说,代理关系实为一种信任关系,是被代理人基于对代理人的信任与信赖,就某事项与代理人达成的信任关系,此种意义尤其体现在委托代理中。在中国传统社会,社会信任结构乃是一种以家族关系为主的结构模式。在这种以家族为单位所构成的熟人社会里,人们往往较为容易与基于血缘和地缘关系所形成的所谓“熟人”形成信任关系,而对于超越血缘和地缘关系的“陌生人”则普遍缺乏信任的理由和基础。这一现实导致中国传统社会长期无法形成对于商品交换所要求的普遍主义的信任关系。因此,传统社会中因家族亲缘关系而导致信任关系所形成特殊的地缘结构,商品交易与流通的范围一旦超出这一亲缘与地缘范围,则

---

① 《吕氏春秋》,上海古籍出版社2014年版,第774页。

② 《史记·货殖列传》载:“通邑大都,酤一岁千酿……佗果菜千钟表,子贷金钱千贯,节驵会,贪贾三之,廉贾五之,此亦比千乘之家,其大率也。”参见(汉)司马迁著:《史记》,学苑出版社1999年版,第725页。

③ (汉)许慎著:《说文解字》,岳麓书社2006年版,第201页。

④ (明)陶宗仪著:《南村辍耕录》,文化艺术出版社1998年版,第158页。

困难重重,成本陡增。在此背景下,一种能够获得交易方信任,并且熟悉对方交易偏好、习俗和禁忌等各类信息的中介人的需求便应运而生。驵侩或牙人便是弥补传统社会中因亲缘关系而形成的地缘信任关系导致交易不能和不足的重要角色。与此同时,行业分割与阻隔也是驵侩或牙人产生的重要原因。传统社会中的市籍、行会等制度不仅限制了人的经济行为和商业活动,也限制了商品的自由流通,形成事实上的行业壁垒与阻隔。在制度重压下,寄望于通过第三方缓解和弥补受限的商事活动和越过行业壁垒实现交易的达成,则使驵侩或牙人的产生和发展成为可能和必需。

驵侩或牙人固然与代表或代理存在区别,但其受人之托协助他人以促成交易,并因此获得报酬的职业功能定位足以说明,在古代中国,经济领域已经较早出现了因自身主、客观原因的局限,必然求助于他人以完成某项交易事务的现象,这与代理或代表的产生存在原因上的重合之处。

北宋中期,随着商贸活动的日益增长,牙人数量和业务范围都得到显著增长。为规范牙人及其受托行为,宋代专门制定《牙人法》予以管理。① 宋代的牙人除传统的居间业务外,有的还接受官府的委托,从事代理业务。据《宋会要辑稿·食货》载:

> (高宗绍兴六年)二十三日诏:“太府寺置牙人四名,收买和剂局药材,每贯支牙钱五文,于客人卖药材钱内支。如入中,依市直定价,责牙人辨验无伪滥勘充修合状,监官再行审验,定价收买。如受情中卖伪滥,牙人例外收受钱物,许人告,每名支赏钱五十贯,并依伪滥律断罪。及官知

① 参见孔庆明著:《中国民法史》,吉林人民出版社1996年版,第385页。

情,各与同罪;不觉察,减二等。”五月十五日,朝旨:每贯于客人处更支牙钱二十文。以无人应募也。①

从上文可知,牙人受太府寺委托,向和剂局收购药材。牙人须尽辨验之责,确保药材“无伪滥勘充合状”后,经太府寺监官审验,方可定价收购。此为一典型的委托代理关系个案。代理人须在标的物价格、质量等方面尽代理之义务,并在监官的审验监督下,完成代理收购事项,其委托代理费用——“牙钱”则从客人卖药材货款中按比例给付。其中,作为被代理人的监官审验环节的设置,应当是委托关系双方信用关系的一种补充,这是其与现代代理制度的不同。对代理人与对方“暗中勾结”,损害被代理人利益的行为,诏书中也明确列明代理人应承担的法律责任。此个案不仅是宋代牙人业务扩张的证据,也说明宋代牙人已经参与官府的经贸活动。

实际上,唐宋以降,牙人逐渐被纳入官府的商业社会控制体系,由原本单纯受雇和服务于委托人,为促成交易提供信息和便利的服务者,变为受雇于官府,代收商课杂税,维持市场秩序,预防和调处商业纠纷的“准管理者”,随着牙人组织——牙行在元代的正式出现,“准管理者”角色的功能越发得到强化,到明清时代更为突出。纳入官府的所谓“官牙”或“官设牙行”以官府之名行使管理和维护商业运行之权责,俨然已是受托于官府的委托代理人——从该意义上观之,中国传统时代的商业领域虽未曾出现现代意义的代理,却因官府对商业和市场的限制和管控,出现了类似于现代代

① (清)徐松著:《宋会要辑稿》,刘琳等校点,上海古籍出版社2014年版,第7261页。

理制度的委托代理现象，只是这一现象中，委托代理人仅限于官府，而代理人则是为数相对众多的牙行。

综观中国传统社会四千余年，商品交换领域何以始终未能出现代理人或代表人之现象，甚至制度，而仅存在类似于现代居间人或行纪人之制度？课题组认为，或与传统时代长期存在的家族制小农经济，以及统治者重农抑商、极力维护农业之根本，并以公权力直接干预商业活动，从而形成有效的商品经济和市场秩序的社会控制机制有关。

首先，在小农经济时代的古代中国，由于商品交换只是作为自然经济的有限补充，因此，大多数商品交换朴素而简单，基本不需要专门技能和特殊信息便能完成，无需假以他人；同时，跨区域和多边贸易等复杂商品交易的达成委以普通人的情形不可靠也不现实，往往只能交给具有行业优势的专业人士，而“驵侩”或“牙人”等专业人士以自己名义相机促成交易达成，乃是成本与风险最小、法律关系相对简单，而效率又较高的一种做法。相较于商品经济发达的古罗马社会，在商品交换朴素而简单的古代中国，代理这种相对复杂而又精妙公平的制度设计尚不具备萌芽和生长的土壤和需求。

其次，古代中国是一个农业社会，统治者始终将农业和农业从业者数量的相对稳定作为其统治基础，这一现实必然使统治者将商业和市场的活跃度控制在可接受的范围，并始终将其作为农业的辅助与补充；不仅如此，为了始终维持商业之于农业的辅助地位，并使之成为财政税收的来源，随着社会的发展和商业的逐渐繁荣，统治者更是通过公权力直接干预和控制市场和商品流通，诸多桎梏和限制都使商品交易与市场的参与者无由产生创设新兴制度的火花。

最后，中国传统社会长期以“户”这一以家族血缘纽带维系的特殊团体为民商事活动的基本主体，作为以自然人存在的个体既没有法律地位，也没有主体资格。课题组认为，在牙行未出现之前，作为民间个体存在的驵侩或牙人，以其个人行为完成居间事务实为因应这一现实状况的权宜之度——驵侩或牙人仅是通过自身行为促成具有法律主体地位的双方达成交易，他无法成为与交易双方同等的、具有独立法律地位的一方当事人，也无需承担法律责任。而在代理关系中，无论自然人或法人，代理人与被代理人一样，都是平等的民商事主体，两者的权利义务须通过委托关系或法律规定予以明确，代理人违背被代理人利益，或超出代理权限的代理行为，须向被代理人承担法律责任。随着牙行组织的出现，牙行以自身名义为受托人利益而为之行纪行为才得以普遍，这恰恰说明牙行而非牙人才是独立的民商事主体。然而在牙行出现以前，驵侩或牙人的实践已有千余年历史。路径依赖的结果是，牙人队伍继续壮大，进而形成团体，官府通过赋予其法律主体资格和相应管理权责，从而能够通过该类团体对商业活动和市场进行有效的社会控制。而一种纯粹服务于商品交易又完全无涉政府利益的商业代理制度，则无法在中国整个小农经济时代的法律中孕育。

由此可见，古代中国的确诞生了居间商（Handelsmakler）制度，但现代意义上的代理制度并未在古代中国出现。我国现行的代理制度，其实是从西方移植过来的，尤其是经由德国、日本的民法制度的引进而引入的。

第二节　公司的诞生、虚拟法律人格与代理制度的关联

一、公司的诞生与虚拟法律人格带来的公司治理问题

与代表和代理的理念、学说和实践相比，现代公司制度的出现

至少晚了上千年，尽管有学者认为，现代公司制度的雏形其实在古罗马时期或许就出现了，这就是被称之为“康曼达”（commenda）①的商业组织。在罗马法中，也的确存在“法人”（corporazione）和“社团”（associazione）这样的概念，并被罗马法赋予了与自然人并列的现实存在体。②

不过，现代意义上的公司制度，根据学者的考证，则是发端于1600年前后的荷兰东印度公司（East India Company），以及后来的海洋霸权国家英国、西班牙、葡萄牙各自效仿荷兰设立的东印度公司。③ 由于西欧国家造船业和航海业的发达，西方殖民者通过舰船和枪炮打开了印度和中国等东方国家的国门，以获取印度的香料、中国的丝绸和瓷器。所以，当时东印度公司不仅有权从事贸易，而且有自己的军队和法庭，它根本就不是现代意义上的商事公司，也只有经过英国女王特许才能设立。

不过，东印度公司所实行的股份制，无疑为英国于《1850年股份公司法》的诞生奠定了基础。随着大英帝国在全球的不断扩张，现代公司制度也不断地被输入全球各地。正是由于股份制的推行，美国才有能力修建全国的铁路网。股份公司制度因此被卡尔马克思誉为“人类社会最伟大的发明之一”。

尽管现代公司制度在18世纪就诞生了，但是，关于公司的本质，以及为何人类历史上会诞生商业组织，尤其是为什么必然会出现公司这一商业组织形态的这些重要问题的研究，则是在19世纪

---

① ［日］大塚久雄著：《股份公司发展史论》，胡企林等译，中国人民大学出版社2002年版，第45页。

② ［意］彼得罗·彭梵得著：《罗马法教科书》，黄风译，中国政法大学出版社2005年版，第50页。

③ ［日］大塚久雄著：《股份公司发展史论》，胡企林等译，中国人民大学出版社2002年版，第293、391页以及428页以下。

之后的事情了。

关于这方面的研究，首开先河的就是著名经济学家罗纳德科斯，科斯在 1937 年发表的《企业的本质》(*The Nature of the Firm*)① 一文，奠定了公司本质论的基础。科斯从交易费用（transaction cost）的角度，论证了为何人类历史上必然会出现公司②。

西方学者认为，所谓企业，就其本质而言，其实不过是由一组契约链(Nexus of contracts)有机组合成的商业组织，由于这种商业组织内部存在严密的分工，实现了资源的优化配置，因此，它相比单纯从市场上购买材料，然后再进行简单化生产，更能有效地节约交易成本。契约链学说也因此成为英美公司法教科书中对公司本质解读的奠基学说，后来则发展成为公司治理中的利益攸关方学说（stakeholder theory）③。

众所周知，公司具有独立的法律人格和独立的法律人格和独立的法人财产权，公司与自然人一样具有自己的名称，具有独立的行为能力和权力能力，公司独立于股东承担民事责任，而股东仅以其出资额为限对公司的债务承担责任，这就是有限责任制度，公司制度的另一大基石。对公司的独立法律人格进行解读的，是另一位经济学人。他指出，无论是自然人以自己名义做生意，还是自然人以公司的名义做生意，其实并没有本质的区别。④ 既然如此，为

---

① ［美］Coase R. H.，"The Nature of the Firm"，*Economica* 4（16），1937，pp. 386-405.

② ［美］Harrison J. L.，Theeuwes J，*Law and Economics*，New York：WW Norton & Company，2000 p. 65.

③ 参见吴越：《公司人格本质与社会责任的三种维度》，载《中国政法大学学报》2007 年第 6 期。

④ ［美］Dean J.，Directing Public Companies：Company Law and the Stakeholder Society，Routledge，2001，p. 36.

何自然人做生意，要承担无限责任，而自然人以公司名义做生意，就可以享受有限责任的特权呢？这一切都要归因于现代社会的法律，现代公司法将公司“人为”（artificial）塑造一个具有独立人格（separate personality）的实体（entity）。换言之，公司的独立人格完全是由法律制度虚构（Fiction）的，公司法人也不过是“虚构的人”（artificial person）。

至于有限责任制度的利弊，从其诞生的那天开始，有关的争论就没有停止过。一方面，股东有限责任将以公司名义做生意的风险、投资创业的风险与投资者自身的风险隔离开来。正是有了有限责任制度，才使投资者可以放心地投资创业。但另一方面，股东有限责任制度从诞生那天起，也助长了投资者的投机行为，引发了投资者的道德风险，再加之近年来全球性的公司资本制度改革，由法定资本制向认缴资本制过渡，空壳公司、皮包公司、骗子公司大行其道。

正因如此，既然以自己名义做生意和以公司名义做生意本质上并没有区别，如何在发挥有限责任的制度优势的同时，堵住有限责任制度存在的漏洞？这其实是一个长期的讨论话题。除了公司制度中的刺破公司面纱（公司人格否认）制度之外，大致说来，还有董事、高管的义务与责任制度，同时还有激励制度等辅助性的制度。这些制度都有助于解决有限制度本身存在的难题。

二、代理学说与公司治理难题的化解

在这些事关公司独立人格和股东有限责任制度众多配套制度中，有没有一个整体上的理论阐释，一个统一的理论分析框架，可以统领这些制度呢？答案就在代理学说当中。

鉴于公司的法律人格是法律虚拟或者说拟制的，因此，在英美的公司法著述中，公司内部和外部各种代表或者代理公司行事的人，都不过是公司的代理人（agent）。正如大法官卡恩斯（Lord

Cairns)于1866年指出,公司董事"不过是公司的代理人",理由是"公司不能以自己名义行事,因为它不是(自然)人;它只能通过其董事行事,并且实际情况是,就董事而言,不过是普通的委托人和代理人而已"。① 公司的身份为虚拟人格,导致了在公司领域代理概念的诞生;所有权和经营权的分离因此是基于代理法的一般原则。也即,公司的运转始于董事的管理权,而这种权限则源自于公司与董事间的代理关系。在代表公司交易当中,董事以公司代理人身份行动。其余的公司高管之所以能够让公司受一项交易的约束(也即,以公司代理人身份行动),是因为这样做的权限已经从董事向下传递至此。因此,所有的公司高管,除依据公司章程享有权限的之外,都可以将其为公司行事的权限溯源至董事的权限。

通过代理学说来诠释公司治理,并通过代理学说来明确公司的各种代表人或者代理人的义务和责任,可谓抓住了公司治理的核心。

首先,从公司内部法律关系来看,依据代理法,代理人、代表人对公司负有信义义务(fiduciary liability)和勤勉义务(due diligence)。在公司法中,代表人和代理人的信义义务具体就表现为公司的董事、高管甚至普通员工对公司的法定义务,尤其是董事、高管行为禁止义务。②

当公司的董事、高管等代理人违背其对公司的信义义务和勤勉义务时,就有可能产生对公司的法律责任,这种责任可以是侵权

---

① [澳]G. E. Dal Pont, *Law of Agency*, Butterworth, 2001, pp. 32-33.

② [英]Simon Mortimore Q. C., Company Directors: Duties, Liabilities, and Remedies, Oxford University Press, 2013, p. 221.

责任(tort liability),也可以是合同责任(contract liablity)。①

其次,从公司的外部关系来看,公司的代表人和代理人与公司的交易相对人,同样负有代理法上的义务,即代理人和代表人与公司相对人交易时,同样应遵循其信义义务,倘若公司代表人或代理人违背其法定的代表授权或者约定的代理授权,超越其权限而代表公司与交易相对人交易,在交易相对人善意的情况下,其责任虽然由公司承担,但是,同样面临公司的内部追责;在交易相对人不为善意的情况下,则公司可以以此对抗交易相对人,从而免除公司自身的法律责任。此时,根据缔约过失责任和过错责任原则,公司的代表人或代理人应自己根据其过错程度向交易相对人承担法律责任。

由此可见,代理学说和代理法原理才是统领公司治理问题的钥匙。其实,从经济学的角度以观,公司治理的首要任务,就在于解决代理成本(agency cost)高昂的问题。在当代各国的公司治理中各种顽疾,如财务造假、寻租行为、浪费等,都有待通过强化公司代理人的义务和责任来解决。另一方面,则是通过对公司代理人(如高管和员工)的激励制度来解决对代理人的监督成本高昂的问题。②

总之,代理学说和代理制度是打开公司法的万花世界的一扇窗口,是解决公司治理难题的一把金钥匙。

---

① [美] Hamilton R. W., Macey J. R., Moll D. K., *The Law of Business Organizations: Cases, Materials, and Problems*, West Academic Publishing, 2014, pp. 19-33.

② [美]舍温·罗森:《交易成本与内部劳动力市场》,载[美]威廉姆森、温特主编:《企业的性质》,商务印书馆2007年版,第104~108页。

第三节　公司代表代理授权与行为归属的基本原理

无论是公司的代表人,还是公司的代理人,其以公司名义从事法律行为时,都必须有授权(authority,Vollmacht)。本节重点探讨这种授权的性质、种类和范围,在此基础上,再探讨公司代表人与代理人的行为归属,即这种行为到底是归属于公司,还是归属于行为人个人。

为研究方便,本课题仅仅选取英美法系中美国公司法、英国公司法和大陆法系中的德国商法与公司法作为代表性样本进行论述。

一、公司代理授权的表现形式

(一)美国代理法中的代理授权形式

根据美国代理法,代理授权的表现形式通常有三种,即实际授权、表见授权以及固有授权。

1. 实际授权

实际授权(actual authority),根据美国2006年《代理法重述(第三版)》,通常也叫明示的授权(express authority),即被代理人通过向代理人发出明确的意思表示,由代理人在与他人交易时,作为被代理人的代表人。① 实际授权或者说明示授权不但是民事代理中最典型的授权形式,同时也可以广泛地用于公司中除董事长、总经理等拥有广泛的概括授权的其他普通代理人的权限范围。例如,公司副经理、部门经理的权限,即可根据公司法定代表人或者

① [美] Restatement(Third) of Agency, § 6.01; § 6.03(2006).

公司章程对副经理、部门经理的实际授权范围进行确定。

2. 表见授权

表见授权(apparent authority),根据2006年美国《代理法重述(第3版)》第2.03条和第3.03条的规定,是指被代理人向第三人发出的另一人代表被代理人行为的意思表示(apparent authority arises from the manifestation of a principal to a third party that another person is authorized to act as an agent for the principal)。① 表见授权通常不是明示的授权,而是通过被代理人的言行推导出来。换句话说,倘若被代理人通过某种言语或者行为,导致一个理性的第三人(a reasonable person in a third party's position)相信代理人(或其他人)有权以被代理人的名义行事,那么就构成了表见授权。

由此可见,实际授权或者说明示授权是由被代理人向代理人发出的意思表示;反之,表见授权则是由被代理人向第三人(交易相对人)发出的意思表示或者一种默示的状态,这就是明示授权与表见授权的根本区别。② 与此同时,即使不存在被代理人和代理人关系,也有可能产生表见授权。例如,当被代理人向第三人错误地表示他的代理人另有其人时。

表见授权学说,或者说表见代理学说,无论是在国外的司法实践还是在我国的司法实践中,都是诠释公司代表人越权行为的归属的重要学说。在公司法理中,对公司代表人越权的理论阐释,即是借鉴表见代理学说而诞生的表见代表学说。这在我国最高人民

---

① [美]Restatement(Third) of Agency, §2.03; §3.03(2006).

② [美]Hamilton R. W., Macey J. R., Moll D. K., *The Law of Business Organizations: Cases, Materials, and Problems*, West Academic Publishing, 2014, pp. 27-28.

法院的司法实践中,也有所体现。①

3. 固有授权

固有授权(Inherent Authority),在1958年美国《代理法重述(第2版)》中属于独立于明示授权和表见授权的一个专门的授权种类。② 所谓固有授权,一般是指总代理人(general agent)或者说概括代理权人在交易相对人面前所拥有的代表被代理人从事法律行为的权限,③被代理人不得以没有明示授权范围为由反悔。但鉴于固有授权仍然与表见授权存在千丝万缕的联系,因此在2006年美国《代理法重述(第3版)》中,没有再规定固有授权。

不过,有关固有授权的理论和学说却并没有因此而停止。这是因为,在阐释公司代表人的权限和公司代表人的行为能否约束公司时,"固有授权"学说仍然有其市场。例如,在美国的判例和学说中,固有授权经常被用于解释公司的首席执行官的权限。按帕尔默(Alan R. Palmer)的观点,所谓"固有授权",即是基于公司董事长或首席执行官的法定身份(status),④因而不是基于某种推定,因此,与默示的授权或推定的授权存在根本的区别。例如,法院判定某公司对其董事长一再声称未经董事会授权而签订的购买一宗土地的合同承担责任,理由是这种买卖行为在公司通常的授权范围内,也即法院认定其董事长的"身份"即足以表明其获得了授权。⑤二从美国判例法来看,固有授权规则仅适用于认定公司董

① 参见最高法(2017)民申179号判决;详情请参见本书其余部分的论述。

② [美]Restatement(Second) of Agency, § 8A(1958).

③ [美]Restatement(Second) of Agency, § 161(1958).

④ [美] Palmiter A. R., Corporations: Examples and Explanations, Aspen Publishers, 2013, pp. 508-512.

⑤ [美]Menard, Inc. v. Dage-MTI, Inc., 726 N. E. 2d 1206(Ind 2000).

事长(或首席执行官)在无明示授权情形下与第三人交易合同的有效性,而不适用于其他公司高管或授权代表,这是其他规则的另一重要差别。其理由在于,非法律人士都会理所当然地认为董事长拥有从事(一切)正常商业交易(normal business transaction)的权限,甚至也拥有从事非常规交易(extraordinary transaction)的权限。而实际情况是,当今美国公司的董事长通常只拥有"有限的、日常的、常规的交易权",这大约是源于董事会的集体管理决策体制的影响。这种名不符实的狭隘的董事长权限往往导致第三人处于不利地位,以至于实践中第三人不得不"羞辱董事长,要求其展示公司的授权"。[①] 第三,按照上述规则,一些法院将董事长的"固有授权"范围扩大化,尤其是当公司与第三人交易后,公司企图以董事长缺乏授权为由躲在背后,而让董事长在债权人面前充当公司的挡箭牌的情形。有的法院甚至将"固有授权"规则扩大适用于某些非常规交易,但判例法则是自相矛盾的,如在董事长是否拥有与第三人签订长期甚至是终身的雇佣合同的权限方面,判决并不总是一致的。[②] 可见,该规则在美国的判例法实践中也存在缺陷,因而不得不借用"常规交易"和"非常规交易"等辅助规则进行修正。

总之,固有授权学说尽管从代理法本身的角度来看可能存在这样那样的缺陷,但在其用于阐释公司董事长、总经理的代表权限时,仍然有其作用。课题组认为,"固有授权"尽管不是民事代理法中的一个专门的种类,但是,由于"固有授权"学说通常用于阐释董

① [美]Hamilton R. W., *The Law of Corporations in a Nutshell*, West Pub. Co,2000,pp. 274-275.

② [美]Hamilton R. W., *The Law of Corporations in a Nutshell*, West Pub. Co,2000,pp. 274-275.

事长、总经理的代表权限问题，而董事长、总经理的代表权限往往又是法定的，因此，从某种意义上说，代理法中的固有授权，在公司法中，其实就是“法定授权”，这从公司法中的“法定代表人”概念即可看出。

（二）德国民商法中的代理授权形式

如前所述，在德国民法和商法中，无论是民事代理，还是商法中的公司、企业代表，与英美代理法和商业组织法一样，其代理权限或者代表权限，均产生于授权（Vollmacht）。

依据德国《民法典》的规定和德国民法的一般原理，民事代理授权也可以分为明示授权和表见授权两个大类。与美国代理法不同的是，根据德国《民法典》，表见授权（Anscheinvollmacht）往往是与默示授权（Duldungsvollmacht）相提并论的。① 这种提法更接近我国的代理法学说。在一份判决中，德国联邦法院也认为，默示授权与明示授权其实没有区别。在该案中，某公司一名员工多年以来一直被任命为公司的授权代理人，该员工授权律师代理本公司的一桩官司。② 该员工的多年的代理人身份导致相对人有理由相信他有权代表公司聘请律师打官司，尽管实际上公司并没有授权他聘请律师代理官司。

二、公司中的代表人和代理人种类

在英美法系国家（或地区），合伙企业或者有限合伙企业也实行业务执行人，也即执行合伙人（executive partner）有权对外代表企业。与此同时，合伙企业当然也可以聘任经理（manager）。而在公司当中，由于英美法系国家的公司法并未像德国那样分别对股

---

① ［德］Alexander Scheider，Vollmacht im Unternehmen，Gabler，2005，S. 21.

② ［德］BGHZ 86，273，275.

份公司和有限公司进行立法，而是在同一部公司法中统一规定公司制度，公司的股份可以自由转让的，称之为公众公司（publicly held corporation），股份不能自由转让的，称之为闭锁公司（closely held corporation）或者“私人公司”（privately held corporation）。鉴于此，在英美法系国家，无论是公众公司还是私人公司，原则上都要建立董事会（board; management board），仅在公司规模较小或者股东人数较少的私人公司中，可以不设董事会而只设立独立董事。由于在英美法系国家的公司，尤其是公众公司中，董事会的成员被区分为执行董事和独立董事（外部董事），顾名思义，执行董事（executive director），即是公司中执行业务的董事。执行董事有权单独或者联合（其他董事或者公司秘书）对外代表公司。当然，在英美法系国家的公司，还有广为熟悉的“首席执行官”（CEO，chief executive officer），其权限类似于我国公司生活中的总经理，但其实际权限比总经理大，因为首席执行官通常是董事会成员，而总经理未必一定是董事会成员。倘若该首席执行官同时担任董事会主席（chairman of board），那么其权限则类似于我国公司生活中的“董事长兼总经理”。

大致说来，公司中的代表和代理制度，有集体代表制和个人代表制的区分，在个人代表制度中，又有单一代表制和共同代表制的分别。下面分别论述。

（一）以董事会为中心的集体代表制

根据英美法系国家公司法学者的解读，公司的董事会当然代表了公司，理由是公司董事会的集体决策不但对公司有约束力，而且对有关的公司第三人也具有约束力。

以美国《示范商事公司法》（MBCA）为例。该法第8章之8.01条（b）款规定：公司的一切权力（能力）都应当由董事会行使或者依据董事会的授权行使，公司的商业和事务应当由董事会管理或者在董事会的领导下进行，并受董事会监督，并受初始章程中的限制或者依据第 7. 32 条中的股东协议的授权的约束。① 为此，该法的官方评论指出：

“这里的各种表述其实对应了不同类型的董事会运作与公司管理模式。例如，在某些闭锁公司（closely held corporation）中，董事会可能会直接介入公司的日常商业和事务管理（involved in the day to day business and affairs）。这种情况，即是‘由（by）’董事会行使管理权力。但是在更多的其他公司中，公司的管理则是‘在（董事会）的领导和监督之下（under the direction, and subject to the oversight, of…）’进行的，因为此时的公司管理运作被委托给了（delegation）执行官（executive officer）和其他职业经理人（professional managers）。”②

从以上的法律规定和官方评论不难看出，董事会作为一个集体，系公司天然的法定代表机构，它既可以自己行使公司的管理权和代表权，同时也可以委托公司的执行董事或者职业经理人代行管理权和相应的公司代表权。

类似地，依据德国《股份公司法》第 76 条，董事会负责独立经营管理公司，只有在董事会要求时，股东大会方可“过问”公司的管

---

① ［美］MBCA § 8. 01（b）：All corporate powers shall be exercised by or under the authority of the board of directors of the corporation, and the business and affairs of the corporation shall be managed by or under the direction, and subject to the oversight, of its board of directors, subject to any limitation set forth in the articles of incorporation or in an agreement authorized under § 7. 32.

② ［美］Charles R. T. O'kelley & Robert B, *Corporations and other Business Associations: Selected Statutes, Rules and Forms*, Thompson, Wolters Kluwer, 2014, pp. 73-74.

理事务。而根据德国联邦法院的判决,公司的某些事务的决策权尽管属于股东大会的“权限保留”,但公司依据董事会决议已经与第三人缔结交易的有效性,则不会因此受到影响。① 在我国,虽然《公司法》未明文规定董事会的集体代表权,但在实践中,董事会的集体决议,当然可以代表公司,尽管董事会的某些决议需要得到公司股东(大)会的进一步批准和授权,但是,一旦董事会的决议得到了执行,出于维护交易安全的考虑,通常也并不会因为缺乏股东(大)会的批准而影响到有关的交易。由此可见,我国《公司法》中也同样隐含着董事会集体代表公司这一法则。

(二)以董事长、总经理为中心的个人代表制

尽管董事会作为一个集体,可以全权且无限制地代表公司,但鉴于小公司可以不设董事会,而大公司中董事会又必须授权高管和职业经理人经营管理公司,因此在实践中,个人代表公司的做法更为普遍。下面分别论述。

1. 法定代表人与经理人(法定概括授权)

它是指由商法以及公司法规定的代表人,为与我国《公司法》中规定的狭义“法定代表人”相区别,本书在此处特别用“法定的”代表人以示区别。商法中规定的“法定的”代表人主要是针对非公司制的企业的代表,它包括了个体企业主、合伙企业以及有限合伙企业中的业务执行人(Geschaeftsfuehr)或者说“执行合伙人”。根据德国《商法典》,除个体企业主、合伙企业以及有限合伙企业中的执行合伙人之外,上述企业的法定代表人即企业主也可以聘请经理人,授予广泛的经理权(Gesamtprokura,即总代表权)。② 因此,经

① [德]BGHZ,II ZR 174/80.(25.02.1982)

② [德]Alexander Scheider, Vollmacht im Unternehmen, Gabler, 2005, SS. 56-58.

理人(Prokurist)无疑也是企业的代表人。只不过,在公司制企业中,尤其是在股份公司中,由于董事会负责自主独立经营(德国《股份公司法》),因此,可以认为,在德国,股份公司实行董事会(Vorstand)集体代表制。也就是说,在德国的股份公司中,每一位董事都可以单独或者联合代表公司行事,而德国股份公司中的董事会主席(Vorsitender des Vorstands)的权限,有点类似于我国《公司法》的"担任法定代表人的董事长"。

至于德国的有限责任公司,根据德国《有限责任公司法》的规定,有限责任公司的代表制度更接近于合伙企业的业务执行人制度,这是因为,德国的《有限责任公司法》的诞生晚于《股份公司法》和《商法典》,立法者当时制订《有限责任公司法》就是希望建立一种介于股份公司和合伙企业之间的企业组织形式。也正因如此,德国式的有限责任公司(GmbH)被德国学者称之为"杂交物",而在德国有限公司的组织和管理架构上,更接近于德国的合伙企业。因此,与股份公司的组织架构相反,德国的有限责任公司并不实行董事代表制,而是实行业务执行人制度,即由一个或数个业务执行人对外代表公司。

这里有必要专门论述一下德国《商法典》中所特别规定的"经理权"。经理权(Prokura)与(商事)代理权(Handlungsvollmacht)存在着区别。尽管两者都是在德国《商法典》(Handelsgesetzbuch, HGB)第一编中,有关经理权的规范在《商法典》第48条至第53条,而有关(商事)代理权的规范则是从《商法典》第54条开始的。相比之下,经理权的范围比代理权的范围大,而代理权的范围则是受到限制的。

经理权要求通过法律行为以特别形式授与经营代表权。《商法典》对经理权的权限范围予以了准确的界定。德国学者认为,从原则上说,对经理权也可以适用德国《民法典》(BGB)第164条意义上的有关民事代理(Stellvertretung)的一般规定,①从这里也不难看出,经理权在本质上仍然属于民事代理关系,我们可以将其视为普通民事代理授权之上的一种特别的授权。根据《商法典》第48条第1款,经理权必须通过明示的(ausdrueecklich)声明授予。不过,法律并没有规定授予经理权所采取的特别形式。因此,口头任命属于有效。尽管这种口头授权也必须进行商事登记,但是这种口头授权仍然有效,因为法律没有规定经理授权采用特殊的形式,即书面形式并非必须。因此,尽管《商法典》第53条第2款1句要求经理权应登记,不过,德国学者认为,这种登记只具有宣示性质。② 由于经理权属于广义授权之中的一种特殊形式,因此必须企业主亲自以明示的方式做出声明。即使经理授权可以无形式上的要求,但是默示授权规则不可能适用于经理授权。因此,《民法典》中有关容忍授权(默示授权)或者表见授权的规定,并不适用于经理授权。不仅是个体企业主,合伙企业与有限合伙企业都可以授予经理权。出于未成年人保护之目的,授予未成年人经理权必须由监护法庭根据《民法典》第1822条第11项予以特别许可。

第一,经理权的效力与范围。通过经理授权,经理人有权在"从事商事营业所必需的范围内"③从事法庭内核法庭外的一切法律行为。直白地说,经理授权就是"信任授权"。经理人在企业中的经营权利极为广泛,几乎就跟企业主自身的权利一样。例如,经

① [德] Andreas Wien, Handels - und Gesellschaftsrecht, Springer Gabler, 2013, S. 49.

② [德] Andreas Wien, Handels - und Gesellschaftsrecht, Springer Gabler, 2013, S. 49.

③ [德] Hopt K. J., Merkt H., Baumbach A., Handelsgesetzbuch; 34, Auflage, München, 2010.

理人有权签订采购合同、接受贷款、聘用或者解聘职员。换句话说,经理人几乎可以从事企业主可以从事的一切事务。经理人不享有的职权仅仅限于几种特殊情形。例如,根据《商法典》第49条第2款,经理人无权转让或者企业的不动产,或者为不动产设置负担(如抵押),除非他为此获得了特别的明示授权。此外,经理人也无权签署企业的年报、无权变更企业名称(商号)、无权就停止营业或者转让营业进行商事登记、无权申请企业破产;同时也无权再次授予他人经理权。以上对经理权的限制都是法定的,因此,可以称之为法定限制,这同时也表明了经理权与企业主的权利或者商事营业的持有人的权利的根本区别。除此之外,颇受争议的一个话题是,能不能在对经理人权限的法定限制之外通过合同的方式再次限制经理人的授权范围。

在讨论授予经理权的效力以及可能的权限限制时,有必要区分企业的外部关系(Aussenverhaeltnisse)与企业的内部关系(Innenverhaeltnisse)。一方面,在企业的内部关系中,企业主完全可以通过聘用合同限制经理人的经营权限,而在企业外部,也即相对于企业的第三人而言,这种限制则是不可行的,根据《商法典》第50条第1款和第2款,这种限制是无效的。因此,根据《商法典》第51条,经理人有义务在合同上签字时注明其经理授权,在德国的交易实践中,即是经理人在签字时注明"ppa."字样,即per procura(根据经理权)的缩写。正式的写法,还包括"als Prokurist","per procura",或者"in Prokura"。[①]《商法典》第51条的立法目的在于向合同相对人表明签字人的经理人身份。不过,即使经理人在合

---

① [德]Münchner Kommentar / Krebs, Handelsgesetzbuch §§ 1 – 104a, 3. Auflage, München 2010, § 51 Rn. 6.

同上签名时没有同事标注以上的缩写或者标识，也不能简单地说合同就是无效的，而是应当综合判定经理人是为谁的利益并以谁的身份签字。

第二，经理权的特殊形式。除了以上对某个经理人的广泛授权外，经理权还有以下两种特殊的形式。第一种是集体经理权(Gesamtprokura)，第二种是细分经理权或者分支经理权(Filialprokura)，如图3-1所示。①

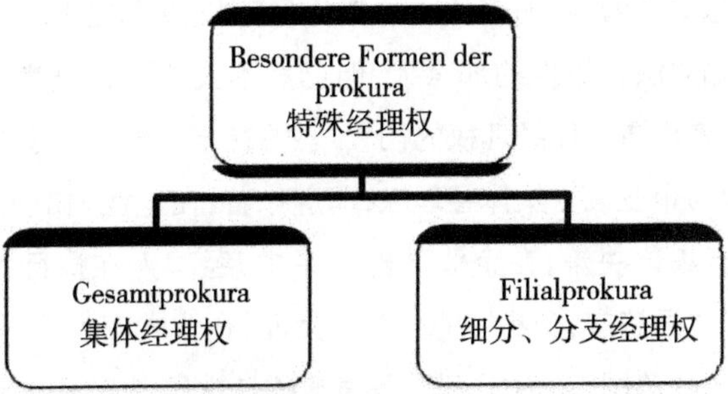

图3-2　德国经理权的特殊形式

所谓集体经理权，是指多人(二人或二人以上)被任命为共同的经理人，而且只能由多名经理人共同完成任务。设置集体经理权的目的，在于限制经理人的权限范围，也即单凭某一个经理人是无权行使经理权的。《商法典》第48条第2款明确承认了集体经理权。这与英美法系国家的公司法允许两名董事签字，或者一名董事和一名公司秘书共同签字以代表公司的做法，在本质上是一致的。其优点在于，在签订合同时缺乏企业或者公司的公章的情况下，便于判定合同是否有效。倘若在集体经理权的行使过程

① 制图依据［德］Andreas Wien, Handels-und Gesellschaftsrecht, Springer Gabler, 2013, S. 51.

中,某一经理人在未经其余的共同经理权人同意的情况下行事,则这种情况在理论上说,原则上属于《民法典》第177条~第179条的无权代理。但是,这种代理对外部关系而言是否有效呢?这恐怕要取决于其他因素。例如,在仅有一名经理人签字,并同时加盖了公司的印章的情况下,合同仍然应当属于有效。反之,仅有某一经理人的签字,而没有其余经理人的签字,则判断合同效力就更加困难了。

课题组认为,德国商法中的集体经理权概念在实践中用途可能并不如立法者想象的那么大,但仍然不失为一种制度安排。首先,立法者设置集体经理权的初衷,恐怕在于保护投资者和企业的利益,因为企业设立集体经理权,即意味着,在企业内部关系中,经理人应当集体决策,在企业外部关系中,经理人在执行某些业务时,必须共同签字,交易才能生效。然而,企业内部关系上说,如果是在公司的范围内,由于无论是德国还是中国都有公司单行法在先,而根据公司法,公司董事会本来就发挥了企业内部的集体决策作用。因此,对公司而言,对经理人的这种权限划分,从某种意义上说,已经失去了法律规制的意义,但对非公司制企业而言,仍然不失为一种制度安排上的选择。至于从企业的外部关系而言,规定必须由两名经理人签字交易才能生效,仍然具有借鉴意义。它可以作为我国公司法中的法定代表人制度和经理制度的有益补充。在增加这样的规定时,再比较一下英美法系国家公司法的规定,由于我国公司法并未规定公司应当设立公司秘书一职,仅仅要求上市公司的董事会设置董事会秘书,因此,可以考虑的是,在商法总则(或者民法典总则)中增加德国《商法典》中那样的规定,而在《公司法》中,则可以考虑借鉴英美国家公司法中有关两名董事或者一名董事加一名公司秘书签字有效的规定。此外的一种考虑是,相关的法律并不强求公司以及非公司制企业都增加共同签字的规定,而交由公司章程或者企业章程自行决定是否采用上述的规定。这样的考虑,也符合尊重公司自治和企业自治的要求。

所谓细分经理权或者分支经理权(Filialprokura),则是与上述的集体经理权相反,它只授予某个经理人在企业的某一方面的业务或者某一分支机构营业的经理权。这时的经理人只有权从事某一方面的业务或者从事其分支机构范围内的业务。这种说法,类似于我国企业或者公司生活中比较常见的部门经理权与分公司经理权。我国法律并没有规定部门经理或者分公司经理的权限,但从实践来看,这种权限限制应当是我国法律默认的,或者,也可以认为是某种意义上的习惯。从本质上说,细分经理权(部门经理权)和分支机构经理权(分公司经理权)属于公司或企业内部自治的范畴,交由公司章程规定比起法律规定更为灵活。

第三,经理权的终止。撤销经理权的前提是,对经理权的授予是有效的。而这本身是存在疑问的,因为根据《商法典》第 53 条 1 句的规定,经理权应进行商事登记。但是,如前所述,由于经理权的商业登记仅仅具有宣示性质。根据《商法典》第 48 条所规定的构成要件,只要企业主或者其法定代表人有明示的声明,经理权就已经生效了。而对经理权的撤销而言,根据《商法典》第 52 条第 1 款,授予经理权的企业主可以随时撤销经理授权,并且也并不要求撤销经理权采用特别的形式。还应考虑到《商法典》第 53 条第 3 款,授予经理权时可能存在瑕疵并进行了有瑕疵的经理权登记。在实践中,撤销登记和撤销经理权是同时发生的,也就是说,对于经过商事登记的经理权而言,撤销经理权同样需要通过撤销登记行为才能发生效力(另一个问题是,倘若交易相对人尚不知道某个经理人被撤销了经理权，此时交易相对人仍然与交易相对人签订了合同，这一问题另行讨论）。

根据《商法典》第52条第1款，企业主有权随时撤销经理权，而无论企业主与经理人之间的聘用合同关系是否终止。换句话说，即使在撤销经理权时，经理人仍然可能是企业的聘用人员，但这并不影响撤销经理权的生效。与经理权的授予一样，撤销经理权并不要求采取特别的形式，无论是对经理人还是对外部的不特定人群而言都是如此。至于撤销经理权的声明对第三人（合同相对人）而言是否足够，在德国的研究文献中还存在争议。经理权终止的其他情形，包括企业进入破产程序，营业的终止或者营业的转让。不过，在德国的司法实践中，合伙企业的解散并不导致经理权的终止。① 经理人死亡导致经理权的终止；不过，当授予经理权的企业主死亡时，经理权仍然可以延续。此外，虽然《商法典》第52条，经理权是可撤销的，但是经理权不可转让，并且不可继承。

与经理权不同的则是下文将探讨的所谓的（商事）代理授权（**Handlungsvollmacht**）。简言之，经理权与代理授权有两个区别：区别之一是，经理权的范围大于商事代理权的授权范围。区别之二是，商事代理授权无需进行商事登记，而经理权则是需要登记的，尽管是否登记不影响经理权的设立，但会影响到经理权的行使。

第四，经理权与商事代理授权的区别。《商法典》第54条至第58条所规定的商事代理授权与经理权存在区别。与经理权一

---

① ［德］OLG München, Beschluss vom 09. 08. 2011, 31 Wx 314/11, DB 2011, S. 2713.

样,商事代理授权也属于民事代理授权的特殊种类。此外,还有德国学者认为,代理授权属于“商事代表规则”(Regelfall kaufmännischer Stellvertretung),[①]因为在商业往来中,商事代理人也可视为某种意义上的商事代表人,这是因为商事代理人仍然是以被代理人的名义行事,因此,称之为商事代表人也有其道理,这再次说明了商事代理和商事代表(经理权)的共同之处,从而与独立的代理商和居间商区别开来。德国学者认为,获得代理授权的商人可以自行决定代表权的行使范围。但是,为保护善意第三人和保障交易安全,立法者在《商法典》第54条规定了商事代理授权的“必要权限范围”(Mindestumfang)。[②] 该条规定如下:

(1)如果某人未获得从事营业的经理授权,但是,获得了从事属于某种特定的商事营业的业务授权,或者获得了属于商事营业的个别营业的授权,则这种授权(商事代理授权)的范围涵盖了从事这种商事营业的一切业务和法律行为或者涵盖了这一种业务的习惯性范围。

(2)仅当商事代理权人被特别授权时才拥有转让不动产或者为不动产设定负担、从事票据业务、接受贷款或者进行诉讼的权限。

(3)商事代理授权的其余限制,仅当第三人知道或者应当知道的前提下,才对第三人有效(限制有效,难道就等于合同无效了吗)。

与经理权不能被默示授予相反,根据《商法典》第54条,商事

① [德]Münchner Kommentar / Krebs, Handelsgesetzbuch § § 1 - 104a, 3. Aufl., München 2010, § 54 Rn. 1.

② [德]Andreas Wien, Handels - und Gesellschaftsrecht, Springer Gabler, 2013, S. 53.

代理授权可以采取默示的方式授予，即民法意义上的默示授权规则适用于商事代理授权。此外，与经理权不同的是，商事代理权无需进行商事登记。德国有学者指出，这种总代理权（Generalhandlungsvollmacht）①在实践中有多种表现形式。商事代理人（总代理人）有权从事某种营业范围内的所有惯常业务。总代理人与经理人的区别在于，总代理人的业务范围受到行业惯例（Branchenueblichkeit）或者行业习惯做法的限制。也即，总代理人只能在他所从事的行业的惯常范围内或者说常规业务范围内开展业务。《商法典》第 54 条第 2 款对总代理人的业务范围进行了特别的限制。总代理人要开展上述条款的业务，必须获得特别的授权。在德国的商业实践中，根据企业自治的精神，还可以通过授权合同的约定，对商事代理人的权限进行进一步的限制。

根据《商法典》第 54 条，可以将商事代理授权分为三个层级。德国《旧商法典》（Alt BGB）第 1 款 1 项，规定了总代理。例如，企业主授予同事业务执行人身份。“业务执行人”（Geschaeftsfuerher）属于德国《有限责任公司法》（GmbHG）的一个重要的概念。不过，或许是考虑到这种意义上的总代理与有限责任公司中的“业务执行人”的混同以及与前述“经理人”之间可能存在的混同，现行《商法典》已经废除了“总代理”这一表述。第二种层次则是《旧商法典》第 54 条第 1 款第 2 项，即特定业务授权。例如，企业主可以授权同事从事采购和销售业务，不过这样的话，又与经理权的细分授权，或者说我国公司生活中的部门经理职权难以区分。第三种层次则是《旧商法典》54 条第 1 款第 3 项规定的所谓个别授权。例

① ［德］Baumbach / Hopt, Handelsgesetzbuch, 34. Auflage, München 2010, § 54 Rn. 10.

如,企业主可以授权同事实施某一特定的项目,这有点类似于我国较为常见的"项目经理"。

综合以上分析,课题组认为,德国《商法典》有关经理权的规定无疑具有启示意义。但《旧商法典》中有关总代理和细分代理的区分由于经理权或者细分经理权(部门经理权)存在雷同之处,因此,它在德国的实际作用,已经大打折扣。除经理职权外,其他的公司授权,无论是否以公司名义行事,其实都可以准用民事代理的相关规定,理由在于,无论是总代理,还是细分代理,都无需经过商事登记,因而只具有契约性质。其实,除法定代表人、(总)经理需要工商登记之外,部门经理都无需经过登记,因为部门经理可以通过公司以书面授权或者委任状的形式进行授权。况且,为适应灵活的管理需求,部门经理的职位可能经常变更,因此,要求登记可能损害公司的经营效率。至于分公司经理的登记,出于交易安全的考虑,则可以考虑要求进行商事登记。

至于英美公司法中,公司的首席执行官(CEO)通常享有概括的法定代表权,参见前文的论述。同时,公司董事会作为一个集体当然有权全权代表公司。

2. 公司、企业中的其他"高管"(Officer):章程概括授权

通常,只有在大型企业中,才存在"高管",也即企业中的职业经理人。尽管在非公司制企业中,也存在大企业,如以有限合伙名义设立各种投资基金,其规模和赢利能力可能不亚于某些大公司。但鉴于"高管"在公司中更为常见,因此,此处只讨论公司中的高管。按照我国《公司法》的规定,公司的高级管理人员(高管)包括了董事、监事、经理和上市公司的董事会秘书(董秘)。这里有必要重点说说部门经理、公司秘书。至于大陆法系国家中的公司监事,前文已经讨论,这里不再赘述,况且,公司监事的职权主要是法

定的,而不是公司章程自定的。

(1)部门经理(含分公司经理)。无论是在大陆法系国家还是英美法系国家,公司中都常见“部门经理”,如人力资源部经理(人力资源总监)、采购部经理、销售部经理(市场部总监)、财务部经理(财务总监)等。不过,为遵循公司自治原则,各国的公司法并未对各种部门经理的职权进行整齐划一的强制性规定,而是交由公司章程予以自行规定或者自行约定。通常,部门经理(branch manager)有权从事其部门的业务范围内常见或者说惯常的业务,而无权从事本部门事务范围内的业务,这大概是各国公司生活中约定的“习惯”或者说习惯法,这种习惯法,也有可能演变为司法中的裁判规则,如英美法系公司法中的判例法,或者我国的指导性案例。不过,无论如何,部门经理的权限范围,更多地还是受公司章程和内部管理制度的内部约束。

此外,公司中也常见“副总经理”,不过,大多数国家的公司法也未对副总经理一职及其权限范围进行规定,仍然是交由公司章程自定。所以,从这个意义上说,副总经理的职权与部门经理的职权都是由公司章程自定的,尽管副总经理的职权范围可能大于部门经理。

同理,公司中的分公司经理,通常也仅仅有权在分公司业务的范围内代表公司从事惯常的活动。

(2)执行董事与公司秘书。依据英美公司法和德国商法,执行董事可以对外代表公司。一般而言,由两名执行董事签署的公司文件(包括公司合同),对公司具有约束力。在不设董事会的公司,执行董事拥有广泛的概括授权;在设立董事会的公司,除董事长兼首席执行官外,执行董事仅拥有有限的概括授权。

在英美法系国家的公司中，也常见“公司秘书”（company secretary）①一职。根据上述国家的公司法的规定，公司秘书有权与董事一起对外签署合同，并对外代表公司。除此之外，公司秘书还有权单独对外代表公司，如代表公司签署某些公司文件，代表公司发布公司信息等。至于公司秘书的其他权限，则取决于公司章程的自定。此外，英美法系国家的公司法，也并未强制要求设立公司秘书职位。甚至有的公司还可以设立若干秘书或者副秘书，这些都由公司章程自定。

无论是部门经理，还是公司秘书，都拥有其职权范围的、履行其职责所必需的概括授权，尽管这种概括授权的范围小于董事、总经理。

3. 个别授权代表人或者代理人（个别授权，Enzelvollmacht）②

例如，公司设立的项目经理（project manager），系为了完成特定的任务而获得授权，项目经理有权在项目实施的过程中代表公司在其授权范围内从事必需的交易。公司为了某一诉讼而聘请律师打官司也属于个别授权。除单项事务的个别授权外，公司也可以就某一类特定的事务进行个别的概括授权。例如，公司可以在其货物销售的某一区域设立地区总代理或者说代理商、居间商等。从这个意义上说，个别授权可以分为个别的个别事务授权与个别的类别事务授权（如公司中的采购员、独立代理商等）。但无论属于哪种情况，也无论公司代表人或者代理人是否与公司之间存在雇佣合同关系，均属于个别授权。大致说来，对与公司存在雇佣合

① 例如，2006年英国《公司法》第44条（文件签署）第3款的规定，授权签字的人（要求是2名），可以是2名公司董事或者1名董事加1名公司秘书。参见英国2006年《公司法》，葛伟军译，法律出版社2017年版，第39页。

② ［德］Alexander Scheider，Vollmacht im Unternehmen，Gabler，2005，S. 36.

同关系的人(公司职员)进行个别授权,可以称之为公司(特定事务)代表,而对与公司不存在雇佣合同关系的人(如代理商或者自由职业者),可以称之为公司代理人或者公司代表人(如代表公司进行项目谈判的外部律师,可以称之为公司的谈判代表)。这种代表权或者说代理权,主要适用合同法(代理法)的有关规定,而不适用商法或者公司企业法的规定,在性质上,这种个别授权仅仅具有契约性质。

4. 公司的店员和仓库保管员

根据德国《商法典》,公司店员和仓库保管员有权在其从事商店销售的职权范围从事零售所必需的范围内代表公司,或者其他情况下代表店主、营业持有人。例如,除在商店销售货物之外,店员还有权收货。不过,店员通常无权签订采购合同,除非得到店主的特别授权。至于公司内部的其他(除销售员、采购员、店员等市场部门之外的)人员,通常无权代表公司进行交易。尽管公司的店员受到劳动法的调整,但是店员的职权通常受公司内部的规章制度(内部管理规范)的约束,①从这个意义上说,公司店员所获得的代表公司从事销售活动的权利,在本质上仍然是约定的授权。关于《商法典》第56条,立法者考虑的是,在商店或者对外开放的仓库的职员(店员、仓库销售员)销售货物的情形,授予店员销售或者收货的习惯性的权限。② 该条的用语表明,其立法目的在于保护潜在的合同当事人,同时促进商业的发展。具体而言,店员有权出售货物而无需店主在场或者店主同意;同时店员也有权代收货物,以满足商业的需求。这种规定的意义在于防止此类业务可能引发的

① [德]Alexander Scheider, Vollmacht im Unternehmen, Gabler, 2005, S. 87.

② [德]Münchner Kommentar / Krebs, Handelsgesetzbuch §§ 1 – 104a, 3. Auf., München 2010, § 56 Rn. 8 ff.

法律纠纷，否则的话在实际生活中当事人很可能就职员的授权范围展开争论。立法者追求的就是法的安定性。立法者在“商店业务”(Ladengeschaeft)的概念之下，囊括了一切“卖场”，也即公众可以进入的一切买卖场所。适用《商法典》第56条的另一个前提是招聘了商事辅助人(Hilfsperson)。这就是说，店员必须按照营业权利所有人的知识和意愿行事。[①] 此外，店员仅仅有权从事销售和收货工作而无权采购，这点有明确的规定。

课题组认为，德国《商法典》对店员的原则性规定对我国而言仍然具有较大的启示意义。商法规定了店员的权利和义务，既保护了交易安全，也有利于促进交易的便利化。虽然对我国而言，即使没有商法这方面的规定，也可以适用劳动法，尤其是《劳动合同法》的某些规定，例如，企业与员工可以在《劳动合同》中约定店员的权利义务，也可以通过内部的规章制度约束店员，但是，由于立法目的不同，并不能很好地约束员工的行为，尤其是无法很好地约束店员与第三人的法律关系，如店员未经许可擅自采购货物的行为。不仅如此，德国《商法典》的此种规定即使对于今天的以电子支付为媒介的网络交易而言同样是适用的，我们只需要把“店铺”的范围扩大即可，即店铺包括了“网店”。

从以上分析，不难看出，代表公司或企业行事的人，其获得授权的方式大致有三种：(1)法定授权；(2)章程授权；(3)契约授权。这种授权的外在表现，无论是表现为公司企业的代表人，还是表现为公司企业的代理人，其共同之处都是为公司企业之利益行事，又根据公司企业法中的广义代理学说，我们可以将公司代表人和公

① [德]Baumbach / Hopt, Handelsgesetzbuch, 34. Auflage, München 2010, § 54 Rn. 10.

司代理人简化为公司的代理人(广义)。

根据代理学说和代理法的一般原则,无论是公司代表人,还是公司代理人,都必须对公司尽忠实义务和谨慎义务。通常,公司的代理人(广义)在其法定的、章程的或者约定的权限范围内以公司名义行事,代理人(广义)代表公司(委托人)从事民事法律行为的后果(权利、利益或者义务、责任)均归属于公司。不过,当在代表人违背其权限(法定的、章程定的或者约定的)或者超越其权限从事活动时,即构成了违法代理或者违约代理,后者准用无权代理(无权代表)的规则。在某些情况下,还可能构成表见代理(ostensible agency)或者"表见代表"。在无权代理、表见代理等情形下,如何划分代表人(代理人)与公司企业的责任,仍然可以从代理法的角度去解释。从这个意义上可以说,代理法原理与学说,其实就是一种归入(Attribution)方法。由此可见,从代理学说的一般原理来解读公司代表权或者公司代理权,理清行为的有效性和相关主体的责任(归入法)正在日益成为一种普遍性的研究方法。

除此之外,运用归入法来解释公司代表权和代理权,除了可以运用于合同法领域之外,还可以运用侵权责任领域(如公司雇员的侵权行为的归责)以及刑事责任领域(如公司高管、公司雇员的犯罪行为)的归责。详细的介绍,请参见其余部分的论述。

综上所述,无论是英美法系国家,还是大陆法系国家(含地区,下同),由商法或公司法、企业法"法定的"代表人大致有两类:(1)公司董事会中的执行业务董事或者业务执行人;非公司制企业中的执行事务的合伙人或者个体企业中的企业主;(2)依法聘用的经理人(总经理,企业总代表)。其中,依法聘用的总经理或者总代表的权限应当小于执行业务董事、执行合伙人和个体企业主自身的权限。但依照法律规定,总经理的权限,除法律有限制的以外,几乎是不受限制的,总经理拥有广泛的、为经营管理企业所必需的授权。当然,总经理的权限略微小于执行董事、执行合伙人或者个体企业主的权限,更小于董事会的权限。

这里还有必要提及公司监事。众所周知,“监事”大体只存在于德国、日本等大陆法系国家,而在英美法系国家通常不设监事会(supervisory board; Aufsichtsrat)或者监事。而在大陆法系国家,公司监事的职权和地位又不尽相同。例如,德国的公司监事会有权任免除职工董事之外的董事会成员,并决定董事的报酬,因此德国的公司监事的地位其实高于董事。[①] 而在我国和日本等国,监事会被设置为与董事会平行的机构,因此,监事的职权和地位不如德国的公司监事。无论如何,监事的职责是监督董事会和管理层,其职责类似于英美法系国家公司中的独立董事。当董事和高管有违法行为损害公司利益时,监事会、监事会主席或者执行董事有权代表公司对董事和高管提起诉讼,在公司内部事务方面,还有权代表公司聘请审计人对公司财务进行审计,甚至还有权代表公司召集股东大会。因此,可以将我国公司监事代表公司的权限理解为特殊的公司代表权,其特殊性在于,当公司董事无法或者无权代表公司时,监事以公司名义行事的权利,主要就是针对违法的董事或经理提起诉讼的代表权。[②] 另一个特殊性即在于监事通常只在公司内部事务中代表公司,而在外部事务方面,通常无权代表公司。

① 参见德国《股份公司法》第 95 条至第 116 条的相关规定。相关文献参见[德]Andreas Wien, Handels- und Gesellschaftsrecht, Springer Gabler, 2013, SS. 202-204.

② 参见我国《公司法》第 53 条、第 54 条有关监事职权的规定。

综上所述,公司代表人、代理人的授权种类,如图 3-3 所示。

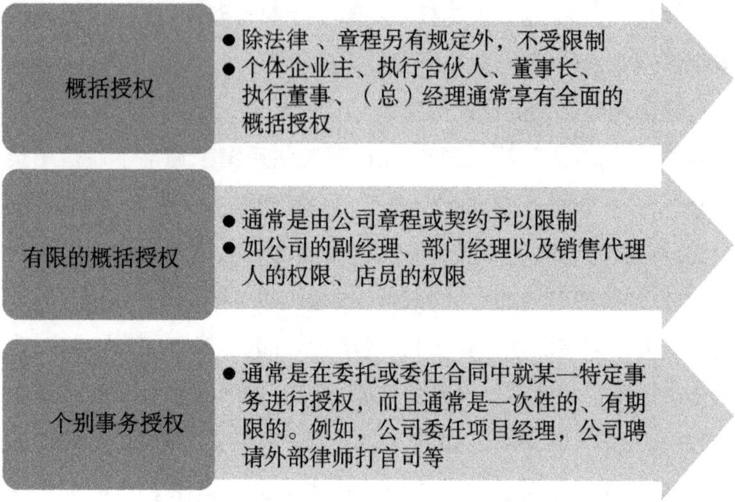

图 3-3 公司代表人、代理人的授权种类示意

三、"归入法"与代理归责模式之间的内在关联

归入法(attribution)是英美公司法在探讨公司代理人、代表人的行为能否约束公司时最常见、最有效的一种分析方法。例如,英国著名的《牛津版公司法》即以专章的形式分析了为公司行事时的行为归属问题,①即代理人或代表人的行为在何种情形下,应归属于公司,在何种情形下,对公司不具有约束力。

在利用归入法分析代理行为和代表行为时,首先要理解公司独立人格的本质,即公司作为独立法人,到底是法律虚拟的人(artificial person),还是一个与自然人一样的实体(entity)。这方面,有很多的学说。本书采用法人实在说,不再赘述。

---

① [英] D. French, S. Mayson, C. Ryan, *Company Law*, 28th ed., Oxford, 2011, pp. 612-666.

在根据代理法进行解读之前，首先应探讨公司合同（company contracts）的形式问题。例如，书面形式还是口头形式，以及公司的代表人的签名和盖章的问题。

其次，从代理法的角度来理解董事、高管以及员工、代理人的行为的归属，首先探讨的就是董事会、董事和高管的权限，或者说授权（authority）问题，根据代理学说，这其中最为重要的就是表见授权（ostensible authority）和实际授权（actual authority）。表见授权通常诞生公司内部的代表人、代理人的职位或者头衔。而事实授权或者说实际授权通常诞生公司的代表人、代理人与公司外部人的商业往来中的实际权限，或者说公司默许的实际权限范围。

最后，归入法可以延伸至公司法领域之外的其他领域，如侵权法、行政法以及刑法领域中，公司的董事、高管、员工的行为和思想（主观意图）的归入问题。

为了使公司成为自愿交易的一方而必须采取的任何物理行为都必须由自然人代表公司行事。因此有必要建立判断在何种情势下一个或多个自然人的行为被视为公司行为的规则。这就是归入法的任务。在 *Meridian Global Funds* 一案中，霍夫曼大法官（*Lord Hoffmann*）将这些规则称之为"归入规则"（rules of attribution）①对每家公司而言，霍夫曼将公司章程所确立的规则称之为"初始归入规则"（primary rules of attribution），这些规则建立例如规制股东大会的规则，在股东大会上成员可以采取决定，而决定属于独立法人的公司；以及任命董事的规则，董事在章程条款中被赋予行使公司商业管理的全部权限。霍夫曼大法官同时将公司法的一般法则

① ［英］Meridian Global Funds Management Asia Ltd v. Securities Commission ［1995］2 AC 500.

(general rules of company law)视为初始(归入)规则,如无需会议的决策或者执行公司文件。

在利用归入法分析公司的代表人或代理人的行为能否归属于公司时,首先需要明确下列重要概念:

(一)公司合同

所谓公司合同(Company contracts),顾名思义是公司作为缔约方(contractor)所签订的合同。公司合同的有效性主要涉及两大方面的问题。根据英国公司法,有关公司合同的第一个问题是,签字的形式要求,例如,加盖公司印章,或者由两名签名人签字,或者由一名签名人签字,再由在场的见证人签字的情形。①

第二个问题则是代表公司签字的人是否获得公司的默示的或明示的授权(implied or express authority)。这里又牵涉出两个方面的问题。第一个问题是代表公司签字的人是否得到了公司的授权,以及合同的相对人是否知道(to know)签字人获得了公司的授权;第二个问题则牵涉公司自身的能力范围。即与公司缔结的一项合同,其内容是否超出了公司自身的契约能力(contractual capacity)范围,即是否超出了公司自身的目的(company's objects)。可见,公司合同与自然人合同存在的最大区别,即是公司合同必须有具有法定授权或者代理授权的人签署,此外,签署的形式也有特殊的要求。例如,除英国公司法外,根据德国商法中的共同代表②制度,有的公司合同需要两名代表人联署。这些都是与自然人之间的合同不同的地方。这也正是课题组要探讨代表权人的行为能否归属于公司的根本原因。

---

① 参见英国《2006年公司法》第44条有关公司文件签署的规定。

② 参见德国《商法典》第48条第2款有关共同经理权的规定。

(二)公司的缔约能力与古老越权规则

英国上议院(House of Lords)曾经认为,①(经当时的女王批准而)登记注册的公司(registered company)不具有在其公司目的范围之外的缔约能力(Contractual capacity)。在当时,公司目的都必须记载于其"老式章程"(old-style Memorandum)之中。这就是著名的越权规则(*ultra vires*)。同样,类似的规则适用于依据成文法设立的公司,即成文法公司(statutory companies),参见案例②以及Cranworth 大法官(Lord Cranworth LC)的原则性观点。③

一项与公司缔结的超出了公司的法定的能力范围(legal capacity)的交易在法律上不具有强制执行效力(enforceable)。即使交易的相对方已经履行了其合同义务,公司也不必履行自己的义务。公司的股东批准了该交易,即使是全体股东一致批准了该交易,也不能治愈公司能力的缺乏。不过,根据英国1890年颁布的《公司(章程)法》[Companies(Memorandum of Association) Act 1890],现在的公司股东(会)已经有能力治愈公司章程中的任何公司目的(经营范围)限制。换言之,自从该法颁布以来,单纯的超越公司经营范围的合同已经不再是无效,因而可以强制执行。

在 *Ashbury* 案④中,公司的目的是制造和销售,或出租、租赁铁路车厢、车体,以及各种铁路工厂、配件、机械设备以及铁路整车

---

① [英]Ashbury Railway Carriage and Iron Co Ltd v. Riche(1857) LR 7 HL 653.

② [英]East Anglian Railways Co v. Eastern Counties Railway Co(1851) 11 CB775).

③ [英]Shrewsbury and Birmingham Railway Co v. Northwestern Railway Co (1857) 6 HL Cas 113 at pp 135-8.

④ [英]Ashbury Railway Carriage and Iron Co Ltd v. Riche(1857) LR 7 HL 653.

(rolling stock);从事机械工程等。该公司董事会为了在比利时修建铁路而购买了许可(concession),并将建设工程分包给 *Riche* 先生的公司。该公司股东会否决了此项交易并拒不承认与 *Riche* 先生签订的合同。英国上议院认为,修建铁路与制造铁路车厢和整车的经营范围无关,因此,该公司无权缔结修建铁路的合同。由于该合同无效(void),因此,*Riche* 先生无权主张损害赔偿。

在另一个案件①中,上诉法院(Court of Appeal)认为,倘若一个行为在公司目的范围内,那么该行为也就在公司的缔约能力(contractual capacity)范围内。其范围包括了借款,由于借款行为的目的是否在公司目的范围内不清楚,因此缔约方不知道该行为是否在公司的目的范围内。尽管在 Ashbury 一案中,上议院的大法官们认为,他们坚持公司目的范围原则是为了保护债权人,即维持法律和交易的确定性,然而实际上这对交易相对人是非常不公平的。因为倘若这样的话,与公司交易的人就应当在仔细阅读了公司的老式章程之后才能与公司签订合同,而在实际生活中,很少有人会这么做。因此,在英国《1989 年公司法》通过第 108(1)条正式废除了古老的越权规则(ultra vires),它现在体现在如今的英国《2006 年公司法》第 91 条第 1 款之中。

在我国,直到 20 世纪 80 年代,还有类似于英国过去的那种古老越权规则。在当时,由于计划经济的余留还没有完全清除,公司的经营活动,被严格限制在章程限制的经营范围之内。当时,超越公司章程规定的经营范围的“经济合同”有可能被人民法院判定为无效的合同。如今,虽然单纯超越公司经营范围的合同不再被法

---

① [英] Rolled Steel Products (Holdings) Ltd v. British Steel Corporation [1986] Ch 246.

院判定为无效合同，但是，我国《合同法》第50条的规定所规定的“超越权限”，其实就包括了超越“章程限制”的越权，而超越公司章程约定的经营范围，其实就是古老的越权规则的体现。只不过，司法实践对《合同法》第50条进行了限缩解释，从而在事实上也废除了古老的越权规则。

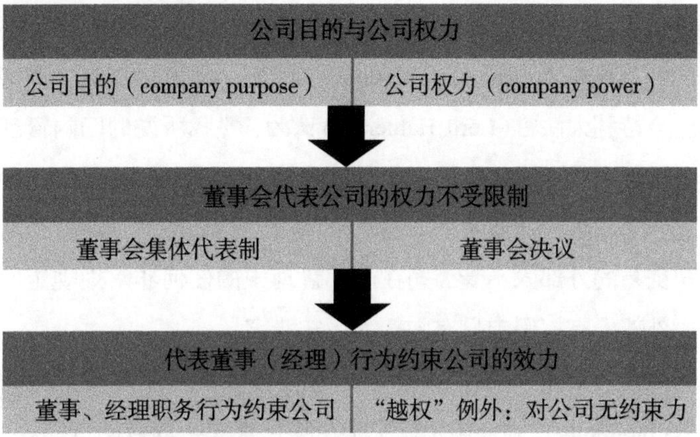

图3-4　英美法系国家公司法规制越权的出发点和规制理念

（三）法定限制与章程限制：两种不同性质的越权

公司的章程可能对董事的事实授权（相应地包括董事对公司代理人的授权）的限制中，最引人注目的就是章程条款对公司目的的限制。如果章程中有这种限制，那么董事只能在公司目的范围内行事，包括合理的附随行为。① 除此之外，公司章程对董事可以行事的范围还可能有其他限制。例如，在过去，公司章程对董事借款的权限通常有数量限制。公司的章程也可能对董事采取行动之

① ［英］Rolled Steel Products（holdings）Ltd v. British Steel Corporation［1986］Ch 246 per Slade LJ at p. 295.

前施加程序上的限制，例如，为董事会会议设置表决权的比例(quorum)限制。不过，2006 年公司法已经大幅度缩小了公司通过章程限制其代理人的权限而对缔结的公司的可强制执行性的效果。①

在英国公司法中，公司章程对代理人或代表人权限的限制被认为属于门内管理规则，因此对交易相对人并无约束力。"门内管理规则"(indoor management rule)的前身即是著名的图尔宽德规则。哈特利大法官(Lord Hatherlay)认为：②"我所说的门内管理规则就是董事们自己关注的自己做的事情，他们知道，并且仅仅他们知道。当从事公司业务的人的行为看上去符合公司章程，那么与公司交易的外部人不受公司在内部管理中的任何非常规规定的影响。外部人有权假定只有内部人才知情。"

根据内部管理规则，倘若公司董事会表决时不足法定或约定人数(inquorate)，则公司无权主张免除与外部人的合同责任。③ 当董事会会议不存在时(no board meeting)，也是如此，④正如 Atkin LJ 大法官所指出：⑤"当，某些事情，可以由公司的董事会完成，那里应当有一个决议授权该事情，你没有义务询问公司章程所要求的董事会的形式，如约定人数(quorum)等是否实际得到了遵循。"但是，对于法定限制语境下的越权行为的效力问题，答案可能就不一样

---

① [英] D. French, S. Mayson, C. Ryan, *Company Law*, 28th ed., Oxford, 2011, p. 621.

② [英]Mahony v. East Holyford Mining Co Ltd(1875) LR 7 HL 869, at 894.

③ [英]County of Gloucester Bank v. Rudry Merthyr Steam and House Coal Colliery Co [1895] 1 CH 629; Re Bank of Syira, Owen, and Ashworth's Claim [1901] 1 CH 115.

④ [英]Re Bonellis' Telegraph Co. Collie's Claim(1871) LR 12 Eq 246.

⑤ [英]Kreditbank Cassel GmbH v. Schenkers Ltd(1927) 1KB 826, at 844.

了。违背公司章程限制,等于说违背了公司内部的管理规定,但是违背法律的规定,那就等于违法了。因此,越权代表行为,从本质上说,可以分为“违章的越权行为”与“违法的越权行为”两种。

例如,根据美国《示范商事公司法》(MBCA)第3.04条(a)款:“公司行为的有效性不得以公司缺乏或者当时缺乏缔约能力为由受到挑战”。显然,该条规定的进行是传统意义上的越权,即上述的超越公司经营范围或者说目的范围内的越权。不过,该法的立法者在进行官方说明时,特意区分了传统越权行为与违法代表行为间的显著区别。

“……不过,第3.04条并不能使依据成文法或者普通法判决属于违法(illegal)或者非法(unlawful)的公司行为有效。这种因为应受到制裁,民事的或者刑事的,是由成文法或者普通法判决规制的。无论违法的公司行为是否无效或者解除(rescindable),取决于适用的成文法或实体法。因此,违法行为不受第3.04条的影响。

第3.04条也不规制权限范围的(intra vires)的但是尚未得到公司批准的行为的有效性。例如,本条并不规制将公司的全部资产实质性出售的、不属于常规交易的执行合同(executory contract),而根据第12.02条这样的非常规交易需要得到股东(会)的批准。这种交易类型并未超出公司的目的或者能力;仅仅是它没有依照法律的要求获得公司机构的批准。类似地,第3.04条也不规制公司代理人的行为的有效性,依据公司章程,这种行为需要董事会的批准。公司是否受这种代理行为的约束取决于代理法(law of agency),尤其是表见授权(apparent authority)的范围,以及第三人是否知道或者应当知道在取得公司批准过程中的缺陷。从代理人的授权角度来看,这种行为虽然也属于“越权”,但是,对公司而言则不属于第3.04条意义上的越权。

类似地，也不能仅仅行为违背了忠实义务而认定行为属于第3.04条所指的越权。例如，高管或董事为个人目的滥用公司资产（misuse of corporate assets）的行为违背了忠实义务，因而可能遭到禁止。不过，这种行为对公司而言不属于第3.04条意义上的越权，因此不能援引该条的规定。这种行为被禁止，是因为违背了忠实义务，而不是超越了公司的能力和目的范围……"①

在我国的司法实践中，根据最高人民法院于2015年发布指导案例"招商银行诉大连振邦股份贷款担保案"，②由于最高人民法院认为，《公司法》第16条第2款有关关联担保的规定，对于银行而言不一定知晓这种法律规定的存在（"银行不是专业的法律服务机构"），加之最高人民法院在重庆市汇通小贷公司一案③中认为，《公司法》第16条第2款属于"内部管理性强制规定"，不属于效力性强制规定，因此这些案例表明，最高人民法院的倾向性意见即是，不区分法定限制与章程限制（不区分《公司法》第16条第1款和第16条第2、3款），对交易相对人也不区分其主观上是否善意，从而将利益的天平偏向了交易安全价值。

但是，这并不等于说，我国的法官一律不承认法定限制与章程限制的区分。例如，江苏省高级人民法院一桩关联贷款担保④案中认为，"法律具有推定公知的效力"，相对人明知或者说理应知道关联担保需要提供公司股东会的决议证明而未要求提供，相对人不为善意，因此，判决该担保交易无效。

---

① ［美］Charles R. T. O'kelley & Robert B., *Corporations and other Business Associations: Selected Statutes, Rules and Forms*, Thompson, Wolters Kluwer, 2014, p. 27.

② 参见最高法（2012）民提字156号判决书。

③ 参见最高法（2017）最高法民申1802号裁定书。

④ 参见江苏高院（2015）苏民终字第00606号判决书。

从以上判决不难看出,我国的法院在裁判越权代表交易的有效性时,对于法律是否具有推定公知的属性,还存在认识上的巨大分歧。本课题组认为,法律当然具有推定公知的属性,法律和司法裁判不应当,也不可以原谅法盲,这应当是一个共识。正如对交通违法行为的查处一样,警察不会因为驾驶员不知道有交通规则的存在而原谅违章驾驶人的行为。只有当越来越多的人认识到法律的权威性和严肃性,守法的意识才能得以彰显。因此,区分章程限制与法定限制,毫无疑问具有重大的理论意义与实践价值。

由此也不难看出,我国《合同法》第 50 条所指的"超越权限",从文义上分析,其实就包括了超越公司章程限制的越权和超越法律规定的越权两种。而《合同法》第 50 条不区分章程限制与法定限制的这种表达范式已经不能满足时代的要求,正因如此,我国《民法总则》第 61 条第 3 款和第 170 条第 2 款仅仅将"越权"限定在章程限制的范围内,无疑更加精确。

除法定限制与章程限制外,在实践中还有针对公司代理人的契约限制,也就是在委托代理合同中形成的限制。由于这种限制仅对合同当事人和有关的第三人(交易相对人)有效,因此,其限制的性质属于契约性质,与公司章程限制有着类似的效果,而在法律适用上,则完全适用民事代理法的有关规定。

关于法定限制、章程限制和契约限制,如图 3-4 所示。

(四)表见代理与无权代理

在英美公司法著述和大陆法系国家如德国的民商法著述中,在阐释公司代表人越权行为的归属问题时,还有两个极为重要的概念,即表见代理(ostensible authority)和无权代理(agency with no authority)。

课题组研究发现,无论在大陆法系国家,还是在英美法系国

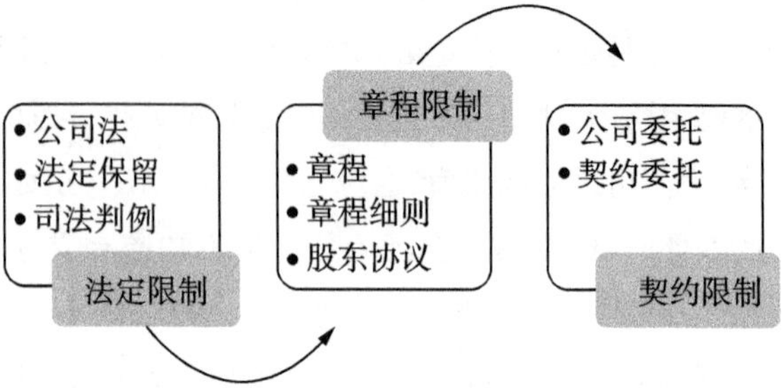

图 3-5　几种不同的代理权限制

家,法官在有关公司代表人或代理人越权行为的归属和行为有效性的案件的裁判中,都是采用代理法的原理来判断公司合同的有效性,并进而判断责任的归属。倘若越权代表人或代理人的行为符合表见代理的构成要件,则越权代表合同对公司具有约束力,公司应承担责任;反之,倘若越权代表人或代理人的行为不符合表见代理的构成要件,则构成无权代理(或无权代表),越权代表合同对公司不具有约束力,公司不应当承担责任;相关的合同责任按照缔约过失责任原则追责。

公司表见代理(或表见代表)的构成要件有三个:

(1)表意人是公司的代表人、代理人或者声称是公司代理人或代表人的其他人,表意人向相对人做出了自己拥有代表权或代理权的意思表示;

(2)授权的形式可以是事实授权(明示授权),更多的时候属于默示授权(implied authority);

(3)相对人信赖了表意人的此种意思表示,并且基于对表意人的信赖行事。

鉴于无论是在中外,贷款担保纠纷都非常典型,下面选取美国、英国、澳大利亚、德国、日本以及我国台湾地区和香港特区等一些有代表性的国家或地区的标志性案例进行对比分析。研究发现,鉴于判断公司合同有效性涉及的因素众多,法官有时在平衡交易安全和公司自治两大价值目标时很难决断,因此,造成了“同案不同判”这种现象,也不唯独我国才有。同样的案件,由于法官的主观认识存在差异和对法律价值目标存在不同的权衡取舍,可能会出现截然相反的判决结果。表见代理的构成要件,如图 3-5 所示。

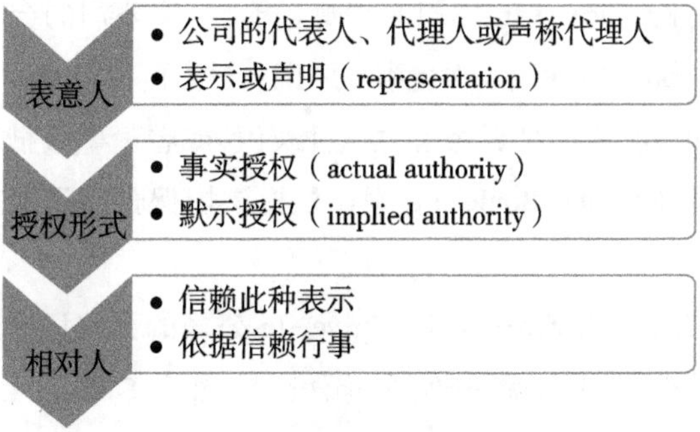

图 3-6 表见代理的构成要件

1. 美国表见代表授权争议案例

“芝加哥国民林荫大道银行”(National Boulevard Bank of Chicago, National Boulevard)根据美国破产法提起诉讼,在该诉讼中,一家名为“Drive-In Development Corporaion”(Drive-In 案[①])的公司是该银行的债务人。National Boulevard 银行的诉讼请求未被(初级法院的)法官(referee)获准,其裁判获得了区法院(District

① In the Matters of Drive - In Development Corp. United States Court of Appeals, Seventh Circuit, 1966, 371. F. 2d 215.

Court)的维持。于是银行上诉至美国第七巡回法院。

Drive-In 公司是由名为 Tastee Freez Industries, Inc.（Tastee Freez）控制的四家子公司之一,而该控股公司自身并未经营任何业务。Drive-In 的高管执行了一项金钱支付的担保,从而诱导 National Boulevard 银行向 Drive-In 的母公司提供贷款。该担保由 Maranz 作为(董事会)"主席"代表 Drive-In 执行,并且 Dick 作为公司秘书为该执行进行了见证。National Boulevard 银行曾经要求提供 Drive-In 的董事会决议的副本。该副本由 Dick 进行了鉴证,并加盖了 Drive-In 公司的印章。不过,该公司的会议记录册(minute book)中并无此次董事会的记录,并且,该董事的证词也无法清楚地表明公司是否考虑过这种决议,或者董事会批准了该决议。于是,National Boulevard 银行根据该担保预付了大部分贷款的款项。

初审法官(Referee)发现,Drive-In 公司的会议记录册无法显示董事批准了 Maranz"主席"的担保交易,秘书 Dick 也无法回忆起有过批准该交易的董事会会议。初审法官得出结论认为,尽管 Maranz"主席"代表 Drive-In 公司签订了担保协议,但却缺乏"实际的或者表见"的授权以约束公司。这种结论显然有误。Drive-In 公司无权否认对 Maranz 主席的明示的担保授权,因为公司秘书 Dick 向银行出具并见证了董事会决议的副本,无论董事会是否以正式通过决议的方式批准了该担保。公司秘书的职责即是保存公司的记录,并准许获得董事的行为或决议的记录。因此,鉴证这种记录在 Dick 的秘书职责授权范围之内。在公司的交易过程中,公司的高管或代理人做出的声明在授权的范围内,并因此对公司有约束力。最终,(巡回法院)认定 Drive-In 无权反悔并否认秘书 Dick 在银行面前对公司的代表权,而并未考虑银行方面是否实际知晓或者推定其知晓秘书的代表权不是真实的(in the absence of actual or constructive knowledge on the part of the bank that the representation was untrue)。

反方观点认为,William Schneider 是 National Boulevard 银行的副主席,他曾经要求秘书 Dick 出具授权执行该担保的决议副本;并且,Hugh Driscoll 也是 National Boulevard 银行的副主席,他同时也是 Tastee Freez 公司(Drive-In 公司的母公司)的董事并熟悉其子公司的组织结构,因此,他"从某种意义上知道"Drive-In 公司的董事会事实上未通过担保决议。但是,(巡回法院认为)仅仅凭借上述事实,还远远不能证明银行方面对此的知情。

巡回法院认为,关联公司之间的担保在美国并非罕见。在本案中,Tastee Freez 公司与其子公司之间的关系也没有超出常规交易的范围。再者,当代公司的商业实践现实(realities of modern corporate business practices)也表明,第三人与公司的高管或代理人代表公司交易时,通常也并不要求第三人有义务探究代表权背后(go behind the representations)的真实情况,即谁是否有权为公司代言,谁确认这种授权,以及谁为公司行事。

本案的裁判结果区法院批准初级法官的令状(order)被(巡回法院)部分改判,部分维持(维持部分不得而知)。在本案中,初审法院的法官认为本案构成"无权代表",而巡回法院以多数意见改判,认为构成表见授权,可见即使在美国,同案不同判的现象也是存在的。

针对本案,美国知名公司学者汉密尔顿(Hamilton)教授认为,在本案中得到承认的禁反言原则是基于公司秘书执行(鉴证)文件并加盖公司印章的授权行为。倘若一份公司文件得到了实际的执行(鉴证)并加盖了公司的印章,那么缺乏特别专业知识的第三人(third parties without specific knowledge)应当信赖该文件。对第三人而言，从其表面价值(at face value)接受公司的证明文件，而不去探究其内部的批准和鉴证的细节(的真实性)，显然是明智而合理的。①

反之，在 Keystone Leasing 一案②中，法院拒绝向第三人授予 Drive-In 那个案件中确立的禁止反悔原则(Estoppel Principle)的利益，因为第三人"肯定已经知道"(must have been aware)该交易未获得董事会的授权。

2. 澳大利亚表见代表授权争议案例

在 Northside Developments Pty 一案③中，Robert Sturgess 系公司的三名董事之一，据称该董事和一名据称是公司秘书的人执行了公司土地的抵押，实际情况是，此人从未被任命为公司秘书。公司在抵押契据上盖的钢印，也因此缺乏董事会的实际授权而对公司无约束力(实际情况可能是，该执行董事自己掌握着公章，找了一个人冒充本公司秘书在合同上盖了公司印章)。这一笔抵押也并不是为该公司的债务提供担保，而是为 Sturgess 所控制的其他公司的债务提供担保。澳大利亚高等法院(High Court of Australia)的多数法官认为该抵押属于伪造，因此，对该公司无约束力。而少数法官则倾向于认为，当一项交易不同寻常时(不是为本公司担保，而是为关联公司担保时)，与公司交易的人有义务询问这种交易是否得到董事会的授权，以满足他自身的要求，如果交易相对人

---

① [美] Hamilton R W, Macey J R, Moll D K, *The Law of Business Organizations: Cases, Materials, and Problems*, West Academic Publishing, 2014, p. 438.

② [美] Keystone Leasing Corp. v. People's Protective Life Ins. Co. ,514 F Supp/ 841(E. D. N. Y. 1981.

③ [澳] Northside Developments Pty Ltd v Registrar-General(1990) 170 CLR 146.

没有尽到这种义务，那么他就不应当受到保护。这就是所谓"门内管理规则的伪造例外"（forgery exception to the indoor management rule）。上述两种不同的裁判观点的分歧由来已久，并且澳大利亚高等法院在该案中进行了充分的讨论。①

3. 德国表见授权争议案例

某有限公司有两名股东 B 和 R，各持公司 50%股份，两股东均是公司业务执行人，但产生了矛盾。在 R 不知情情况下，B 向其税务顾问转账 600,000 马克，然后再由税务顾问将这笔款转给一家银行，用于对公司与第三人的设备制造合同担保。德国联邦法院认为，这无论从其金额还是重要程度都超过了迄今为止的公司经营范围，按《有限责任公司法》第 49 条第 2 款规定须提交股东会表决授权。B 不可违背 R 可能的意愿来行使自己作为业务执行人的代表权。该公司的税务顾问对 B 和 R 两位股东关系不和以及 B 向 R 隐瞒这笔交易的意图均知情。最终判决 B 对税务顾问的委托属无效委托。税务顾问应当承担返还款项的责任。②

课题组认为，根据德国《有限责任公司法》，在通常情况下，公司的每一名业务执行人当然有权分别全权代表公司。但是，联邦法院认为，该业务执行人的委托行为已经超出了公司的常规经营范围，因此属于无效的委托，即构成了无权代表。从比较法的观点来看，英美公司法判例中，也有常规交易和非常规交易的区分。但是，对于什么是常规交易或者非常规交易，不同的法官可能有不同的认识，这也正是造成同案不同判的原因。例如，在 Holzmueller③

① ［英］D. French, S. Mayson, C. Ryan, *Company Law*, 28th Ed., Oxford, 2011, p. 628.

② ［德］BGH NJW 1984, 1461.

③ ［德］BGHZ, II ZR 174/80（25. 02. 1982）.

案中，一家木材贸易公司设立子公司，并将母公司核心业务转移至子公司，然后子公司进行增资，母公司某股东提起诉讼，主张此次增资无效（稀释了其股权和利益），理由是子公司增资需要得到母公司股东会的批准。该案的一审、二审均被驳回；但是德国联邦法院再审时对该案进行了部分改判：母公司董事会应当将子公司的增资事项和业务转移事项提交母公司股东大会表决；但联邦法院同时认为，该公司董事会的对外代表权则不受限制，已有的增资交易不受影响，即构成表见代表，从而与上个案例形成了相反的判决。

4. 日本表见代表授权争议案例

在一个案例①中，日本最高法院认为，因代表董事有从事有关公司业务的一切诉讼内和诉讼外业务的权限，故须经董事会决议而未经其决议的对外交易行为，仅仅是欠缺内部意思决定而原则有效，但相对人知道或可以知道未经上述决议的无效。

课题组认为，日本最高法院的上述观点，其实存在非常大的争议。理由在于，根据英国《2006年公司法》，不得仅仅因为交易相对人知道或者应当知道代表人越权就认定相对人不为善意。且根据德国《商法典》中的区分原则，公司章程对于公司代表人的权限限制仅仅具有内部约束力，对第三人并不具有约束力。反之，倘若是法定限制，情形可能正好相反，由于法律具有推定公知的效力，倘若相对人知道或者应当根据公司法的规定，该公司代表人应当取得董事会的授权而未获得该授权，那么就不具有善意了。

① ［日］最高昭40.9.22，转引自吴建斌：《日本公司法：附经典案例》，法律出版社2017年版，第195页。

5. 我国香港特区表见代表争议案例

雅佳控股案:[1]雅佳(Akai)和“歌者”(Singer)在案发当时属于同一集团公司的成员。歌者曾经从泰国农夫银行(Thai Farmers Bank,以下简称银行)借款。由于歌者陷入财务危机,该银行与雅佳控股(的实际控制人丁某)达成协议,由雅佳控股向该银行借款以偿还歌者尚欠该银行的贷款。雅佳控股以其子公司“雅佳电子”的股权作为质押。雅佳控股因此从该银行获得了借款用以偿还歌者的贷款。所有这一切交易都是由雅佳控股的董事和大股东丁某安排和执行的。后因雅佳控股无力偿还贷款引起纠纷,银行于是以2200万港币的价格出售了其在该电子公司持有的股份(尚欠银行贷款800万港币)。在案件审理过程中发现,丁某伪造了雅佳控股公司的(董事会)执行委员会的会议记录,丁某声称其本人其实未获得雅佳控股的签订借款合同的授权。银行则坚持认为,它是根据雅佳控股的(董事会)执行委员会会议记录信赖丁某的,丁某应当享有签订借款合同的授权。

雅佳控股提出了两项主张。首先,雅佳控股并非该贷款担保交易的当事人(因为该贷款合同未获得公司的授权),因此,银行无权出售控股公司持有的子公司的股份。其次,银行方面对于(董事会)执行委员会的会议记录(minutes of a meeting)系伪造知情,即银行构成“知情接受”(knowing receipt),因此,银行对于出售公司股份应当承担衡平法上的公平赔偿责任。

在本案中,香港高等法院的Lord Neuberger大法官认为,通常情况下,鉴于丁某系雅佳控股的董事会主席和首席执行官

[1] Thanakharn Kasikorn (Mahachon) v Akai Holdings Ltd (2010) HKEC 1692,CFA.

(president and CEO),凭借其在公司中的身份,即可认定其拥有表见授权。不过,本案有其特殊性。该贷款的受益人并非雅佳控股,而是其关联企业歌者。丁某同时系歌者和雅佳控股的股东和高管,因此丁某在本案中显然存在利益冲突。即这是一起涉及董事、高管利益冲突的关联贷款和关联担保案。由于雅佳控股当时系香港证交所的上市公司(后因过度贷款被退市清算,——译者注),因此,它应当进行信息披露。再者,雅佳控股的章程(by-laws)禁止利益冲突的董事参与表决。最后,在该交易中,银行明显占了便宜(这一因素导致银行很可能对丁某是否拥有实际授权签订合同睁一只眼闭一只眼)。法院发现,该银行在签订合同时,通常需要聘请一名香港律师,由律师确认交易合同的有效性,该银行在类似的情况下通常要求交易对方提供董事会决议的授权证明,然而在本案中,似乎没有遵守这一惯例。因此,该银行信赖丁某的表见授权是不正常的。

在本案中,Lord Neuberger 勋爵进一步认为,根据英国相关的判例法,第三人很难相信依据某个人自己的声明而表示的表见授权。在本案中,银行曾经要求提供雅佳控股的章程并知晓该公司章程对丁某的利益冲突交易的限制,银行明知丁某在该交易中的利益冲突而未尽审查义务,且该交易只有丁某一个人签字,加之该交易对雅佳控股不利,总之,这一切都表明对该银行不利。

我们认为,香港法院对于表见授权(apparent authority or ostensible authority)纠纷的案件,仍然是根据英国判例法中确定的表见授权的构成要件来进行分析和裁判的。通常,基于某人在公司的职位,如本案中丁某的董事会主席兼首席执行官的身份,就可以产生表见授权,且这种表见授权通常是概括授权,也即是概括的表见授权(general ostensible authority)。通常情况下,第三人完全可以信赖(reliance on; relying on)这种授权。

但是,本案的特别之处有三:一是丁某同时系两家公司的股东和高管,这就涉及董事、高管的利益冲突交易(director's conflicts of interests transaction),或者说中国公司法语境下的关联交易。二是丁某代表雅佳控股签订贷款合同与担保合同时,雅佳控股并不是该交易的受益人(beneficiary),而是另一家关联企业(除非公司能够证明,尽管这一笔关联交易对本公司不利,但是,有其他证据显示整体而言对本公司有利。——译者注)。三是交易相对人银行明知该公司章程对涉及董事利益冲突的关联交易的表决权的限制而违背其惯常做法。最终法官推翻了公司董事长兼首席执行官的表见授权。本案可谓这方面的典型案例,它表明了在何种情况下可以推翻公司高管(董事长兼首席执行官)通常所具有的概括的表见授权,以及在何种情况下可以认定交易相对人不为善意。

我们还认为,从证明责任(burden of proof)分配的角度,可以这样解读:原告只需证明某人系公司的高管,尤其是董事会主席和(或者)首席执行官(总经理)这一身份;被告提出反证,尽管本人系公司高管,但是,因为涉及关联交易,涉及利益冲突,本公司章程对本人的代表权和表决权有限制;本案中本公司并非该交易的受益人;原告明知缺乏授权而与本公司交易,且违背原告自身的惯常做法,原告不为善意相对人。结论:推翻表见授权,本案属无权代表,且相对人不为善意,本交易无效。

6. 我国台湾地区表见代表授权争议案例

在一个案例中,光宇公司与双赢公司签订不动产买卖契约,双赢公司由负责人某甲的妻子谢某(本身也是该公司监察人)代理签约。光宇公司支付价款后,双赢公司拒绝办理过户登记。理由是:谢某是无权代理,就算是有权代理,系争标的物也是公司全部或主要财产，应由股东会特别决议。该案经两次上诉至我国台湾地区“最高法院”，原被告各提起一次。法院查明：公司7名股东，包括甲与谢夫妇、女儿，三人合计占股99.4%，另两人为甲的大姐、二姐，同其余1名股东并未参加公司事务，且将印章放在公司授权公司全权处理。买卖查看时，由股东兼副总经理陪同并介绍，并说明出售标的之价格由谢某处理。[①] 法院认为：台湾地区“公司法”第185条的目的，在于保护少数股东利益，而倘若双赢公司实质上是甲所有的一人公司，其他股东均将印章留存公司供甲适用，在甲同意出售及授权下，由谢某代理签订买卖契约，纵然未召开股东会，是否仍对被上诉人不生效力？非无推求余地。

在另一个案例[②]中，我国台湾地区“最高法院”认为，未经股东会决议，系属无效之行为，唯相对人难以从外观得知其是否为公司营业至全部或主要部分，如相对人系属善意，公司不得以之无效对抗，用策交易安全。但是，在上一个案例中，“最高法院”则认为，相对人应负审查义务，而光宇公司未为索阅，是否属善意相对人尚待探求。

综上所述，在较为有代表性的国家或地区的公司代表人越权行为的争议案例中，到底是构成表见代理还是无权代理，其实主要集中在“非常规交易”交易领域，也即是根据各国或地区公司法的要求，公司的代表人在对外执行业务时，是否需要获得董事会甚至股东(大)会授权的问题领域。正是在这个问题上，各国(地区)的司法判决有时往往互相矛盾，出现了同案不同判的现象。之所以出现这种情况，即是不同法官对案件存在不同主观认识，不同的法

① 我国台湾地区“最高法院”2007年台上字1146号民事判决。

② 我国台湾地区“最高法院”2008年台上字2216号民事判决。

官也有不同的价值追求，有的法官更加偏重交易安全和信赖利益保护，而有的法官则更加偏重公司法的内部控制程序规定，或者说更加看重公司治理的价值追求。

我国的情形，也大抵如此。在有关公司向股东或实际控制人提供担保的案件中，法官也出现了认识分歧，到底是捍卫公司法的权威，还是维护交易安全？不同的法官也给出了不同的答案。[①] 关于表见代表（代理）和无权代表（代理）或者说代表权滥用对越权代表（代理）交易的影响和相关的归责原则，将在本报告的第七章中详细阐述。

（五）职务行为与非职务行为

在利用归入法讨论公司代理人或代表人行为的归属问题时，职务行为与非职务行为也是一对重要的概念。通常，公司的董事、高管在履行自己的职责过程中的行为，通常被理解为一种职务行为，这种职务行为，甚至某个人的工作头衔，通常构成了表见代理；反之，倘若某人的行为不属于职务行为，则通常不构成表见代理。

当今，一个人（在公司中的）工作头衔（job title）或者正式职位（official position）对于判定其表见授权而言是最为重要的因素。生意人通常认为公司的管理董事（或者说执行董事），基于其管理董事的身份有一定的代表公司签订合同的系列权力（a certain range of authority），正如 Keith 大法官指出，[②]表见授权是概括的（general），委托人将代理人置于某个职位，外部世界通常认为这种职位的人有权签订这一类交易的合同。概括性的表见授权

① 详情请参见本报告第二章有关我国的案例分析。

② ［英］Armagas Ltd Mundogas SA［1986］AC 717，at p. 777.

(ostensible general authority)也产生于公司的代理人与某个特定的签约方的长期交易关系,在这种关系中,委托人默许代理人与签约方的这种往来过程,并默许这种过程中产生的交易。被任命为公司某职位的人,他拥有在公司中的这种岗位上的人通常拥有的代表公司缔结合同的权限。这种表见授权,无论是否得到了董事会的授权,就像示范章程所规定的那样,都是存在的。一个被公司允许好像(as though)拥有某个特定职位的人也拥有该职位上的表见授权。① 例如,某人拥有执行董事的头衔,那么他就拥有作为执行董事通常的代表公司签约的权限;反之,倘若某人外在显示可能是执行董事,而实际上他并没有被授予执行董事的权限,那么他就不可以以执行董事的身份行事。

通常,某个特定职位上的人拥有的事实授权与处于这种位置上的人们所通常拥有的表见授权是一致的。一个人的实际授权比其通常的表见授权范围小,可能有两种情况:第一,此人在事实上从未被任命该职位,而委托人表示此人拥有该职位;第二,此人的权限在事实上被委托人限制,因此其事实授权小于其表见授权。

在 County Life 一案②中,法院判决保险公司有义务承担一张保险单中所约定的赔付金额,有三人以公司董事名义在保险单上签字,但事实是这些人从未被公司任命为董事,还有一位秘书在保单上"联署"(countersign),但公司从未任命此人为秘书。Giffard LJ 大法官认为:公司在与第三人的正常商业往来中的行为受到约束,只要第三人基于诚实信用与可以称之为事实董事(de facto directors)的人交易,而第三人可能从其能分辨的范围内,认为其是

① [英]Freeman and Lockyer v Buckhurst Park Properties(Mangal) Ltd [1964] 2 QB 480.

② [英]Re County Life Assurance Co(1870) LR 5 Ch APP 288.

法律上的董事(de jure directors)。

在 Mahony[①] 一案中,法院认为该矿业公司的(外在表现的)董事和秘书签署支票的行为有效,而事实上这些人从未被任命为董事或秘书。类似的案例,请参见 Totterdell 以及 Duck[②] 案。

有关拥有某个工作岗位的人的表见授权范围小于其签约范围,而公司被起诉要求承担责任的例子,参见 British Bank of the Middle East 案,[③]该案涉及一家保险公司的分公司经理(branch manager)的表见授权。有时,某人的岗位或职位的代表公司行事的实际授权可能大于这种岗位或职位的人通常的表见授权。[④]

这表明,职务行为与非职务行为的划分标准,对于判定越权代表交易的效力而言,无疑具有重要的参考价值。同样,在我国的司法实践中,对于公司代表人或代理人越权交易行为的有效性的判断,也有职务行为和非职务行为的划分,只不过,法院的判决之间出现了严重的分歧。例如,在六安市创新担保公司一案[⑤]中,对于公司总经理私刻印章并且未出具股东会决议证明的越权担保行为,最高人民法院仍然认定构成表见代表,也即间接认定该总经理的行为构成了职务行为。但是,在另一庄民间借贷担保案件[⑥]中,江苏省高级人民法院则认为,对外担保行为明显超出了公司的经营范围,因此,认定法定代表人的行为不属于职务行为。

① [英]Mahony v East Holyford Mining Co Ltd(1875) LR 7 HL 869.

② [英]Totterdell v Fareham Blue Brick and Tile Co Ltd(1866) LR 1 CP674; Duck v Tower Galvanizing Co Ltd [1901] 2 KB 314.

③ [英]British Bank of the Middle East v Sun Life Assurance of Canada(UK) Ltd [1982] BCLC 78.

④ [英]Ebeed v Sopplex Wholesale Supplies Ltd [1985] BCLC 404.

⑤ 参见最高法(2015)民申字第 2491 号裁定书。

⑥ 参见浙江高院(2015)浙民申字第 2988 号裁定书。

我们认为,判断公司代表人或代理人的行为是否属于职务行为,除了要看行为人是否遵守公司法的规定之外,另一个极为重要的标准即是这种行为所带来的利益是否归属于公司。因此,职务行为和非职务行为的判断标准,充其量是判断越权代表行为有效性的一个重要的辅助性的标准,而不是决定性的标准。

(六)常规交易与非常规交易(普通交易与关联交易)

在英美公司法的司法实践中,在判断公司代表人或代理人越权行为的有效性时,还区分了常规交易(ordinary transaction)与非常规交易(extraordinary transaction)。通常,公司的首席执行官(CEO)等拥有广泛代表权的人在其职务范围内拥有代表公司的广泛授权。不过,即使对首席执行官而言,倘若其代表公司从事了一项不符合常理的交易,也即非常规交易,其代表权限和相应的交易有效性仍然会受到司法的挑战。

在上文有关表见代理还是无权代理的分析中,课题组已经进行了相关的分析。各国或地区有关的争议案件其实大都集中在非常规交易中公司代表人或者代理人是否享有代表权或者代理权的问题。但是,对于什么是常规交易和非常规交易,尤其是对关联交易是否属于常规交易,法官同样会出现认识上的分歧。

例如,在上文已经分析过的 Drive-In 关联担保案①中,美国巡回法院认为,关联公司之间的担保在美国并非罕见。在本案中,Tastee Freez 公司与其子公司之间的关系也没有超出常规交易的范围。再者,当代公司的商业实践现实(realities of modern corporate business practices)也表明,第三人与公司的高管或代理人代表公司

① [美]In the Matters of Drive-In Development Corp. United States Court of Appeals, Seventh Circuit, 1966, 371. F. 2d 215.

交易时，通常也并不要求第三人有义务探究代表权背后（go behind the representations）的真实情况，即谁是否有权为公司代言，谁确认这种授权，以及谁为公司行事。尤其值得注意的是，巡回法院的Swygert法官从“当代（美国）公司的商业实践现实”出发进行推理，等于是说，美国的法官在裁判过程中是将“商业实践”或者说“商业惯例”作为经验法则采用的。再者，常规交易也罢，非常规交易也罢，其实都是法官的经验法则的体现。

这种观点，在我国的司法实践中也具有广泛的代表性。例如，在涉及公司为股东和实际人控制人担保（《公司法》第16条第2、3款）的案件中，有不少的法官均认为，《公司法》第16条都属于内部管理规范，法律并没有刻意区分公司普通担保与关联担保。[①]这等于说，我国的法官并不认为关联担保属于非常规交易，从而在事实上进一步否定了交易相对人的形式审查义务。但课题组认为，区分常规交易和非常规交易，比较典型的例子就是区分普通担保和关联担保，依然具有重要的裁判价值。[②]

（七）善意相对人与非善意相对人

如前所述，在判断越权代表或者代理行为的有效性时，无论是大陆法系，还是英美法系国家的民法与商法都设置了第三人概念，或者说交易相对人概念。无论是第三人标准还是相对人标准，越权代表行为的有效性，除了满足商法、公司法自身的条件外，还有一个重要的判断标准，就是相对人是否善意（in good faith）。倘若交易相对人系善意行事，那么，本着信赖利益保护的原则，越权代表或代理行为通常是有效的；反之则可能是无效的或

---

① 参见周伦军：《公司对外提供担保的合同效力判断规则》，载《法律适用》2014年第8期。

② 详细的论述，请参见本书其余部分。

者可撤销的。

正如我国《民法总则》第61条第3款、第85条以及第170条所采用的善意相对人标准一样，英国《2006年公司法》、德国《商法典》均采用了善意相对人标准。然而，对于什么是善意第三人，成文法总是显得苍白无力，因此，不得不依靠判例法来进行弥补。

与此相关的一个重要概念，就是交易相对人的合理注意义务，或者说我国学者以及法官在讨论越权代表行为的有效性时所指的相对人“形式审查义务”。我国的现有研究中，持越权代表合同有效说的学者，一般都认为相对人不承担形式审查义务，①而持越权代表合同无效说的学者，一般都认为相对人负有形式审查义务。② 课题组则认为，在判断相对人是否善意以及相对人是否负有形式审查义务的问题上，同样应注重常规交易和非常规交易的区分，并且尤其要区分公司代表人或代理人的越权行为到底是超越了章程限制还是法定限制。不加区分地判定相对人是否负有形式审查义务，从而笼统地判定交易相对人是否善意的观点是不可取的。

如前所述，依据英国《2006年公司法》，交易相对人没有义务获取公司章程，因此，凡属章程对代表人或代理人的权限限制，相对人没有义务提前知晓这种限制，即使是相对人对公司代表人的缺

① 参见王保树、崔勤之：《中国公司法原理》，载社会科学文献出版社1998年版，第42页；蔡晖：《新公司法对公司担保的规范》，载《人民法院报》2006年4月5日；钱玉林：《公司法第16条的规范意义》，载《法学研究》2011年第6期，第125～135页；蒋建湘：《商法强制性规范的类型、性质与边界》，载《法学杂志》2012年第7期，第51～57页；钱玉林：《寻找公司担保的裁判规范》，载《法学》2013年第3期，第32～37页。

② 参见罗培兴：《公司担保法律规制的价值冲突与司法考量》，载《中外法学》2012年第6期；梁上上：《公司担保合同的相对人审查义务》，载《法学》2013年第3期。

乏章程授权知情,也不得认为相对人不为善意。这一规定在很大程度上填补了善意相对人认定标准上的空白。

然而,倘若公司的代表人或代理人的行为本身违背了公司法的规定,在这种情况下,相对人是否善意,就显得非常复杂了,并且,司法实践也出现了分歧。例如,在最高人民法院的判决中,对于公司向股东或者实际控制人提供担保的行为,因为有《公司法》第16条第2款、第3款的"必须"规定,法官对善意相对人的认定即出现了严重的分歧。在上述的"招商银行诉大连振邦股份贷款担保案"中,最高人民法院认为,"银行不是专业的法律服务机构",言下之意,即是"银行怎么可能知道公司法有这种规定?"①从而间接地认定交易相对人属于善意;反之,在河北敬业担保公司的贷款担保一案中,最高人民法院则认为,相对人作为一家专门从事担保业务的公司,不可能不知道《公司法》的上述规定的存在,从而认定相对人不具有善意。②

归入分析法对于本书的主题"法人代表权限制的效力规则"而言,无疑具有重要的理论价值和实践价值,我们将在其余部分的研究中详细进行展示。从以上的分析也不难看出,研究方法与研究内容之间存在紧密的内在逻辑关联。

首先,从代表权限制的渊源或者说代表权限制的依据来看,我们大致可以分为法定的限制、公司章程自定的限制和合同(含章程之外的内部管理规范)约定的限制。厘清各种限制的性质及此种限制对代表权行使的影响(合同的有效性)以及各自的责任承担的原则,具有根本性的意义。这首先就要求研究者对各种限制的不

① 参见最高法(2012)民提字156号判决书。
② 参见最高法(2016)民申2633号裁定书。

同性质进行大类的梳理，这是第一层次的归入分析法。

其次，针对上述各种不同类别的限制，细化每一类限制的规则原则以及各种可能的例外（案例分析与司法统计），这是第二层次的归入法。

最后，通过比较研究和实证研究，针对上述问题领域对我国法律体系中存在可能的漏洞或者可能的法律冲突进行分门别类的梳理，这可以视为立法层面的归入法。在我国制定《民法典》的大背景之下，如何梳理民法与商法关系，结合是否有必要制定我国的《商法通则》的争论和研究，立法系统化、法典化研究无疑具有重要的意义。而法人代表权限制及其归责原则的有关法则——无论是对探讨《民法典》的制定，还是探讨《商法通则》起草和公司企业法的体系化（合并同类项，消除冲突）而言——无疑都具有重要的意义，因为法典化可以促进法律的统一适用，法典化也可以促进公民的守法意识。

本章小结

本章探讨了公司代表权、代理权产生的历史，代表与代理制度的内在关联，公司的代表机关，公司代表人、代理人的种类以及权利来源，同时探讨了代理制度与公司人格独立和公司治理的内在关联。本章尤其重点探讨了分析代表人、代理人越权行为的归属时的归入法理，并提供了判决越权代表行为的基本分析框架。从比较法的观点来看，区分章程限制和法定限制，大陆法系和英美法系国家或地区的公司法分别对章程限制语境下的越权和法定限制语境下的越权建立了不同的规制模式和规制手段。从司法裁判的路径来看，关于越权代表或代理行为的有效性，主要是围绕表见代表(代理)还是无权代表(代理)来展开的。本章分析很多争议案件均表明了这两种裁判思路的根本分歧。在无权代表的情形中,往往还涉及代表权滥用的问题。本部分的研究为后续部分的研究奠定了理论基础。

第四章　法人代表代理权行使的形式要件

“为了使公司成为自愿交易的一方而必须采取的任何物理行为都必须由自然人代表公司行事。因此,有必要建立判断在何种情势下一个或多个自然人的行为被视为公司行为的规则。①”在 Meridian Global Funds 一案②中,霍夫曼勋爵(Lord Hoffmann) 将这些规则称之为“归入规则”(rules of attribution)。简言之,“归入规则”系解释公司代表人或代理人③在何种情形下,可将其行为或知情归属于公司,并由

① [英] D. French, S. Mayson, C. Ryan, *Company Law*, 28th ed. ,Oxford,2011,pp. 612-613.

② [英]Meridian Global Funds Management Asia Ltd 诉 Securities Commission [1995] 2 AC 500.

③ 根据本课题的基础结论,代理与代表并无本质区别;本章为便于讨论,如无特别标注,则将公司的法定代表人、业务执行人和雇佣代理人均归属于代理人群体。

公司承担相应法律责任的标准和规则，归入法也成为英美公司法分析越权代表或代理行为有效性的基本分析方法。其中，归入法的实质要件在于公司代理人需在其授权范围（包括实质授权或表见授权两种情形）之内实施行为，而其形式要件则在于，代理权的行使形式需满足一定的外在要求。

第一节　代表代理行为归入的外在形式

公司自身特质决定，其无法像自然人一般具有信息感知能力和情势判断能力，自然也无法亲自受领意思或进行意思表示。公司参与交易必定需要借助人或者人的集合体，这就是凯尔森当年所说的："作为一个共同体的社团只是在个人、即作为其机关的那些人的行为中，才体现出它的存在。"①归入规则对代理行为行使形式的要求，其规范目的在于将个人代表社团所进行的行为，与个人的自我行为区分开来。根据归入规则的基本内涵，代理行为需遵循外在形式之要求，以便交易相对人得以分辨其交易的真实对象，进而可初步判断公司的真实意志。

一、以公司的名义行事

代理权的行使规则，最基本的一条就是代理人须以公司的名义对外行事。换言之，公司代理人在代表公司从事经营活动时，须表明其是某公司代理人的身份；否则根据隐名代理的一般规则，代理人应对交易相对方负责，这对代理人而言是非常危险的。当然，代理人若是没能在交易中向交易相对方披露作为被代理人的

① ［奥地利］凯尔森著：《法与国家的一般理论》，沈宗灵译，商务印书馆2013年版，第159页。

公司,但该交易带来的利益被归入了公司名下,或者公司追认了交易效力,则该代理行为也会被认定为归入公司。

一个较为特别的情形是设立中的公司。美国审判实践通过多个案例,就公司在成立之前的合同效力归属问题确立了较为详细的判定规则:其认为发起人若是以自己的名义设立合同,则公司成立后须完成合同变更程序,相对方才能向公司主张合同权利;即使公司发起人以设立中公司的名义订立合同,但因为当时公司尚未成立,发起人实际上是声称了一个尚未存在的被代理人,因此发起人应因为他的虚假陈述而承担责任。对于发起人来说,最安全的做法是不仅声明设立中公司的名义,而且还需将公司设立的情形诚实地告诉合同相对人,才能最大限度地降低发起人被追责的可能性。相比之下,我国公司法确立的判定思路较为简单。根据最高人民法院《关于适用〈中华人民共和国公司法〉若干问题的规定(三)》,公司设立过程中,公司发起人若以自己的名义签订合同,除非公司于成立之后对合同进行追认,或者公司已经实际履行了该合同(包括但不限于公司承接了合同利益、公司主张了合同权利或者公司履行了合同义务等),否则该合同只能由发起人自行承担责任。而发起人以设立中公司名义签订合同的,只要公司不能证明该合同并非为了设立中公司的利益而签订,原则上均应由成立后的公司承担合同责任。

二、法定的外在形式

当然,并不能仅以代理人的口头声明就断定其是“以公司的名义”在行事,并将行为归属于公司。公司代理人尚需遵循一定的行为模式,使外部第三人得以区分代理人的自我行为与公司行为。

(一)代表人的签名

从其他国家的商事经验来看,一般认为,具有公司代理人身份的自然人,在为公司行事时,其签名应与处理个人事务时的签名有所区别。根据德国《商法典》第 51 条,经理人有义务在合同上签字时注明其经理授权,在德国的交易实践中,即是经理人在签字时注明“ppa.”字样,即 per procura(根据经理权)的缩写。正式的写法,还包括“als Prokurist”,“per procura”,或者“in Prokura”。[①] 该条款的立法目的显然在于经理须向合同相对人表明签字人的经理人身份。《美国合同法重述》§ 134(1981)却对备忘录上的签名采取较为宽松的规范;其认为签名是一项做出意思表示或接收意思表示的标志,不仅可以以手写签字人的姓名或昵称,也可以用简单的 X 或某个符号来代表签字人。[②] 不过,汉密尔顿也指出,在美国商事实践中,公司的代理人以公司名义和为公司利益签署文件的正确方式须是“ABC 公司,By:_总裁”,凡是不按此种形式签署都是危险的。因为这样仅仅表明签字人在公司的职位并不能当然的表明其是作为代理人而签字的,这样签字的效力也无法归属于公司。[③] 牛津的《英国公司法》亦严格指明:一个自然人签署一份公司文件时仅仅是描述签名人的身份(如“A,B 有限公司董事”),则尚不能有效地排除个人责任。因此,有必要添加签名人作为公司的代理人或者以授权代表名义的文字,这样就不至于产生个人责任了。例如,“A,B 有限公司董事,为并且代表 B 有限公司”(A,

---

① [德] Vgl. Münchner Kommentar / Krebs, Handelsgesetzbuch § § 1 - 104a, 3. Auflage, München 2010, § 51 Rn. 6.

② [美] Restatement(Second) of Contract § 134(1981):“The traditional form of signature is of course the name of signer, handwritten in ink. But initials, thumbprint or an arbitrary code sign may also be used; and the signature may be written in pencil, typed, printed , made with a rubber stamp, or impressed into the paper”. See also Uniform Commercial Code(UCC) § 1-201(39)(1995).

③ [美]罗伯特·W. 汉密尔顿著:《美国公司法》,齐东祥等译,法律出版社 2008 年版,第 250 页。

director of B ltd, for and on behalf of B Ltd)。[①]

我国的公司法规及商事实践中,却未对公司签约代表的签字形式予以规定。在较为规范(通常是由律师起草或把关)的合同文件上,签字页处才会标注出“签约代表”或“授权代表”这样的字样。而在一些较为随便或贪图方便的场合,法定代表人或公司事务的负责人只会签署自己的名字,并不会标注头衔或身份。实践中,因为此类自然人草率签名而确认的文件或合同是否该归属于公司的纠纷,时有发生。一般的审判规则认为,即使代理人在合同上签名时没有同时标注以上的缩写或者标识,也不能简单地说合同效果无法归属于公司,而是应当综合其他因素来判定代理人究竟是为谁的利益并以什么身份来签字的。当然,这将是一个更加复杂且漫长的判断过程。

(二)公司印章

大多数国家的商事立法或司法实践均认可,公司可以用一枚或多枚经过登记或公示的公司印章来代表其意志。例如,英国公司法许可每一公司均可拥有一枚公印(common seal),用于认可公司文件。同时,公司还可拥有与公印相配的官方印鉴(official seal),如用于对外贸易或者用于签发股权证书的专用章等。在美国的大多数州,一枚正式的公司印章已经不是法律要求公司的必备物件了。然而,汉密尔顿则认为,印章仍然是有其必要意义的,至少它有助于将公司交易与个人交易区分开来。同时,在保险文件或不动产转让文书加盖印章也可以满足于市政厅等产权管理

① [英] D. French, S. Mayson, C. Ryan, *Company Law*, 28th ed., Oxford, 2011, pp. 616-617.

部门的行政管理需要。①

与英美法系国家对公司印章的冷淡态度不同,日本、中国等东亚国家因其历史原因,对公司印章的象征意义有着特别的青睐。根据日本法律相关规定,法人使用的印章通常有"代表者印""社印"等多类,其中"代表者印"刻有公司名称、代表者职位等内容,须向法务局提交登记。在我国商事实践的大多数情形中,一枚公章的加盖就足以让行政管理部门或交易相对人确认公司认可该文件对其自身的约束力,公司当然须对加盖了公章的文件负责(实践中有大量纠纷就因为公章加盖的外在形式与公司的真实意思存在差异而引起)。鉴于接下来会有章节专门就公司印章的功能及制度进行探讨,此处就不再赘述。

(三)公司文件的签署规则

部分国家或地区的公司法,还对公司文件的签署规则进行了规定。例如,根据英国 **SI 2008/3229** 制订的示范章程(model articles of association),董事(会)有权决定钢印的适用方式,但是,示范章程规定,除非董事(会)有相反的决定,默认的规则是,当公司在文件上盖印时,还必须由"获得授权的人"签字,并由在场的证人见证该签字。"获得授权的人"是(1)公司的任何董事;(2)公司秘书(私人公司不必有秘书);(3)任何由董事(会)授权在文件上签字的人。②美国的示范公司法也要求公司秘书必须保管和监督使用公司公章。因此,一般而言,行使代理权的标准形式即是,公司的法定代表人、高管(包括公司秘书)或雇员在从事公司业务

---

① [美]罗伯特·W.汉密尔顿著:《美国公司法》,齐东祥等译,法律出版社 2008 年版,第 81 页。

② [英] D. French, S. Mayson, C. Ryan, Company Law, 28th ed., 2011, Oxford ,p. 614.

时,除该名代理人应在合同上亲笔签名外,同时还应在合同上写明公司、企业的名称,并标明“代表”(on behalf of/ p. p. a.)字样;并在公司名称处加盖公司的印章(钢印)。当然,在网络交易的情形,还可以使用电子公章或电子签名。

此外,各国商事立法还考虑到商事交往的便利和效率性,为代理权的行使规定了变通形式,如英美公司法还规定,两名执行董事,或者一名执行董事和公司秘书在合同上签字(加捺手印),即可代表公司(即使没有公司印章)。德国《商法典》中规定的共同经理权(Gesamtprokura),即允许章程规定企业的某些交易需要两名以上的经理人共同签字方才对公司产生约束力的做法,与上述变通形式在功能上类似。

上述文件签署/盖章规则,最终都将体现于合同或文件的外在形式上,并构成代理权行使的权利外观。

总结而言,以上要素共同构成了代理权归入规则的形式要求。归入规则之所以首先对代理权行使的外在形式进行规范,其本意是在对作为公司代理人的自然人的自我行为与其代理行为进行区分,使得与公司交易的相对人得以清晰地分辨出其交易的对象是谁。为保证交易安全,各国的公司法还就公司代理人以公司名义实施代理行为的外在形式进行了规定。若相对人仅凭加盖于文件上的公章或某一签名即相信文件的效力,则需要为自己未能尽到注意义务而承担不利后果。

第二节　代表代理权行使的形式瑕疵及效力判定

正如前述,各国商事立法或实践均要求,公司公章须配以公司法定代表人、高管或业务代表的签字（“公章+签字”的方式）——即使公章欠缺，也须由两名董事或一名董事及一名公司秘书共同签名——方可确认某一文件或合同对公司的约束效力。但是，由于我国商事立法中缺少对公司文件签署或公章使用规则的规定，工商管理部门公布的示范公司章程中也从未试图规范公司公章的使用规则。换言之，我国的商事立法对公司代理权行使的外在形式并未进行严格规范，这引起了商事实践中的一些不正当做法，如公司代理人未经公司内部程序私自动用公章，或仅有法定代表人签字而缺少公章等情形。此类情形，不能一概而论其有效或无效，而是须综合考虑合同利益的归属、交易的真实情况及相对人的主观状态完成效力认定。

一、缺少（代表人）签名或缺少公章等瑕疵文件的效力判定

商事实践中，经常遇到合同上只有公司印章而没有任何代表签字或者只有某个代表签字而没有加盖公司印章的情况，司法实践已经确认“缺少签名或缺少盖章”的外观形式并不必然导致该文件对公司失去约束力。《担保法司法解释》第 22 条第 2 项，即肯定了以盖章或签字代表公司意志的做法。①

不过，在司法审判中，仅加盖了公章或仅载有代理人签字的公司文件的效力判定，仍然存在细微差别。对于仅有公章的情况，在无明显反驳证据的前提下，司法实践总是倾向于肯定公司公章对法人意思的代表——例如，在最高人民法院（2016）最高法民再 335

① 最高人民法院《关于适用〈中华人民共和国担保法〉若干问题的解释》第 22 条第 2 款规定，主合同中虽然没有保证条款，但是，保证人在主合同上以保证人的身份签字或者盖章的，保证合同成立。

号民事判决书①中，合议庭即直接认可了单凭公司公章即可以代表法人意志的基本判定，认为加盖了公司印章的文件，对公司具有约束力。而对仅有法定代表人签名的文件，司法机关的审判却保持谨慎怀疑的态度，对签字确认的行为是代表法定代表人本人还是公司这一前提问题严加考察。最高人民法院虽然在(2013)民提字第126号民事判决书②中指出：

“汪×仅以1998年倒签的借款协议上只有汪×与项××的人签名而没有公章为由，主张该协议所载明的借款系个人之间的借款，理据不足。”但同时也肯定“作为法定代表人，其对外签订法律文件时所作的签字，具有代表其个人或代表法人两种法律效果的可能。要确定该签字的具体法律效果，应当结合其他因素综合判断。”

而在另一再审案件最高人民法院(2011)民申字第25号《民事裁定书》中，最高人民法院的谨慎态度显露无遗——合议庭综合全案事实，对法定代表人签字行为的代表意义抱持了高度怀疑的态度：

“即使王××在案涉的保证合同上法定代表人一栏中签名，该格式合同也是供担保单位使用，而不是供个人使用。但是，在××药业公司未加盖公章的情况下，王××也没有注明××药业公司的名称以表明其是作为××药业公司的法定代表人签字，而不是以个人名义签字。虽然该格式合同是以单位作为担保人而设计的，但在实践中存在混用的情况。王××作为具有商业经验的人，如果其不愿以

① “东莞市百盛投资发展有限公司与李晓中等借款合同纠纷再审案”，法宝引证号：CLI. C. 9171521。

② (2013)民提字第126号“汪斌与项铁军、魏秀丽、大连立达企业发展公司民间借贷纠纷再审民事判决书”。

个人名义提供担保，也应当及时收回仅有其个人签名的保证合同。”①

基于以上综合分析，最高人民法院最终认定王××签订的保证合同仅能代表其个人。由此可见，司法实践虽然对于公章或法定代表人签名对公司意志的代表作用均予以基本肯定，但在仅有法定代表人签名时，法院对于该签名究竟是应代表个人还是公司，仍然会结合全案事实做仔细判定。

更进一步而言，对于司法裁判来说，与其说“签名或盖章”已完整构成了公司意志表示的外在形式，不如说“签名或盖章”构成了该份文件的合法权利外观，权利外观的形成使得相对人对其产生的信赖趋于合理，进而可支撑相对人主观状态并非恶意的司法判定。在最高人民法院（2017）最高法民申524号民事判决书中，②最高人民法院对事实进行了如此认定：

“即便刘×（××公司负责办理贷款业务的授权代表）存在超越代理权限的行为，在刘×持有×××公司公章及法定代表人的名章的情况下，贷款公司亦有足够的理由相信刘×有权代理×××公司签署《保证合同》。”

此种判定思路在最高人民法院的另一份判决中得到更细致的展现。最高人民法院（2016）最高法民申230号民事判决书③直接

① （2011）民申字第25号“王建忠与中国农业银行股份有限公司泉州泉港支行、福建肖厝建东绿野基地有限公司、福建省晋江市联发电线实业有限公司金融借款合同纠纷再审案”民事裁定书。

② “亿达信煤焦化能源有限公司与刘富等民间借贷纠纷再审案”，法宝引证号：CLI. C. 9171562。

③ 阳朔一尺水实业投资开发有限公司、广西汇荣融资性担保有限公司与阳朔一尺水实业投资开发有限公司、广西汇荣融资性担保有限公司等保证合同纠纷申请再审民事裁定书。

将合同外观形式的完备性、真实性(签名或公章的真伪)作为相对人是否尽到审查义务的重要要素予以考察。在该案中法定代表人丁×擅自使用×××公司已经作废的公章,对外签订借款合同及担保合同。最高人民法院确认签署合同对×××公司存在约束力,判决指出:

“案涉《借款合同》、《借款担保合同》、《委托担保合同》中×××公司的印章与×××公司现在使用的印章样本不一致,但其法定代表人丁×的签字是真实的,丁×时任该公司的法定代表人的身份是真实的,相对人有理由相信作为×××公司法定代表人的丁×履行职务行为的真实性,丁×的行为代表了×××公司的行为。法定代表人任职期间持有的公司印章与任职前、免职后的公章是否一致,必须经过鉴定机关的鉴定方能识别,若将此全部归属于担保人的审查义务范围,已超出担保人合理审查范围,亦有违合同法保护交易安全和交易稳定的立法初衷。××公司基于对丁×的法定代表人身份真实性的信赖,已尽到合理的审查义务,主观上构成善意。”

由此可见,司法裁判机关并未直接将合同上载有“签名或盖章”的外观形式作为判定公司真实意志的因素,而是将其视为公司代理行为的合法权利外观。两种思路的区别在于前者仍然以公司行为的归入法则作为判定的基础模型,将签名或盖章理解为标准形式的变通;但此思路无法界定变通的边界,更无法说明变通形式与标准形式之间的差异将给代理行为的归入后果带来的同与不同。而后一思路则是将表见代理理论作为文件效力判定的基础机制,其认为合同上面有法定代表人或授权代表的签名,或者加盖有公司的公章,便足以构成该份文件的权利外观,并足以使善意的相对人产生合理信赖。对商事法律而言,相对人的合理信赖以及由此而来的信赖利益,才是立法者或司法机关须特别关注并重点保护的对象。因此,即使该份文件或合同的外观形式与其真实的权力状况背道而驰,只要相对人对其外观形式产生了合理信赖,司法裁判亦会优先考虑保护相对人的信赖利益而维持该份文件对公司的约束力。

如前所述,两种思路采行了两种不同的效力判定逻辑。比较而言,后者以表见代理理论作为判定的基础逻辑,判定过程相对复杂,所考察的判定因素也会更多,如真实的代理权力状态等相对人的主观状态。基于此逻辑,课题组对“欠缺公章或欠缺签名”的合同效力进行了大致的总结。

(一)欠缺公章仅有意志代表人签名的情形

1. 若文件签署人的行为已超出授权范围,而文件的效力又缺少公章予以确认,则代理行为不可约束公司

在(2011)汴民终字第667号①建设工程施工合同纠纷中,开封某建筑公司与开封市某房地产公司于2006年7月就某一工程签订建筑工程的《承包协议》,并在该协议中约定了包干工程款,而后2007年12月10日双方制作《会议纪要》,其中有手写添加内容将工程价款计算方式更改为依据建造面积定额计算,次年1月17日,建筑公司的工地负责人王××签字认可《结算编制书》,该编制书也依照定额标准计算工程总价。但是,开封市中级人民法院最终以“《会议纪要》手写添加部分未加盖公章认可,工地负责人王××的签字超出其职权范围”为由,判定工程价款的计算仍以最初的《承包协议》为准。实际上,此一情形的判定较为清晰。若公司文件或合同上并未加盖公章,又有较为充分的证据可以证明相对人

① “开封盛和建筑安装有限公司与开封市承润房地产开发有限公司建设工程施工合同纠纷上诉案”,法宝引证号:CLI. C. 833284。

已经注意到文件签署人的确认行为已经明显超越了他的授权范围(例如,上述判决中,工地的现场负责人一般仅核定工程签证,组织及监督施工,显然不具有工程整体结算的权利),此时纠纷的处理当适用"无权代理"规则,即无权代理行为对作为被代理人的公司而言效力待定,公司可选择是否追认该行为。假设无权代理行为未被公司所追认的,善意相对人可以要求行为人继续履行债务或者赔偿其因此遭受的全部损失。

2. 若签名人的授权合法有效,或其签署行为并无明显越权事实,即使该份文件没有加盖公章,文件仍对公司具有约束力

在(2012)岳中民一终字第42号民事判决书①中,案涉合同并未经公司内部决议程序,亦未加盖公司公章,但有该公司总经理兼最大股东吴××的签字,法院以吴××系法定代表人合法授权的公司代理人,认定其签署行为可代表公司意志。代理人以签名的形式确认了该份合同的效力,且此确认行为系在其授权范围之内,此时,即使文件未加盖公章,也不影响代理行为的效力。

(二)仅有公章而没有合法代表权人签名的合同或文件,效力视文件性质及纠纷事实判定

仅加盖了公章的合同或文件的效力判定,需区分几种情形考虑。

1. 依照法律规定并不需要具体执行人的法律文件,如之前提到的出资证明书、上市公司的信息披露文件等,此类文件加盖公章即可生效,无需公司机关再行签名;

2. 公司的授权代理人使用公章确认合同文件的情形,合同文

① "岳阳市鑫圣置业有限公司与许深根补偿合同纠纷上诉案",法宝引证号:CLI. C. 1169003。

件的效力亦不具有争议；

3. 有公章且存在滥用公章或越权使用公章的情形，此种情形即可适用“门内管理规则”①——即使法院认定公章系公司的代理人越权使用，但对公司外部的善意第三人而言，合同行为仍然可归入公司；

4. 公司公章系被私刻或盗用而形成的合同文件的，或者根本缺乏授权代表签署的合同（如空白合同）；真正的纠纷往往发生在此种情形形成的公司文件，此种情形的裁判思路及考察因素将在下文进行详细讨论。

二、伪造公司印章时的效力判定

自 2016 年年底到 2017 年这一年，金融行业就频频爆出因“萝卜章”导致的风险事件。2016 年 12 月 13 日，国海证券原员工张某、郭某以国海证券名义在外开展债券代持交易。经核查，两人伪造了“国海证券股份有限公司”字样的印章，用于加盖其所涉业务相关协议。事发后统计，该事件相关的未了结合约，合同金额约 200 亿元，合同对象涉及金融机构 20 余家，给债券市场造成严重不良影响。2017 年 4 月 18 日，民生银行北京航天桥支行行长伪造了

① “门内管理规则”（Indoor Management Rule），源于图尔宽德案的法庭论述，系指从事公司业务的人的行为看上去符合公司章程，那么与公司交易的外部人不受公司在内部管理中的任何非常规规定的影响。关于门内管理规则的历史沿革及近期发展，请参考［美］Morrison D，“The Continued Role of the Common Law Indoor Management Rule Due Inquiry Exception”，*Queensland U. Tech. LJ* 12，1996，p. 28；Morrison D. Barriers to Entry and Exit for Australian Businesses：The Solvency Impact of Disruption，Insolvency Law Journal，2015，23（2）：pp. 81–93.［美］Mukherjee A，Balmer J M T. Preface：New Frontiers and Perspectives in Corporate Brand Management：In Search of a Theory，International Studies of Management & Organization，2007，37（4）：pp. 3–19.［英］D. French，S. Mayson，C. Ryan，*Company Law*，28th Ed.，Oxford，2011，p. 628。

银行印章及理财合同，编造并出售假的理财产品，据统计，张某最终骗取150余名私人银行客户的理财资金，涉案金额达30亿元。2017年6月，建行潜山支行行长肖某的个人行为，合约及所盖公章均为伪造，向兴业银行销售了10亿元的理财产品。截至3月底，兴业银行杭州分行仅追回了1.37亿元，剩余资金去向不明。①

这些风险事件受到瞩目的原因有两个：其一是牵涉到的金额巨大，动辄几亿元甚至几十亿元；其二是因为行为人欺骗的手段极其简单，行为人只是利用了其银行内部人的身份，通过伪造公章及一些辅助材料等手段，即骗取了大量资金。实际上，在商事实践中，因伪造公章而出现的类似纠纷不在少数。由于在此类纠纷中，代理人（合同文件）所呈现的权利外观与真实的权力状态相去甚远，作为被代理人的公司和相对人的责任及利益保护冲突更为激烈，因此，需给予特别考虑。

（一）伪造公章纠纷的判定逻辑

1. 我国关于伪造公章纠纷判定逻辑的转变

我国曾在较长的一段时间内，在公司法实践中倾向于保护公司利益，要求第三人对公章的真实性负有审查义务。1998年最高人民法院发布的法释〔1998〕7号《关于在审理经济纠纷案件中涉及经济犯罪嫌疑若干问题的规定》就体现了这一思路，该司法解释中对“行为人盗窃、盗用单位的公章、业务介绍信、盖有公章的空白合同书，或者私刻单位的公章签订经济合同，骗取财物归个人占有、使用、处分或者进行其他犯罪活动构成犯罪的”，规定单位对犯罪行为造成的经济损失不负民事责任，只有在单位具有“明显过

① 以上事实信息均来自郝若希、蒋起东：《银行频发萝卜章事件：内控问题凸显，拷问金融风控安全》，载《法治周末》2017年7月25日，访问网址：http://finance.sina.com.cn/roll/2017-07-25/doc-ifyihrit1423717.shtml。

错”，且该过错与受害人的经济损失有因果关系时，才应当承担赔偿责任。这一规定曾经在很长一段时间内，使那些诈骗犯罪的受害人很难拿回损失。2004 年《最高人民法院公报》上刊登了(2001)民二终字第 155 号民事判决书的裁判要旨，该判决也认为，书面合同上的一方当事人的印章系他人伪造，且没有证据证明加盖伪造印章一事是由当事人公司做出，该合同文本不成立。

以上司法解释及公报案例基本可以反映一段时间内司法机关的基本观点。然而，这样的司法观点实际上并不符合风险分配的原理，毕竟公章的使用单位对其的管理和防范要容易得多。同时，这样的判定逻辑也增加了交易相对方的交易成本，交易相对方必须花更多的精力，去确定公章和文书的真实性，以防范因为公章的不真实而导致交易无效的损害后果。从法经济学的角度来讲，若不特定数量的相对方，都需要增加交易成本去实现交易，那么增加的社会成本乃是制度所不能负担的。因此，公司利益优先的价值取向，目前已逐步被我国的司法裁判机关所摒弃。因此，最高人民法院在 2008 年的公报案例①中对前述司法解释的适用进行了澄清和纠正：“《最高人民法院关于在审理经济纠纷案件中涉及经济犯罪嫌疑若干问题的规定》第 5 条第 1 款规定，行为人盗窃盗用单位的公章业务介绍信盖有公章的空白合同书，或者私刻单位的公章签订经济合同，骗取财物归个人占有使用处分或者进行其他犯罪活动构成犯罪的，单位对行为人该犯罪行为所造成的经济损失不承担民事责任。但是，该条第 2 款又规定，行为人私刻单位公章或者擅自使用单位公章业务介绍信盖有公章的空白合同书以

① 兴业银行广州分行与深圳市机场股份有限公司借款合同纠纷案，最高人民法院(2008)民二终字第 124 号。

签订经济合同的方法进行的犯罪行为,单位有明显过错,且该过错行为与被害人的经济损失之间具有因果关系的,单位对该犯罪行为所造成的经济损失,依法应当承担赔偿责任可见。判断公司是否应当就高级管理人员私刻公章骗取贷款行为造成的损失,需从该单位是否存在明显过失及该过失与所造成损失有无因果联系公司对于本单位高级管理人员负有监督和严格管理的责任,因疏于监督和放任管理致使个人骗取贷款得逞的,公司应当对该损失承担赔偿责任。"可见,最高人民法院仍然提倡适用表见责任的判定思路来处理伪造公章纠纷。具体而言,此类纠纷的审理思路已经从单位(公司)对行为人私刻公章所实施的行为当然免责,转变为在具体案件中视表见责任的构成要件来判定,仔细评估单位(公司)对私刻公章的过错程度及过错与损失的因果关系等要件,最终确定行为效力。总结而言,现在关于伪造公章纠纷的判定逻辑,实际上与"缺少签名或盖章"的代理行为瑕疵问题的处理方式是相同的。

2. 司法判定:相对人不对公章真伪负审查义务

如前所述,表见理论已形构了现行司法实践中处理伪造公章纠纷的基本判定框架,不过,庭审过程中法官最为关注的仍然是(无权)代表行为的权利外观以及相对人的善意是否成立。例如,最高人民法院(2012)民提字第208号民事判决书中,即认为"公司法定代表人私刻公章,以公司财产偿还其个人及个人控制的其他公司的债务,属于违反法定忠实义务的无权代表行为,案涉协议条款使公司只承担巨额债务而不能获得任何对价,不属于公司正常的经营活动,具有明显地超越代表权的外观,协议相对方以协议和委托书加盖了公司公章为由主张善意信赖法定代表人代表权的理由不能成立"。该判决的逻辑,就是典型的表见责任裁判框架。最高人民法院(2017)最高法民申1696号中,原审被告××公司的法定代表人在讼争的购货合同上签字确认担保款项，同时加盖××公司的公章。诉讼中××公司主张担保行为系法定代表人个人行为，加盖于合同之上的公章系法定代表人伪造，担保应该无效。而最高人民法院则认为："法定代表人已经在《钢材购销合同》中代表××公司作出了担保的意思表示，之后在《承诺担保书》上××公司的印章是否虚假，均不会影响《钢材购销合同》上法定代表人代表××公司签字的真实性，也不应影响到本案的处理结果。"

此时，唯一需要关注的是私刻公章这一案件细节，是否会对司法判定产生影响？就课题组及课题组对最高人民法院类似案例的分析来看，多数司法机关认为，相对人无需也不应该对公章真伪负有审查义务，因此公章是否伪造并不会对相对人的善意状态产生影响，进而更不会对行为的效力产生影响。最高人民法院在其公报案例"招商银行股份有限公司大连东港支行与大连振邦氟涂料股份有限公司、大连振邦集团有限公司借款合同纠纷"《再审民事判决书》中即作了详细阐释："《股东会担保决议》中存在的相关瑕疵（伪造公章）必须经过鉴定机关的鉴定方能识别，必须经过查询公司工商登记才能知晓、必须谙熟公司法相关规范才能避免因担保公司内部管理不善导致的风险，如若将此全部归属于担保债权人的审查义务范围，未免过于严苛，亦有违合同法、担保法等保护交易安全的立法初衷。"

（2016）最高法民再194号[①]民事判决书则将伪造公章这一事实与表见代理的适用及判定之间的关系解释得更加清晰。该判决书认为，交易相对人对于××公司的公章及时任法定代表人刘××的

① 山东兴康医疗器械有限公司与薛启盟民间借贷纠纷再审案，法宝引证号：CLI. C. 9169291。

个人名章的真伪无法从形式上辨别是否与在公安机关备案的相一致,这一事实并不会对合议庭关于相对人已经尽到了注意义务的认定产生影响。可见,司法机关认可,交易相对人不对公章的真伪负有审查义务;假设行为人不存在其他明显的越权事实或表现,则相对人对包括公章(或假章)构成的权利外观所产生的信赖,当然具有合理性。

3. "门内管理规则"的伪造例外及其借鉴意义

《牛津公司法》曾专门用一小节的篇幅写明"公司无意思表示"的情形。该书认为"如果某人声称以公司代理人身份行事,而超出了任何事实的或表见的授权,那么公司不受(此人行为的)约束。如果某人制作或者发行声称是公司的文件(实际上此人缺乏制作这种文件的事实授权),那么该文件属于伪造(forgery),该文件对公司无约束力,前提是公司从未向此人发出过此人拥有制作文件的表见授权"。①

根据"门内管理规则",与公司交易的外部人无义务去探寻声称获得了公司代理权的代理人是否遵守公司章程、章程细则、决议、内部契约或内部规则所规定的任何前期程序或是否获得从事本交易的授权。② 然而,"门内管理规则"不适用于伪造的情形。原因正如 Loreburn 勋爵在 Ruben 一案③的判决中所指出:"我无法看到本案的被告(公司)承担责任所依据的原则。伪造的证书自始无效。诚然,与有限责任公司交易的人无义务探究公司的门内管理规则(indoor management rule),也不受他们(指公司外部人)不知

---

① [英]D. French,S. Mayson,C. Ryan,*Company Law*,28th ed.,Oxford,2011,p. 628.

② [加]VanDuzer A. J.,Daniels R. J.,*Law of Partnerships and Corporations*,*The. Essentials of Canadian Law*,Irwin Law Incorporated,2009,pp. 214-215.

③ [英]Ruben v. Great Fingall Consilidated [1906] AC 439.

道公司内部有特殊规定的影响。但是，该规则不适用于伪造。”

在另一个案例 Northside Developments 一案①中，Robert Sturgess 系公司的三名董事之一，据称该董事和一名据称是公司秘书的人执行了公司土地的抵押，实际情况是，此人从未被任命为公司秘书。公司在抵押契据上盖的钢印，也因此缺乏董事会的实际授权而对公司无约束力。这一笔抵押也并不是为该公司的债务提供担保，而是为 Sturgess 所控制的其他公司的债务提供担保。澳大利亚高等法院（High Court of Australia）的多数法官认为该抵押属于伪造，因此对该公司无约束力。而少数法官则倾向于认为，当一项交易不同寻常时（不是为本公司担保，而是为关联公司担保时），与公司交易的人有义务询问这种交易是否得到董事会的授权，以满足他自身的要求，如果交易相对人没有尽到这种义务，那么他就不应当受到保护。这就是所谓“门内管理规则的伪造例外”（forgery exception to the indoor management rule）。

若将此规则适用于伪造公章纠纷的判定之中，则可将行为人越权使用公章与伪造公章两个一直以来未作区别的情形区分开来。在 Story 一案②中，Story 夫妇系同一家公司的董事及公司秘书，Story 先生作为公司董事，签署了担保文件，并在担保文件上伪造了作为该公司秘书的其妻的签名，银行起诉要求确认该担保文件的效力。上诉法官 Gleeson CJ 即指出，门内惯例规则并不适用于加盖了假冒印章或伪造了签名的文件的情形。“尽管载有真实的印章和签名的文件，可能因其盖章或签名的行为未得到公司的正当授权（例如，没有有效的董事会决议），也可能被称作是伪造的文件，但门内管理规则却适用于这样的情形。”③

---

① ［澳］Northside Developments Pty Ltd v-Registrar-General（1990） 170 CLR 146.

② ［澳］Story v. Advance Bank Australia Ltd.（1993）11 ACLC 629.

③ ［澳］Ramsay I.，Stapledon G.，Fong K.，“Affixing of the Company Seal and the Effect of the Statutory Assumption in the Corporations Law”，Vol. 10，1999，p. 47.

众所周知，公司关于公章的管理规则和使用流程，被认为是其内部管理规则，亦构成了“门内管理规则”的前提条件。假设行为人违反了公司内部的管理规则或超越了权限来使用公章，那么根据门内管理规则的原理，相对人无从知晓行为人违反了公章使用的内部规则，因此，违规使用并不会对其行为的外部效力产生影响。而在我国现行的司法判定逻辑中，相对人无需对公司文件、合同等文书上加盖的印章真伪承担审查义务；换言之，伪造印章这一纠纷细节，实际上并不会对代理行为的效力产生任何影响。因此，伪造公章亦等同于违规使用公章的情形，其判定逻辑并无不同。

但是，若适用“伪造例外”规则，公司并无真实的意思表示，对假章的加盖也不存在任何管理疏漏或过错；行为效力只能单就行为人是否具有签署该份合同的表见授权来判断。倘若在此种情况下，行为人并无完整的代理行为，如行为人仅在合同上加盖了假章而未能签字，或其实际上并不具有表见授权，则该份文件不应对公司产生效力。因此，我们认为，“门内管理规则的伪造例外”将有助于我国司法机关及商法学界对公司利益的保护进行反思。

（二）伪造公章纠纷的规制方式

既然司法机关在越权行为纠纷的处理中，并未对伪造公章这一事实细节给予特殊应对；那么，对如今愈演愈烈的伪造公章纠纷进行规制，只能依靠公章相关制度的完善。

1. 伪造公章纠纷成因之反思

（1）我国商事实践中，公章汇集了多重证明功能

公司对印章的依赖有一定的传统因素。根据考证，我国真正意义上的官印诞生于汉朝。自汉朝起，官印的使用伴随着统治阶级的权力强化逐渐正统化，现代印章的认证功能与保管制度亦部分的承袭了古代官印的制作与使用习惯。新中国重振工商业之

后，带有“官商”性质的国有企业，也习惯于普遍使用公章。之后公司化改革，公章也自然而然进入了商业公司。

时至今日，公章的功能仍然不可取代。有学者指出，在商事实践中，东方国家的公司印章犹如西方国家商业交易中代表人的签名，具有意思表示、主体甄别及禁反悔的功能。① 陈甦教授认为，印章具有的证明功能，包含了“确认法律行为、识别法律主体、区分主体身份、证明代理权限”等四个方面。② 依此说法，在我国的商事实践中，公章汇集多重证明功能于一身。此方式虽可降低相对人收集交易信息的难度，使交易更加便捷。但同时带来高风险：一旦行为人持有加盖了公章的交易文件，该枚公章将同时证明行为人的合法代理身份，表达公司参与交易并愿意为文件所约束的意志，还在一定程度上可推定该文件的形成及公章的加盖已经遵守了公司内部的决策程序。这很容易陷入自我证明的怪圈。因此，过于依赖公章，反而很容易引发公章纠纷。

（2）我国目前缺少对公章使用规则的统一规范

从比较法的研究可看出，多数国家对公司公章的使用与管理均设立了具有普遍规范意义的规则。例如，德国对用于国家公权力证明或公证机构证明的印章和私人所用印章进行了区分，如自然人或公司（皆属于私人范畴）有对世证明的需要，则须通过其规范的公证体系对公章进行认证。英美法系国家均要求公司印章交由公司秘书保管，在董事或授权高级职员的指示下使用，不可独立对外证明公司意志。按照英国 SI 2008/3229 制订的示范章程（model articles of association），加盖公司钢印也须遵守一定的程序

① ［美］Kisswani N. M., Al-Bakri A. A., “Regulating the Use of Electronic Signatures given the Changing Face of Contracts”, *Macquarie J. Bus. L.* 7, 2010, p. 53.

② 陈甦：《印章的法律意义》，载《人民法院报》2002 年，第 08~23 版。

要求:除非董事(会)有相反的决定,默认盖印规则是当公司在文件上盖印时,还必须由“董事、公司秘书或任何由获得董事(会)授权的人”签字,并由在场的证人见证该签字。① 我国香港地区的《公司条例》第127条第1、2款规定,公司可使用公章签发文件,但其动用公章必须遵照该公司章程细则上相关条款,意即公司需将使用公章的规则列名于其章程细则之上。然而,我国《公司法》或者工商行政管理部门公布的《公司章程示范文本》均没有关于公章使用规则的内容,只能由各个公司自行制定公章管理及使用规则,确定鉴章人,但由于这些管理规则都属于各个公司的内部制度,外部第三人难以确定加盖的公章是真是假。

(3)公务机关尚未开放公章验真渠道

目前,我国已经有一套较为严格的公章制作及备案制度。据《公司登记管理条例》和《企业法人登记管理条例》,公司在经过登记机关核准并获得《企业法人营业执照》之后,即视为成立,公司可持《营业执照》去刻制公章,具体流程为经办人持公司的相关证照及法定代表人、经办人的个人身份证明文件到具有管辖权的公安机关,办理公章备案手续,前往公安机关认证、具有刻章资质的印章制作单位刻制公章。由于每枚公章(包括法人章)上均置入了公安机关办法的唯一芯片,且刻制了印章编号,最大限度地保证该枚公章的唯一性。

但是,尽管我国公务机关对公司公章有较为严格的管控,却并未设立公开的查询或验证渠道。公司外部第三人(普通公众)既无法凭肉眼查证加盖在交易文件上的公章印记的真实性,也无法前往国家

---

① [英]D. French, S. Mayson, C. Ryan, *Company Law*, 28th ed., Oxford, 2011, p. 620.

机关验真,因此,导致伪造印章的造假成本极低,伪章情形层出不穷。

(4)公章的客观特性决定了外部第三人无法回溯加盖印章时的真实情况

公章的客观特性,还决定了其无法准确地映射出该次用章的决策、批准、加盖等过程。交易相对方虽然可以凭借公章印记的存在来推定公司内部已经经过了合法有效的决策或审查程序,但这种推定很可能偏离事实。加之公章肩负多重证明功能,因而纠纷频发。

2. 伪造公章规制方式的思考

针对以上纠纷成因,课题组认为,公章相关制度的建设与完善是规制伪造公章纠纷的最佳途径。

(1)建立公章使用的统一规范

为避免法定代表人或公司内部人员私刻公章,可以公司法或公司示范章程的形式,对公司管理和使用公章的流程进行统一规范。首先,可由公司以股东会决议或公司章程的形式,确认公章的监管人员;并可将该监管人员提升至公司重要职务之列,以保证其独立身份及严格监督的能力。其次,可要求在使用公章时,具有该事项授权的法定代表人或职务代理人,需另找一名董事或章定的公章监管人员一同用章。

(2)完善公司内部的追责制度

鉴于司法实践采取了相对人对公章真伪无审查义务的判定逻辑,因此,实质性地扩大了公司对公章加盖(无论真假)的责任范围,公司只能依据内部追责制度,向私刻公章的行为人(越权的法定代表人)追究组织法上的内部责任,即越权的法定代表人或职务代理人因违反忠实义务而受到惩罚。但是,亦有学者指出,此种方法可能无法实质性的推高行为人的违法成本,无法遏制私刻公章和越权代表等行为的出现,因此,建议将内部追责制度外部化,以法定连带责任的方式将越权行为的后果同时归属于行为人及公司。[①] 至于详细的内部追责制度的建构思路及路径，将于下文中予以讨论，本章不再赘述。

本章小结

公司代理行为的归入规则，要求代理行为具有一定的形式要件，以分辨个人行为与公司行为，准确地将个人代表公司实施的行为归入公司。

就形式要件而言，各国的商事实践多认为"公司公章+代表人(代理人签字)"系公司行为的标准外在形式，同时也允许一定的变通形式存在。归纳如下：

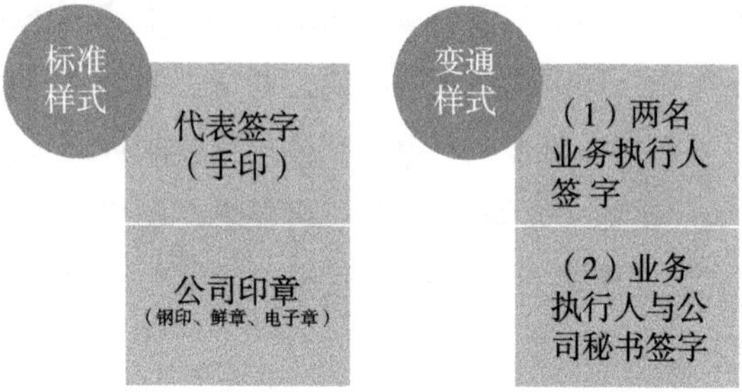

图 4-1　公司行为的标准代表形式及其变通

然而，无可避免地是，在商事实践中，因为不同的原因，代理人(或越权行为人)在实施公司行为时往往出现一些形式瑕疵，如存在缺少公章或代表人签字的情形。根据课题组对最高人民法院既

① 赖虹宇、吴越：《法定代表人越权担保中的内部责任配置方式》，载《四川理工学院学报》(社会科学版)2018 年第 1 期。

往判例的研究，特别将针对形式瑕疵的司法判定思路总结，如图4-2、图4-3所示。

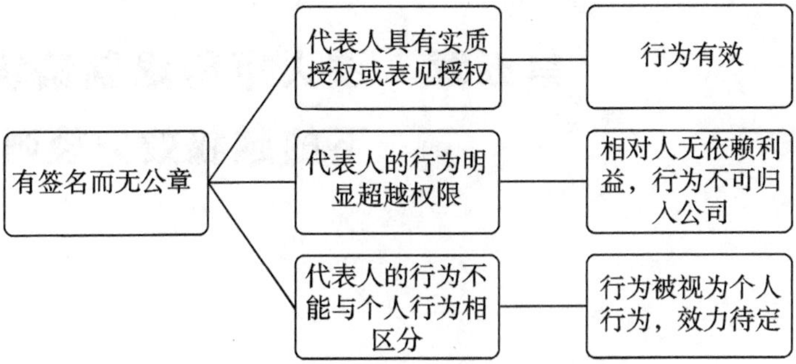

图4-2　对外代表权表象瑕疵的效力判定(1)

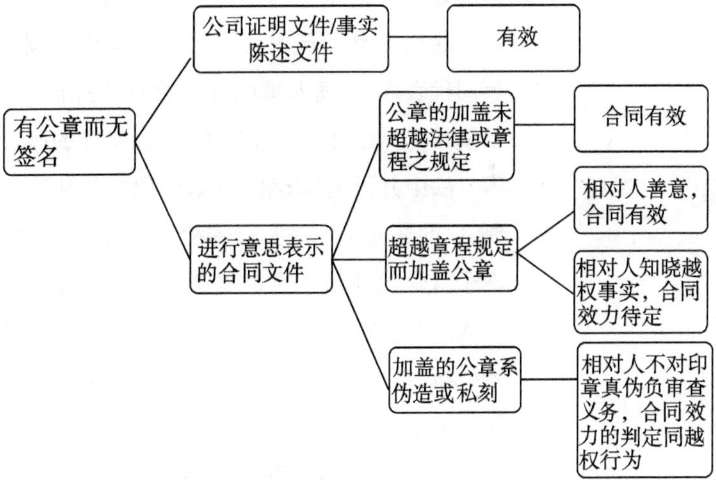

图4-3　对外代表权表象瑕疵的效力判定(2)

第五章 法人章程限制语境下的越权效力规则

如前所述，区分章程限制与法定限制，是大陆法系国家和英美法系国家民商法在判断公司代表人、代理人越权行为效力问题上的一个基本的立法理念。在过去，因为我国的民商事立法中并没有明确区分章程限制与法定限制，因而造成了司法实践的混乱。最为明显的例子就是《合同法》第 50 条对于法人的法定代表人的“越权”行为进行了模糊表达，如今，随着《民法总则》的颁行，区分章程限制与法定限制的理念可谓呼之欲出，理由在于，《民法总则》第 61 条第 3 款和第 170 条第 2 款均只针对法人的章程对法定代表人和代理人的代表权限进行限制的效力进行了规制，从而摒弃了《合同法》第 50 条中对越权行为不区分法定限制与章程限制的错误理念。鉴于此，我们在区分章程限制与法定限制的基础上,分别研究不同语境下越权代表行为的效力规则。

第一节　司法裁判规则与《民法总则》的契合

一、《民法总则》第 61 条第 3 款对《合同法》第 50 条的扬弃

在越权担保行为的效力问题上,根据课题组的案例统计,多数法院认为,我国《公司法》第 16 条第 1 款的规范,应属于内部管理规范,即法律授权公司章程自定的内部管理约束规范。违背《公司法》第 16 条第 1 款的对外担保合同,原则上应属有效。这表明,持这种观点的法官,无论其是否根据《合同法》第 50 条进行裁判,即交易相对人无论"知道或应当知道"公司的法定代表人(或公司的其他授权代表人)在签订担保合同时是否超越权限(以下简称越权担保合同),均认为越权担保合同原则有效。

有必要指出的是,根据已经生效的我国《民法总则》第 61 条第 3 款的规定"法人章程或者法人权力机构对法定代表人代表权的限制,不得对抗善意相对人"。这表明,《合同法》第 50 条中的"知道或应当知道"的立法表述,在事实上已经被《民法总则》中的"善意相对人"条款所取代,它间接地表明"相对人知道或应当知道代表人越权"本身并不一定构成恶意。这一点,已经从法院的司法实践中得到了佐证。

《民法总则》第 61 条第 3 款对《合同法》第 50 条的第二处改进是,《合同法》此处用的"超越权限"的笼统表述,即未明确区分"超越公司章程约定的权限"还是"超越法律规定的权限",而《民法总则》的此处则明确将"超越权限"进一步限定在"法人章程或权力机关的对法定代表人代表权的限制"这一更为具体的范围内。换

言之,《民法总则》此处刻意区分了“章程限制”与“非章程限制”,从而避免了可能产生的误解。除此之外,对《民法总则》第61条第3款中的“权力机构”,对“营利法人”即公司法人而言,即是指股东(大)会。根据公司法的一般原理,法定代表人基于其职务身份(official position)或者工作头衔(job title)拥有其在通常的职权范围的广泛的概括授权(collective or general authority),这种授权,对公司的第三人而言,通常就构成概括性的表见授权(ostensible general authority)。① 不仅如此,公司的经理也通常享有类似的概括授权或者说概括的表见授权。② 因此,股东(大)会对法定代表人权限的限制,通常只有两种情形。第一种情形,即是通

① 参见[英]D. French, S. Mayson, C. Ryan, *Company Law*, 28th Ed., Oxford, 2011, p. 625;[美]Hamilton R W, Macey J R, Moll D K. The Law of Business Organizations: Cases, Materials, and Problems, West Academic Publishing, 2014, pp. 438-442.

② 例如,德国《商法典》(HGB)第49条对经理权(Prokura)进行了详尽的规定。根据德国学者的解读,经理(Prokurist)通常享有其职业范围内的广泛权利(weit gehende Rechte)参见[德]Wien A. Handels - und Gesellschaftsrecht: eine praxisorientierte Einführung[M]. Springer-Verlag, 2013, p. 50. 有译者将德文Prokura译为“商事代理”,参见[德]托马斯·莱塞尔、吕迪格·法伊尔著:《德国资合公司法》,高旭军等译,法律出版社2005年版,第532页;或者译为“全权代理”,参见[德]格茨·怀克、克里斯蒂娜·温德比西勒著:《德国公司法》,殷盛译,法律出版社2010版,第174、794页“词条索引”;杜景林、卢谌著:《德国商法典》,杜景林、卢谌译,中国政法大学出版社2000年版,第1页。这几种译法并非准确,相比之下“经理权”或“总代表权”或许更符合立法者的本意。根据Romain等人编撰的《德英法律与商业术语词典》,对德文Prokura的英文解释是:“general power of representation; per pro; collection endorsement”([德]A. Romain, K. Macmahon, D. Rutter: Dictionary of Legal and Commercial Terms, German - English, C. H. Beck, 1994, p. 618.),据此,Prokura的本意即是“总代表权”或“概括授权”,其词源为拉丁文“per pro”或“per procura”,相应地,德国《商法典》中所指的总代表人(Prokurist)或者说“总经理”应当是泛指一切商业组织的总经理,其权限类似于我国公司法中的“总经理”,拥有广泛的代表权。

过修改公司章程的决议来限制法人代表权，这与公司章程限制本质相同；第二种情形，即是由股东（大）会另行制订公司内部管理规章的方式来限制法人代表权。这种内部管理规章类似于英美公司法中的章程细则（bylaws），以示与公司的初始章程或者说设立章程（articles of incorporation）①区别。无论是公司章程，还是公司内部的管理规定，本质上仍然属于内部管理规范。两者性质相同，对善意的交易相对人均无约束力。除以上两种情形之外，在英美公司法中，还可以通过所谓股东协议（shareholder agreements）②来限制或者扩大公司代表人的权限，这种限制，本质上仍然属于公司权力机关对代表权的限制。最后，公司的股东（大）会也可能出于某种原因通过特别决议的方式限制法定代表人或其他董事、高管的职权，例如，某法定代表人因为与股东或者董事、高管意见不合，而

① 英美公司法对于章程和章程细则的术语使用有所不同，依据英国《2006年公司法》，memorandum 具有备忘录、章程大纲、章程要点等含义，articles of association 指章程细则，某译本分别译成章程细则或备忘录；并认为两者构成公司的宪章，即 constitution，参见英国《2006年公司法》，葛伟军译，法律出版社2017年第三版（“凡例”部分）第4页。造成这种不同称谓的原因，则是由于英国公司法有所谓“旧式章程”（old style memorandum）和“新式章程”（articles of association）的区分（以2009年10月1日为分水岭，基于英国的法令），参见英国《2006年公司法》第28条。为此，我们认为，旧式章程与新式章程的提法，较为符合立法者的本意。参见：［英］D. French, S. Mayson, C. Ryan, Company Law, 28th Ed., 2011, Oxford, pp. 75–76. 而在美国公司法中，articles of incorporation 通常是指设立章程或者说初始章程，而 bylaws 通常是指章程细则，参见美国《示范商事公司法》第2.02条（articles of incorporation）和第2.06条（bylaws）的规定。根据第2.06条（b）的规定，章程细则的内容可以与初始章程不一致，甚至与法律的一般规定不一致（即法律允许公司章程细则另行规定的），以满足公司自治的不同需求。参见该法的立法者的官方评论（Official Comment）：［美］Charles R. T. O'kelley & Robert B., Corporations and other Business Associations: Selected Statutes, Rules and Forms, Thompson, Wolters Kluwer, 2014, pp. 24–25. 有的中译本将 bylaws 翻译为“章程大纲”，这是不准确的，参见2012年香港《公司条例》第75条至第78条有关公司章程细则的详细规定。

② 参见英国《2006年公司法》第40条第3款（b）项之规定。详见后文论述。

被股东会罢免职权,或者暂停行使职权,但法定代表人拒不移交权力,倘若交易相对人对罢免或暂停行使职权的决议不知情,则基于信赖利益保护,此时的越权代表合同依然对公司具有约束力;除解除董事高管职务外,还有董事高管自己辞职的情况。①

除《民法总则》第61条第3款之外,第170条还增加了“法人的工作人员”在其行使职务的范围内超越章程或法人权力机关的限制授权对善意相对人无对抗效力的规定。于公司法人而言,“公司的工作人员”在实践中能代表公司的,除法定代表人外,通常是指董事、经理和职员(店员)。其实,除法定代表人外,公司的董事、经理和职员在其行使各自职权的范围内也具有在其职业岗位上所必需的代表权,即有限的概括授权。这一新增的条文,无疑是对公司代表权的主体范围的适度扩大,这对于反过来完善公司立法和公司司法而言都具有重要的意义。关于该条规定存在的问题,容下文分析。

二、《民法总则》第85条对法定限制和章程限制的再次混淆

除此之外,《民法总则》第85条规定:“营利法人的权力机构、执行机构作出决议的会议召集程序、表决方式违反法律、行政法规、法人章程,或者决议内容违反法人章程的,营利法人的出资人可以请求人民法院撤销该决议,但是,营利法人依据该决议与善意相对人形成的民事法律关系不受影响。”

我们认为,《民法总则》的这一规定,即是对第61条第3款和第170条的补充,即它明确区分了公司的外部关系与内部关系。虽然一项公司机关的决议被法院撤销,但是,这种撤销的效力并不

① 参见美国《示范商事公司法》(MBCA)第8.44条(b):解除高管职务并不影响该高管的合同权利,假如有的话,与公司的(合同)。高管的辞职并不影响公司的合同权利,假如有的话,与该高管的(合同)。

影响善意相对人与公司签订的合同效力。类似地,《公司法司法解释四》也有类似规定,因为最高人民法院在制订该解释时,刻意与民法总则的上述规定保持一致,这从最高人民法院对该解释的官方说明①即看得出来:“……三是明确了确认决议无效或者撤销决议的法律效力。关于公司内部规定或者决议的外部效力问题,《民法总则》通过第六十一条、第八十五条等规定予以了明确,基本确立了内外有别、保护善意相对人合法利益的原则。据此,《解释》第六条明确规定,股东会或者股东大会、董事会决议被人民法院判决确认无效或者撤销的,公司依据该决议与善意相对人形成的民事法律关系不受影响。”

初看上去,这种区分性的立法理念对于维护交易而言无疑是值得称道的。但是,《民法总则》第85条以及“公司法司法解释四”的上述规定,也并非没有争议。从《民法总则》第85条的文义来看,它似乎区分了公司的股东(大)会或董事会的决议中的程序性违法(决议瑕疵、轻微瑕疵)和实体性违法(决议内容违法、重大瑕疵)两种不同性质的违法行为对公司已经与善意相对人形成的民事交易的效力的影响。然而,在司法实践中如何认定公司机关决议中的轻微瑕疵(决议程序瑕疵)和重大瑕疵(决议内容违法),有时这种界限并不十分明显。例如,根据我国《公司法》第16条第2款、第3款,公司为股东或实际控制人提供担保,必须经过股东(大)会决议,且有关的股东需回避表决。倘若该股东没有依法进行回避,则这种“程序性瑕疵”或者说程序违法行为对公司对外交易的形成到底有没有实质性影响呢?课题组认为,答案显然是肯

① 最高人民法院:《公司法司法解释四及解读》,转引自中国商法网,http://www.commerciallaw.com.cn/index.php/home/news/info/id/229.html.

定的。例如，根据我们对案例的统计和研究，在公司代表人越权担保的案件中，关联担保案占据了接近三分之二，①并且往往就是公司代表人为其控制的关联企业或者关联个人提供担保的现象最为普遍，正因如此，《公司法》第16条第3款才规定了涉事股东的回避制度。换言之，倘若涉事的控制股东回避表决，则很可能此项关联交易无法获得股东(大)会的决议授权。在这种情况下，倘若认为没有股东(大)会决议授权，或者股东(大)会决议被撤销的情况下，仍然要维护这种关联担保交易的效力，则显然有悖公平，除非这种担保交易已经完成且无法恢复。在违法的担保交易可以被撤销，且可以被恢复的情况下，仍然一边倒地维护所谓的交易安全价值，其实是在助长交易不安全。这从我国司法实践中大量的公司担保案件被再审甚至被提审的现象就可以看出端倪，这种做法，其实严重地损害了交易安全，有悖于立法者的初衷。

例如，在前述最高人民法院公布的指导案例"招商银行诉大连振邦股份关联担保案"中，争议的焦点之一即是案涉的"股东大会决议"是否存在瑕疵。在该案中，股东大会决议上，有的法人股东的印章系伪造，且大股东未依法回避表决，此种瑕疵到底属于"轻微瑕疵"，还是"重大瑕疵"，到底属于"程序违法"还是"实体违法"，在司法实践中争议颇大。正因如此，才导致本案经过了一审和二审之后，再由最高人民法院提审的复杂历程，且本案至今存在非常之大的争议。

由此可见，《民法总则》第85条以及"公司法司法解释四"再次混淆了章程限制和法定限制的理念，这不能不说非常令人遗憾。

---

① 根据课题组的案例统计，在418件公司担保纠纷中，关联担保案件占据了303件；而非关联担保仅占115件，参见课题组的案例统计部分内容。

相比《民法总则》第 61 条第 3 款和第 170 条第 2 款的区分法定限制与章程限制的立法理念,不能不说是一种倒退。

从比较法的视野来看,关于公司代表人越权行为的效力,对章程限制和法定限制进行区分立法的理念可谓是大陆法系国家和英美法系国家民商法的基本立法理念。例如,根据英国《2006 年公司法》第 40 条和第 41 条就分别规定了章程限制(违背章程的越权)和法定限制(违背董事关联交易法定限制的越权)两种不同性质的越权行为的效力;前者是不可撤销的,而后者是可撤销的。①

英国《2006 年公司法》第 40 条(3)、(4)款规定,公司董事会、股东会决议对公司代表权的限制虽然不得对抗与公司交易的善意第三人,尤其是不得影响公司已经与相对人发生的交易的效力;该规定与我国《民法总则》第 61 条第 3 款具有可比性,且能与《民法总则》第 85 条中涉及章程限制的越权代表的效力性规则吻合。

但是,依据该条第(6)款的规定,第 40 条的相关规定的效力受到该法第 41 条有关关联交易法定限制语境下的越权代表的特殊效力规则的限制。换言之,根据该法第 41 条,涉事董事所从事的关联交易,依据公司的请求,是可以撤销的。需要强调的是,英国公司法不是针对公司机关决议的撤销,而是针对整个交易行为的撤销。当然,根据该法第 41 条(4)款,为了维护交易安全,同时也

---

① 亦有不区分两种情况的类似立法例。例如,我国台湾地区"公司法"第 194 条规定董事会决议,为违反法令或章程之行为时,继续一年以上持有股份之股东,得请求董事会停止其行为。此外,根据我国台湾地区"最高法院"1991 年度台上字第 1127 号判决,"若董事长或董事恣意侵害公司及股东之利益,而为违法行为,是否仍应拘泥须为董事会之违法行为,始有上开规定之适用,而不得探求法律规定之目的,为法律的补充或类推适用,尚非无疑"。这一判例,将前述法条的适用对象从"董事会"扩张到了"董事长"或"个别董事"。但这一条的立法目的,在于强化股东权利,预防董事会滥用权限,保障公司及股东之权利。与行为之对外效力判断是两个层面问题,毋宁是配套性、辅助性手段。

规定了关联交易不可撤销的情形，其中最为核心的内容有两个：一是为了与民法上的善意取得制度相互衔接(交易无法恢复原状)；二是为了维护公司利益，当公司已经获得赔偿时，关联交易不再是可撤销的。①

通过对比分析不难发现，我国《民法总则》第85条以及“公司法司法解释四”的有关决议轻微瑕疵(程序瑕疵)的立法理念，虽然有其可取之处，但是，其实在司法实践中往往会引起争议，但是这种做法，可能反过来降低《公司法》中的程序性规定的权威价值，且这种区分，反而忽视了其他区分标准(如是否符合公司利益)的应有价值。

为进一步梳理有关的立法理念，下文拟展开较为全面的比较法研究。

第二节　比较法规则："越权"的本意与越权代表行为效力

从比较法的视野来看，公司的代表人(无论是董事、还是经理，或其他经授权的公司签约代表人或代理人)在违背公司章程或者公司权力机关的代表权限制时签订的公司合同的有效性这一一般性的问题上，均从保护善意相对人的角度，建立了“越权代表合同有效”这一基本规则。有必要指出的是，域外的公司法中旧有的“越权规则”(ultra vires)，是从公司设立的目的(corporate purposes)出发，进而从公司权力(corporate powers)或者说公司的

① 参见英国《2006年公司法》第40条、第41条的规定。英国《2006年公司法》(第三版)，葛伟军译，法律出版社2017年版，第35~37页。

行为能力资格(capacity)的角度进行审视的,①也即从设立公司的目的和相应的经营范围角度首先规定公司自身到底有何“权力”或资格做什么,接着再规定代表公司的董事会以及董事、高管有何权限,进而再规定公司代表人对外从事的交易行为是否越权,最后才是规定越权代表合同或交易的有效性。尽管从公司目的来审视公司行为能力的司法审查视角并未过时,但是,过去那种以超越公司章程记载的经营范围为标准来审查公司代表人是否越权的标准,已经日渐衰落(Decline of the Doctrine of Ultra Vires)。②

无论是公司还是交易相对人均不得仅仅以某一交易超越经营范围为由主张该交易无效,这已经成为当今各国商法或者公司单行法的一个共同规则。除此之外,章程对公司代表人的其他方面的权限限制,也同样适用于上述的古老越权规则。限于篇幅和研

① 参见英国《2006 年公司法》(Companies Act 2006)第 31 条(公司目的声明),第 39 条(公司能力),第 40 条(董事约束公司的权力);美国《示范商事公司法》(MBCA)第 3.01 条(公司目的);第 3.02 条(公司的通常权力);第 8.01 条(对董事会的要求和职能);特拉华州《通用公司法》(DGCL)第 101 条(发起人、公司设立与目的);第 121 条(公司的通常权力);第 122 条(公司的特殊权力);第 141 条(董事会,权力、人数等);中国香港 2012 年《公司条例》第 82 条(公司宗旨);第 115 条(公司身份及权力);第 116 条(公司行使权力受章程细则限制)。

② 英国公司法的代表性著作中的有关英国公司法中的越权代表合同的有效性规则的历史演变的代表性论述,参见[英]D. French, S. Mayson, C. Ryan, *Company Law*, 28th Ed., Oxford, 2011, pp. 618 - 619. [英]R. R. Pennington. Company Law, Butterworths, 2001, pp. 129-158。美国公司法的代表性著作中的代表性论述,参见[美]Gabaldon/Sagers: Business Organizations, Wolters Kluwer, New York, 2016, pp. 412 - 420. [美]Hamilton R W, Macey J R, Moll D K. The Law of Business Organizations: Cases, Materials, and Problems, West Academic Publishing, 2014, pp. 181-190. 有关美国公司立法的规则演变的立法背景的官方评论,请参见[美]Charles R. T. O'kelley & Robert B. Corporations and other Business Associations: Selected Statutes, Rules and Forms, Thompson, Wolters Kluwer, 2014.

究能力,本书仅选取一些有代表性的国家或地区的相关立法和司法裁判以及学术观点进行阐释。

一、大陆法系国家或地区的越权代表规则

首先是大陆法系国家和地区的法律规则。德国《商法典》、法国《商法典》、日本《2005年公司法》以及我国台湾地区"公司法"的相关规定。

(一)德国

德国《民法典》(BGB)第26条第1款规定,"社团(Verein)必须有董事会;董事会可由多人组成";第2款规定,"董事会在法院内外均代表公司;它具备法定代表人地位。其代表权限可由章程限制,并可产生对第三人的约束力。"从德国民法的上述规定不难看出,对于社团法人章程对董事会代表权限的限制而言,"可能"(kann)对第三人产生约束力,也可能不产生约束力。反之,德国《商法典》(HGB)第49条则规定,(1)经理权(Prokura)的范围包括经营商事营业所必需的一切法院内外的业务及法律活动。(2)仅当经理人(Prokurist)获得不动产转让及负担行为的特别授权时方享有该权限。《商法典》第50条第1款规定,"对经理人权限范围的限制对第三人无法律约束力(keine rechtliche Wirkung)"。在德国的商事特别法中,也贯穿了这种区分。对公司法而言,即是区分公司内部法律关系和公司外部关系进行立法,也即"区分内外关系"(Trennung zwischen Aussen- und Innenverhältnis,简称"内外有别")的立法理念。① 德国《有限责任公司法》(GmbHG)第37条第1款规定,公司的业务执行人有义务遵守公司发起人协议或股东会

① [德] Wien A, *Handels - und Gesellschaftsrecht: Eine praxisorientierte Einführung*, Springer-Verlag, 2013, S. 50.

决议对其“公司代表权限的范围”的限制，从而彰显了内部约束的重要性；但是，该条第2款接着规定，这种内部的限制对公司的第三人“无法律效力”(keine rechtliche Wirkung)，从而划清了内部文件约束力的外部界限。由此可见，德国的立法者对于公司章程等内部文件对业务执行人的代表权限的限制问题进行了系统性考虑：一方面，德国法承认公司章程等内部文件对法定代表人代表权限的内部控制具有必要性和正当性，因此通过立法进行了确认；但另一方面，正是出于维护交易安全的考虑，德国的立法者才紧接着明确规定，这种内部约定对第三人不具备法律约束力。类似地，德国《股份公司法》(AktG)第82条规定：“(1)董事会的代表权限不受限制。(2)在董事会成员与公司的关系中，其有义务在有关股份公司的规定范围内遵守由章程、监事会、股东大会以及董事会和监事会的业务规程所确定的对于业务执行权限的限制。”相比之下，德国《股份公司法》虽未像其《有限责任公司法》一样确认公司内部文件对董事会(含成员)代表权的对内限制对第三人不产生法律效力，但从其上下文的文义解释来看，应当是“对外不受限制”，且德国学者解读为“无法限制”。① 德国的通说也认为，②董事会具有独立于公司其他机构的权限，因为“关于公司经营中的问题，只有董事会要求时，股东大会始得作出决定”(德国《股份公司法》第119条第2款)。

有必要指出的是，在德国的司法实践中，即使在商事法律关系

① [德]Wilhelm J, *Kapitalgesellschaftsrecht*, Walter de Gruyter, 1998, SS. 291ff.

② [德] Geßler/Herfermehl/Eckhardt/Kropf, AktG, § 76 Rn. 12; Kübler, Gesellschaftsrecht, § 15 III 4a; Mertens, in Kölner Komm. AktG § 76 Rn. 4ff; Meyer-Landrut, in Grosskomm, § 76 Anm. 6; Rittner, in Festschrift für Geßler, 1971, S. 139ff; Hüffer U. Gesellschaftsrecht, Beck, 2003: S. 283.

中,“对内有效,对外无效”也必定存在例外无效的情形。首先,从立法上看,在涉及公司重大事项(如合并、分离、改组、解散等)的合同方面,德国公司法已经作了法定的限制,因为上述事项的决定权,并不在董事会的日常管理范围内。也即从德国公司法和民法的有关规定来看,也必定在客观上存在着常规交易(日常交易)和非常规交易(重大交易)的区分。

德国公司法的通说认为,在滥用代表权(Mißbrauch der Vertretungsmacht)的情况下,不能适用《有限责任公司法》第37条第2款的规定,已缔结的合同应属无效。① 按照本课题的解读,此时的代表权滥用,即是构成了无权代表(或者说无权代理)。而德国虽然没有严格意义上的判例制度,但德国联邦法院所编撰发行的“裁判文书汇编”可以追溯到一个世纪之前,在事实上发挥着指导性案例的作用。在联邦法院的判决中,1984年的滥用代表权案例极具代表性:

某有限公司有两名股东B和R,各持公司50%股份,两股东均是公司的业务执行人,但二人之间产生了矛盾。在R不知情的情况下,B向其税务顾问转账600,000马克,然后再由税务顾问将这笔款转给一家银行。此款项用于银行对该公司与第三人企业签订的一份设备制造合同进行担保。联邦法院认为,这一举措无论从其金额还是重要程度都超过了迄今为止的公司经营范围,因此按照《有限责任公司法》第49条第2款的规定须提交股东会表决授权。B不可违背R可能的意愿来行使自己作为业务执行人的代表权。联邦法院还认定,该公司的税务顾问对B和R两位股东关系

---

① 持上述观点学者包括R. Fisher, Geßler, Heckelman, Jünst; Michalski, Roth, Karl Schmidt, Wiedemann等,参见[德]托马斯·莱塞尔,吕迪格·法伊尔著:《德国资合公司法》,高旭军等译,法律出版社2005年版,第532页。德文注释3。

不和以及B向R隐瞒这笔交易的意图均知情。因此，该税务顾问必然知道R的同意是必要的，但B很难获得R的同意。因此，联邦法院最终判决B对税务顾问的委托属无效的委托，就像业务执行人没有经过授权的作为，税务顾问应当承担返还款项的责任。[①]

课题组认为，上述案例表明，在交易的相对人（税务顾问）不为善意的情况下，即明知该交易涉及可能涉及公司的数个业务执行人的集体同意授权（因为该税务顾问两股东之间存在矛盾是知情的）而没有获得授权的情况下，将该笔款项用于提交给银行，进而作为银行为本公司的债务担保。这种情况下，仍然接受某个业务执行人的委托的行为，不构成善意。此时，公司可以进行抗辩。

由此可见，德国《商法典》、公司法以及德国的司法实践均区分了对公司代表权的章程限制和法定限制两种不同的越权代表效力规则：公司章程限制对交易相对人不具有约束力，但是，公司代表人违背法律的规定，则构成代表权滥用，从而会影响到越权代表的效力。

（二）法国

《法国商法典》第L225-35条（2001年）5月15日第2001-420号法律："除明文规定属于股东大会的权力之外，在公司宗旨范围内，董事会处理涉及公司良好运作的所有问题，并通过审议，处理与公司有关的事务。（第1款）""在与第三人的关系中，董事会事实的行为，即使不属于公司宗旨范围，亦使公司承担义务，但如能证明第三人知道此种行为已超出公司宗旨范围，或者能够证明从其具体来看第三人不可能不知道此种情形的，不在此限，仅仅是进行了公司章程的公示，不构成这方面的证据。（第2款）""除经营

① BGH NJW 1984,1461.

银行或金融机构的公司外，公司提供保证、票据担保及其他担保，均应按照最高行政法院提出资政意见后颁布的法令确定的条件，经董事会批准。该项法令还确定超越上述批准权限的行为第三人仍然具有对抗效力之条件。（第4款）”①

由此可见，法国《商法典》一方面虽然规定了董事会（含执行董事）代表公司的权限不受限制，但是，另一方面同时也有一个重要的保留，即“明文规定属于股东大会的权力”除外。也即，董事会决议授权的交易或者代表董事的交易，倘若需要得到股东大会决议授权而未获得授权的，其越权代表的效力，将会受到影响，相关的越权代表交易依据公司之请求有可能被撤销；反之，单纯是违背章程限制的越权代表行为，则无法对抗善意第三人，且交易是不可撤销的。

（三）欧盟

以德国商法和公司法中的代表权限制的“内外有别”立法理念为原型的1968年欧共体（现在的欧盟，下同）“第一号公司法指令”（First Corporate Directive）也采纳了上述理念。

该指令出台的背景，即在于当时欧共体的各成员国的公司法在公司登记必须记载的事项、公众获取公司登记信息的渠道以及第三人与公司签订的合同是否因为超越目的范围和是否因为公司代表人的权限存在瑕疵而归于无效方面的法律规定方面极其不统一，严重地影响到了成员国公司之间业务往来的交易安全。根据该指令的要求，所有成员国都应当在该指令公告之日起8个月内按照指令的要求完成其国内的法律、法规和行政规章的修订工作。这就意味着，从20世纪70年代起，在越权代表合同或瑕疵代表合

① 《法国商法典》，罗结珍译，北京大学出版社2017年版，第243~244页。

同的效力模式问题上，当时欧共体成员国之间的公司法已经有了统一的规定。对现在的欧盟而言，则意味着其 28 个成员国中后来加入的成员国也都必须按照指令提出的最低要求修改其国内的公司法。①

在越权代表合同的效力问题上，指令要求成员国建立如下的统一规则：(1)公司的授权代表人(即法定代表人之外的人)的代表权瑕疵不影响合同效力，但公司证明第三人明知者例外；(2)超越公司目的范围(也即“经营范围”)的合同在原则上仍然有效，但超越公司法定权限(权力范围)的合同一律无效，也即“超越公司经营范围有效，超越公司法定权限无效”。② (3)章程或公司机关决议对公司机关的代表权限制不得对抗第三人，即使这些限制已经公告也是如此，也即“内部限制对内有效，对外无效”。③至此，欧盟成员国的越权代表效力规则，已经趋于一致。

但是，在欧盟范围内，有关公司代表人越权进行关联交易的效力，欧盟正在起草第四号公司法指令，即“关联方交易(Related

---

① ［荷兰］Werlauff E.，*EU－Company Law：Common Business Law of 28 States*，DJOF，2003，pp. 75－77.

② 公司法定权限与公司法定代表人的法定权限这两个概念不能混淆，前者是指公司自身的权限范围，后者则是指公司代表人的法定权限范围。

③ 欧盟“第一号公司法指令”(欧共体理事会 1968 年 3 月 9 日，第 68/151 号)第 8 条规定：“作为公司机关被授权代表公司的人员的有关事项完成公开手续后，公司不得以其任命手续中的瑕疵对抗第三人，除非公司能够证明第三人已经知道这一瑕疵”。第 9 条第 1 款规定，“公司机关实施的行为对公司具有约束力，即是这些行为超越了其目的范围；除非这些行为超越了法律赋予或者法律许可赋予这些机关的权力范围；但是成员国可以规定，如果公司能够证明第三人当时知道，或者当时不可能不知道该行为超越了公司的目的范围，那么公司不受超越公司目的范围的行为的约束。但是，公司章程的公开行为本身不构成足够的证据”。第 9 条第 2 款规定，“公司章程或有决策权的公司机关对于公司机关权力的限制，不得被公司利用对抗第三人，即使这些限制已经公告也是如此”。参见《欧盟公司法指令全译》，刘俊海译，法律出版社 2000 年版，第 10～13 页。

Party Transaction)指令”。而越权从事关联交易的效力问题,正是草案中争议较大的问题。①

(四)日本

日本《2005年公司法》系自2002年9月开始“日本公司法制现代化”的重大立法工作,在整合日本商法典、《1974年商法特例法》和有限公司“三分法”的基础上制定的统一公司法。② 该法总则第11条规定,经理有权代理公司实施有关其事业的一切诉讼内和诉讼外的行为。对经理代理权的限制,不得对抗善意第三人。第13条对表见经理的规定:赋予表示其总公司或分公司事业的主管名称的雇员,就该总公司或分公司的事业,视为有一切诉讼外业务的权限,但相对人有恶意的除外。在该法对股份公司的规定中,第349条(股份公司的代表)规定,“董事代表股份有限公司……”;“代表董事有实施有关股份有限公司业务的一切诉讼内或诉讼外行为的权限”;“对前款规定的限制,不得对抗善意第三人”。第354条(表见代表董事):“赋予代表董事以外的董事以总经理、副总经理及其他被认为有代表股份有限公司的名称的,股份有限公司对该董事事实的行为,对善意第三人承担责任”。根据日本最高法院的判决,只要第三人有善意的,即使其存在过失,也不免除公司的责任;但是本条仅保护第三人的正当信赖,当第三人对不知道欠缺代理权有重大过失,则将其与恶意同等看待,公司可以免责。③ 类似地,该法第421条(表见代表执行官)规定:“提名委员会等设置的公司赋予代表执行官外的执行官总经理,执行官副总经理,以

① 详情请参见本报告有关关联交易效力问题部分的论述。

② 吴建斌著:《日本公司法:附经典案例》,法律出版社2017年版,第2页。

③ 参见[日]最高昭52.10.14号判决。转引自吴建斌著:《日本公司法:附经典案例》,法律出版社2017年版,第189页。

及其他被认为享有提名委员会设置公司权限的名称的,对该执行官实施的行为,对善意第三人承担责任。”第362条规定了董事会的权限。根据日本最高法院的判决,因董事会中的代表董事享有从事有关公司业务的一切诉讼内和诉讼外的行为的权限,故须经董事会决议而未经其决议的对外交易行为,仅仅是欠缺内部意思决定而原则上有效,但相对人知道或可以知道未经上述决议的无效。① 而在该法第三编有关“份额公司”(我国公司法语境下的有限责任公司)第599条(份额公司的代表)中,同样有“不得对抗善意第三人”的规定。

该法第908条规定(登记的效力):依本法规定应登记的事项,非在登记后,不得以此对抗善意第三人。即使在登记后,第三人因正当是由不知道该登记的,亦同。因故意或过失登记不实事项的人,不得以该事项不实为由,对抗善意第三人。这表明,相关事项登记,并不产生对抗效力。正如日本学者指出,“不论是否登记事项,将事实作为事实来主张原本就不受(登记)限制”。“商业登记的效力并不排除适用公司法第354条、第421条。”②

还应当指出的是,在日本公司法中,在判断相对人与公司交易的有效性时以及如何认定“善意第三人”(善意相对人)时,日本学者指出,应当正确看待上述法律规定与该法第904条有关商事登记之间的关系。

(五)我国台湾地区

在我国台湾地区,公司的法定代表人的代表权限与代表权限

① 参见最高昭40.9.22号判决。转引自吴建斌著:《日本公司法:附经典案例》,法律出版社2017年版,第195页。

② [日]山本为太郎著:《日本公司法精解》,朱大明等译,法律出版社2015年版,第184页。

制，均准用我国台湾地区“公司法”第57条与第58条，该两条系规定在第二章无限公司中，是对无限公司中代表公司之股东的代表权、代表权限制的规定。特别是第58条明确，公司对于股东代表权所加之限制，不得对抗善意第三人。同时，针对职务代表的情况，第36条亦明确，公司不得以其所加于经理人职权之限制，对抗善意第三人。综述而言，这样的规定，与大陆《民法总则》第61条第3款的规定如出一辙，此处“公司所加之限制”应等同于《民法总则》所言之“法人章程或者法人权力机构对法定代表人代表权的限制”。“实务认为，所谓不得对抗善意第三人之情形仅涵括以章程限制代表权限之情形，至于法令上限制则似不属于该条项所涵摄之范畴。”①

从越权担保的角度来讲，我国台湾地区“公司法”第16条第1款明确，“公司除依其他法律或公司章程规定得为保证者外，不得为任何保证人。”准此而言，除例外情况外，公司不得为他人提供担保，并对设立担保物权、②承受他人之保证契约、③债务承担④等类似情形，通过司法判决的方式予以否认，其目的旨在稳定公司财务，杜绝公司负责人以公司名义为他人作保而生流弊。同时，其第16条第2款明定，“公司负责人违反前项规定时，应自负保证责任，如公司受有损害时，亦应负赔偿责任。”准此规定，公司负责人以公司名义所为之违法保证行为，对公司不生效力，故其保证存在

① 杜怡静：《关于董事长之代表权与民法代理规定之适用问题——兼评最高法院台上字第一九八一号判决》，载《月旦法学教室》2012年第15期。

② 参见我国台湾地区“最高法院”1985年台上字703号判决。

③ 参见我国台湾地区“最高法院”1980年台上字1676号判决。

④ 参见我国台湾地区“最高法院”2003年台上字914号判决。

于公司负责人与相对人两者之间。[①] 进一步而言，如果公司章程虽规定得为保证，但公司负责人未经合法授权或逾越权限而代表或代理公司为保证行为时，其效力又如何呢？其又回归到公司对代表人与经理人所加之限制不得对抗善意第三人的判断之上，进而若第三人为善意，公司即不得以公司负责人系逾权保证对抗之。[②]

二、英美法系国家和地区公司法中越权代表的效力规则

英国《2006年公司法》在这方面最具代表性，影响巨大，澳大利亚《2001年公司法》、我国香港特区2012年《公司条例》明显受到该法的影响。此外，美国《示范商事公司法》以及美国《特拉华州通用公司法》也颇具代表性。

（一）英国

根据英国《2006年公司法》第39条（1）款（公司能力）规定，公司行为的能力，不应当由于缺少公司宪章所规定的任何能力而被否定。第40条（董事约束公司的权力）（1）款规定，为了有利于善意与公司交易的人，董事约束公司或者授权其他人这样做的权力，视为不受公司宪章之下的任何限制；第40条（2）款（b）项的规定，与公司交易的人（ⅰ）对于董事约束公司或授权其他人这样做的权力予以的任何限制，没有义务询问；（ⅱ）被推定为善意行事，除非另有所证；（ⅲ）不得仅由于该人知道行为超越公司宪章之下的董事权力而视为恶意行事。第40条（3）款，上述所称的公司宪章之下对董事权力的限制，包括来源于下列事项的限制：（a）公

① 刘连煜著：《现代公司法》，新学林出版股份有限公司2015年版，第109页。

② 王志诚：《公司之保证行为——评"最高法院"九十七年台上字第六四二号判决及九十八年台上字第二三四六号判决》，载《月旦裁判时报》2012年版。

司或任何类别股东的决议(b)公司成员之间或任何类别股东之间的任何协议。以上是英国公司法关于公司代表人或代理人超越公司章程或者股东协议(shareholder's agreements)限制的效力的详尽规定。

不过,以上规定,仅适用非关联交易,有关越权签订关联交易合同的效力,第41条(6)款明确排除了本条的适用。有公司代表人或代理人超章程权限签订关联交易合同的特殊效力规则,《2006年公司法》第41条(宪章性限制:涉及董事或关联人的交易)进行了详尽的规定。依据该法第41条,违背公司关联交易的特殊规定的越权代表行为是可撤销的。①

(二)美国

在这方面,美国《示范商事公司法》和《特拉华州通用公司法》最具有代表性。

1.美国《示范商事公司法》第3.04条　越权:

(a)除非存在本条(b)款的情形,公司行为的有效性不得以公司缺乏或者当时缺乏能力为由受到挑战;

(b)(在下列情形中)公司的行为能力可以受到挑战:

(1)由股东对公司提起诉讼,要求禁止该行为;

(2)由公司直接,或通过接管人、受托人,或其他合法代表,针对该公司现任的或者前任的董事、高管、员工或代理人提起诉讼;

(3)根据本法第14.30条,由检察总长提起诉讼。

(c)在根据(b)(1)由股东对公司提起的诉讼中,如果公平,并且受到影响的各方同时是诉讼的当事人,法院可以禁止或者"搁

① 详情请参见本报告有权关联交易的特殊规定以及越权代表从事关联交易的效力规则的论述。

置”(撤销)该行为,并且可以支持公司或者另一方因为禁止该未获授权的行为所遭受的损失(但不包括预期利益)。

为此,该法的立法者所作出的官方评论(Official Comment)①指出:

第3.04条的基本目的——正如20世纪的一切类似的成文法所坚守的目的一样——在于清除公司“固有能力原则”(doctrine of inherent capacity)的遗留。根据本条的规定,与公司交易的人不必去探究公司章程对公司目的或者能力的限制(limitations on its purposes or powers)。与公司交易的人如果对这种限制不知情,则不受这种限制的约束。第3.04条中的表述“公司行为的有效性不得以公司缺乏或者当时缺乏能力为由受到挑战”既可以当做“矛”(sword),也可以当做“盾”(shield)平等使用:第三人根据公司缺少签约的授权而主张与公司的合同无效(void)与公司根据越权规则主张与第三人的合同无效的机会是均等的。

不过,第3.04条并不能使依据成文法或者普通法判决属于违法(illegal)或者非法(unlawful)的公司行为有效。这种应受到制裁,民事的或者刑事的,是由成文法或者普通法判决规制的。违法的公司行为是否无效或者解除(rescindable),取决于适用的成文法或实体法。因此,违法行为不受第3.04条的影响。

第3.04条也不规制权限范围内的(intra vires)的但是尚未得到公司批准的行为的有效性。例如,本条并不规制将公司的全部资产实质性出售的、不属于常规交易的执行合同(executory contract),而根据第12.02条这样的非常规交易需要得到股东(会)

① [美] Charles R. T. O'kelley & Robert B, *Corporations and other Business Associations: Selected Statutes, Rules and Forms*, Thompson, Wolters Kluwer, 2014, p. 27.

的批准。这种交易类型并未超出公司的目的或者能力;仅仅是它没有依照法律的要求获得公司机构的批准。类似地,第 3.04 条也不规制公司代理人的行为的有效性,依据(公司章程),这种行为需要董事会的批准。公司是否受这种代理行为的约束取决于代理法(law of agency),尤其是表见授权(apparent authority)的范围,以及第三人是否知道或者应当知道在取得公司批准过程中的缺陷。从代理人的授权角度来看,这种行为虽然也属于"越权",但是,对公司而言则不属于第 3.04 条意义上的越权。

类似地,也不能仅仅行为违背了忠实义务而认定行为属于第 3.04 条所指的越权。例如,高管或董事为个人目的滥用公司资产(misuse of corporate assets)的行为违背了忠实义务,因而可能遭到禁止。不过,这种行为对公司而言不属于第 3.04 条意义上的越权,因此,不能援引该条的规定。这种行为被禁止,是因为违背了忠实义务,本质上属于代表权滥用,而不是超越了公司的能力和目的范围。

依据美国《示范商事公司法》的上述规定和立法者的官方评论,可以看出,在美国公司法中,越权代表行为的有效性规则仍然是"原则有效,例外禁止"。不过其特点有四个:

第一,美国公司法侧重于从公司的行为能力(power to act)以及公司的目的(corporate purpose)角度来规制越权代表的行为,这与我国《公司法》侧重于公司章程对代表人代表权的限制角度来进行规制,立法理念有所不同。从公司行为能力的角度进行规制,其涵盖范围更为广泛,更为全面,但同时法院在判断行为的有效性或者说合法性时,考虑的因素也更多;反之,单纯从公司章程限制的角度来规制越权代表行为的有效性,虽然相对容易把握,但同时又可能漏掉一些内容。例如,可能漏掉不在公司章程,而在公司内部管理规范,或者单纯的委托代理授权中的越权代表行为。因此,课题组认为,美国公司法从“公司能力”这一宏大的角度来规制越权行为,更为全面,但难度也更大了。因此,必须对这种广义的越权行为进行更为细致的界定,根据立法者的官方评论,“超越公司目的或者能力范围”的行为与某些类型的行为极为容易混淆。官方评论因此刻意进行了区别,例如:(1)本身违法或者非法的行为;(2)需要公司股东会或者董事会批准的行为;(3)单纯的民事代理行为;(4)单纯违背董事高管的忠实义务的行为,从严格意义上说,都不属于“超越公司目的或者能力”意义上的“越权”行为。

第二,美国《示范商事公司法》对越权代表行为被法院禁止的三种可能的例外禁止情形,是从诉讼的角度来规制的,分别是股东诉讼,公司诉讼和检察总长提起的诉讼。从与公司有关的诉讼的角度来规制未经授权的行为,我们认为,美国公司法更讲究程序法和实体法的有效衔接。这非常值得我国公司法或者司法实践借鉴。

第三,在法院判断是否有必要禁止时,仍然要根据“未获得授权”的行为到底属于什么性质来衡量。此外,假如法院认为有必要禁止该行为,也是基于公平的自由裁量。因为公司的能力范围到底在多大意义上是合法的,或者是禁止的,其实比较复杂。尽管第3.02条列举了公司非常广泛的,甚至是几乎不受限制的行为能力。

第四,倘若法院应当搁置(set aside 意为“撤销”)或者禁止(意为“判决无效”)该行为,那么任何一方因此主张的损失,都不得包括合同的预期利益损失。这表明,被法院禁止的交易行为,或多或少都具有某些违法性或者说不正当性,因此,双方都不得主张直接的费用损失之外的“预期利益损失”。不过,恐怕预期利益损失的范围,也要由判例予以界定。

2. 美国《特拉华州通用公司法》第 124 条(缺乏公司能力或资格的效力;越权)规定:

公司的任何行为,以及与公司的不动产或个人财产有关的任何转移或转让都不能以公司缺乏资格和能力从事该行为或者接受这种交付或转移为由而无效,但是,(在下列情形中)这种缺乏资格和能力可以被认定:"(1)在股东起诉公司要求禁止公司的任何行为或转让不动产或个人财产的诉讼中。如果这种被主张的未获得授权的行为或者转让正在或者即将根据该公司作为一方当事人的合同进行,那么,法院可以搁置该合同并禁止合同的履行,倘若该合同的所有当事人也是该诉讼的当事人,并且法院认为公平的话;法院这样做时可以视案件的情形准许对公司或者对该合同的其他当事人的赔偿,这种赔偿作为法院因为搁置合同和禁止该合同的履行对任何一方所遭受的损失而言是公平的,但是,因履行合同而产生的预期利益作为损失或损害则不应得到法院的支持。"

我们认为,这个条文给我们的启示太多了。第一,越权(未获授权的)的表现形式多样,远远超出了公司章程限制的范围。"未获得授权的行为或转让"(unauthorized act or transfer)的含义比"超越公司章程限制的权限"的行为或者转让的范围要广,因为前者还包括了超越公司经营范围以及超越了公司的实际能力的两重意思。因为拉丁文 *Ultra Vires*(越权)在公司法著述中,通常指的的就是超越经营范围,但是,单纯超越公司经营范围的越权规则早已被废除。因此,我们认为,立法者在这里所规制的,主要是其他方面的未获得授权的交易或行为,例如,超越公司能力范围的越权行为(非常规交易,即美国公司法中的 extraordinary transaction 或 unusual transaction,超出了公司实际能够承受的范围),或者超越公司章程限制和其他的内部管理规章的越权行为(如对公司代表人的签约权限的数量限制)。而超越公司"能力范围"(Corporate Capacity or Power)的越权行为,是一条英美公司法的不成文规则。

第二,如果公司的股东未及时提起诉讼以阻止超越公司权限或者能力的合同交易或者行为(unauthorized act or transfer,即未经授权的行为或转让),那么,等待交易完成之后,为保护第三人的利益和交易安全,则法院则很可能不会受理此种纠纷,因为立法者在这里仅仅是针对正在履行的合同或者即将履行的(being,or are to be performed or made)合同。

第三,立法者在越权代表合同或者说"未授权的转让效力或行为"问题上,前文的表述与此处的表述不尽一致,前文的表述是"无效"(invalid),而此处的表述则是法院可以"搁置合同"(set aside),"搁置"有两种解读,一种是不理会合同,等于说合同有效,或者说我们不管合同是否有效;结合上下文,因为涉及损害赔偿,所以,另一种解读可以是"终止合同",其效果等同于"解除合同"或者说撤销合同,还有第三种解读,即视为合同无效,因为立法者不支持因为履行合同带来的预期利益损失,那无疑等于说法院只支持缔约过失责任。可见,立法者这样表述,是否是要刻意避免做出合同是否有效的判断呢?或者考虑到法院判断合同效力比较困难呢?或者是,合同是否有效并不重要,重要的是合同基于公平原则(也就是利益衡量)该不该继续履行。当然,从上下文的角度看,立法者应当是坚持"未获得授权的转让"即合同是有效的(因为前文说的是不得基于未获得授权而主张无效,这说明,即使是未获得授权的合同,当然还是有效的,立法者并没有区分善意第三人,也未有附加合同相对人的审查义务)。

第四,法院基于公平原则,判断是否应当禁止履行或者继续履行合同,以及判断损害赔偿的金额,也即法院有自由裁量权。

第五，法院在受理股东的诉讼中，只有合同的当事人也是诉讼当事人的时候，也即只有在公司和合同相对人也应诉的时候，法院才会做出相应的裁判。通常，我们相信，相关的合同当事人会出庭，但是倘若合同当事人不出庭应诉呢？法院又会作出怎样的裁判呢？

对我国而言，课题组认为，《特拉华州普通公司法》的规则是值得借鉴的。首先，可以值得借鉴的经验，即中国《公司法》可以为了平衡交易安全和少数股东保护、公司自治的两大价值目标，规定少数股东或者公司的其他利害关系人针对即将履行或者正在履行的越权代表合同（未获得授权的交易或行为）提起诉讼。倘若合同已经履行完毕，再提起合同无效或者撤销合同之诉，为之晚矣！反观中国的实践，由于很多的合同都是在实际履行的过程中，甚至合同都已履行完毕，才由公司或股东提起合同无效之诉，这就让中国的法官非常之为难，因为如果判合同无效，将会影响到交易安全。

其次，可以借鉴的是，我国《公司法》可以明确授权公司的股东，通常是小股东，可以立即提起合同无效或者终止合同履行的诉讼，以尽量挽回公司的损失，同时也可以避免因为股东维权太晚而损害交易完全。我们认为，特拉华公司法的启示意义是非常之大的。

最后，我们认为，不仅是英美公司法，中国《公司法》的司法实践也可以确立公司的“能力范围”这一不成文的规则，这样同样可以防止通过一些非常规交易来损害公司的利益，甚至危及公司的生存。不过，这必须以中国法官的适度自由裁量权和相应的司法实践经验为前提。

不过，美国公司法中的上述越权行为效力规则，则仅限于公司的常规交易，而不包括公司关联交易。有关美国公司法中的关联交易特殊规则,请参见本研究报告其余部分的专门论述。

(三)我国香港特区

《2012年公司条例》第116条(5)款规定了公司章程细则(bylaws)对公司自身的目的限制不影响公司行为的效力;条例第117条则从与公司交易的人角度进行了细化规定,其主要内容就是,公司章程对董事的代表权的限制,不得对抗善意相对人,并且除非有相反证明,否则与公司交易的人应推定为真诚行事,并且不得仅仅因为交易相对人知道该董事违背公司内部的限制视为不真诚行事(不为善意);最后,交易相对人无需"查究"(inquiry)该公司董事的权力受到限制,也无需"查究"公司的董事对(他人的)授权中包含有公司章程的限制。① 换言之,交易相对人并无一般性的形式审查义务。

由此可见,无论是大陆法系国家和地区,还是英美法系国家和地区,其在商法典或公司单行法中均建立了与我国《民法总则》第61条第3款、第170条第2款相呼应的一条法律规则:公司章程或者公司权力机关(股东会)对公司代表人(不仅包括法定代表人,也包括其他的授权代表人或者代理人)超越公司章程规定的权限与相对人签订的合同有效,交易相对人不为善意的除外。"越权"(ultra vires)的本意,即是仅仅指"超越公司章程或权力机构对代表

① 在香港,法令的中文本和英文本具有同等的效力,课题组研究发现,受英美公司法的影响,香港2012年公司条例的许多内容,都是英国公司法的翻版,此处的"查究"(inquiry),也即询问和审查之义,比较符合中国语境下的"形式审查义务"。这同时也意味着在英国过去的推定公知(constructive notice)的放弃,即根据英国1985年公司法的规定(如今的2006年公司法第40条的规定),公司章程的限制条款对交易相对人并无约束力,相对人也无义务"查究"公司章程对公司代表人的权限限制。有关英国实行推定公知原则的历史和越权规则的演变,参见[英]R. R. Pennington, *Company Law*, Butterworths, 2001, pp. 147-148.

权的限制”,而绝不是指“超越法律的界限”。澄清这一点,对于消除司法裁判和学术认识上的分歧,具有重要的意义。

不仅如此,根据英国《2006 年公司法》第 40 条(2)款的规定,不得仅仅因为交易相对人“知道或应当知道”公司的代表人缺乏公司章程规定的公司机关的授权而认定其不为善意(good faith)。可以说,英国公司法的上述规定,进一步细化了善意相对人的认定标准,从而进一步表明,我国《合同法》第 50 条之规定与司法实践的脱节。

第三节 《合同法》第 50 条与《担保法司法解释》检讨

从以上的司法实践和比较法研究不难看出,我国《合同法》第 50 条和最高人民法院于 2000 年制定的《担保法司法解释》中的许多规定,其实都与《民法总则》第 61 条第 3 款、第 85 条、第 170 条第 2 款的规定和《公司法》第 16 条的立法目的相抵触,应当及时地修订或废止。

首先,我国《合同法》第 50 条以及《担保法司法解释》第 11 条,根据交易相对人“知道或者应当知道”的标准来区分越权代表合同或者说越权担保合同的有效性,其实已经被多数法院的司法实践所抛弃,理应及时地修改或废除。而《民法总则》第 61 条第 3 款的规定,无疑更加合理,也比较符合司法实践的现状。理由在于,担保合同的相对人知道或者应当知道法定代表人越权本身,并不足以否定担保合同的效力,仅当在交易相对人不为善意的情况下,法院才有可能判定越权担保合同无效。

其次,依据《担保法司法解释》第 4 条之规定,董事、经理违反

(旧《公司法》第60条)规定,以公司资产为本公司的股东或者其他个人债务提供担保的,担保合同无效。该规定与《民法总则》第170条抵触,应予废除,因为公司的董事和经理毫无疑问属于"法人的工作人员"。根据第170条的规定,董事和经理当然享有行使其职务范围内的概括授权,这一概括授权,通常也包括了其他个人提供担保(对外担保)的权限,倘若该董事或经理基于自身的职业判断认为这种担保对公司有利,也不得仅仅因为自己不是法定代表人或者未取得公司机关的授权而简单粗暴地被认定为无效。

最高人民法院制定本条解释的初衷,毫无疑问是针对公司董事、经理在未经董事会或股东会决议授权,或者未经公司的法定代表人授权下的乱担保行为,因为《担保法司法解释》第11条是专门针对公司法定代表人越权担保,因此,第4条并不适用于法定代表人对外提供担保的行为。在我国的实践中,通常即是指公司的(法定代表人之外的)董事或经理擅自签订担保合同且加盖了公司印章这一现象,因为,除法定代表人之外的公司董事或高管,倘若签订担保合同时既没有法定代表人的授权,也没有公司的公章或者其他专用章作为见证,交易相对人通常是不会认可担保合同效力的。

而根据公司法的一般原理和商业实践,公司印章本来就是公司代表权的另一象征,尽管公司印章并非必需。① 在我国的司法实践中,即使没有公司有权代表的签字,只要以公司名义签订合同的

① 参见英国《2006年公司法》第43条第1款的规定。通过在合同上盖印,就可以使公司成为合同的当事人。相关的案例参见 OTV Birwelco ltd v Technical and general Guarantee Co Ltd [2002] EWHC 2240(TCC) [2002] 4 All ER 668. 此外,美国《示范商事公司法》《特拉华州通用公司法》以及2012年《香港公司条例》均有类似规定。

人(代表人或代理人)合同上加盖了公司的公章,除非构成对公司的欺诈或者伪造,合同通常对公司仍然具有约束力。当然,这仅仅是限于常规交易(ordinary transaction),在非常规性的交易中,是否如此,还有一定争议,以下是英美法系国家中一个著名且争议很大的一个由澳大利亚高等法院判决的案例。

在 Northside Developments Pty Ltd v Registrar-General(1990) 170 CLR 146 一案中,Robert Sturgess 系公司的三名董事之一,据称该董事和一名据称是公司秘书的人执行了公司土地的抵押,实际情况是,此人从未被任命为公司秘书。公司在抵押契据上盖的钢印(common seal),也因此缺乏董事会的实际授权而对公司无约束力(实际情况可能是,该执行董事自己掌握着公章,找了一个人冒充本公司秘书本盖章。——笔者注)。这一笔抵押也并不是为该公司的债务提供担保,而是为 Sturgess 所控制的其他公司的债务提供担保。澳大利亚高等法院(High Court of Australia)的多数法官人该抵押属于伪造,因此,对该公司无约束力。而少数法官则倾向于认为,当一项交易不同寻常时(不是为本公司担保,而是为关联公司担保时),与公司交易的人有义务询问这种交易是否得到董事会的授权,以满足他自身的要求,如果交易相对人没有尽到这种义务,那么他就不应当受到保护。这就是所谓"门内管理规则的伪造例外"(forgery exception to the indoor management rule)。上述两种不同的裁判观点的分歧由来已久,并且高等法院在该案中得到了充分的讨论,可见本案的争议性之大。①

本案给人的启示就是,董事、经理如果在常规的授权范围内签订合同,享有其通常的职权范围内的概括授权,公司章程对董事、

① Northside Developments Pty Ltd v Registrar-General(1990) 170 CLR 146.

经理的代表权的限制,属于门内管理规则(indoor management rule),但是,倘若涉及非常规交易(extraordinary transaction),情况就有所不同。因为,根据英美公司法,土地的抵押,在本质上出于"资产的处置",这因此不在普通的董事或高管的日常的权限范围内。针对本案,英国学者即认为,这属于缺乏公司意思表示的行为(no representation by the company),①也即行为人伪造了公司的表意行为。

根据代表与代理本质相同的法理,无论是公司的法定代表人,还是除法定代表人之外的公司董事、经理或公司代表人个别授权的代理人,均有权代表公司,董事、经理其在正常行使其职权的范围内的代表行为,对公司仍然有约束力,因为董事、经理拥有其在自身的职权范围内的"表见概括授权"。② 董事、经理的这种职务范围内的代表权,如今已经体现在《民法总则》第 170 条的规定之中。这等于说,民法总则已经正式承认了董事、经理在其各自职权范围内的概括授权。

从民法理论上抽象之,《担保法司法解释》第 4 条将董事、经理的越权担保行为理解为"无权代表"或者"无权代理",这正是该解

---

① [英] D. French, S. Mayson, C. Ryan, *Company Law*, 28th ed., 2011, Oxford, pp. 618-628.

② 根据英国判例法,基于董事、经理的身份所产生的表见授权是概括的(general),委托人将代理人置于某个职位,外部世界通常认为这种职位的人有权签订这一类交易的合同。概括性的表见授权(ostensible general authority)也产生于公司的代理人与某个特定的签约方的长期交易关系,在这种关系中,委托人默许代理人与签约方的这种往来过程,并默许了这种交易过程中产生的交易。被任命为公司某一职位的人,拥有在公司中的这种岗位上的人通常拥有的代表公司缔结合同的权限。这种表见授权,无论是否得到了董事会的授权,就像示范章程所规定的那样,都是存在的。一个被公司允许好像(as though)拥有某个特定职位的人也拥有该职位上的表见授权。参见 Freeman and Lockyer v Buckhurst Park Properties(Mangal) Ltd [1964]2 QB 480.

释的理论认识错误的根源。如今,这种认识路径或者解释路径已经是少数观点,①因为,除非构成代表权滥用,董事、经理基于其身份享有表见授权。我们认为,从民法之代理法的一般原理来看,对董事、经理超越章程权限的限制签订的担保合同,适用表见代理的规定更为合理,因为交易相对人通常是基于公司董事、经理的概括授权身份才与公司签订担保合同的,对任何一个理性的有一定职业经验的交易相对人而言,通常都认为董事、经理拥有签订担保合同的权限,更何况,在我国的实践中,非法定代表人之外的董事、经理对外签订代表合同时,通常要加盖公司的印章。换言之,董事、经理通常拥有签订包括担保合同在内的表见授权(ostensible authority; apparent authority),也即构成"表见代表"。为此,相关研究又分为表见代表(或表见代理)之追认说以及(大致意义上的表见代表)之无需追认说两种观点。②

本课题则认为,表见代表,系交易相对人基于公司代表人(如董事、经理)的身份而形成的表见的概括授权,因此,所谓追认或者未经追认在公司章程有限制而又缺乏公司机关的明确的决议授权的前提下,只能从董事、经理的事实授权(actual authority)去判

① 这方面的代表性观点,请参见朱广新:《法定代表人的越权代表行为》,载《中外法学》2012年第3期,第484~502页。该观点认为,即使是公司的法定代表人超越公司章程的权限限制,都属于无权代表,即持无权代理观点。

② 在国内的研究文献中,通过代理法来阐释公司代表人的越权代表行为,主要有两种观点,第一种观点是"表见代表(表见代理)之无需追认说,"该观点认为,越权的表见代表行为,非经公司机关决议的追认,原则上应属于无效,参见刘贵祥:《公司担保与合同效力》,载《法律适用》2012年第7期;第二种观点则(隐含地)认为,表见代表行为,无需公司机关的追认,也可能是有效的(表见代表之无需追认说),参见温世扬、何平:《法人目的事业范围限制与"表见代表"规则》,载《法学研究》1999年第5期;宋宗宇、刘娜:《法人代表越权行为与表见代表制度》,载《社会科学家》2007年第5期。

断，也即，董事、经理虽然缺乏公司机关决议意义上的形式授权或正式授权，交易相对人只要能够证明事实授权的存在，即使没有形式意义上的追认，表见代表也是成立的。为此，交易相对人可以从两方面举证，一是从与该公司的商业往来中公司默许类似交易的事实去举证，证明董事、经理事实授权的存在；二是从商业往来的惯例举证，即从一个理性的有一定职业经验的商人的角度去判断，公司担保业务比比皆是，第三人通常也会认为这种担保业务在商业交易中属于正常的交易，且通常认为公司的董事、经理享有从事此种担保业务的惯常的授权。由此观之，我们认为，根据表见代理的原理，主张“需要追认”和“无需追认”的观点，其实没有本质区别，分歧的焦点，仅仅在于缺乏形式意义上的公司机关决议追认的情况下，如何认定表见代表人的实际授权。顺便提及一下，尽管代表与代理本质相同，但鉴于公司代表权的形成通常系公司法定的或者依据公司法和交易习惯应当有的职务权限，而代理权的形成通常是基于契约性的授权，因此，笔者主张，为彰显代表与代理各自的权力来源和法律本意，对董事、经理宜采用“表见代表”术语，而不宜采用“表见代理”进行表述。

至于公司的董事、高管为本公司的股东提供担保，因为涉及到关联交易，则另当别论，详见后文论述。

可见，上述司法解释不但与商业实践不符，而且在本质上已经《民法总则》第 170 条的规定抵触，同时也与公司法的一般原理相悖。公司签订对外担保合同，也即无关联担保合同，不仅法定代表人拥有代表权，公司的其余执行董事、经理也通常享有其职务范围的概括授权。总之，无论是公司法定代表人的越权担保行为，还是公司其他的授权代表人或代理人的越权担保行为，对于判断越权担保合同的效力而言，在本质上应当适用相同的裁判规则。《担保法司法解释》根据旧《公司法》对公司法定代表人和公司其他董事、经理在越权担保合同效力上进行的区分性规定,在今天来看已经不合时宜,该解释第4条应当予以废除。

就公司代表人超越公司章程的限制而签订担保合同的效力而言,根据《民法总则》的上述规定,仅仅是在交易相对人不为善意时,担保合同才可能被认定为无效。而《担保法司法解释》的这种一刀切式的做法,不但与《民法总则》抵触,而且也与我国的司法实践不符。再者,现行《公司法》第16条其实区分了关联担保和非关联担保。根据该条,公司为股东或实际控制人提供担保,属于关联担保,"必须"经过股东会决议;而公司为无关联方提供的担保,该法只是授权公司章程进行内部约束,而未强制要求需要经过董事会或股东会决议批准。可见,如果不及时修订或废除《合同法》第50条和《担保法司法解释》中的相关规定,势必进一步加剧司法实践的混乱。

第四节 《民法总则》代表、代理权相关规则的体系化

如前所述,我们认为有必要废除《合同法》第50条,除了前文所说的理由之外,此处再从民法典的体系化的角度以及民法与商法的关系角度论证废除的理由。

一、《民法总则》与《合同法》的顺位关系

第一,从民法典体例来看,民法总则与合同法的关系,属于总则与分则的关系。分则部分的内容通常不应与总则部分的内容重复或抵触。另外,从后法优于前法的关系来看,我国《民法总则》颁布在后,《合同法》颁布在前,因此,基于这两点,课题组认为,法院

在公司代表人或代理人超越章程或委托授权行为的纠纷裁判中，不应再适用《合同法》第50条的规定，而应适用《民法总则》第61条第3款或第170条的规定。这其实等于说，《民法总则》在事实上已经废除了《合同法》第50条的规定，即使不废除，法院也不宜再根据《合同法》第50条裁判。不过，如果不及时废除《合同法》第50条的规定，有可能会进一步加剧司法实践和学术研究的分歧。例如，有观点认为，①对于越权担保合同的效力，不宜适用《民法总则》第63条第1款的规定，而应仍适用《合同法》第50条的规定，本课题对这种观点显然是不赞同的，因为这种解释路径在本质上是违背上述法律的一般原理的。不仅如此，上述观点还与最高人民法院《关于适用〈中华人民共和国公司法〉若干问题的规定(四)》(以下简称《公司法司法解释四》的有关规定背道而驰。

《公司法司法解释四》第6条规定：股东会或者股东大会、董事会决议被人民法院判决确认无效或者撤销的，公司依据该决议与善意相对人形成的民事法律关系不受影响。由此可见，根据该司法解释，依据《公司法》第22条第2款提起的公司股东(大)会、董事会决议的撤销之诉，倘若被法院判决撤销，原则上仅仅具有内部意义，而不影响善意相对人的合法权益，也即使公司机关的决议被人民法院撤销，出于保护善意相对人的目的，善意相对人与公司的交易合同在原则上仍然是有效的，并且该解释的内容是有意与《民法总则》第61条和第85条保持一致的。为此，《公司法司法解释四》的制订者最高人民法院在其“官方解读”②中指出：

---

① 高圣平：《公司担保中相对人的审查义务——基于最高人民法院裁判分歧的分析和展开》，载《政法论坛》2017年第5期，第136~147页。

② 最高人民法院：《公司法司法解释四及解读》，载中国商法网，http://www.commerciallaw.com.cn/index.php/home/news/info/id/229.html.

"……以股东权利保护和公司治理为主题,我院着手起草《解释》稿,至今已历时5年多。在此过程中,我们深入地方各级法院调查研究,多次举办法学专家论证会,分别举办仲裁员和律师、上市公司、民营企业等专题座谈会,先后两次向全国人大法工委和国务院法制办等中央有关部委,以及地方各级法院征求意见,两次向全社会公开征求意见。我们收集了数百条各方面的宝贵意见,充分发扬了司法民主,凝聚了社会各界的共识和智慧。2017年3月15日《中华人民共和国民法总则》正式颁布后,我们历时近十个月,反复论证,对我院审判委员会原则通过的《解释》进行了认真梳理和校核,以确保与新法规定保持一致。"

由此可见,在《民法总则》生效,应当适用《民法总则》相关规定来判断有关越权代表合同的效力,《合同法》第50条的规定,其实已经被《民法总则》所取代。

第二,从《合同法》关于合同无效的规则体系来看,如果废除该法第50条的规定,那么《合同法》第48条至第52条的规定的内在体系就更加和谐。《合同法》依次规定了无效合同的几种情形:无权代理(第48条)、表见代理(第49条,未经追认)、无处分权人处分财产(第51条),以及第52条第2款(恶意串通)、第52条第5款(违背法律、行政法规强制性规定)。其中,《合同法》第52条第5款为兜底性条款。而在对第50条的理解上,在《民法总则》颁布实施之前,有观点认为[1]应参照第48条的无权代理进行解释,另有观点认为应当参照第49条的表见代理进行解释,为此又有"表见代理(或表见代表)之追认说";[2](大体意义上的)"表见代表之无

---

① 参见朱广新:《法定代表人的越权代表行为》,载《中外法学》2012年第3期,第484~502页。

② 参见刘贵祥:《公司担保与合同效力》,载《法律适用》2012年第7期。

须追认说”①两种不同的观点。我们则认为，因为《合同法》第50条当中的“超越权限”既包括了超越公司章程规定的权限和超越了法律规定的权限两种情形，而这两种不同性质的“越权”，本质上不同，前者属于表见代理的范畴，即法定代表人通常有权代表公司然而实际上受到公司章程的限制；而后者则属于代表权滥用的范畴，即无权代表或违法代表的范畴，即法定代表人本来就无权在某个对外事务上代表公司而实施的代表行为。例如，未经股东(大)会授权行使本来属于股东会法定职权范围的权力，只有在代表人“违法代理”或者说“代表权滥用”的情形下，才构成“无权代理”，此时的“无权代理”，与民法总则以及合同法所指“无权代理”显然存在本质的区别，因为通常意义上的“无权代理”，是指缺乏委托人的授权，而许多公司纠纷案件中法定代表人的“无权代理”则是直接违背了公司法的强制性规定。这正是《民法总则》颁布之前的许多学者在违背《合同法》第50条规定的合同到底应当是属于无效合同、效力待定的合同或者有效合同争论不休的根本原因。从这个意义上说，《合同法》第50条显然与第48条和第49条的调整对象存在重合之处，废除该条的规定，就不至于导致理论认识和司法裁判上的混乱。

如今，随着《民法总则》的颁行，鉴于《民法总则》第171条和第172条已经分别规定了无权代理和表见代理，因此《合同法》第48条、第49条和第50条的三个条文，均已失去了存在的价值，有待制订《民法典》时进一步缩减《合同法》相关条文。

① 参见温世杨、何平:《法人目的事业范围限制与“表见代表”规则》，载《法学研究》1999年第5期；宋宗宇、刘娜:《法人代表越权行为与表见代表制度》，载《社会科学家》2007年第5期。

二、民法典的自身逻辑与商事代表制度独立存在的意义

不过,从民法典的自身逻辑和民法与商法关系的应有之义来看,有必要就《民法总则》第170条自身所处的章节位置是否恰当进行单独的考察。课题组认为,该条规定放在“委托代理”一节中规定并不妥当,理由在于,“法人的工作人员”在职权范围内的行为,本质上属于“职务代表”行为而非传统意义上的狭义“委托代理”行为,这一条文显然是放错了地方,我们认为放在第61条第3款之后较为合理。另外,“法人的工作人员”这一提法,虽然涵盖了公司法人等盈利法人中的董事、经理和职员、店员等主体,但是,公司的董事、经理并非单纯意义上的“工作人员”,其在《公司法》等商事组织法中,通常被归入“高管”一类,且有专门的规定。这充分显示出民法总则在提取商法中的特殊制度时有点捉襟见肘。下文分别述之。

首先,职务代表行为与委托代理行为存在本质区别。单就公司等赢利法人而言,法人的董事、经理、店员等“工作人员”职务范围内的行为,本质上不应属于狭义的委托代理行为,而是属于职务代表行为,或者说董事、经理在其通常的职务范围之内应有的概括性代表授权,而狭义的委托代理行为,则仅仅是代理人按照委托人的委托授权合同从事的行为。这进一步验证了民商适度区分的重要性,同时也表明了我国《公司法》等商事单行法根据第170条进一步细化规定的必要性。理由在于,不仅《民法总则》已经通过承认“法人的工作人员”具有职权范围内的代表权,间接地承认了公司董事和经理的代表权,也即不唯独有公司的法定代表人才拥有代表公司行事的权限。然而,商法之相对独立存在的理由,正是为了恰到好处地满足商业交易的自身要求。而前述《担保法司法解释》的弊端,正好彰显了商事组织法自身的特殊性规则独立存在的

必要性。虽然根据公认的观点,代表与代理其实本质上没有差异,然而,这并不能因此否认商事代表制度自身相对独立存在的价值。也即,无论是否有必要在《民法总则》或民法典之外单独制订《商法通则》或者《商事通则》,商事代表制度的完善于我国而言则显得尤为必要。换言之,它涉及公司等商业组织法中的代表权配置这一更为宏大的问题,限于篇幅,本书不再展开讨论。

其次,关于第 170 条在《民法总则》体系中的合适章节位置。如果硬要将第 170 条纳入宽泛意义上的"委托代理"范畴的话,也可以勉强解释得通,但是,从法典化自身应有的内在逻辑来看,这一规定放在委托代理名下,反而破坏了《民法总则》自身的逻辑体系。本课题强调,任何民事立法都应当考虑商事立法和商业惯例的特殊性,而在商业惯例中,董事、高管的职权范围的行为,通常被理解为"职务代表"行为而非"职务代理"行为。例如,在公司的商业往来中,恐怕绝大多数的董事、经理在其名片上不会自称仅仅是公司的委托代理人。更何况,即便是"职务代理",也并非通常意义上的"委托代理",因为通常意义上的公司职务代表行为,系(公司)法律或商业习惯法中的概括授权行为,而通常意义上的民事或商事委托代理行为,则是基于委托合同的个别授权,尽管这种个别授权,往往也具有一定的概括授权内容。因此,这一规定,放在《民法总则》第 61 条第 3 款之后,更能彰显总则自身的逻辑性。

最后,从比较法的观点来看,如前文所述,从世界各国的立法来看,关于法人的代表人超越公司章程的权限订立合同的效力,可以在民法总则中规定,同时,也有必要由商法典或公司单行法的总则中①

① 参见前述德国《民法典》、《商法典》、《股份公司法》和《有限责任公司法》关于代表权的对内效力和对外效力的有关规定。

予以进一步细化。对我国而言,放弃制订《商法总则》,而实行相对彻底的民商合一,则应放在《民法总则》中规定更为合理。问题的关键是,民法总则恐怕无法担任起对商事代表制度进行全面抽象化的提炼和规定这一重任。无论是从法典化国家的经验,还是从英美法系国家的立法实践来看,均彰显了商事代表制度和相关的归责制度相对独立的必要性。例如,日本《2005 年公司法》分别在总则和分则中规定了公司之中不同种类的人员的代表权或代理权,以及相应的表见代表经理、表见代表董事等。参见前文的论述。

而从法律解释学的角度来看,民法规则属一般法,而商法规则属于民法的特别法。在越权代表行为效力问题上,从一般法去演绎特别法,固然没有错,但是,这种解释路径往往忽视了商法自身的内在独特性,从而导致解释的结果,与司法实践的脱节,也是造成各种学说争论不休的根本原因之一,因此,下文的研究,将侧重点放在公司法自身的特点上。

第六章　法人关联交易越权效力立法与司法比较研究

如前所述,倘若说司法实践在公司代表人越权签订合同的一般效力问题已经基本趋于一致的话,那么对于关联担保合同的效力,可谓分歧依旧,无论是司法实践还是法学研究均未取得共识。有学者认为,对《公司法》第 16 条的 3 个条款的解读,应当区分普通担保和关联担保,并分别归纳不同的越权担保合同效力规则。反之,有学者则认为,不应当区分普通担保和关联担保,而应当适用统一的裁判规则。

我们认为,区分公司关联担保与非关联担保,无论从哪个方面来看,都是有意义的,尽管本书也不赞同对关联担保合同的有效性进行“一刀切”式的判断,但是,本书的研究路径,一是要回归到《公司法》自身的立法目的，二是从比较法的视野进行更为宏大的佐证。并且，关联担保交易仅仅是公司关联交易的一种类型而已，因此，有必要将研究的视野扩大至公司法对所有类型的关联交易的规制，并同时研究公司关联交易中的越权代表行为的效力。

下文从区分普通担保与关联担保的意义和相应的裁判规则两个角度进行论证。在论证时，分别选取英美法公司法的和德国及欧盟公司法有关关联交易的规则作为研究的参照。

第一节　区分公司关联担保与非关联担保的必要性

一、我国2005年《公司法》第16条的出台背景

我国《公司法》第16条的出台背景，无疑与当时上市公司乱担保的现象具有极为紧密的关系。全国人大法律委员会副主任委员洪虎于2005年8月23日在全国人大常委会就公司法的修订进行表决时所作的现场说明指出："有些全国人大常委会委员和地方、部门、企业提出，公司为他人提供担保，可能给公司财产带来较大风险，需要慎重；实际生活中，这方面发生的问题较多，需要加以规范。全国人大法律委员会经同国务院法制办、最高人民法院研究，建议增加规定……"。①

于是，才有了如今的《公司法》第16条的三个条文的规定。而在更早之前，国务院法制办原主任曹康太于2005年2月25日在第

① 《透视公司法修订草案》，载南方网法制频道，http://www.southcn.com/law/flpl/flpltp/200508260198.htm.

十届全国人民代表大会常务委员会第十四次会议上所作的关于《中华人民共和国公司法(修订草案)》的说明中指出:

关于关联交易。社会各方面普遍反映,一些上市公司的控股股东、董事、监事、高级管理人员和其他实际控制公司的人利用关联交易"掏空"公司,侵害了公司、公司中小股东和银行等债权人的利益。据此,修订草案从以下四个方面对关联交易行为加以规范……四是规定"上市公司董事与董事会会议决议事项所涉及的企业有关联关系的,不得对该项决议行使表决权,也不得代理其他董事行使表决权。该董事会会议由二分之一以上无关联关系董事出席即可举行,董事会会议所作决议须经无关联关系董事过半数通过。出席董事会的无关联关系董事人数不足3人的,应将该事项提交上市公司股东大会审议。""应当回避表决的董事未回避表决的,上市公司有权自作出决议之日起3个月内向人民法院提出撤销有关合同、交易,但对方为善意第三人的除外"。

正是因为修法的当时上市公司乱担保的现象的存在,于是才有了《公司法》第124条针对上市公司关联交易的特殊规定:"上市公司董事与董事会会议决议事项所涉及的企业有关联关系的,不得对该项决议行使表决权,也不得代理其他董事行使表决权。该董事会会议由过半数的无关联关系董事出席即可举行,董事会会议所作决议须经无关联关系董事过半数通过。出席董事会的无关联关系董事人数不足三人的,应将该事项提交上市公司股东大会审议。"

从上述立法背景不难看出,2005年《公司法》的立法者,的确也曾经想对上市公司中的关联交易设置特殊的"安全港"程序,而当时的草案起草认识已经在修改草案中建立了可之国际比较的安全港规则。但是,非常遗憾,这一安全港程序仅仅适用于上市公司。

二、《公司法》中“必须”和“不得”的应有之意

课题组认为，区分公司关联担保与非关联担保符合《公司法》的立法原意。如前所述，我国《公司法》于 2005 年修订时增加了《公司法》第 16 条 3 个条款以及第 124 条针对上市公司的关联交易的真实原因，即是因为在过去的实践中公司乱担保的乱象，尤其是上市公司的关联担保的现象十分突出。鉴于此，才有了《公司法》第 16 条第 2 款中的“必须”规定和第 16 条第 3 款的“不得”规定以及第 124 条中的“不得”规定。也就是立法者本意所期望的关联担保的禁止性规定。从立法学的角度看，立法者对于禁止性规定，即违背某一规范中的“不得”(may not)规定的，通常会产生法律后果。在我国《公司法》中，立法者大约在 38 个条款用了“不得”(或“不能”)进行表述，这其中就包括了《公司法》第 16 条第 3 款中的“不得”规定。这些“不得”规定，大多数条文都直接规定了违背的法律后果，或者根据其他法律规定可以得出违背的法律后果。例如，《公司法》第 15 条规定，公司对外投资“不得”成为连带债务的责任人；第 16 条第 1 款规定，公司对外投资或担保“不得”超过章程规定的限额；第 16 条第 3 款规定，“前款规定的股东或者受前款规定的实际控制人支配的股东，不得参加前款规定事项的表决”。第 32 条股东姓名未经登记“不得”对抗善意第三人；第 45 条规定，董事任期由章程规定，但每届任期“不得”超过三年；第 58 条自然人一人公司“不能”设立新的一人公司；第 51 条规定，董事、高级管理人员“不得”兼任监事；第 67 条规定，国有独资公司董事每届任期“不得”超过三年；第 80 条在发起人认购的股份缴足前，“不得”向他人募集股份；第 84 条规定，以募集设立方式设立股份有限公司的，发起人认购的股份“不得”少于公司股份总数的百分之三十五；第 115 条规定，公司“不得”直接或者通过子公司向董事、监

事、高级管理人员提供借款；第117条规定，股份有限公司设监事会，其成员“不得”少于三人。其中职工代表的比例“不得”低于三分之一；第124条规定，上市公司董事与董事会会议决议事项所涉及的企业有关联关系的，“不得”对该项决议行使表决权，也“不得”代理其他董事行使表决权；第127条规定，股票发行价格可以按票面金额，也可以超过票面金额，但“不得”低于票面金额；第129条第2款规定，公司向发起人、法人发行的股票，应当为记名股票，并应当记载该发起人、法人的名称或者姓名，“不得”另立户名或者以代表人姓名记名；第132条规定，股份公司成立前“不得”向股东交付股票；第139条第2款规定，股东大会召开前二十日内或者公司决定分配股利的基准日前五日内，“不得”进行前款规定的股东名册的变更登记；第141条规定，发起人持有的本公司股份，自公司成立之日起一年内“不得”转让。公司公开发行股份前已发行的股份，自公司股票在证券交易所上市交易之日起一年内“不得”转让。公司董事、监事、高级管理人员应当向公司申报所持有的本公司的股份及其变动情况，在任职期间每年转让的股份“不得”超过其所持有本公司股份总数的百分之二十五；所持本公司股份自公司股票上市交易之日起一年内“不得”转让。上述人员离职后半年内，“不得”转让其所持有的本公司股份；第142条规定，公司“不得”收购本公司股份。公司依照第一款第(三)项规定收购的本公司股份，“不得”超过本公司已发行股份总额的百分之五；第146条规定，有下列情形之一的，“不得”担任公司的董事、监事、高级管理人员；第147条第2款规定：董事、监事、高级管理人员“不得”利用职权收受贿赂或者其他非法收入，“不得”侵占公司的财产；第166条第6款规定，公司持有的本公司股份“不得”分配利润；第170条规定，公司应当向聘用的会计师事务所提供真实、完整的会计凭证、会计账簿、财务会计报告及其他会计资料,“不得”拒绝、隐匿、谎报;第171条规定,公司除法定的会计账簿外,“不得”另立会计账簿。对公司资产,“不得”以任何个人名义开立账户存储;第185条第3款规定,在申报债权期间,清算组“不得”对债权人进行清偿;第186条第3款规定,在清算期间,公司存续,但“不得”开展与清算无关的经营活动。公司财产在未依照前款规定清偿前,“不得”分配给股东;第189条第2款规定,清算组成员“不得”利用职权收受贿赂或者其他非法收入,“不得”侵占公司财产。

我们认为,由于第16条第2款和第3款本身是一个整体,不能孤立进行理解。因此,结合《公司法》第16条第2款中的“必须”规定应当集合第16条第3款“不得”规定进行整体判断。鉴于此,本课题将第16条第2款和第3款进行整体解释得出的结论是,它的确是一条禁止性规定,这两个条款在整体上都属于“不得”规定。

我们认为,立法者的本意是,对于公司的非关联担保,适用该法第16条第1款的规定,即立法者仅仅是授权公司章程自行建立约束机制。倘若公司章程没有利用法律的授权,则可以推定为,公司代表人有权签订其职权范围的无关联担保合同,而无需公司董事会或股东会的决议授权,因为公司章程没有这种限制性的规定,即意味着公司的股东在制订公司章程时自愿地放弃了法律授予的自主内定权限。反之,对公司向股东和实际控制人提供担保,立法者的本意即是,无论章程是否有限制或授权,都“必须”取得股东会决议的授权,且结合该条第3款,股东(大)会表决时,关联股东或者代表实际控制人利益的股东无表决权,并且应当回避表决。也就是说,无论公司章程是否有此禁止性规定,所有的公司,只要有股东会存在的(一人公司除外),其关联担保交易必须取得股东会决议的授权。

从第16条第2款的实施效果来看,至少对上市公司而言,上市公司关联担保泛滥的现象已经得到了有效的抑制。倘若上市公司违法违规进行关联担保,而未取得股东大会决议的授权,将受到交易所和监管机构的严厉制裁,其威慑效果,可见一斑。

这里有一个概念需要澄清。关联交易,包括关联的担保交易,其实并非局限于为公司的股东或实际控制人提供担保的交易。关联交易的表现形式多样,关联方也不仅限于股东关联交易或实际控制人的关联交易,为何《公司法》第16条第2款仅仅针对为股东和实际控制人这两种形式的关联担保进行了规制呢？其实,从关联交易的范围来看,关联交易中的"关联方"的范围,的确比《公司法》第16条第2款所规定的范围(股东、实际控制人)要大。公司的关联方,大致可以划分为关联自然人和关联企业两大类。公司的关联自然人,包括了董事、监事、经理、股东、实际控制人和与上述人员存在进一步的关联关系的人或者企业;公司的关联企业,包括了公司控股或参股的公司,公司自身的参股公司和控股公司,以及由该公司的共同控股公司或控制人控制下的兄弟公司等。课题组认为,立法者在《公司法》第16条第2款中虽然只规定了为股东或者实际控制人担保这两种关联交易情形,而未穷尽所有的关联担保,主要考虑到过去公司为股东或者实际控制人担保的乱象,因此集中火力进行规制。而至于其他类型的关联担保,立法者虽然没有再一一列举,但这并非等于说立法者的意图仅仅是针对这两类关联担保进行规制。

换言之,立法者没有能够穷尽关联担保的所有类型,可能是出于两个原因,第一个原因是,关联担保的种类和表现形式太多,立法者无法穷尽,如"关联方的关联方"就更多了,立法者怎么能够穷尽呢？第二个原因,就是虽然关联担保并非仅仅局限于为股东和实际控制人担保的情形,但是,是否所有类型的关联担保均需要股东会或者股东大会的决议呢?课题组认为,答案显然是否定的。因为,立法者对于关联交易的原则态度是,关联交易是一把“双刃剑”,一方面,关联交易有利于节约交易成本,提升管理效率,但是另一方面,关联交易可能损害公司、股东或者债权人的利益,因此法律不宜,也不可能“一刀切”地对关联交易进行整齐划一的规定。而对关联担保进行特别规制,立法者正是为了保护公司、股东和债权人的合法权益,即便是关联担保,也不可能一概地禁止,于关联担保合同效力而言,也不应当一律判决关联担保合同无效。

综上所述,我们认为,从《公司法》第 16 条 3 个条款的立法目的解释可以得出一个结论:关联担保可以成为一个法定的类型,并进行特别规制,《公司法》第 16 条第 2 款和第 3 款虽然不尽完美和全面,但足以威慑担保乱象。

第二节　区分普通担保与关联担保的立法例

一、公司的担保能力

倘若说从我国《公司法》第 16 条第 1 款的立法目的解读已经说明了区分普通担保与关联担保的必要性的话,那么从比较法研究的角度,则可以进一步佐证这种区分的正当性。依照当今各国公司法的规定,公司可以从事任何合法的商业活动,也即,公司的目的,原则上是不受限制的,尽管公司章程可以限制公司商业活动的领域或范围。不仅如此,一些有代表性国家或地区的公司立法例还一一列明了公司的能力范围,这其中就包括了公司签订合同与提供担保(含抵押和质押),如美国《示范公司法》第 3. 02 条之

(5)(7)项之规定。因此,从国际比较来看,"公司具有担保能力"毫无争议。这从我国学者的观点中也可以得到佐证。例如,早期有观点认为,[①]旧《公司法》第60条第3款的规定,即是对公司担保能力的限制,但是也有观点认为该条并不构成对公司担保能力的限制。[②] 而这种观点间的争论也影响到了我国现行《公司法》生效之前的最高人民法院的若干判决。[③] 而从我国现行《公司法》的规定和立法目的来看,当然可以解读为公司担保能力是不受限制的,但是对某些类型的担保,即关联担保,法律则设置了一些特殊的门槛,以保护公司小股东和债权人的合法权益。

二、国外有关区分关联贷款和关联担保的立法例

对于关联担保,国外立法例同样进行了特殊规制,鉴于借贷和担保往往是同时进行的,因而有的国家的公司法对此作了专门规定,但是从其规定来看,彼此又存在较大的差异。

(一)关联贷款或担保需股东大会决议授权的立法例

英国《2006年公司法》第197条要求公司对董事的贷款和担保需取得股东(会)的批准;而对于公众公司而言,根据该法第200条,则要求公司对董事及与董事关联的人提供贷款、"准贷款"或者担保时,均需要得到股东(会)的批准。鉴于此处的"董事"包含了影子董事(shadow director),也即董事背后的控制股东或者实际控制人,因此该条的调整对象,也包括了公司为控制股东和实际控制人担保的情形。从这里不难看出,根据英国公司法,公司为公司的董事、控制股东和实际控制人提供贷款、"准贷款"和相应的担

① 曹士兵著:《中国担保诸问题的解决与展望:基于担保法及其司法解释》,中国法制出版社2001年版,第48页。

② 虞政平:《公司可以为其股东提供担保——〈公司法〉第60条第3款之解读》,载《法律适用》2003年第7期。

③ 参见刘贵祥:《公司担保与合同效力》,载《法律适用》2012年第7期。

保,均需要得到股东(大)会的授权。这与我国《公司法》第 16 条第 2 款的规定不谋而合。

不过,又鉴于企业集团内部相互担保的现象较为频繁,因此根据该法第 208 条,为关联法人的外部贷款提供担保无需股东(会)的批准。我们认为,这一规定具有一定的合理性。因为在企业集团内部,集团成员之间,即母公司和子公司之间,以及受同一母公司控制的兄弟公司之间相互借款以及担保的现象非常普遍,英国公司法因此对于集团公司内部成员企业的关联借贷和担保,无需股东(大会)批准,而交由董事会自行决策。

(二)关联贷款与担保仅需董事会批准的立法例

美国《特拉华州通用公司法》第 143 条规定:"公司可以向本公司或其分、子公司的任何高管或者其他雇员,包括担任公司或分子公司董事的高管或雇员,提供贷款或为其债务担保,或提供其他帮助,只要董事会合理认为此种贷款、担保或帮助符合公司的利益。贷款、担保或帮助可以有利息,也可以无利息,可以无担保,也可以有担保,但需以董事会批准的方式进行,包括但不限于股权质押。本条的任何规定均不得推定为否认、限制公司依据普通法或成文法的担保权力。"

从该条的最后一句话可以得知,法律也不得当然地干涉关联担保的效力,不得因此否认公司依据普通法或成文法的担保权力。公司关联贷款或者关联担保,正如其他类型的关联交易一样,也是一把"双刃剑"。法律并不意味着禁止关联贷款或者关联担保,特拉华州公司法仅仅是授权公司董事会依照其职权合理判定,判定的依据即是这种关联交易是否符合公司利益,是否能够给公司带来利益。并且,不得仅仅因为是关联担保,就否定公司的担保能力。对比我国《公司法》第 16 条第 2 款和第 3 款,可以得知,我国的立法者其实也并不禁止公司向股东或者实际人提供担保，仅仅是要求提交股东会表决，由股东会合理判断这种担保是否有利于公司，也即不得因此否认公司的担保能力。从这个意义上说，中国法院在涉及《公司法》第16条2/3款（对公司股东或实际控制人提供担保）纠纷的有效性时，也应当坚持合同原则有效这一法则，而不得仅仅因为该担保合同未经过股东大会的决议而无效。

与此同时，特拉华州公司法的上述规定也给我国公司法和司法实践提供了另一条启示：公司向控制股东或实际控制人提供担保，一定要股东（大）会批准吗？尤其是对公司集团而言，子公司对母公司债务提供担保，就属于公司为控制股东提供担保的情形，根据英国公司法，它也仅仅要求公司董事会自行决定，仅当董事会自己认为必要时，才可以交由股东（大会）决策。这表明，我国《公司法》第16条的规定，从国际比较来看，还存在一些差异，这种差异，当然首先是由我国的公司担保较为泛滥这一特殊的国情所决定的。

（三）从“资产处置”角度规范公司担保的立法例

而美国《示范商事公司法》第12.01条（资产处置：无需股东批准）和第12.02条（股东对某些处置的批准）则从公司的“资产处置”（disposition of assets）视角对公司担保是否需要股东（大）会批准进行了规定。

根据该法第12.01条第2款之规定，除非公司的初始章程另有规定，“无论是否在通常和惯常的商业往来中，抵押、质押、担保、偿付债务（无论是否可赎回），或者以其他方式以部分或者全部资产设定负担”都无需股东批准。反之，根据该法第12.02条（a）项，“出售、出租，或者其他方式的资产处置，如果不属于第12.01条规定的情形，则要求公司股东（会）的批准，倘若这种处置将导致公司无法维持一项重要的经营活动（without a significant continuing business activity)。倘若公司维持一项商业活动,该活动代表了最近一个财政年度总资产的25%,并且代表了该财政年度的税费前持续经营收入的25%,上述每一种情形包括了公司和其分支机构的合并报表,则推定该公司整体上维持了实质性持续经营活动。”该条(b)进一步规定:“根据(a)项需要由股东(会)批准的处置,应当由批准该处置的董事会以决议方式(向股东)提出动议(议案)。在董事会采纳了该决议后,董事会应当将建议的处置(方案)提交股东批准。股东会还应当向股东提出股东批准该处置的建议,除非:(i)股东会认为由于存在利益冲突或者其他情况,股东会不建议批准;或者(ii)出现了本法第8.26条规定的情形(本课题注:第8.26条规定如下:公司股东会表决批准了某一事项之后,即使董事会不建议再次表决,公司股东会仍然可以再次表决。也即董事会认为没有必要再次表决,但可能有少数股东认为应当再次表决,当然要说明理由),如果出现了(1)或(2)的情形,董事会必须提交启动表决程序的依据。”而根据该条(c)项接着规定董事会提交股东批准时可以设置某些条件;(d)项规定了董事会通知每一位股东的义务和相关的说明义务;(e)项规定了有投票权的股东的简单多数决原则(章程另有规定除外);(f)规定公司在股东会批准之后随时放弃该处置,但不得影响合同相对人的权利。对上述规定,《示范商事公司法》的立法者的官方评论(Official Comment)①认为:

概况:本条(a)规定,出售、出租,或者其他方式的资产处置,如果不属于第12.01条规定的情形,则要求公司股东(会)的批准,倘若这种处置将导致公司无法维持一项重要的经营活动(without a

① [美]Charles R. T. O'kelley & Robert B., *Corporations and other Business Associations: Selected Statutes, Rules and Forms*, Thompson, Wolters Kluwer, 2014, pp. 161-162.

significant continuing business activity)。在本示范法过去的多种版本中,“重要的持续经营活动”有不同的测试标准。本示范法的以往版本聚焦于在资产处置时是否涉及公司的“全部或者实质性的全部”(all or substantially all)资产。并且,“全部或实质性的全部”也是美国绝大部分的州立法所采用的标准。不过,在美国的司法实践中,法院在个案判决中往往也是采用的与本条规定的测试标准可以比较的测试标准。例如,在 *Gimbel v Signal Cos.* ,316 A. 2d 599(Del. Ch.),aff'd,316 A. 2d 619(Del. 1974),法院认为,“诚然,‘全部或实质性全部’测试并不意味着在每个案件中适用严格的数学标准(a strict mathematical standard),从某种程度上说能认定质的因素(qualitative factor)……倘若资产出售从数量上来看对公司经营而言是致命的(vital),并且超出了常规的范围,实质性影响到公司的生存和目的,那么,它就超出了董事会的权限范围。”在 *Thorpe v Cerbco,Inc.* ,676 A 2d 436(Del. 1996),争议焦点之一即是 CERBCO 公司出售其子公司之一 EAST,是否意味着“实质性出售”该公司的全部资产,并根据特拉华州的成文法判断该交易是否需要股东批准。法院援引了 *Oberly v. Kirby*,592 A 2d 445(Del. 1991),指出:

“在 *Gimbel v. Signal Cos.* ,316 A. 2d 599(Del. Ch.),aff'd,316 A. 2d 619(Del. 1974)案中声明的规则清楚地表明,是否需要股东的批准,不是单独依据资产出售的规模,而且同时要看对公司的质的影响。因此,有必要检验一项交易是否‘超出了惯常的范畴并实质性影响到公司的生存和目的’。[*Gimbel*,316 A. 2d at 606.]

在接下来的意见中,Chancellor 认定,CERBCO 出售 EAST 将意味着该公司业务根本性的重组(radical transformation)。此外,在1990年,CERBCO 在 EAST 中持有的股份相当于 CERBCO 总资产的

68%,而且这也是 CERBCO 公司的主要的‘能产生收益的资产’(income generating asset)。我们因此认定,根据特拉华州的法律,CERBCO 在 EAST 中持有的股份该公司的‘实质性全部’资产。”

判断公司是否能够维持实质性(significant)经营活动,最好是采用比较法。即通过对公司出售资产前和出售资产后的状况进行整体性的比较。评论人认为,示范法所规定的“25%标准”,也就是“白线安全港测试”(bright line safe harbor test)法比起判例法测试规则,即判例法中的“数量和质量测试法”,具有更大的确定性,因此是立法者所期待的。

公司转投资(reinvestment)时处置资产,也应当综合考虑。例如,公司出售现有的唯一厂房,但目的是为了新建一个厂房,并实质性经营公司现有的业务,因此,应当整体综合考虑,而不能单纯看“资产的出售”。

对公司集团而言,需要从集团的整体情况出发判断能维持公司的“实质性的持续经营活动”。例如,倘若出售子公司的全部资产,而该子公司的全部资产也同时母公司的全部资产,那么,此时就应当取得母公司股东会的批准。反之,倘若一家母公司拥有多家子公司,而且出售一家子公司的资产,并不影响整个母公司或者说公司集团的持续经营,则可以不要求取得母公司股东会的批准。此外,官方评论还认为,本条规定所指的子公司(subsidiary),其实包括了公司制的子公司和非公司制的子公司,因而需要作广义的解释。因此,此处的子公司还包括美国公司法中的“有限责任公司”,即 LLC(Limited Liability Company)或者合伙企业(partnership)。

对主要从事投资的公司(投资公司)而言,则要根据投资公司的特点综合判断资产出售是否需要股东会的批准。例如,倘若一家公司主要从事投资活动,公司出售了其实质性的资产,然而公司并未将投资的收益用于再次的投资，则可以认为前者的做法危及到公司的实质性的生存。

同理，向股东分配利润时，也可以采用上述的“明线测试法”(bright line test)。也即，当向股东分配利润时，从会计报表以及其他方面的情况来看，倘若分配利润之后，公司的资产减少至先前的25%以下，则可以视为危及公司的实质性生存。请参见第6.40(d)条以及相关的官方评论。

本条规定的“重大”或者说“25%”的“明线安全港”标准，仅仅服务于本条的目的。因此，对本示范法的其他规定，未必适用本标准。

关于提交股东(会)，该法规定了三种情况：(1)当董事会内部对资产的处置是否需要提交股东(会)批准存在分歧意见，或者当董事会内部对于该处置能带来的好处意见不一时，但都认为应当提交股东(会)批准，则此时就应当由董事会提交股东(会)。在这种情况下，董事会应当慎重，因为董事会无法取得一致的意见，也无法向股东会提供推荐性的意见(recommendation)。通常，股东会不宜在董事会提供推荐意见时表决。(2)董事会先是同意将处置事项提交股东(会)批准，但是，后来又认为董事会不推荐这样做或者认为应当撤销交易。如果出现了以上两种情形中的任何一种，董事会都应当提交这样做的基础(base)或者说依据。还应当指出的是，无论出现了上述两种情况的一种，都不能免除董事的谨慎义务，也不能免除董事的责任。(3)第三种情况，就是董事会可以在提交股东(会)批准时设置一些前提条件。如果条件不满足，董事会就可以认为没有得到股东会的批准。这些前置条件包括：股东表决权的特殊比例；特殊种类的表决的比例；或者非利益关联股东的表决权比例；或者某一类别外部股权(outstanding shares）主张单独的批准权（否决权）。当然，董事会为提交表决的前提条件不限于上述的范围。

我们认为，美国《示范商事公司法》从资产处置和资产处置是否危及公司的实质性生存的角度来规范公司的担保（含关联担保）是否需要提交股东（会）批准，与英国公司法和特拉华州公司法单独对公司的关联贷款和关联担保的立法侧重点有所不同，后者侧重股东会和董事会的程序控制，而前者则有更多的考量，即重点是包括担保在内的"资产处置"是否危及公司生存。两者各有侧重点和各自的优势。加之美国《示范商事公司法》还有对关联交易的特殊的安全港程序的规定，因此，可以说，美国《示范商事公司法》给公司担保上了"双保险"。详见下文分析。

第三节 英美公司法对关联交易的一般性预防审查机制（"安全港程序"）

从比较法上的立法例来看，不仅许多国家或地区的公司法规定中区分了关联担保和非关联担保，而且有的还在更为一般的意义上区分了关联交易与非关联交易，即公司代表人或代理人超越章程限制的权限越权签订关联交易合同的特殊效力规则与专门的信息披露和公司机关事中审查。下面分别叙述。

一、涉及董事、控制股东或关联人交易的特殊效力规则

在这方面英国《2006 年公司法》有关公司代表人或代理人超章程权限签订关联交易合同的特殊效力规则，最具有代表性：

该法第 41 条（宪章性限制：涉及董事或关联人利益冲突的交易）第（2）款规定，当（a）公司发生该交易；（b）该交易的当事人包括（i）公司或者其控股公司的董事，（ii）与该董事任何关联的人，该

交易基于公司的请求是可以撤销的(voidable)。

该条第(4)款进一步规定了交易不可撤销的情形:如果发生下列情形,该交易不再是可撤销的:(a)不再可能归还该交易之下的任何款项或其他资产;(b)对于因该交易而造成的任何损失或损害,公司已获得赔偿;(c)不是该交易一方的人在事实上不知道董事超越权力,则其不承担(3)款之下的责任(向公司承担缴纳收益或承担损失的责任)(d)公司确认该交易。

由此可见,根据英国《公司法》,与该法第40条建立保护善意相对人的一般规则不同,涉及与公司董事、董事的关联人以及控制股东的交易,应公司的请求是可撤销的。可见,此规则与该法第40条规定的公司代表人超越章程限制权限从事交易中的善意第三人保护的一般规则形成了鲜明的对比。

美国《特拉华州通用公司法》第144条(a)款规定:"公司与1名或数名董事或高管之间的合同或交易,或者公司与任何其他公司、合伙、协会或者组织的合同或交易,在上述组织中本公司的董事或高管在该其他组织中任董事或高管,或拥有金钱利益,不得仅仅因为上述理由而无效或撤销(void or voidable),或者仅仅因为该董事或高管在董事会或专门委员会的现场或者参与了批准该合同或交易的投票,或者仅仅因为该董事或高管的投票为此目的而计算在内,如果

(1)该董事或该高管与该合同或该交易的关系或利益的实质性事实已经向董事会或专门委员会披露或者被其知悉,并且董事会或专门委员会通过非利益关联董事的多数表决善意地批准了该合同或该交易,即使非利益关联董事达不到法定人数;或者

(2)该董事或该高管与该合同或该交易的关系或利益的实质性事实已经向有表决权的股东披露或者被其知悉,并且股东以特

别表决的多数方式善意地批准了该合同或该交易;或者

(3)在合同或交易被董事会、专门委员会或股东授权、批准或者追认的当时,该合同或交易对公司是公平的。”

而美国《示范商事公司法》则在第8章之F次章中用4个条文完整地规定了涉及董事的利益冲突交易能否收到公平救济的问题,也即是否由法院进行司法裁量的问题。该法第8.61条(司法裁量)规定:

(a)在依据董事在交易中拥有冲突利益而由股东或者股东代表公司对该董事提起的诉讼中,如果不构成“董事冲突利益交易”,那么一项影响到或者被认为影响到公司(或者公司控制的实体)的交易可以不享受公平救济(equitable relief),也不构成该董事的损害赔偿或其他制裁。

(b)在依据董事在交易中拥有冲突利益而由股东或者股东代表公司对该董事提起的诉讼中,董事冲突利益交易可以不享受公平救济,也不构成该董事的损害赔偿或其他制裁,如果:(1)该董事的涉及该交易的行为在任何时候都符合第8.62条(有关董事会表决的规定),或者(2) 股东的涉及该交易的行为在任何时候都符合第8.63条(有关股东表决的规定);或者

(c)已经能够证明,根据当时的情形,该交易“对公司公平”(fair to the corporation)。

关于涉及董事利益冲突交易的有效性,无论是美国的司法实践还是相关的立法,都经历了不同的认识阶段,为此,美国《示范商事公司法》的官方评论(official comment)写道:①

① [美]Charles R. T. O'kelley & Robert B., *Corporations and other Business Associations: Selected Statutes, Rules and Forms*, Thompson, Wolters Kluwer, 2014, pp. 106–107.

英美普通法根据类推适用信托法(law of trusts)中的信义义务原则(Fiduciary Principle),曾经认为董事与公司的任何交易都会受到董事的冲突利益的毒害,因此,这种交易是自始无效的(null and void),或者至少是可撤销的(voidable),并认为,利益关联的董事从交易中获取的好处是应当“吐出”的,并且应当对公司遭受的任何损害承担责任。

最终,人们发现,“呆板的无效/可撤销规则”(a flat void/voidable rule)其实可能不符合公司的最佳利益。尽管“自我利益交易”可能给公司带来潜在的损害,但同时也可能给公司带来潜在的利益。无论如何拥有自我利益的董事也可能公正行事,并且可能存在这样的例子,董事拥有独特的资产,而这正是公司需要的,或者该董事愿意以比市场上更为优惠的条件提供给公司(例如,该董事可能比第三人更相信公司的财务实力)。相应地,法院放弃了“呆板的无效/可撤销规则”,取而代之的是,倘若该董事能够证明交易是公平的,则法院将支持该自我利益交易,将举证责任转移到董事一方。

再到后来,《示范商事公司法》以及州立法则进入了另一种场景(另一个极端):即只要该交易得到了无利益关联董事的批准,那么对自我利益交易就免于受到无效或撤销的挑战。直到1989年,后继的示范法中涉及董事的冲突利益交易的规范以及绝大多数州的成文法坚持了同样的目的;安全港程序(safe harbor procedures,即只要自我利益交易经过了无关联董事的批准程序,就可以免于受到无效或可撤销的挑战。——笔者注),而立法者未注意到该董事的可能的脆弱性,其冲突利益可能受到挑战。

在我国《公司法》中,除第16条的规定外,还有第21条中涉及关联交易的兜底性规定,即公司的控股股东、实际控制人和董监高均不得利用关联关系损害公司利益。课题组认为，这一规定仅仅是从结果出发的一个原则性规定。事实上，关联交易千变万化，且很多的关联交易非常之隐蔽，这一兜底性的规定虽然对于非法的关联交易行为具有震慑作用，但很遗憾，无法起到有效的预防作用。加之关联交易本来就是一把“双刃剑”，一项关联交易，是否在董事、高管的正常的商业判断规则（business judgment rule）[①]范围之内，不仅董事、经理在行使其职权范围的自由裁量权时很难把握，即便是法官在进行司法审查时，也很难把握，原因就在于由于信息不对称，公司的少数股东和外部人很难就关联交易是否对公司公平进行举证，法官也很难判断关联交易的公平性。那么，能否改变我国公司法的这种只能从关联交易结果的不公正性出发，进行“事后规制”呢？有没有可能从事后规制走向“事前规制”和“事中规制”呢？能否为执行业务的董事、经理建立某种意义上的“安全港”呢？这正是美国《特拉华州通用公司法》对此专门立法的初衷。[②]

从比较法的角度来看，其实答案是肯定的。这尤其以英国《2006年公司法》、美国《示范商事公司法》（MBCA）和《特拉华州通用公司法》（DGCL）最具有代表性。美国《示范商事公司法》在其第8章中专门增加了F次章：董事的冲突利益交易（director's conflicting interest transaction）。该次章总共有4个条文，分别界定了相关的术语：司法裁量；董事（会）的（表决）行动；股东（会）表决行动。堪称迄今为止最为详尽的涉及董事、控制股东及关联人的

---

① ［美］Gabaldon/Sagers, *Business Organizations*, New York Wolters Kluwer: 2016, p. 585.

② 相关的案例解读，参见 Re Wheelabrator Technologies Inc. Shareholders Litiga tion, Court of Chancery of Delaware 663, A. 2d 1194 (1995). 学者观点参见［美］Gabaldon/Sagers: Business Organizations, Wolters Kluwer, New York, 2016, pp. 584–585.

利益冲突交易的内部控制规则以及相关的司法裁判规则。

下面分别从公司法规制关联交易的范围、董事、高管的披露义务、公司机关的预防性审查及其司法实践意义四个方面进行论述。

二、董事、高管与实际控制人及其关系人的利益冲突交易的界定

如前所述,鉴于并非所有的关联交易都应当进行规制,公司法也不可能对所有类型的关联交易进行规制,英美公司法在对关联交易进行预防性规制时,选取了关联交易的一个关键节点进行预防控制,这一关键的节点,即是在公司董事或者董事会作出有关关联交易的决策之时,于是就有了"董事的利益冲突交易"(director's conflicting of interest transactions)这一重要的概念。受英美公司法的影响,这一规则也被移植到了日本《2005 年公司法》以及中国香港《2012 年公司条例》当中。

从"董事的利益冲突交易"角度去建立关联交易的预防控制制度,可谓"打蛇打七寸",抓住了关联交易的关键控制节点。为何说,"董事的利益冲突交易"制度抓住了关键?课题组认为,正是因为关联交易是一把"双刃剑",很多的关联交易都是在董事会和经理的职权范围之内,甚至有的关联交易在高管的日常经营管理所必需的自由裁量权(discretionary power)①范围内。例如,公司执行董事或者总经理同时系关联公司的股东或高管,为该关联公司的一笔小额买卖合同的履行,该董事或经理以本公司名义签订一份担保合同,因为这种买卖合同非常之常见,并未超出本公司以及关联公司的经理的日常经营活动的职权范围,因此,也可以认为这种

① 根据英国《2006 年公司法》第 172 条(1)款,公司董事必须以其善意地认为为公司股东的整体利益而将最大努力第促进公司成功,并考虑到其他因素。相关案例请参见[英]Edge v. Pensions Ombudsman [2000] Ch 602. in D. French, S. Mayson, C. Ryan, Company Law, 28th Ed., 2011, Oxford, p. 496.

担保行为也在董事、经理的通常的职权范围之内,难道我们能够仅仅因为该交易涉及关联担保就启动董事会决议甚至是股东(大)会决议审查机制吗?答案显然是否定的。倘若只要涉及任何形式的关联交易都需要启动公司机关的决议审查机制,那么这势必影响到交易效率和交易安全。那么,到底什么时候应当启动关联交易的公司机关决议审查机制,而什么时候则可以不启动这种审查机制呢?这种启动权限,其实掌握在公司的董事和高管手里,因为只有董事和高管自己最清楚一项交易是否涉及自身的利益或者其关系人的利益,也就是自己知晓利益冲突的存在。

需要进一步说明的是,英美公司法侧重从董事的利益冲突交易着手对关联交易进行规制,是否涉嫌规制的范围过窄呢?课题组认为答案是否定的。首先,英美公司法中,均存在影子董事(shadow director)的概念。例如,根据英国《2006 年公司法》第 251 条(1)款,所谓"影子董事",就是指公司的董事习惯性地听从其指导或指示的人。换言之,公司的控制股东和实际控制人如果本人并不担任该公司董事,而又习惯性地对在位的董事进行指导甚至直接发号施令,这样的人就是"影子董事"。而根据《特拉华州通用公司法》第 144 条之规定,①不仅董事可能涉及利益冲突交易,高管同样也包括在其中。因此,英美公司法表面上看仅仅约束董事的利益冲突交易,实际上已经全面覆盖了董事、高管、控制股东或者实际控制人所涉及的关联交易。英美公司法之所以选取"董事的利益冲突交易"作为关联交易的突破口,主要原因在于强化公司董事会、股东(大)会的事前和事中控制,而公司中非上述主体涉及的关联交易,如小股东或者公司员工与本公司的关联交易,则不在事

① 参见吴建斌著:《日本公司法:附经典案例》,法律出版社 2017 年版,第 306 页。

前和事中控制的范围之内。

除此之外,还应当说明的是,对"交易"(transaction)也不宜作宽泛解读。在英美公司法"关联交易"所指的交易中,对"交易"应当作狭义的理解,也即是通常意义上的商业交易,而并非是泛指任何形式的交换(deal),狭义的利益冲突交易仅仅是指金钱利益上的好处,而不是指非金钱利益上的某种好处。①

最后,与董事"有关系的人",包括了关联法人与自然人,虽然包括了董事的近亲属以及长期生活的同居对象,但通常不包括"远亲关系"(remote familial relationship)。② 这些"关系人"在英美公司法中均有明确的界定,而不能无限扩大化。

三、董事、控制股东利益冲突交易的事前控制:信息披露

为此,英美公司法首先规定了涉及利益冲突的董事(以及高管、控制股东、实际控制人)的信息披露义务(duty of disclosure)。如前所述,董事、高管、控制股东以及实际控制人对于一项关联交易是否涉及自身利益,也即自己是否从该交易中获得金钱利益,其实自己最清楚。根据英国《2006 年公司法》第 177 条款之规定,涉事的董事如果在一项与公司的交易或安排中享有利益,则必须向其余董事披露这种利益的性质和范围,披露的方式可以在董事会上说明,也可以书面或口头通知;披露必须是在公司发生交易之前。通常,仅当在其他董事已经知道或者该涉事董事根据自己的合理判断并不产生利益冲突的情况下或者该董事自己都不知道关

---

① [美] Charles R. T. O'kelley & Robert B. *Corporations and other Business Associations:Selected Statutes,Rules and Forms*,Thompson,Wolters Kluwer,2014,p. 109.

② [美] Charles R. T. O'kelley & Robert B. Corporations and other Business Associations:Selected Statutes,Rules and Forms,Thompson,Wolters Kluwer,2014,p. 108.

联交易的存在的情况下,才可以免于披露。美国《示范商事公司法》第8.62条(b)项的规定与此类似,但如果该董事合理地相信进行此种披露会违背其法定的责任,或者有约束力的保密义务,或者职业伦理,则董事可以免除这一部分的信息披露,但仍然应当对无关联董事披露冲突利益的存在和本质,并说明不予披露的部分信息的性质。

四、董事会、股东(大)会的事中审查:安全港程序与白线规则

在规定涉及利益冲突交易的董事的信息披露义务的基础上,英美公司法进一步规定了涉及利益冲突的董事的表决权禁止与回避表决制度。倘若说某董事(含影子董事)认为某一项交易涉及利益冲突(利益关联交易),那么该董事有义务首先向董事会披露,再由董事会中的无利益关联董事(disinterested directors)以法定或约定多数进行表决。倘若董事会认为,如果涉及重大关联交易,为保护无关联股东的合法权益,有必要将该董事、高管的利益冲突交易提交股东(大)会表决,则董事会应当向股东会披露哪些股东涉及利益冲突,所有涉及利益冲突的股东均应回避表决,并由非利益关联的股东进行投票表决。相应地,如果一项涉及董事利益冲突的交易,需要提交股东(大)会表决,那么还应当提交股东(大)会表决,此时表决权禁止制度照样有效,不过,对于利益关联股东应否表决和应否回避,不同的法律之间也存在微小的差异。

例如,美国《示范商事公司法》第86.2条规定(董事会表决):

"(a)依照8.61(b)(1)之目的,涉及某董事冲突利益交易的表决(行动),(在下列情形)有效,在冲突董事按照要求披露了适格董事尚不知情的事项之后,或者依照(b)进行了变通的披露之后,由多数适格董事(不少于两名)批准了该交易,则该交易有效,前提

是：(1)适格董事经过了慎重考虑(deliberate)并且在其余董事不在场并且未参与该表决；并且(2)如果系通过董事会的某专业委员会表决，该委员会的所有董事都是适格董事，并且(i)该委员会全部由董事会成员组成或者(ii)委员会成员系由董事会的适格董事由多数表决任命。

(b)无损于前款(a)的规定，当某一项交易系该董事的冲突利益交易，仅仅是因为8.60(5)中(v)或(vi)中的关系人是交易的一方当事人或者拥有实质性的金钱利益，那么该董事无义务进行披露，如果该董事合理地相信进行此种披露会违背其法定的责任，或者有约束力的保密义务，或者职业伦理，前提是该冲突董事向进行表决的适格董事披露：(1)需要披露的一切信息而该披露并不违背该董事的义务；(2)该董事的冲突利益的存在和本质，并且(3)该冲突董事的不披露保密信息的责任的性质。

(c)依据本规定之目的，董事会所有适格董事(但不得少于两名)或者专门委员会构成了表决多数比例(quorum)。

(d)如果根据公司初始章程，章程或法律的规定，无法达到授权该交易所要求的多数比例，而董事会或专门委员会又必须独立表决授权该交易，那么非适格董事可以参与表决。”

此处的“适格董事”(qualified director)，系指无利益关联的有资格参与表决的董事。

第86.3条(股东会表决)：

“(a) 依照8.61(b)(2)之目的，涉及某董事冲突利益交易的表决有效，如果适格的股权持有者多数表决支持该交易，在之后(1)涉及该交易的信息向股东进行了披露；(2)依据(b)满足了公司的知情权；并且(3)与有权表决的股东在其应当知悉而未知悉的范围内进行了沟通。在通过股东会表决时，有表决权的股东的范围取决于股东会会议通知的记录日期。

(b) 涉及冲突利益交易的董事应当,在股东表决之前,以书面形式向有权具体列明表决权(tabulate votes)的公司秘书或其他高管或代理人告知该董事知悉的本条(c)规定的非适格股权以及这些股权的持有人的身份。

(c) 为本款之目的,(1)持有人(holder)和“持有”(held by)是指本法13.01(7)意义上的有记载的股东(record shareholder)或者本法13.01(2)意义上的受益股东(beneficial shareholder);并且(2)适格的股权(qualified shares)是指就该交易的表决而言有权表决的股权,但不包括公司秘书或高管或代理人具体列明的知情的或者依据前款(b) 通知的由(a)与该交易存在利益冲突的董事,或者(b)该董事的关系人[但不包括8.60(5)(vi) 中的人]所持有的股权。

(d) 依照本条,适格的有表决权股权的持有人表决构成表决多数。根据下项(e)之规定,股东表决时不受不适格股权的持有人在场的影响。

(e) 倘若股东表决时不符合 前款(a)之规定仅仅是因为某一董事未遵循前款(b),并且该董事能证明(establish)并非有意影响该表决并且在事实上也未对表决结果产生决定性的影响,则法院可以根据实际情况受理涉及该交易以及该董事的诉讼,并可以根据案情由法院合理支持该交易的效力(give such effect)。

(f) 如果根据公司初始章程,章程或法律的规定,无法达到授权该交易所要求的多数比例,而股东又必须独立表决授权该交易,那么非适格股权(的持有人)可以参与表决。”

上述条文中的“适格董事”(qualified director),系指无利益关联的有资格参与表决的董事。相应地,适格股权(qualified shares),就是指代表无利益关联的股东的有权参与表决的股权。

以上内容,即是美国《示范商事公司法》中的"安全港程序"(safe harbor procedure)规则或者说"明线规则"(bright line provisions),这是该法的立法者在其官方评论中明确提出的规则。①

值得注意的是,英美公司法有关董事的冲突利益交易的"安全港"规则,也日本2002年9月开始的日本公司法制现代化运动而被吸收进日本《2005年公司法》第595条当中,并且其标题关键词的即是"冲突利益交易的限制"。② 英美公司法关于董事及关系人利益冲突交易的中的安全港程序内容,如表6-1所示。

表6-1 英美公司法中的安全港程序

法 律	法 条	利益关联董事的交易前的信息披露义务	董事会、股东(大)会表决与批准
英国《2006年公司法》Companies Act 2006	第41条 与董事或其关系人的交易 第177条 拟议交易的利益披露义务 第四章要求股东批准的交易 第188~225条	向其余董事披露 必要时向股东披露	需要股东(大)会批准的交易,包括与董事的服务合同、重大财产交易、贷款、准贷款和信用交易以及董事失去职务的交易等(集团内部交易例外)

① [美] Charles R. T. O'kelley & Robert B, *Corporations and other Business Associations: Selected Statutes, Rules and Forms*, Thompson, Wolters Kluwer, 2014, p. 107.

② 参见吴建斌著:《日本公司法:附经典案例》,法律出版社2017年版,第306页。

续表

法律	法条	利益关联董事的交易前的信息披露义务	董事会、股东(大)会表决与批准
美国《示范商事公司法》MBCA	第8章之F次章董事冲突利益交易第86.0~86.3条	交易前向其余董事披露利益冲突的存在和性质 必要时向股东披露出于密或职业伦理,部分信息可不披露,但应进行说明	董事会,必要时股东(大)会批准 适格董事或适格股东表决 但不得仅仅因为关联董事、股东参与表决而导致无效
美国特拉华州《特拉华通用公司法》DGCL	第144条利益关联董事;表决人数 第146条提交股东表决 第204、205条瑕疵行为批准	向其余董事披露 必要时向股东披露	仅规定董事会批准但不得仅仅因为关联董事参与了表决而无效 董事会认为必要时,提交股东(大)会表决

五、司法裁判中的安全港规则与举证责任的分配

美国的法官通常认为,一项涉及董事或高管利益冲突的交易,只要获得了董事会或者股东(大)会中非利益关联董事或者非利益关联股东的决议批准,仅仅是说明该交易相对安全,而并非绝对安全,或者说,经过公司机关决议批准的交易,通常可以认为交易是有效的,但并非绝对有效,法官更倾向于认为这只是改变了原告和被告之间的举证责任的分配。

具体而言即是,公司的非利益关联股东在起诉公司的董事或高管从事涉嫌违法进行关联交易损害公司和小股东利益时,首先要证明交易对公司而言是不公正的,这通常很难举证,为此,小股东只需证明交易涉及关联交易,且涉事的董事或者高管并未履行披露义务,然后由涉事的董事或高管证明虽然未进行信息披露,但是交易对公司并不存在不利之处;此时,小股东又可以进一步提出证据,证明虽然涉事董事或高管进行了信息披露,但是,未提交董事会表决,此时,涉事董事可以进一步提供反证,董事会或股东会已经进行了表决;此时小股东还可以进一步举证,证明董事会本应将交易提交股东(大)会表决;此时小股东还可以举证,交易虽然得到了股东会表决,但交易仍然对公司不公,为此,小股东又要举证,涉事的董事必须进一步举证,证明交易对公司而言是公平的。

由此可见,美国公司法为涉及董事、高管的利益冲突交易所设置的“安全港”规则,仅仅是相对安全而非绝对安全,它在司法实践中的最大意义,即是改变了举证责任的规则,从而一方面有利于促使董事、高管在涉及利益冲突交易时主动履行信息披露义务和提交董事会甚至股东(大)会进行审查;另一方面在董事、高管未履行披露义务以及未提交公司机关审查的时候,加大了董事高管一方的举证责任,从而在实际了起到了预防不公正关联交易的作用。由于董事会、股东会的程序性控制并非完美,所以,美国的法官在对关联交易进行审查时,除了根据安全港规则进行审查之外,往往还要启动交易的内在公平性审查。为此,本课题分析特拉华州法院的相关判决:

案情简介:Waste Management, Inc.(以下简称 Waste 公司)持有 Wheelabrator Technologies, Inc.(以下简称 WTI 公司)22%的股份。WTI 公司共有 11 名董事,其中 4 名董事由 Waste 公司指派。两家公司拟合并(merger)。WTI 公司中的 7 名非 WTI 指派的董事召集会议并批准了该合并(法院认为这种时尚的做法满足了董事的注意义务/duty of care)。然后,4 名 WTI 指派的董事加入了会议,全体董事再次批准了该交易。(WTI 公司的)全体股东在收到了一份表决权代理声明(proxy statement)之后也表决通过了该交易(法院认为满足了表决中的信息披露要求)。①

本案的焦点问题之一,有了股东会的批准(安全港程序),交易就真的安全了吗?在本案中,法官认为:"在澄清了股东批准交易不能产生什么影响,法院此时就必须判定批准行为能够(对交易)产生什么影响。原告争辩说,董事的忠实义务是由交易的整体公平性所决定的,股东批准该并购交易仅仅是将公平问题的证明责任转移到原告一方。这种观点是不正确的,因为在本案中,并购并不涉及控制股东的利益关联交易……利益关联的控制股东的参与在决定交易的整体公平性方面才是决定性的,因为,控制股东可能潜在地操纵交易的过程,并且控制股东持续地在场甚至可能影响到活动充分的披露信息的股东的投票表决,这恰好表明了司法审查和程序保护的必要性,而这正是整体公平(entire fairness)司法审查所能做到的。"照此看来,交易的公平性,才是法官判断关联交易有效性的终极标准。安全港规则并非意味着交易绝对安全。

美国学者指出,涉及股东批准的法律的基本结构初看上去是简单的,然而又是令人迷惑的。特拉华州的法律区分了董事(或管理层)行为的"无效"(void)和"可撤销"(可以无效/voidable)。正如特拉华州最高法院在 Michelson v. Duncan 一案中②所指出:"可撤销与无效行为的根本区别在于,前者是指行为的实施符合公司的利益但是超出了管理层的授权范围;它与越权行为(altra vires)、欺诈或浪费公司资产(waste of corporate assets)的行为是有区别的。其实践中的区分,按照我们(法院)的意图,即可撤销的行为容

① [美]In Re Wheelabrator Technologies Inc. Shareholders Litigation, Court of Chancery of Delaware 663, A. 2d 1194(1995).

② [美]Michelson v. Duncan, 407 A. 2d 211, 218-219(1979).

易(susceptible)得到股东批准的治愈,而无效行为则不能。”

批准决定涉及忠实义务(duty of loyalty)诉讼的有两种:(a)公司与其董事的“利益关联”交易案件(或者是公司与某个实体的交易,该公司的董事在该实体中担任董事或高管,或者拥有实体中的金钱利益);(b)公司与其控制股东的交易案件。

对第一种情况,《特拉华州普通公司法》第144条(a)(2)规定,该董事或该高管与该合同或该交易的关系或利益的实质性事实已经向有表决权的股东披露或者被其知悉,并且股东以特别表决的多数方式善意地批准了该合同或该交易,那么该交易就可以对抗有效性方面的挑战。因此,该项的规定沿用了商业判断规则(business judgment rule),在这种情况下只能将提起司法审查的范围限定在公司礼物(捐赠)或者浪费等问题上,并且由发起攻击一方进行举证。倘若不根据第144条来判决,其结果仍然是一样的:“如果独立的股东批准了董事的利益关联交易,反对该交易的股东应承担举证责任,证明任何具有通常的正常的商业判断能力的人(person of ordinary sound business judgment)都不会认为那是一桩公平的交易。”(Michelson,407 A. 2d at 224)

第二种案件就是公司与其控制股东的交易案件。这种案件涉及母子公司合并交易中需要得到“少数股东的多数表决”的批准的问题。在母子公司合并交易中,司法审查的标准通常是“整体公平”(entire fairness),即董事有义务证明交易的整体公平性。但是,倘若母子公司合并的交易得到了少数股东的多数表决批准,法院此时审查的仍然是交易的整体公平性,只不过举证责任倒向了原告(少数股东)一方。这种举证责任转移,也可以适用于公司与事实上的控制股东合并的交易,或者并购之外的交易。

由此可见,交易的公正性,才是衡量关联交易有效性以及相应的法律责任的分配的终极标准,有了安全港程序,其实际意义更多地是改变了证明责任的分配。综上,美国学者认为,根据美国判例法,尤其是特拉华州的判例法,法官对于涉及董事、股东的利益冲突交易是否需要股东会甚至股东会决议的批准(Ractification),以及在没有取得公司机关决议批准情况下关联交易的效力,通常是并行采用两种测试。第一,首先是看有关的关联交易是否得到了批准,如果批准了,相对而言就是安全的,但有时即使是无关联股东进行了表决,即进行了形式意义的批准,但实际上对公司而言是不公平的话,法官仍然会否定关联交易的效力;第二,一项关联交易,即使没有经过批准,只要对公司而言是公平的,那么也有可能被法官判决有效,法官的裁判思路,如图 6-1 所示。①

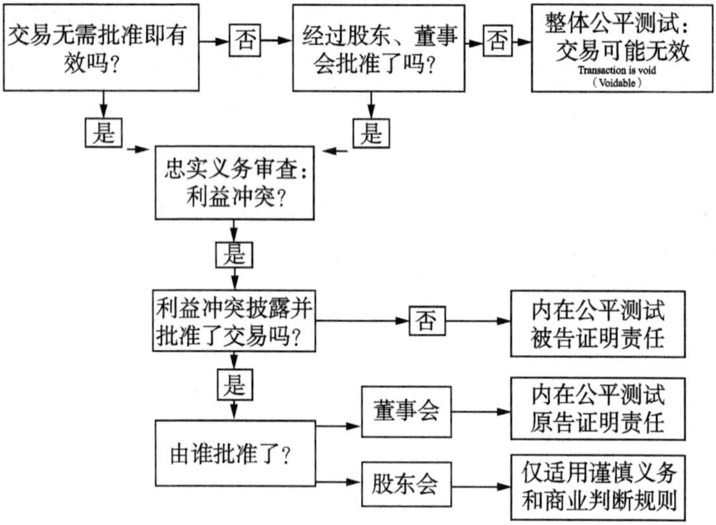

图 6-1　美国法官对关联交易的裁判思路

① 本示意图参见[美]Gabaldon/Sagers:Business Organizations,Wolters Kluwer,2016,p. 588.

正因如此，受英国《2006年公司法》影响甚大的香港《公司条例》第118条规定，如果公司是交易的一方，而另一方是公司的董事或者公司的控制公司的董事，或者与董事关联的实体，那么，应公司一方的要求，“可以”认定交易无效。为此，本书分析香港最高法院判决的一个经典案例（“雅佳控股案”）①作为小结：

在对该案进行分析之前，本课题首先要指出的是，在商事案件的审理中，香港最高法院仍然会援引英国的判例。有关表见授权的经典案例，审理本案的香港最高法院的法官Lord Neuberger依然援引的英国的著名案例②即是Diplock勋爵（Lord Diplock LJ）在Freeman and Lockyer v Buckhurst Park Properties（Mangal）Ltd一案中所建立表见授权的构成要件：

公司的代理人（或者声称自己是代理人的某人）缔结的合同将对该公司产生约束力，如果：

（1）此人作为代理人行事缔结此种合同的表见授权已经向缔约方进行了表示或者说声明（representation）；

（2）该表示是由拥有经营该公司业务的事实授权（actual authority）的人作出的，这种表示可以是概括的，也可以只是与该合同相关的；

（3）缔约方实际上信赖了该表示并以此作为缔结合同的一种理由；

（4）在该公司宪章中：

① Thanakharn Kasikorn（Mahachon）v. Akai Holdings Ltd（2010）HKEC 1692，CFA，in：Michael Lower，Apparent Authority and Knowing Receipt，in http://ssrn.com/abstract=1802325.

② ［英］Freeman and Lockyer v Buckhurst Park Properties（Mangal）Ltd［1964］2 QB 480 at p.506.

(i)公司有权缔结该合同;并且

(ii)公司不能排除授权此人作为代理人代表该公司缔结合同。

鉴于英国《2006年公司法》第40条(1)款的规定,上述第(4)对于与公司交易的善意缔约人而言不再重要(慈善公司除外)。同理,根据香港2012年《公司条例》,上述第(4)个构成要件也不重要,重要的是前三条。①

从这个意义上说,我国《公司法》第16条第2款和第3款的规定,可以视为对关联担保的预防性审查机制,但这种预防性审查机制对相关的交易合同的效力的影响,也不应当是一刀切,充其量可以效仿我国香港《2012年公司条例》第118条的规定,可以视具体情形认定合同无效。

最后,安全港程序的适用,有一个重要的前提,即是公司的机关能够正常运作,即无论是董事会,还是股东(大)会,都能够顺利召开,并通过相关的决议。但在发生公司僵局时,即无论是发生董事会僵局还是股东会僵局时,此时根本就无法通过相关的决议,此时的批准,已经成为不可能。如何认定此时的关联交易的效力呢?为此,我们分析了美国特拉华州最高法院的一个经典案例(Marciano v. Nakash),②法院大法官Walsh在该案的判决书中全面地总结了该州有关涉及董事利益冲突的一系列判例中的规则变迁,以及特拉华州通用公司法在涉及董事利益冲突交易的安全港规则的历史背景:

本案是衡平法院判的一个案子的上诉案件。一家位于特拉华州的Gasoline,Ltd(Gasoline)公司因为出现了董事会僵局(deadlock

① 参见第四章第三节香港部分案例。

② [美]Marciano v. Nakash, Supreme Court of Delaware, 535 A. 2d 400 (1987).

among board of directors)，在清算过程中根据《特拉华州普通公司法》第226条处于接管状态(custodial status)。Gasoline公司的股份由两个家族分别持有50% 。“Nakashes”家族，即Ari，Joe和Ralph Nakash三人持有50%；“Marcianos”家族，即Georges，Maurice，Armand，和Paul Marciano四人持有50%。衡平法院的“副院长”(Vice Chancellor)认定，Nakashes家族一派向Gasoline公司提供的250万美元贷款有效，并构成该公司的可执行债务，而不考虑其原本的自我交易……

Gasoline公司在进入清算程序之前系1984年由两大家族共同出资设立的合资企业(joint venture)，主要从事设计师牛仔服和运动服的营销。“Marcianos”家族通过其在加州设立的一家名为“Guess? Inc”(Guess)的一人公司从事风格化的牛仔服的设计和销售已有几年。1983年，该家族决定成立一个单独的部门，在更大范围的市场销售Guess原创服装的仿制品。为确保融资和市场的拓展，他们与位于纽约的Nakash Brothers企业进行谈判，Nakash Brothers则是Jordache Enterprises，Inc.公司的所有权人，该公司在当时属于领先的牛仔服制造商。最终，双方同意Nakashes家族以470万美元的对价获得Guess公司50%的股权。结果是，Nakashes家族的三人加入了Guess公司的董事会(即形成了三人对三人的董事会)。

类似地，当Gasoline公司在特拉华州成立的时候，也是由两大家族各持有50%的股份，并且该公司的董事会成员也是由两大家族对等委派。尽管公司的控制权和领导权都是平等分配的，但是从经营的角度看，Gasoline公司则在纽约经营，业务上接受Nakashes家族的指导；而其母公司Guess则主要由Marcianos家族继续打理。不过，由于意见分歧，很快Guess母公司和Gasoline子公司均陷入了董事层面的僵局(deadlock at the director level)。

在未经与 Marcianos 家族协商的情况下(Marcianos 家族当初拒绝为 Gasoline 的债务提供担保),Nakashes 家族用自有基金预先向 Gasoline 公司支付了大约 230 万美元,用于支付到期账单并获得存货。(Gasoline 公司欠 Nakashes 家族和其控制的实体的债务随后增加)直到法院下令出售资产,此时,Nakashes 家族和其控制的实体是 Gasoline 公司主要债权人。倘若准许 Nakashes 家族的全部主张,那么 Gasoline 公司的资产将被售罄,没有分文留给该公司的股东。

双方当事人都承认 Nakashes 家族向 Gasoline 公司提供的贷款属于(董事的)利益关联交易(interested transactions)。同样没有争议的是,由于控制权僵局,争议中的交易没有获得董事或者股东的批准。Marcianos 家族认为,从公司的立场来说,该交易属于可撤销(voidable),而不必考虑该交易是否公平,以及参与人是否善意。二审法院认为,衡平法院拒绝了其主张,对衡平法院的这种拒绝,需要根据特拉华的法律,从董事自我交易(director self-dealing)的角度进行分析。

对此,本案的大法官 Walsh 指出,董事与公司间的信托关系(fiduciary relationship)对董事在多大程度上能够从与其任职的公司的交易中获利施加了基本限制,这是特拉华州公司法长期以来形成的一项原则。[①] 因此,倘若没有股东的批准或者法定或章程的授权,"表决或接受"(利益)补偿将被视为"推定欺诈"(constructively fraudulent),[②]或许,对关联利益董事行为的最强

---

① [美]Guth v. Loft, Inc., Del. Spur., 5 A. 2d 503(1939).

② [美]Cahall v. Lofland, Del. Ch., 114 A. 224, 232(1921).

烈的谴责出现在 Potter v. Sanitary Co. of America 一案①中。在该案中确立的绝对的“自身无效性”(per se voidability)规则被 Marcianos 家族作为先例援引。在 Potter 一案中,(特拉华州)衡平法院将拥有共同的董事和高管的公司间的、缺乏股东批准的交易视为“推定欺诈”。

在 Kerbs 一案②中,法院同样支持了“自身无效”规则。该案中,法院在考虑利润共享计划(profit sharing plan)的有效性时认定,自我利益董事对该计划的表决导致了该交易的可撤销。法院的逻辑是,根据普通法规则,在决定争议中的行为是否得到董事会多数成员的批准时,利益关联董事的表决票不应计算在内(Id, at 658)。

为利益关联交易设置的“自身无效性”原则,有时被称之为“普通法规则”,被 1967 年颁布的《特拉华州通用公司法》第 144 条改良了(因为 Marcianos 家族打官司的时候,该法已经生效)。Marcianos 家族声称,该法第 144 条(a)款是豁免自我利益交易的唯一基础,因此鉴于本案不能满足该款的条件,因此,就应当适用上述的普通法规则。衡平法院的副院长则认为,尽管争议中的贷款不适用第 144 条(a)款,但是,普通法规则也不认为具有“内在公平性”的交易是无效的。法院一致认为,第 144 条(a)款并非是衡量利益关联交易的唯一有效性标准(the only validation standard)。

“自身无效”规则夸大了普通法规则认为的(利益)关系是(衡量)利益关联交易的唯一的控制因素。尽管特拉华州判的早期案

① [美]Potter v. Sanitary Co. of America, Del. Ch., 194 A. 87(1937).

② [美]Kerbs v. California Eastern Airways Inc., Del. Supr., 90 A. 2d 652 (1952).

件都以交易无效告终,但不能武断地、简单化地认为受污染的关系本身导致了交易的无效。在 Potter 案中,法院在采纳无效规则的同时,强调利益关联交易应当受到严格的(司法)审查。当事实毫无争议地表明,交易会导致董事的利益优先,且以牺牲股东的利益为代价的时候,发现(问题)的股东(才)有权拒绝承认(disavow)该交易。再者,法院还会审查被告董事的动机以及交易对公司及其股东的影响。

在《特拉华州通用公司法》第 144 条(a)生效之前判决的其他案件中,法院只有审查了(1)在特定的交易对非参与(表决)股东是否公平,以及(2)争议中的交易是否获得了非利益关联董事或股东的多数表决之后,才会推定利益关联董事交易无效。① 第二种审查标准现在已经固化在《特拉华州普通公司法》第 144 条(a)所设定的标准之中,尽管 Kerbs 案中的非法定人数限制(non-quorum restriction)被第 144 条(b)的语言所代替。

Marcianos 家族将遵守第 144 条规定视为不适用"自身无效"规则的唯一标准。衡平法院对此不赞同。特拉华州最高法院也认为,这种观点与特拉华州的公司法(精神)不符。在第 144 条生效后的判决中,例如,在 Fliegler v. Lawrence② 一案将第 144 条视为优先于董事在普通法中的信托义务,也不认为该条构成对董事会免责的授权。最高法院写道:"当条件满足时,它(指第 144 条)只是揭开了利益关联董事的云雾(cloud),并且构成对仅仅是因为这样的董事或高管牵涉其中就主张合同无效的抗辩。"在 Fliegler 案中,特拉华州最高法院采用了"二元分析法"(two-tiered analysis):

---

① [美]Keenan v. Eshleman, Del. Supr., 2 A 2d 904, 908(1938); Blish v. Thompson Automatic Arms Corp., Del Supr., 64 A. 2d 581, 602(1948).

② [美]Fliegler v. Lawrence, Del. Supr., 361 A. 2d 218(1976).

即适用第 144 条的同时,启用“内在公平测试”(intrinsic fairness test)。

倘若依据《特拉华州通用公司法》第 144 条认定董事的利益关联交易不具有周延性(排他性),正如 Fliegler 判决清楚地表明那样,接着进行的内在公平测试的生命力就再次显现出来,这不仅适用于本案的情况,即股东僵局阻止了(交易的)批准,也适用于(大)股东通过对利益关联董事(实现的对公司)的控制排除了独立性判断的情况。诚然,倘若并不存在第 144 条(a)(1)所要求的董事会的独立委员会,判断内在公平的唯一论坛就是司法审查了。① 在这种情况下,内在公平测试提供了实质标准来对抗适用利益关联董事的举证责任。

本案(Marcianos)并不适合将《特拉华州通用公司法》第 144 条作为检验利益关联董事交易的(唯一)试金石(touchstone)。由于股东僵局的存在,即使 Nakashes 家族也试图援引第 144 条,但现实是不可能的。第 144 条所设置的批准程序是以公司机构能够提供此种同意为预设前提的。正如该成文法不能“制裁不公正”(sanction unfairness),它也不能使“公正”无效,假如根据司法审查该交易经受住了内在公平检验。美国学者认为,尽管在本案中,因为出现了股东—董事会僵局,第 144 条(a)所提供的“治愈性步骤”(curative steps)都无法适用,某一“未披露信息董事”(non - disclosing director)寻求扒开利益关联的云雾(remove the cloud of the interestedness)将依据 144(a)(3)时显得也有同样的(举证)责任,正如先前的判例法所显示的那样,证明已经被董事或股东交易

① [美]Merritt v. Colonial Foods, Inc., Del. Ch., 505 A. 2d 757, 764(1986).

的内在公平性。① 另一方面,获得完全信息披露的无利益关联董事依据 144(a)(1)或者非利益关联股东依据 144(a)(2)的批准,准许求助于商业判断规则并且限制司法审查,诸如送礼或浪费问题,不过此时由攻击该交易的一方承担举证责任。

由此可见,本案以及一系列相关案例带来的最大启示就是,特拉华州最高法院在判决涉及董事利益冲突的交易的无效或者可撤销时,通常是看是否满足《特拉华州通用公司法》第 144 条设置的安全港规则,但是,安全港规则得到了遵守,仅仅是判断关联交易有效的标准之一,而非唯一的标准。安全港并非绝对安全,因为法官通常还会启动交易的内在公平测试。本案带来的启示之二就是,在出现股东会僵局,或者董事会僵局的情况下,启动安全港程序已经不可能,此时关联交易的有效性取决于交易的公平性。

英美公司法及其判例对涉及董事、高管以及实际控制人关联交易的越权代表交易的认识曲线,如图 6-2 所示。

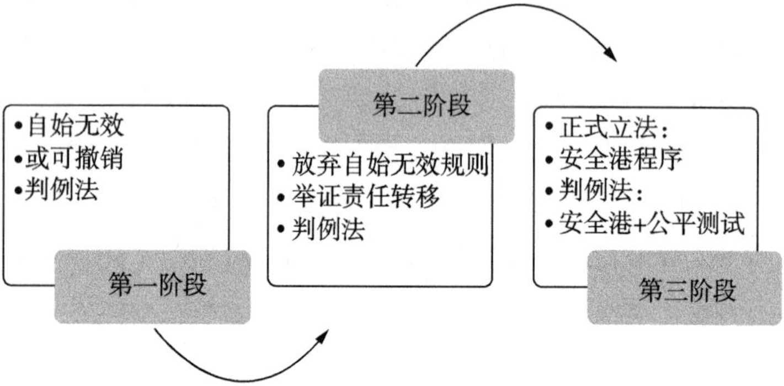

图 6-2　英美公司法对关联交易的认知曲线

① 参见[美]Folk, The Delaware General Corp. Law: A Commentary and Analysis, 86(1972).

第四节　德国及欧盟公司法对关联交易的规制

一、德国公司法中关联交易规制的基本理论

(一)关联方交易的概念

关联交易(Related Party Transactions),尤其公司与其管理层成员以及控股股东之间的交易存在巨大的利益输送(tunneling)风险,从而损害股东(特别是小股东)的利益。比较法的考察表明,所有法律体系都对关联交易采取法律规制,①德国亦不例外。总体而言,德国现行法对于关联关系的态度较为宽松。根据世界银行的统计数据,在涉及关联关系的透明度、董事责任以及股东诉讼等方面,德国在189个国家和地区中排名仅为第98位。② 需要说明的是,德国法并没有一个统一的"关联交易"概念,也并未针对关联交易发展出一种独立的规制模式(Regelungskonzept)。德国主流观点认为,"关联交易"内容上涉及两种性质极不相同的利益冲突类型:一种是如何保障委托人(Prinzipal)免于受到代理人机会主义行为的危害;一种是大股东与小股东之间的利益冲突问题。采用一个统一的关联交易的概念,会致使忽视这两种类型问题的性质差异。③ 德国法的规制模式是针对上述两种不同领域的关联交易分别采取一系列措施来保障公司或小股东免受关联交易所带来的风

---

① [英] Kraakman R., Armour J., *The Anatomy of Corporate Law: A Comparative and Functional Approach*, Oxford University Press, 2017, S. 6. 2.

② http://www. doingbusiness. org/data/exploretopics/protecting - minority - investors,2018年6月24日访问。

③ [德]Jochen Vetter, ZHR 179(2015), S. 290.

险。这种模式与很多法律体系所采取的模式有很大差别。①

（二）关联交易规制的模式及其法律工具

针对公司的董事会成员、监事会成员通过关联交易可能进行的利益输送，德国法首先是通过其“双层治理机制”（Two－tier Board System）来实现不同组织机构之间的“制约与平衡”（Check and Balance），预防董事会成员或者监事会成员的机会主义行为。具体的法律工具包括：（1）监事会对董事会成员的任命和解除权（《德国股份法》第 84 条）；（2）董事会成员代表权的限制（《德国股份法》第 112 条、第 89 条）；（3）利益冲突的披露义务［《德国公司治理法典》（DCGK）②第 4.3.4 条、第 5.5.2 条］；（4）关联交易的内容控制；（5）财务会计公开。

其次，德国法中忠实义务（Treuepflicht，也称 Loyalitätspflicht）也是规制董事、监事、高级管理人员以及控股股东与公司之间的交易的核心法律工具，即董事、监事及高级管理人员作为广义上公司的管理人对公司承担的忠实义务以及（控股）股东作为公司所有人对公司以及其他股东的忠实义务。③ 其一，针对公司董事、监事和高级管理人员的忠实义务，在制定法层面，《德国股份法》以及《德国有限责任公司法》仅对董监高违反忠实义务的个别行为类型进行了规定。例如，《德国股份法》第 88 条关于“竞业禁止”的规定以及第 93 条第 1 款第 3 句关于“保密义务的规定”。德国的立法者将董事义务交由司法判例和学说来进行规范，从而使忠实义务构成了德国公司法中非成文法的主体部分。制度功能上，忠实义务

① OECD Report on Related Party Transactions and Minority Shareholder Rights，https://www.oecd.org/daf/ca/50089215.pdf.

② https://www.dcgk.de/de/kodex/aktuelle-fassung/praeambel.html.

③ ［德］Raiser/Veil，Recht der Kapitalgesellschaften，5. Aufl.，S. 391.

旨在避免利益冲突,将公司的财产与公司组织成员的财产进行严格区分。① 德国的司法判例和学说将忠实义务表述为一种“在所有涉及公司利益的事项中,仅以公司利益而非董事自身或他人利益为行为标准”。② 由于利益冲突的多样性,德国司法判例和学说将忠实义务具体化。根据利益冲突产生的原因,即利益冲突和义务冲突,从而适用不同的规制模式。针对公司利益与董监高自身利益之间的冲突,适用公司利益有限原则来进行解决。而由于(董监高)义务冲突所导致利益冲突的解决则较为复杂。德国联邦最高法院主张,董监高因履行其对第三方所负义务并不能豁免其因违反对公司的忠实义务而导致的责任。③

其二,针对股东的忠实义务而言,除了法定的或者约定的具体忠实义务外,股东还对公司负有一般性的忠实义务,即要求股东以忠于公司的方式行事,积极促进公司目的之实现,避免公司利益遭受损失。④ 德国司法判例和学说将概括性的忠实义务进一步发展,如今不仅包括股东对公司负有忠实义务,而且还包括股东对其他股东所负有的忠实义务。⑤ 由此可见,在关联交易的规制模式上德国法更加倚重所谓的“规制策略”(Regulatory Strategy),而“治理策略”(Governance Strategy)仅具有附属地位。⑥ 规制策略是通过

---

① [德]Fleischer,WM 2003,S. 1040,1050.

② [德]BGH NJW－RR 1989, S. 1255, 1257; WM 1983, S. 498, 499; WM 1977, S. 361, 362; GroßKommAktG/Hopt, § 93 Rn. 145; MünchKommAktG/Spindler, § 93 Rn. 92; HdbVorstand/Fleischer, § 9 Rn. 2.

③ [德]BGH NJW 1980,S. 1629f.

④ [德]Vgl. Raiser/Veil,Recht der Kapitalgesellschaften,5. Aufl. ,SS. 391－392.

⑤ [德]Vgl. BGHZ 65,25(ITT);Winter,Mitgliedschaftliche Treuebindungen,67 ff.

⑥ 两种规制模式的区分详见[英]Armour and Luca Enriques et al. , The Anatomy of Corporate Law－A Comparative and functional Approach, 3rd edition, Oxford:2017,2. 2.

具体的法律规则(rules)和概括性条款(standards)来设定“代理人”(agent)对委托人(principal)的法律义务,以此规制股东与管理层之间的利益冲突问题。

(三)德国法上关联交易的类型

本章节所指关联交易(Related Party Transactions,Geschäfte mit nahe stehenden Unternehmen oder Personen)是采广义理解,既包括了具有关联关系的主体,诸如,公司董事或者控股股东与公司之间进行的交易,也包括关联关系人侵吞本属于公司价值的行为。① 就具体类型而言,前者包括:自我交易(self-dealing)、高管薪酬(Manager-Vergütung)等形式;而后者包括禁止篡夺公司机会(Geschäftschan-celehre)、竞业禁止、内幕交易(insider-trading)等类型。② 需要说明的是,内幕交易并非内幕交易行为主要由资本市场法来进行规制。相关规则尽管具有预防公司高管进行内幕交易的作用,但首要功能则是保障资本市场的透明性,从而改善投资者的决策基础。③

二、自我交易的类型及其规制

(一)董事与公司的直接自我交易

1. 基本规定

关于自我交易,《德国民法典》第181条构成基础性的法律规范。据此,“非经允许,代理人不得以本人名义与自己为法律行为,亦不得为第三人之代理人,而与本人为法律行为。但其法律行

---

① [英] Kraakman R., Armour J., *The Anatomy of Corporate Law: A Comparative and Functional Approach*, Oxford University Press, 2017: 6.1.

② [英] Kraakman R., Armour J., *The Anatomy of Corporate Law: A Comparative and Functional Approach*, Oxford University Press, 2017: 6.1.

③ [德] Fleischer, NZG 2006,

为专为履行义务者，不在此限”。除此之外，单纯能为公司带来法律利益的行为亦不受此限。[①] 根据这一规定，有限责任公司的董事不得以公司的名义与自己或者作为第三人的代理人缔结合同。有限责任公司中，董事在未获得豁免的情况下与公司进行交易，则由其他董事代表公司。如果相关交易涉及的是董事聘任协议的缔结、更改以及解聘则由股东会代表公司或者由另外一个负责董事任命的组织机构代表公司，诸如，专业委员会或者监事会。[②]

违反《德国民法典》第 181 条的禁止性规定会导致相关法律行为效力待定（schwebend unwirksam）。由于该条的禁止性规定并非属于绝对禁止条款，因此，股东会可以通过章程对董事进行豁免。德国的学界和司法实践一个极富争议的问题是，对于此种豁免是否必须明确规定于章程或者至少应该在章程中对授权作出规定？[③] 德国联邦最高法院的判例认为，如果是概括性的（从事自我交易的）授权则应当规定与公司章程并在商事登记簿中进行登记。[④] 联邦最高法院的司法判例对于一人公司的股东在同时担任公司唯一的执行董事情况下的豁免条件作出了特殊规定：其一，必须由公司章程对豁免《德国民法典》第 181 条所规定之自我交易禁止进行规定。其二，章程的相关规定必须登记于商事登记簿。其三，根据上述授权所进行的每一项自我交易都必须进行备案记录（《德国有限责任公司法》第 35 条第 3 款第 2 句）。

---

① ［德］BGHZ 59，236.

② ［德］BGH WM 1983，1378.

③ 司法判例对此观点不一致。认为并非必须规定于章程中的案例诸如，［德］BGHZ 33，189.

④ ［德］BGHZ 87，59，61；114，167，170；Vgl. Raiser/Veil，Recht der Kapitalgesellschaften，5. Aufl.，S. 451.

2. 自我交易中代表权的限制

《德国股份法》第 78 条规定，董事会具有在诉讼和非诉事务中代表公司的法定权限。而该法第 112 条进行了例外规定，即在针对董事的诉讼和非诉事项中，由监事会代表公司。通过在公司与董事进行的交易中将代表公司的权限从董事会移转到监事会避免利益冲突。本条关于监事会代表权限的规定属于强制性规范，无论个案中是否存在利益冲突或者损害公司利益的可能性。并且，监事会有权决定是否以及如何与董事进行交易。① 在适用范围上，第 112 条适用于所有公司与董事之间的交易以及法律纠纷。由于该条的例外属性，德国主流学说禁止将这一条款类推适用于董事仅间接或者经济上参与的交易中。②

3. 自我交易的审查标准

在《有限责任公司法》中，为了防止董事与公司自我交易可能带来的损害，德国立法者并没有采取决定禁止的方式，而是通过程序性和实质性的审查来实现这一目的。③ 首先，《德国民法典》第 181 条的规定也同样适用于《德国有限责任公司法》，即原则上有限责任公司的董事不得与公司之间进行自我交易。但由于本条并非《德国民法典》第 134 条意义上的“法律禁止规定”（Gesetzliches Verbot），这导致实践中，《德国民法典》第 181 条的豁免成为多数有

① ［德］Chen X.，Die Leitung und Überwachung der chinesischen und der deutschen Aktiengesellschaft：ein Rechtsvergleich auch mit Rücksicht auf börsennotierte Tochtergesellschaften，2015，S. 147.

② ［德］Thoma，Eigengeschäfte，S. 178 ff.；Vgl. Chen X. Die Leitung und Überwachung der chinesischen und der deutschen Aktiengesellschaft：ein Rechtsvergleich auch mit Rücksicht auf börsennotierte Tochtergesellschaften，2015，S. 148.

③ ［德］MüKomGmbHG/Fleischer，§ 43 Rn. 172；Huailing Zhang，Die Rechtspflichten der Leitungsorgane der geschlossenen Kapitalgesellschaften，S. 129.

限责任公司章程中的“准标准条款”。基于这一原因,就规制有限责任公司董事的自我交易而言,《德国民法典》第 181 条并非是有效的途径。①

与之相反,“妥当性审查”(Angemessenheitskontrolle)被德国主流学说和司法实践视为更加有效的控制机制。② 根据该标准,应当将董事与公司之间的自我交易与第三方交易相比较,具体而言,“公司在其他交易条件一样的情况下,是否会与第三人缔结与董事的自我交易相同的交易”。如果相关的自我交易无法满足这一审查标准,则该董事的行为构成对其忠实义务的违反。原因在于,这样的交易或者措施对于公司而言是不公平或者不妥当的。③

(二)向董事提供贷款

1. 基本规定

《德国股份法》第 89 条第 1 款对公司向其董事提供贷款进行了特殊规定。根据该条,“公司只能以监事会决议的形式向董事提供贷款。(该)监事会决议只能针对特定的贷款或者特定类型的贷款并且不得超过事前 3 个月作出。该监事会决议也必须对贷款的利息以及偿还进行规定。董事从公司获得超出其应得报酬的收益视同公司向董事提供的贷款,即便提前支取报酬亦是如此。这一规定不适用于不超过(董事)月收入的贷款”。《德国股份法》第 112 条规定,在涉及公司与董事的事项中由监事会代表公司,所以,《德国股份法》第 89 条主要旨在避免董事滥用职权从公司获得过高的贷款、支付过低的利息。④ 这意味着,《德国股份法》原则上

---

① [德]MüKomGmbHG/Fleischer, § 43 Rn. 172.

② [德]MüKomGmbHG/Fleischer, § 43 Rn. 174.

③ [德]Scholz/U. H. Schneider/Crezelius, GmbHG, § 43 Rn. 217.

④ [德]Hüffer, AktG, 10. Aufl. 2012, § 89 Rn. 1.

并不禁止公司向董事提供贷款,上述限制性规定仅是力图保障向董事提供的贷款经济上对于公司而言是有利的(vertretbar;即是理性的商业行为)。①

相较于《德国股份法》对公司向董事提供贷款的严格态度,《德国有限责任公司法》第43a条仅禁止"以维持注册资本金必要的公司财产向董事、其他法定代理人、全权商业代理人(Prokuristen)或者其他被授权从事全部业务活动的代办权人提供贷款"。违反该规定所提供的贷款应当立即予以返还,无论(当事人之间)是否存在相反的约定。这一禁止性规定是基于资本维持原则的要求,旨在保障公司的利益以及公司债权人的利益。当然,公司章程可以为向董事提供贷款设置更加严格的要求。②

2. 程序性规定

就股份公司而言,对于公司向董事提供贷款不仅必须获得监事会的事前许可(Einwilligung),而且监事会的决策权限并不限于"是否"向股东提供贷款,还包括决定贷款的具体内容。根据《德国股份法》第89条第2款,控股公司向受其控股的公司董事提供贷款的,也必须获得控股公司监事会的事前许可。被控股的公司向控股公司的董事提供贷款的,亦必须征得控股公司监事会的事前许可。针对有限责任公司,在公司与董事缔结贷款合同时,应当由其余的董事代表公司。当然,如果向董事提供贷款构成董事聘任合同的组成部分,则由全体股东代表公司。③

为了避免规避行为,公司向下列人员或者企业提供的贷款也应当获得监事会的事前许可,即公司的高级管理人员、董事的近亲

① [德]Vgl. MünchKommAktG/Spindler, § 89 Rn. 4.
② [德]Lutter/Hommelhoff/Kleindiek, GmbHG, 18. Aufl. 2012, § 43a Rn. 1.
③ [德]Lutter/Hommelhoff/Kleindiek, GmbHG, 18. Aufl. 2012, § 43a Rn. 11.

属(配偶、生活伴侣或者未成年子女)以及稻草人(Strohmänner)董事的实际控制人、董事担任董事的资合公司或者董事是股东的人合公司。① 为了避免过度阻碍康采恩(Konzern)内部企业之间的交易,同一康采恩企业之间相互提供的借款并不需要监事会的事前许可。②

(三)董事薪酬

1. 基本规定

《德国股份法》第112条以及第84~87条构成了股份公司董事薪酬的基本法律规范。据此,监事会负责确定董事的薪酬,而且也是向董事提供股权激励计划的负责机关。③ 通过德国《2005年董事薪酬适当法》(Gesetz zur Angemessenheit der Vorstandsvergütung, VorstAG),德国立法者将上市公司披露董事薪酬的义务法定化。《德国商法典》第285条及第314条规定,上市公司有义务对每一位董事的薪酬进行披露并注明董事的姓名。事实上,第285条第9项规定,大中型资合公司都有义务在其财务报表的附件中公布每一类别董事的总体薪酬(Gesamtbezüge)。促使德国立法者引入董事薪酬强制性披露规则的直接动因是,当时多数上市公司并没有自愿遵循《德国公司治理法典》(DCGK)的推荐性规则(第4.2.4条),对其董事薪酬进行披露。通过对董事薪酬进行个体化和详细的披露,德国的立法者旨在保障股东对监事会是否履行了《德国股份法》第87条第1款所规定之义务的监督。④ 该条规定,在确定董事薪酬时,监事会采取措施确保董事的总体薪酬与董事的职责和

① [德]GroßKommAktG/Kort,4. Aufl. 2008, § 89 Rn. 95 ff.
② [德]GroßKommAktG/Kort,4. Aufl. 2008, § 89 Rn. 124.
③ [德]Hüffer,AktG,10. Aufl. 2012, § 87,Rn. 6.
④ [德]Vgl. BegrRegE,BT-Drucks. 15/5577,S. 5.

(为公司提供的)服务以及公司的状况之间保持适当的比例,并且不得在没有特殊理由的情况下超出通常薪酬标准(übliche Vergütung)。

作为对潜在利益冲突的规制措施,在上市公司的财务报告中也应当对以下情形进行披露,即第三人基于董事的身份而向其允诺的给付(Leistungen)或者在本年度已经履行的给付(《德国商法典》第285条第9项)。该项规定尤其适用于关联企业向董事提供的给付,例如,子公司的董事参与到母公司的期权计划中。这一披露义务可以以股东大会决议的方式进行豁免,即股东大会以绝对多数的比例决议不对每一董事的薪酬情况进行披露(《德国商法典》第286条第5款、第314条第2款第2句)。

《国际财务报告准则》规定了对上市公司的董事和主要高管的薪酬进行累积披露(disclosure of aggregate compensation)。应欧盟委员会的推荐,欧盟的核心成员国都要求其上市公司对其每一位董事的薪酬进行单独披露。据此,《德国商法典》第285条第9项对普通股份公司以及上市公司有不同规定。当然不应忽视的是,个体董事薪酬的披露可能会事实上导致意外的结果:有能力的董事会坚持自己的"高于平均"的薪酬,而监事会也很难为任命获得"低于平均水平"董事提供正当理由,这一悖论的结果便导致董事的薪酬普遍提高。①

2. 董事薪酬规制的强化

德国《2005年董事薪酬适当法》引入的严格披露义务并未阻

① [英] Kraakman R., Armour J., *The Anatomy of Corporate Law: A Comparative and Functional Approach*, Oxford University Press, 2017:6.2.1.1; Rachel M. Hayes and Scott Schaefer, "CEO Pay and the Lake Wobegon Effect", *Journal of Financial Economics* 94, 2009, p. 280.

止德国上市公司中董事薪酬快速增长的趋势以及公众对此的诟病。这促使德国的立法者于2009年进一步对上市公司薪酬制度进行了改革。现行《德国股份法》第87条第1款明确地将董事(对公司的)贡献与董事的职责和公司状况一起明确规定为确定董事薪酬妥当性的标准。另外,立法明确地将上市公司与非上市公司进行区分:对于前者,法律要求公司的董事薪酬结构必须以公司的可持续发展为标准,因此,在确定董事薪酬时,薪酬的可变组成部分应当以较长的期间作为考量基础(variable Vergütungsbestandteile)。为了保障薪酬确定的透明,董事薪酬确定属于监事会全体大会保留权限,即不得将该权限委托授权给监事会下设专门委员会来行使(《德国股份法》第107条第3款)。此外,上市公司的股东大会可以以股东大会决议的形式批准公司的董事薪酬制度。根据《德国股份法》第120条第4项的规定,这一股东大会决议不具有拘束力(不创设权利和义务),也不可撤销。这一制度是仿效英国《2006年公司法》第439条的规定,即立法者此处仅依赖"不信任投票"的事实效力,期待藉此能够对监事会履职行为产生积极的效果。①

关于违反《德国股份法》第87条第1款的法律后果,德国学界主流观点认为,该条并不属于《德国民法典》第134条意义上的"禁止性条款",因此,对于该条的违反并不会导致聘任协议的无效,包括约定过高的薪酬条款。② 本条的规定更大程度上是对监事会决策行为判断标准的具体化。③ 在监事会因故意或过失未能遵守《德国股份法》第87条第1款所规定之妥当原则(Angemenssenheitsgebot)的情

① [德]Vgl. BegrRegE,BT-Drucks. 16/13433,S. 12.

② [德]GroßKommAktG/Kort,4. Aufl. 2008, § 87 Rn. 69; KK-AktG/Mertens/Cahn, § 87 Rn. 5.

③ [德]MünchKommAktG/Spindler, § 87 Rn. 80.

况下,构成对其注意义务的违反(《德国股份法》第 116 条第 2 句结合第 93 条第 2 款),从而应当对公司承担损害赔偿责任。第 116 条第 3 句明确强调了监事会在违反适当确定董事薪酬之义务的情形下,应当承担损害赔偿责任。这意味着通过强化监事会成员的注意义务并且在没有正当理由批准董事过高的薪酬,或者所确定之董事薪酬不能够促进上市公司的"可持续发展"的情况下,①构成注意义务的违反,从而应当对上市公司承担损害赔偿责任。

(四)监事自我交易的规制

总体而言,在德国的公司治理架构中,监事会利用关联交易进行利益输送的风险要小得多。② 在公司与监事会成员进行的交易中,由董事会代表公司(《德国股份法》第 112 条)。《德国股份法》对公司向监事会成员提供贷款(第 115 条)、公司与监事的合同(第 114 条)和监事的薪酬(第 113 条)作出了特别规定。

首先,根据《德国股份法》第 89 条、第 115 条的规定,公司向监事会成员提供贷款必须征得监事会的许可(Zustimmung)。控股公司只有在经其监事会许可的情况下才能向其从属公司的监事提供贷款;从属公司只有经控股公司监事会同意才能向控股公司的监事提供贷款。而且监事会的许可只能对于特定的贷款业务或者特定种类的贷款业务并且不得提前 3 个月以上作出。此外,在适用对象的范围上,除了监事本人外,上述规定还适用于监事的配偶、登记的同性生活伴侣(Lebenspartner)或者未成年子女提供的贷

① 《德国股份法》第 87 条;[英] Kraakman R., Armour J., *The Anatomy of Corporate Law: A Comparative and Functional Approach*, Oxford University Press, 2017:6.2.2.

② [德] Vetter J., "Regelungsbedarf für Related Party Transactions?", *Zhr Zeitschrift Für Das Gesamte Handelsrecht Und Wirtschaftsrecht* 179, 2015, SS. 273-329.

款，甚至还包括为监事或者上述亲属之利益行事的第三人也适用前述规定（《德国股份法》第115条第1~2款）。

其次，监事在其监事会工作之外，通过非劳动关系型雇佣合同，或者通过承揽合同，对公司负有从事更高级别活动之义务时，该合同的有效性取决于监事会的许可（Zustimmung）。未经监事会事前同意或事后追认，公司基于上述合同向监事提供薪酬的，监事应当返还。监事对公司享有的因其工作而获得之利益返还请求权不受影响。但是，该请求权不得与公司的薪酬返还请求权相抵消（《德国股份法》第114条第1款、第2款）。德国的司法实践中最为常见的是公司与监事之间的咨询合同。由于监事会法定职责本身也包含向董事会提供咨询，因此，德国的司法实践对于监事会批准此类合同提出了很高的要求，即监事会必须是在获知相关合同内容，监事预期履行的活动以及薪酬的高低等信息的基础上来进行判断，从而能够与监事本应履行的法定职责相区分。①

最后，《德国股份法》第113条对监事的薪酬进行了专门规定。监事可因其工作获得薪酬。监事的薪酬由公司章程或者股东大会批准。另外，监事的薪酬应当与监事的职责以及公司的状况保持适当比例（薪酬的妥当性要求）。在监事薪酬由公司章程规定的情况下，股东大会可以以简单多数作出变更章程的决议，以减少监事的薪酬。

三、关联交易信息披露义务

（一）利益冲突的披露义务

1. 董事会成员利益冲突的披露义务

《德国公司治理法典》（DCGK）第4.34条规定，“每一个董事

① ［德］BGH NJW 2007, S. 298, 299; Spindler/Stilz/Spindler, AktG, Bd. 1, 2. Aufl. 2010, § 114 Rn. 52.

会成员应当毫不迟延地将利益冲突向监事会披露并告知其他董事会成员。公司与董事会成员以及其关联方之间的所有交易都必须符合行业普遍标准”。事实上，德国股份法本身已经要对对这些关联交易进行披露。通过对董事忠实义务的解释以及《德国公司治理法典》第4.3.4条的援引可以引导出董事会成员将所有利益冲突进行披露的义务。这意味着，股份公司的董事会成员必须毫不迟延地将其利益冲突向监事会披露并且就该事项告知其他董事会成员。①

2. 监事会成员利益冲突的披露义务

针对监事会成员，《德国公司治理法典》第5.5条规定了监事会成员的利益冲突规则。其中第1款规定了监事会的一般忠实义务。监事会成员在进行进行决策时，不得追求个人的利益，或者将公司的商业机会据为己有。第2款规定，“每一个监事会成员应当将利益冲突，尤其是基于在客户、供货商、贷款人或者其他第三方的咨询活动或者承担职务活动而产生的利益冲突向监事会披露”。这一规定也符合现行《德国股份法》的规定。《德国股份法》规定，监事会成员应当以公司利益为标准来处理利益冲突。

除了将利益冲突进行披露外，还包括放弃监事职务等措施。②根据《德国公司治理法典》第5.5条第3款规定，“监事会应当在其向股东大会所做报告中披露存在的利益冲突以及其处理。特定监事会成员存在重要的且非临时性的利益冲突的情况下，其应当终止履职”。监事会成员与公司缔结的咨询合同或者其他承揽合同应当征得监事会的许可（该条第4款）。

---

① [德]Spindler/Stilz/Fleischer, AktG, Bd. 1, 2. Aufl. 2010, § 93 Rn. 122, 124; MünchKommAktG/Spindler, 4. Aufl. 2014, § 93 Rn. 108.

② [德]Spindler/Stilz/Spindler, AktG, § 116 Rn. 68; Jochen Vetter, “Regelungsbedarf für Related Party Transactions?”, *ZHR* 179, 2015, S. 293.

(二)会计法与资本市场法中关联交易的披露义务

近年来,德国法对关联交易的披露规则不断趋于严格。资本市场法以及财务会计法关于关联交易披露的规定核心目的在于改善市场参与者的信息不对称的状况。自2005年以来,根据《德国商法典》第315a条以及《国际会计准则》(IAS)第24号的规定,母公司应当在康采恩(集团公司)财务报表中披露与关联方的交易。在《会计法现代化法》(Das Gesetz zur Modernisierung des Bilanzrechts,BilMOG)制定过程中,上述披露义务扩大适用到所有类型的资合公司(《德国商法典》第285条第21项、第314条第1款第13项)。根据该规定,单一财务报告以及康采恩财务报告中必须在其财务报表的附件中披露所有与关联方从事的交易,只要这些交易是重要的(wesentlich)并且并非是以惯常的交易条件缔结的。

根据该条的规定,披露义务的内容包括:关联关系的性质、交易的标的额以及其他对于判断公司财务状况之必要信息。根据《德国商法典》第288条第2款第4句之规定,如果涉及的公司属于《德国商法典》第276条第2款所规定之中型股份公司,则披露的范围可以缩小至公司直接或者间接地与大股东或者董事、监事进行的交易。而其他中型以及小型资合公司则被免于披露义务。此处所采用之“交易”概念应当进行广义理解,在外延上涵盖了所有能够对公司的财务状况产生影响的法律上或者经济上的交易。实践中常见的形式有诸如,财产使用权的授予、提供融资、提供担保或者进行投资。①

---

① [德] BegrRgE, BT – Drucks. 16/10067, S. 72; Vgl. Chen X, Die Leitung und Überwachung der chinesischen und der deutschen Aktiengesellschaft: ein Rechtsvergleich auch mit Rücksicht auf börsennotierte Tochtergesellschaften, 2015, S. 232.

根据《会计法现代化法》的立法理由书的解释[①],德国立法者认为,关联方概念之解释应以《国际会计准则》第24号的规定为基础。但在对应当披露之交易的范围确定上,《德国商法典》第285条第21项仅将披露的交易范围限定于那些"重要的并且并非以惯常交易条件缔结的交易"。在"重要性"这一要件的判定上,以该交易是否为判断公司财务状况所必需为标准。而特定交易是否是以惯常之交易条件所缔结则依据与(非关联)第三方的对比来进行判断。[②] 除此之外,资合公司可以选择将所有与关联方的交易进行披露。在这种情况下法律并不对"以惯常条件所缔结之关联交易"与"非以惯常条件所缔结之关联交易"进行分别披露。

(三)强制披露模式的有效性争议

比较法的考察表明,多数法律体系都将关联交易的强制披露作为规制工具,但在披露的强度上存在巨大差异。美国证券法规定了所有公司的披露义务,包括在美国上市的外国公司。《美国公认会计准则》(U. S. -GAAP)则要求对所有公司每年度披露公司与董事、高管或者控股股东之间的"重要交易"(material transactions)。[③] 与美国相类似,欧盟的立法也是愈加强化对关联交易进行披露的义务。根据《国际财务报告准则》(IFRS)的要求,欧盟的上市公司必须每年度披露公司与董事、高管以及控股股东之间的交易。但是,非重要(non-material)交易可以忽略,而且类似的交易可以采取累积的方式。[④]

---

① [德]BegrRgE,BT-Drucks. 16/10067,S. 72.

② [德]BegrRgE,BT-Drucks. 16/10067,S. 72.

③ [英]Kraakman R,Armour J,*The Anatomy of Corporate Law:A Comparative and Functional Approach* Oxford University Press,2017:6. 2. 1. 1.

④ IAS 24,para. 24; [英]Kraakman R,Armour J. The Anatomy of Corporate Law:A Comparative and Functional Approach,Oxford University Press,2017:6. 2. 1. 1.

相较于其他欧盟成员国，德国对于上市公司与控股股东之间的交易规定较为宽松。《德国公司治理法典》通过“遵守或解释模式”(Comply or Explain Approach)建议上市公司于每年度股东大会上披露监事会成员存在的任何利益冲突。但是，德国的制定法并未超出欧盟法的标准而对披露义务作出更加严格的规定。①

四、关联交易违法决策程序或者违反忠实义务的法律后果

（一）基本原则

在与公司的关联交易中，一个核心的问题是，如果特定交易是在违反相关决策程序或者违反重视义务的情况下缔结的，其对外效力如何？就股份公司而言，《德国股份法》第 82 条关于“董事会代表权和业务执行权”的规定构成基础性规范。根据该条，在对外关系上，“董事会的代表权不得被限制”（第 1 款）。但是，“在董事与公司的内部关系上，董事有义务遵守公司章程、监事会、股东大会、股东会以及监事会业务规则在关于股份公司之规定的框架内对其业务执行权设置的限制”（第 2 款）。忠实义务本身并不构成对董事会代表权的法定限制，因为忠实义务仅是规范公司与其组织机构成员之间的内部关系。②

《德国有限责任公司法》第 35 条对于有限责任公司董事的代表权也作出了类似的规定。根据该条第 1 款，“公司的董事在诉讼活动和非诉讼活动中代表公司。公司无董事的情况下（无管理机关），在向公司作出意思表示或者送达文件时，由（全体）股东代表

---

① ［英］Kraakman R, Armour J, The Anatomy of Corporate Law: A Comparative and Functional Approach, Oxford University Press, 2017: s. 6. 2. 1. 1.

② ［德］Baum, Geschäftsleitervertrag, S. 27; Chen X, Die Leitung und Überwachung der chinesischen und der deutschen Aktiengesellschaft: ein Rechtsvergleich auch mit Rücksicht auf börsennotierte Tochtergesellschaften, 2015, S. 156.

公司”。第35条第2款对董事为多数时的代表权限进行了规定,即公司任命数个董事的情况下,由全体董事共同行使代表权,除非公司章程另有规定。(第三人)应当向公司作出的意思表示,向公司代表人中的一人作出即可。在对外关系上,德国有限责任公司也奉行董事的代表权“不受限制且不可限制”(unbeschränkt und nicht beschränkbar)的基本原则,诸如不得通过公司章程(Gesellschaftsvertrag)、股东决议或者聘任协议等形式进行限制。①

但是,关联交易所违反的具体规范的不同对其效果亦有不同的影响。董事会的法定代表权亦受到“禁止权利滥用”基本原则的限制。

(二)违反法定或者章程规定的决策程序

1. 违反监事会法定代表权之规定的法律后果

《德国股份法》关于监事会法定职权的规定因具体规则的不同对于外部关系的影响也有差异。

首先,是违反监事会代表权之规定而缔结之关联交易的法律效力问题。《德国股份法》第112条规定,董事与公司之间进行的交易中,由监事会代表公司。如果董事与公司之间的交易违反了第112条的规定,即交易的缔结并不是由监事会代表公司缔结的,则该交易行为因违反法律的禁止性规定而无效(《德国民法典》第134条)。② 这意味着,相关法律行为之内容妥当性并不能“修复”代表权欠缺而导致的法律瑕疵。

其次,向董事会成员或者监事会成员提供贷款作为一种特殊的关联交易,《德国股份公司法》第89条、第115条为之设定了“经

① [德]Lutter/Hommelhoff/Kleindiek, GmbHG, § 35 Rn. 9.

② [德]Hüffer, AktG, § 112 Rn. 7.

监事会决议许可"这一程序性条件。德国主流观点认为,公司违反《德国股份法》第 89 条或者第 115 条的规定而向董事或监事提供贷款的,并不因此导致贷款合同无效。理由在于,第 89 条的立法目的并不是为了阻止向董事提供贷款,第 115 条的规定并不主要是针对自我交易行为,而是为了防止可能导致的权力滥用行为。这种滥用行为通常表现为向董事或监事提供过高的贷款,约定过低的利息或者分期支付。① 所以,单纯违反第 89 条或第 115 条的程序性规定并不构成对禁止性规定的违反(《德国民法典》第 134 条)。只要在向董事会成员或者监事会成员提供贷款的法律行为中,由监事会代表公司缔结合同,即便未获得监事会决议的许可,相关贷款合同也有效。《德国股份法》第 89 条第 5 款规定,"违反本条第 1~4 款的(程序性)规定向董事提供贷款的,如果监事会未予以追认,应当立即返还贷款,而无须考虑是否存在相反的约定"。第 115 条第 4 款规定了类似的贷款返还之法律后果。立法者将"贷款的立即即期"(sofortige Fälligkeit)作为法律后果,其逻辑上是以一个有效的贷款合同为前提。

最后,监事会成员与公司之间特殊类型合同的例外规定。《德国股份法》第 114 条第 1 款明确地将监事会的许可作为监事与公司之间所缔结之下列合同的生效要件,即(1)监事与公司之间所缔结之非劳动关系雇佣合同(Dienstvertrag);(2)监事对公司负有从事更高级别活动义务的承揽合同(Werkvertrag)。这意味着,违反第 114 条的程序性规定而缔结的合同无效。

2. 关联交易因权利滥用或违反诚实信用而无效

如前所述,在对外关系上,无论是股份公司的董事会,还是有

---

① [德]Hüffer, AktG, § 89 Rn. 2.

限责任公司的董事,其代表公司与第三人缔结的交易都因其不可受限制的法定代表权而原则上有效。但是,在涉及董事会滥用代表权的情况下,德国司法实践中通过援用一般条款来否定相关法律行为的效力。

首先,针对董事会成员滥用代表权,与第三人串通,以有损公司利益的形式缔结法律行为的情况下,司法判例依据《德国民法典》第138条的规定来否定相关交易行为的效力。① 根据该条第1款之规定,"违反善良风俗之法律行为,无效"。

其次,以串通行为损害公司利益的代表权滥用行为之外,德国学界和司法界关于以权利滥用为理由而否定相关交易法律效力的前提条件存在争议。② 德国主流观点认为,是否构成代表权滥用应当从交易对方的角度来考察,董事的行为是否"明显"构成义务违反行为。③ 董事损害公司利益的故意以及内容上该交易对公司构成不利益都不是必要要件。这意味着代表权行为的明显性是唯一必要要件。司法判例广为采用的判断标准是,代理权滥用行为如此明显,以至于任何人都可以根据众多迹象非常清楚且迅速地作出属于滥用代理权的判断,而不需要进一步的调查。④ 这意味着,董事滥用代表权缔结交易的相对人具有重大过失。

(三)违反关联交易披露义务之法律后果

《德国商法典》第285条第21项规定,在资合公司的财务会计

---

① [德]BGH NJW 1989, S. 26 ff.; BGH NZG 2004, S. 139, 140;

② [德] Chen X, Die Leitung und Überwachung der chinesischen und der deutschen Aktiengesellschaft: ein Rechtsvergleich auch mit Rücksicht auf börsennotierte Tochtergesellschaften, 2015, SS. 157-158.

③ [德]GroßkommAktG/Habersack, AktG § 82 Rn. 13; BGHZ 127, 239, 241 f.; BGH NJW 1994, SS. 2082, 2083.

④ [德]BGH NJW 1995, S. 250; NJW 1994, S. 2082 ff.; Hüffer, AktG, § 82 Rn. 7.

报告附件中应当至少对以非惯常条件与关联方缔结的交易进行披露。前提是这些交易具有重要性，即对于判断公司的财务状况是必需的。违反该条的规定所导致的法律后果包括以下两个方面：

其一，编制财务会计报告构成每一个商人（Kaufmann）的法律义务（《德国商法典》第 238 条、第 240 条、第 242 条）。在法律性质上，该义务首先是公法意义上的法律义务。违反该义务会导致多重惩罚措施，其中，针对资合公司代表机关（董事会）的成员，《德国商法典》第 335 条规定了行政罚款。

其二，就民事责任而言，根据《德国股份法》第 93 条第 2 款之规定以及《德国有限责任公司法》第 43 条第 2 款之规定，违反财务会计报告披露义务可能构成对董事对公司所承担之注意义务的违反，从而导致对公司承担损害赔偿责任。

五、控股股东关联交易之规制

德国法中规制（控股股东）与公司之间通过关联交易损害公司以及少数股东利益的行为的法律工具主要有以下几种类型：（1）决策权转移（Verlagerung der Entscheidungskompetenz）；（2）交易条件的妥当性控制（Angemessenheit der Kondition）；（3）披露和公开。由于《德国股份法》并未就多数股东与公司之间的交易规定强制性的披露义务，下文将主要围绕前两种类型的法律工具来作为分析对象。当然，这里需要从功能上对两种类型的工具进行区分，即针对所有股东与公司之间交易的法律工具和仅针对控股股东与公司之间交易的法律工具。

（一）决策权转移

不同于对董事会成员或监事会成员与公司之间关联交易的规制，《德国股份法》针对多数股东与公司之间的交易并未将决策权从董事会转移给另外一个公司机关，诸如监事会。当然，《德国股份法》第 111 条第 4 款规定,“业务经营不得交由监事会实施。章程或者监事会应确定,特定种类的业务只能经其许可后实施。监事会拒绝许可的,董事会可以要求股东大会对此项许可作出决议”。据此,监事会可以将公司与多数股东之间合同的缔结设定为须经其许可事项。

在德国法中,只有在极为例外的情况下,股东大会才享有从事义务经营的职权。股东大会的强制性权限仅体现在公司结构变更事项中,诸如签订企业合同(Unternehmensverträge)、企业法律形式变更、章程修改、因公司经营范围变化而约定企业整个财产的转移(《德国股份法》第 179a 条)以及影响到股东权利的结构性变化(“Holzmüller-/Gelatine”系列案件。)①

即便在涉及公司与控股企业缔结合同并且股东大会根据上述规定例外地享有许可权,德国股份法也并没有禁止参与交易的股东行使投票权。这一规定与《德国有限责任公司法》第 47 条的规定不同。根据第 47 条第 4 款的规定,“通过决议应被免除责任或者债务的股东,对此决议不享有表决权,并且也不能为他人行使表决权。涉及公司与股东之间的法律行为之实施的决议,或者涉及对股东提起诉讼或者终结诉讼的决议,适用同一规定”。

(二)交易条件妥当性控制

董事的法定注意义务要求,董事必须注意并采取适当措施保障与公司进行的所有交易都仅以公司利益为标准而缔结。根据《德国股份法》第 93 条第 2 款的规定,股份公司的董事应当尽到一个审慎、有序业务管理人的注意,在违反注意义务的情况下,董事

① [德]BGHZ 83,122(Holzmüller);BGHZ 159,30(Gelatine);BGH ZIP 2004,993(Gelatine Ⅱ).

应当对公司承担损害赔偿责任。有限责任公司的董事亦对公司负有相同的注意义务和赔偿责任。监事会应当对董事会的履职情况进行监督。①

《德国股份法》第 57 条对返还股东出资作出了禁止性规定。根据该条第 1 款之规定，“出资不得返还给股东。在受允许的股票回购情形中支付的回购款不视为出资返还。第 1 句不适用于存在控制或者盈余转移协议情况下履行的给付，或者通过对股东的等值对待给付请求权或者返还请求权得到抵偿的给付”。第 57 条第 2 款还规定，“既不得向股东允诺利息，也不得向其实际支付利息”。

就法律后果而言，违反《德国股份法》第 57 条的禁止性规定会导致以下民事法律后果。其一，违反上述第 57 条第 1 款第 1 句之规定而从公司获得之给付应当返还。其二，董事会和监事会在存在过失或者故意的情况下，应当对公司承担损害赔偿责任（构成注意义务的违反）。其三，如果股东利用其影响力，故意指使董事、监事等损害公司利益或者其他股东利益的，该股东应当对由此而产生的损害承担损害赔偿责任（《德国股份法》第 57 条）。

六、欧盟公司法《新股东权利指令》中“关联方交易披露与许可”制度

与英美公司法对涉董事、高管和实际控制人的关联交易已经有较为系统的规定不同，以德国、法国为代表的欧盟成员国公司法并没有像英美公司法那样的关联交易的系统性规定。欧盟成员国之间关联交易法治的不统一以及公司与董事和控股股东之间关联交易对股东利益，尤其是小股东利益的严重侵害，即所谓的“利益

---

① ［德］Jochen Vetter, “Regelungsbedarf für Related Party Transactions?” *ZHR* 179, 2015, S. 297.

输送”(Tunneling),促使欧盟立法者通过修订“股东权利指令”(Aktionärrechtrichtlinie; Shareholder Right Directive)来引入统一的关联方交易(Related Party Transactions)规则。根据欧盟委员会的观点,股东由于缺乏充分的信息和适当的法律工具,无法预防和制约董事或大股东滥用职权抑或权力从事利益输送的行为。欧盟委员会最初于2014年4月公布了《关于修订股东权利指令的建议稿》,①其中首次尝试在欧盟法层面纳入关联交易的规制规则。但是,这一“建议稿”一经公布便遭到了前所未有的抨击,尤其是来自德国的质疑之声最为强烈。② 基于成员国的意见,欧盟委员会数次更改《建议稿》的内容,最终于2017年5月20日颁布了《欧盟议会及欧盟理事会关于为促进股东长期参与修改欧共体第2007/36号指令的指令》③(以下简称《欧盟第2017/828号新股东权利指令》)。

根据《欧盟第2017/828号新股东权利指令》新增加第9c条“关联方交易的公开与许可”的规定,关联交易的规则内容主要包括:

1. 立法界定“重大交易”(wesentliche Geschäfte, material

① [德]Vorschlag für eine Richtlinie des Europäischen Parlaments und des Rates zur Änderung der RL 2007/36/EG im Hinblick auf die Förderung der langfristigen Einbeziehung der Aktionäre sowie der RL 2013/34/EU in Bezug auf bestimmte Elemente der Erklärung zur Unternehmensführung, COM(2014) 213 final(2014/0121(COD)。

② [德]Jochen Vetter, “Regelungsbedarf für Related Party Transactions?”, *ZHR* 179, 2015, SS. 273-329.

③ [德]RICHTLINIE(EU) 2017/828 DES EUROPÄISCHEN PARLAMENTS UND DES RATE vom 17. Mai 2017 zur Änderung der Richtlinie 2007/36/EG im Hinblick auf die Förderung der langfristigen Mitwirkung der Aktionäre, https://eur-lex.europa.eu/legal-content/DE/TXT/? uri = uriserv: OJ. L_. 2017. 132. 01. 0001. 01. DEU&toc=OJ:L:2017:132:TOC.

transactions)的范围

根据《欧盟第 2017/828 号新股东权利指令》第 9c 条第 1 款之规定,成员国应当(shall)基于关联方交易公开和许可之目的界定“重大交易”的范围。成员国在确定时应当考虑以下因素:相关交易的信息对于股东决策的影响、相关交易对公司以及股东(尤其是小股东)所构成的风险。成员国在界定“重大交易”范围时应当基于交易对公司财务状况、收益、财产、融资能力等的影响、交易的性质以及关联方的职位来确定一项或多项量化的标准。

2. 公告交易信息

根据《欧盟第 2017/828 号新股东权利指令》第 9c 条第 2 款的规定,成员国应当确保公司至迟在关联交易缔结时将重大关联交易进行公告。该公报至少应当包含以下信息内容:关联关系的性质、关联方交易的日期和额度以及其他所有对于判断相关交易是否公平与合理(angemessen und vernünftig; fair and reasonable)的信息。

3. 交易评估报告

各个成员国可以(können; may)规定,将重大关联交易进行公告时,额外附加一份针对该关联方交易从公司的角度而言是否公平与合理的报告。评估报告中应当对构成其评估内容基础的假设进行阐释并说明评估所采用的方法。交易评估报告可以由下列三个机构之一作出:(1)独立第三方机构;(2)公司董事会或监事会;(3)公司的审查委员会或者其他由多数独立董事构成的专门委员会。此外,成员国应当确保,关联方不得参与到评估报告的制作中(《欧盟第 2017/828 号新股东权利指令》第 9c 条第 3 款)。

4. 股东大会、董事会、监事会批准权(否决权)

根据《欧盟第 2017/828 号新股东权利指令》第 9c 条第 4 款之

规定，成员国应当首先确保，重大关联方交易应当经过股东大会、董事会或监事会批准。针对相关交易的批准应当能够阻止关联方滥用职权，从而为公司及股东利益保护（尤其是少数股东利益保护）提供保障机制。其次，成员国可以规定，即便相关交易已经由董事会或监事会批准，股东大会依然有权利对相关关联方交易投票。

5. 关联方投票权禁止

根据《欧盟第 2017/828 号新股东权利指令》第 9c 条第 4 款第 3 项之规定，参与到相关交易的董事或者股东不得在董事会或股东大会行使投票权抑或否决权。但是，这一投票权或否决权的禁止并不是绝对的，在成员国国内法规定有适当保障机制的情况下，成员国可以允许涉事董事会成员或者股东参与关联方的投票。

6. 日常经营交易且以市场惯常条件所缔结交易之例外规定

前述涉及关联方交易的限制性规定并不适用于公司在日常经营中以市场惯常之条件所缔结的交易。对于这些交易，公司董事会或监事会应当设置内部程序，从而确保能够经常性地评估这些适用条件是否在特定交易中获得满足。

7. 关联交易公开、批准的豁免

《欧盟第 2017/828 号新股东权利指令》第 9c 条第 6 款规定了不依据该条第 2、3、4 款进行披露、批准的关联交易类型，诸如：母子公司关联交易等四种情形。

8. 与子公司之间的关联交易的披露义务

成员国应当确保，公司的关联方与其子公司之间的交易亦应当进行公开披露（《欧盟第 2017/828 号新股东权利指令》）。

9. 关联方交易的累计计算

同一关联方与公司在过去 12 个月内或者同一会计年度内所

从事之关联方交易且(每一单一交易均)未满足公开披露和获得批准条件的,应当累计计算(《欧盟第2017/828号新股东权利指令》第9c条第8款)。

10. 如果董事会认为,涉事董事的拟进行交易需要股东(大)会的进一步授权,则董事会应当将该事项提交股东(大)会表决。

第五节　区分关联担保与非关联担保对越权合同效力的影响

如前文所述,根据"区分论",在公司代表人越权的情形下,公司的非关联担保合同原则上仍然是有效的。而对于公司代表人越权签订的关联担保合同,具体而言就是为公司股东或实际控制人签订的关联担保合同,其合同效力在实践中的分歧最大,有主张有效的,也有主张无效的。[①] 我们认为,不宜"一刀切"地认为关联担保合同有效或无效,而是应当结合关联担保交易中所涉及的公司整体利益保护、关联担保纠纷的主体以及交易相对人的主观状况(善意或恶意)等多个方面,综合判定关联担保合同的效力。

尽管《公司法》第16条第2款要求公司为股东和实际控制人提供关联担保必须获得股东会决议的授权,但是,立法者并未说明违反此款规定的担保合同究竟属于无效合同或有效合同,前文已述及,法律并不禁止一切关联交易,当然也不禁止任何形式的关联担保。这正是《公司法》的立法者不应当留给法官的一个巨大的谜题。我们认为,这要么是立法者当时的一个疏漏,要么是立法者当时没有考虑清楚,或者说立法者认为不应"一刀切",因为毕竟关联

---

① 参见前文有关越权担保合同案件的司法统计和相关的论述。

交易是一把“双刃剑”，立法者不应“一刀切”地划一道红线。那么，法官在具体案件的裁判中，到底应当如何判定关联担保合同的效力呢？

第一，法官在关联担保纠纷的具体案件的裁决中，应尊重《公司法》立法者的原意，以理性的有一定商业经验和商业常识的商人为重要参考依据（采用经验规则），审查交易相对人在签订关联担保合同的当时或者在履行该合同的交易过程中，是否要求公司代表人提供公司股东会决议或相关的证明文件（“形式审查义务”），从而作为进一步判定交易相对人是否为善意的重要参考依据（而不是直接判决担保合同无效的依据）。课题组认为，如前所述，《公司法》的立法者在增加第16条第2款中“必须”这一规定时，肯定是希望约束公司法定代表人乱担保的现象，立法者的原意应当是，“法定代表人，你在代表公司签订关联担保合同时，即为本公司股东或实际控制人的利益签订担保合同时，你应当首先取得股东会的决议授权。”①从这一立法本意出发演绎，还可以进一步认为，立法者虽然主要是向公司的法定代表人发出了警告，但是立法者很有可能也同时向与公司交易的外部人，向全体与公司交易的商人发出了同样的警告，即“与公司交易的相对人，当法定代表人与你签订关联担保合同时，即该公司为其股东或实际控制人提供担保时，你作为该担保的受益人，你理应问一下该代表人是否能向你出示公司股东会的批准决议或者决议的证明文件”。按照这一立法目的去理解，就表明，无论是公司的代表人，还是交易相对人，对于公司关联担保交易，都应当尽到合理的注意义务，对公司的代表人而言，即是谨慎义务（duty of care）和忠实义务（duty of

① 参见前文对该条立法目的与立法背景的解读。

loyalty),而对公司的相对人而言,即是合理注意义务演绎之下的询问义务(duty of inquiry),或者按照我国一些学者的说法:即是“形式审查义务”。有必要指出的是,交易相对人仅仅是根据《公司法》第 16 条第 2 款形式审查义务,而无义务根据第 16 条第 3 款的规定,去探究公司股东会是否真的按照法律的严格规定进行了表决,即无义务审查公司股东决议的实质合法性。而根据《公司法》第 16 条第 1 款,交易相对人在非关联担保交易中则没有形式审查义务,因为《公司法》第 16 条第 1 款仅仅是针对公司章程对公司代表人的权限有限制的情形,根据比较法的观点和我国的司法实践,对于非关联担保合同中的公司章程对代表权的限制,交易相对人可以不问,也即,交易相对人没有形式审查义务,更没有深入公司内部进行实质审查的义务。我们认为,严格区分第 16 条第 1 款和第 2、3 款,也即是严格区分交易相对人的不同的形式审查义务,具有十分重要的实践意义和理论意义。否则,立法者在第 16 条第 2 款中增加“必须”字样,将失去任何实践意义,第 16 条的第 3 个条款,也必然失去了各自单独存在的实践价值。理由在于,从任何一个理性的有一定商业经验的人(a reasonable and experienced businessman)都应当知道的商业常识来看,因为有了《公司法》第 16 条第 3 款的强制性规定,他在与公司签订关联担保合同时,都应当首先询问公司的法定代表人或者其他任何的签约代表人是否能够出示相关的证明文件(或者在关联担保合同中约定相关的条款),如果他不询问或者不进行这种约定,则要么表明此人缺乏商业常识,要么表明此人知道应该询问而故意没有询问,这就为法官进一步判断交易相对人是否为善意奠定了基础,从而为进一步判定关联担保合同的效力奠定了基础。

英国的 William Aldous 法官在 Harrison① 一案中认为,"……'恶意'(bad faith) 包括了'非诚意'(dishonesty),但这是一个宽泛的概念。恶意是一种主观状态,因此要从主观和客观两种标准的组合进行检验:如果(法官)认识到(主观标准)任何'理性人'依据正确的标准(客观标准)都会认为(这种)行为中(隐含着)恶意,那么就构成了'恶意'。"那么,什么又是正确的或者说客观的标准呢? Aldous 法官接着写道:"正确的标准就是在特定的商业领域经受住检验的理性的有经验人士可以接受的商业行为(惯例)"。②

也就是说,在具体的个案中,法官如何判断在公司的交易相对人知情(知道公司代表人、代理人缺乏授权)的情况下,此人是善意还是恶意呢? 法官在进行自由裁量时,其实是根据客观标准来衡量的。那么什么又是客观标准呢? 所谓客观标准,就是既不是原告的标准,也不是被告的标准,更不是法官自己的标准,而是"第三方标准"。那么,什么又叫第三方标准呢? 这个第三方标准,其实就是一个"经验标准",也即,任何理性的、有经验的商人在这种情况下(知道公司代表人缺乏授权的情况下),仍然与公司签订合同,是不是不怀好意? 或者说是不是应当尽到注意义务呢? (有趣的是,在《牛津版公司法》的另外一个地方,法官在判断一个人与公

① [英] Harrison v. Teton Valley Trading Co. ltd. [2004] EWCA Civ. 1028,[2004] 1 WLR 2577.

② William Aldous 法官上述这段经典语录的英文原文如下:Bad faith includes dishonesty but is a wide concept. Bad faith is a mental state and must be judged by a combined subjective / objective test: There is bad faith when there is a realization (subjective element) that reasonable persons applying the correct standard (objective element) would regard behavior as in bad faith. The correct standard is that of acceptable commercial behavior observed by reasonable and experienced persons in the particular commercial area being examined. 转引自[英] D. French, S. Mayson, C. Ryan, *Company Law*, 28th ed. ,2011, Oxford, p. 634.

司交易时是不是应当尽注意义务，也是使用的这种客观参照标准）。

总之，法官在判断某人是否为善意时，一定会自觉或者不自觉地参照“经验法则”，而法官自己是否有经验，能否胜任商事法庭的法官，那是另外一个话题了。

例如，在最高人民法院裁判的几个有争议的案件中，法官之间的“经验法则”出现了严重的分歧甚至矛盾。在“招商银行诉大连振邦股份关联贷款担保案”（2015 年指导案例）中，最高人民法院认为“银行不是专业的法律服务机构”（因此，应当原谅银行对法律的无知），这等于说最高人民法院在本案中建立了“法律可以原谅法盲”这样的经验规则；反之，在“河北敬业担保公司关联借贷担保案”①中，最高人民法院的法官又认为，专业担保公司应当知道法律的明文规定，即建立了“法律具有推定公知属性”这一经验规则。

第二，法官在裁判关联担保纠纷的过程中，应结合该关联交易是否有利于公司的整体利益，或者说结合交易的公平性来进一步判定交易相对人是否为善意，并最终判定关联担保合同的效力。如前所述，关联交易是一把“双刃剑”，并非所有的为公司股东或实际控制人提供担保的交易都对公司有害，有的关联交易，其实不但对公司无害，反而从整体上看对公司是有利的，尽管此时可能有小股东反对，但这有可能仅仅是一个程序上的问题，即公司的代表人在签订关联担保合同时，出于疏漏或其他客观原因（例如，为了抓住商机而匆忙签订关联担保协议，而事后又未及时提交股东会表决）而未提交公司股东会先行表决。为此，英美公司法均建立了涉董事利益冲突交易的“安全港”（safe harbor）规则以及重大资产处

---

① 参见最高人民法院（2016）民申 2633 号裁定书。

置中的“明线规则”(bright line rule),[①]即凡是涉及公司董事、高管的利益冲突交易(含关联担保),只要该交易向公司的董事会或者股东会进行了披露,且由无关联的董事或股东进行了表决,那么原则上就不得主张该关联交易无效。除此之外,依照英美公司法的司法实践,即使在缺乏公司董事会决议或者股东会决议授权的情况下,判断涉及董事、高管利益冲突的交易的有效性,还应当进行所谓的内在公平测试(intrinsic fairness),也并非“一刀切”地判定合同无效。

第三,法官应当根据纠纷属于公司内部关系还是外部关系,尤其是结合纠纷当时该关联担保是否已经得到实际履行(理应生效),平衡公司内部自治与交易安全,来综合判定关联担保合同的效力。在我国的司法实践中,区分公司内部法律关系和外部法律关系是一个共识。课题组也赞同这种区分。在涉及董事、高管或股东利益冲突的关联交易,于本书而言就是关联担保交易中,倘若是由公司的少数股东、从属公司提起关联担保合同有效性的诉讼,而不涉及到与公司无关联的外部债权人,或者说不是由外部债权人为原告提起的关联担保诉讼,那么法官可以根据案件的具体案情判决撤销关联担保合同,而不能仅仅因为缺少公司股东会的决议授权,就判定交易相对人不善意,也不能仅仅因为关联担保缺少股东会决议的授权证明,就判定整个关联担保合同无效。[②]

根据英美法系国家的立法和司法实践,法官判决涉及董事高管的利益冲突关联交易的无效或者可撤销的前提是该关联担保合

① 参见《美国示范商事公司法》(MBCA)第八章之F次章关于“董事利益冲突交易”的安全港程序,以及该法第12.01条及其相关条款中有关公司资产处置中的白线规则。详情请参见前文论述。

② 参见前文对第40、41条的解读。

同尚未履行或者尚未履行完毕，倘若该交易已经履行完毕，且不可恢复和逆转，那么法官就不会判决该交易无效（参见英国《2006 年公司法》第 40 条、第 41 条之规定）。相应地，出于保护善意第三人之目的，倘若该关联担保已经履行。也就是说，与公司交易的善意第三人已经根据公司提供的关联担保合同履行了自己的义务，例如，某银行已经依据这种关联担保合同，向担保人所属的关联公司或者其他关联人发放了贷款，或者卖方根据关联担保合同依据向担保人的关联方转移了不动产所有权，那么，出于信赖利益保护以及维护交易安全的考量，此时判决关联担保合同无效，不但显失公平，而且会助长公司一方的道德风险和机会主义行为，也即，当交易对公司有利的时候，公司一方的人就可以主张关联担保合同有效，而对公司不利的时候，就可以主张关联合同无效。这正是立法者所不愿意看到的。

综上所述，"区分论"的重要意义，并非如某些学者所说的缺乏股东会决议授权的关联担保合同一律无效，而是说法官在个案的裁判中，理应区分《公司法》第 16 条第 1 款和第 2、3 款，对于第 1 款规定的非关联担保交易，交易相对人并无形式审查义务，因为，公司章程的内部限制性规定不得对抗善意相对人（参见《民法总则》第 61 条第 3 款）；而对于违背《公司法》第 16 条第 2、3 款的关联担保交易，由于这并非公司章程的内部限制性规定，而是《公司法》的明文规定，就不能直接适用《民法总则》第 61 条第 3 款，交易相对人因此负有要求公司代表人提供公司股东会决议或决议证明的询问义务（形式审查义务）。这种解读，还具有证明责任分配（burden of proof）的重要意义。也即法官在关联担保案件的审理过程中，首先应当询问交易相对人是否知道《公司法》第 16 条第 2 款之规定，并进一步询问交易相对人在签订关联担保合同或者履行该合同的过程中是否要求公司代表人提交公司股东会决议或决议的证明文件，倘若交易相对人不能证明自己尽到了这种形式审查义务，则可以作为法官进一步判定交易相对人是否为善意的参照依据（注意，此时其实不能适用《民法总则》第61条第3款的规定，因为《民法总则》的上述规定，仅仅适用于公司章程或权力机关限制的情形，而《公司法》第16条第2款，是法律的直接规定，与公司章程无关）。法官在个案的裁判中，还应结合交易是否有损于公司的整体利益（交易公平性）以及交易是否实际得到了履行（或者倘若不履行就会造成不公正），来综合判定关联担保合同的效力。

例如，在昆山市沪成农村小贷公司关联担保案①中，江苏省高级人民法院于2016年下达的裁定书即认为，相对人小贷公司不能提供担保人风华公司的股东会决议，因而判决担保合同无效。这表明，在公司关联担保交易中，相对人不仅依法负有合理的形式审查义务，即索取相关的关联担保的股东（大）会决议证明的义务，同时在相关的民事诉讼中，还负有相应的举证义务。我们认为，江苏省高级人民法院在上述案件中的这种做法，无疑具有启示意义，并且对于交易安全有着促进作用。

第六节　决议瑕疵对关联担保效力裁判规则的影响

一、我国《公司法》的安全港程序及合同效力的归责原则

如前文所述，由于公司代表人在与交易相对人签订涉及为公司股东或实际控制人利益的关联担保合同时，需要按照《公司法》

① 参见江苏高院（2016）苏民申2353号裁定书。

第16条第2款之规定提交股东(大)会的决议或决议证明,也就是需要在关联担保的过程中,启动股东(大)会的预防审查机制(第16条第3款),即关联担保的安全港规则。与此同时,对上市公司的关联交易而言,还应当依据《公司法》第124条的规定,启动董事会或股东大会的“安全港程序”。

为此,本书研究的问题即是公司机关决议无效或者被撤销时对关联担保合同的影响,以及公司决议存在瑕疵时对关联担保合同的影响。

我国《公司法》第22条第1款规定“公司股东会或者股东大会、董事会的决议内容违反法律、行政法规的无效”。第2款规定:股东会或者股东大会、董事会的会议召集程序、表决方式违反法律、行政法规或者公司章程,或者决议内容违反公司章程的,股东可以自决议作出之日起六十日内,请求人民法院撤销。

依据《公司法司法解释四》的规定,公司机关的决议,有决议无效、决议可撤销以及决议不成立三种类型。以下是最高人民法院对《公司法司法解释四》关于公司机关决议效果的“三分法”的官方解读:①

“《解释》主要从以下三个方面,完善了决议效力瑕疵诉讼的法律适用规则:一是确定了决议不成立之诉。对决议效力瑕疵的分类,各国立法例大致存在“二分法”与“三分法”的分野,前者包括决议无效和决议可撤销两种决议效力瑕疵,后者则在此基础上还规定了决议不成立或者决议不存在。我国《公司法》第22条规定了确认决议无效和撤销决议之诉,均系针对已经成立的决议,未涵盖

① 最高人民法院:《公司法司法解释四及解读》,载自中国商法网,http://www.commerciallaw.com.cn/index.php/home/news/info/id/229.html.

决议不成立的情形。我们认为,从体系解释出发,不成立的决议当然不具有法律约束力,应是公司法的默示性规定。因此,《解释》第五条规定了决议不成立之诉,与决议无效之诉和撤销决议之诉一起,共同构成了“三分法”的格局。有观点认为,召开会议并作出决议,是公司意志的形成过程,而非公司的意思表示,因此不属于民事法律行为,不存在是否成立的问题。我们认为,《民法总则》明确将包括公司在内的法人的决议行为,规定在民事法律行为制度中,对此《解释》应当严格贯彻。”

而根据《民法总则》第 85 条规定:“营利法人的权力机构、执行机构作出决议的会议召集程序、表决方式违反法律、行政法规、法人章程,或者决议内容违反法人章程的,营利法人的出资人可以请求人民法院撤销该决议,但是,营利法人依据该决议与善意相对人形成的民事法律关系不受影响。”我们认为,民法总则的这一规定,即是对第 61 条第 3 款和第 170 条的补充,即它明确区分了公司的外部关系与内部关系。虽然一项公司机关的决议被法院撤销,但是,这种撤销的效力,并不影响善意相对人与公司签订的合同效力。

另外,根据《公司法司法解释四》第 6 条的规定:“股东会或者股东大会、董事会决议被人民法院判决确认无效或者撤销的,公司依据该决议与善意相对人形成的民事法律关系不受影响。”

本课题依据上述法律规定,对我国公司在关联担保的实践过程中的存在问典型问题,分别归纳其交易的效力。

(一)对外提供的公司机关决议存在瑕疵时对关联担保合同效力的影响

第一类常见问题是,公司代表人或者相关人(如董事会秘书、总裁办主任、总裁助理等)向交易相对人提供了有瑕疵的股东会决议或决议证明。

在我国的司法实践中，典型的例子即是未实际召开股东会但是公司的有关代表人就向相对人出具了股东会决议，这种决议有可能是个别通知了其他股东，征得了其他股东的同意，但是，实际上未召开股东（大）会进行表决。对于这种情况，倘若公司一方或者相对人能够进行举证，则可以认为仅仅是出现了所谓轻微瑕疵或者说程序性瑕疵。

不过，在司法实践中，更多的公司机关决议瑕疵则表现在：（1）在股东会的表决过程中，涉及该关联交易的股东，或者代表实际控制人利益的股东参与了表决，即直接违背了《公司法》第16条第3款的实体性规定；（2）虽然未参与表决，但是，该股东在股东会现场并未回避，从而影响其余非关联股东正常行使其表决权，即直接违背了第16条第3款的程序性规定（该回避而没有回避）；（3）虽然利益关联股东表面上回避了该表决，但该股东或者代表实际控制人利益的股东暗中拉拢了某些无关联股东进行投票，从而通过了股东会决议，这属于间接地违背了《公司法》第16条第3款之规定。

最为典型的例子即是最高法院发布的指导性案例"招商银行诉大连振邦股份关联担保案"，在该案中，担保人振邦股份公司为其母公司的贷款提供担保，但对于振邦股份是否实际召开股东会不得而知，并且大股东振邦集团公司并未回避表决，且案涉另一名小股东声称其未参加股东大会，其在股东大会决议上的印章系伪造。

根据《公司法司法解释四》第4条的规定："股东请求撤销股东会或者股东大会、董事会决议，符合公司法第二十二条第二款规定的，人民法院应当予以支持，但会议召集程序或者表决方式仅有轻微瑕疵，且对决议未产生实质影响的，人民法院不予支持。”那么，违背《公司法》第 16 条第 2、3 款规定而作出的股东会决议中的“瑕疵”是否属于该解释中所指的“轻微瑕疵”呢？我们认为，从《公司法》第 16 条第 2、3 款出台的背景和立法者用“必须”来强调其重要性的立法目的来看，这应当不属于轻微瑕疵。违者应属于“可撤销”的范围。与此相应，在违背该规定的公司股东(大)会的被法院撤销的情形下，还应当结合关联担保的相对人是否“善意”综合判定关联担保决议被撤销时关联担保交易合同的效力。

我们认为，《民法总则》第 85 条以及《公司法司法解释四》第 6 条的规定，也仅仅是一个原则性的规定。在决议被撤销(或者法院认为应当被撤销、伪造决议或者决议不存在)的情形，无论是根据《民法总则》第 85 条还是《公司法司法解释四》第 6 条，均以相对人善意为前提，在交易相对人不为善意时，不仅决议是可撤销的，而且相关的交易也同样是可撤销的。

如前文所述，在最高人民法院公布的指导案例“招商银行诉大连振邦股份关联贷款担保”案中，争议的焦点之一即是案涉的“股东大会决议”是否存在瑕疵，是否涉嫌伪造。这个问题，不但对于法院判断公司代表人的越权担保行为是否属于实体违法还是程序违法有重要的影响，而且对于法院判断交易相对人是否善意也构成重要影响。在本案中，一审法院和二审法院均认为，由于《公司法》第 16 条第 2、3 款是法律的强制性规定，代表人理应通过“股东会决议”授权而未召集股东会，并且涉事的股东未依法回避表决(决议上出现了关联股东公司的印章)，从而导致股东会决议存在重大瑕疵，因此可以认为，一审法院和二审法院间接地认为该决议属于可以撤销的范畴；反之，最高人民法院在本案中，则持相反的观点，从其判决书的行文不难看出，最高人民法院倾向于认为案涉股东大会决议仅仅出现了程序性的瑕疵,或者说轻微瑕疵。然而,在本案中,在股东大会是否召开,是否真实表决并且关联股东是否回避都存在重大的疑问的前提下,最高人民法院仍然倾向于认为案涉股东大会决议属于轻微的程序性瑕疵的观点,是值得商榷的。

本案的争议焦点之二即是交易相对人是否为善意相对人,是否尽到了合理的形式审查义务。同样,在这一关键问题上,本案的一审、二审法院的观点均与最高法院的观点相左。一审、二审法院均认为,由于该案中,案涉股东大会决议上有控制股东所代表的公司的印章,照此即可认定,控制股东没有依法进行回避,加之另一名股东称其印章系伪造,因此,可以认定相对人未尽到合理的形式审查义务,从而进一步认定相对人不为善意;反之,最高法院则认为,银行不是专业的法律服务机构(怎么可能知道公司法有股东回避表决的明文规定?),从而为相对人的善意辩护。由此可见,公司机关决议瑕疵的认定,决议是否属于可撤销的决议,其实不仅对于越权代表人是否获得公司机关的实际授权有重要的影响,对于法院认定相对人是否善意也有重要的影响。

综上,《民法总则》第 85 条以及《公司法司法解释四》的相关规定本身,也存在重要的疑点。例如,最高人民法院于 2014 年在一个极为相似的公司关联担保案①中即认为,相对人明知应要求提供股东大会决议而未要求提交,相对人不为善意。这表明,即使在最高人民法院内部,对此也存在不同的观点。

(二)公司机关决议无效或者决议不成立时对关联担保合同效力的影响

《公司法司法解释四》第 5 条规定:"股东会或者股东大会、董

---

① 参见最高法院(2014)民申字第 1876 号裁定书。

事会决议存在下列情形之一，当事人主张决议不成立的，人民法院应当予以支持：(一)公司未召开会议的，但依据公司法第三十七条第二款或者公司章程规定可以不召开股东会或者股东大会而直接作出决定，并由全体股东在决定文件上签名、盖章的除外；(二)会议未对决议事项进行表决的；(三)出席会议的人数或者股东所持表决权不符合公司法或者公司章程规定的；(四)会议的表决结果未达到公司法或者公司章程规定的通过比例的；(五)导致决议不成立的其他情形。”

我们认为，以上的公司法司法解释对涉及关联担保的股东(大)会决议的效果而言，仍然要结合《公司法》第16条第2、3款的立法背景和立法目的以及法律用语“必须”进行解读。如果公司未召开股东(大)会，或者会议未对关联担保事项进行表决，那决议当然不成立，与无效决议的效果等同。

我们对关联担保交易中公司股东(大)会决议违背该条解释所规定的情形之(一)和之(二)并无异议，此时应属于决议不存在。在实践中，公司的签约代表人或关联人(如公司的董事会秘书、总裁助理等)向交易相对人提供了虚假的或者不存在的股东会决议证明。具体而言包括：(1)公司根本未召集相关的股东会进行表决，甚至连开会通知都没有；或者(2)公司虽然发出了开会的通知，但是，公司未实际召开股东会，或者公司股东会虽然开会讨论了，但最终未通过该决议。对于在这种情况下如何判定越权担保合同的效力，仍然应当具体的案情而定。原则上，倘若不能证明关联担保的交易相对人不为善意(例如，交易相对人尽到了形式审查义务，如一份虚假的股东会决议证明上加盖了公司的公章，他有理由相信公司通过了股东会决议)，则出于信赖利益保护，法官应判决关联担保合同有效。反之，倘若有证据显示公司的签约代表人与交易相对人恶意串通损害公司利益,则可以依据《民法总则》第61条第3款、第85条和第170条第2款判定合同无效或者可撤销。

例如,在我国的司法实践中,大量的案例均集中在公司的法定代表人或者总经理违法进行关联担保的现象。这些案例中,有的法定代表人或总经理未经公司股东(大)会决议授权,擅自在担保合同上签字,并加盖公司印章。例如,在万科阻燃公司关联担保案①中,该公司法定代表人在关联担保合同上签字并盖章,但并未取得股东会决议的授权,最高人民法院即认为构成表见代表。也即,只要是法定代表人、总经理等公司代表人在担保合同上签字,且加盖的公章为真,即构成表见代表,即使相关的股东会决议不存在或者不成立。

反之,在有的越权担保案例中,只要是法定代表人或者总经理的签字为真,哪怕公司在担保合同上加盖的印章是伪造的,并且公司机关的决议不存在甚至是伪造的,法院仍然认为构成表见代表,这就不得不令人深思了。例如,在六安市小额贷款公司关联贷款担保案②中,案涉债务人所在公司的总经理私刻了公司印章,并且该公司总经理并未出具公司股东会决议的担保授权证明,但最高法院仍然认为构成表见代理。可见,本案到底应定性为表见代理还是无权代理,争议颇大。并且,该公司总理并非是为公司利益,是否构成职务行为也很难说。

从以上的两个典型案例不但看出,公司机关决议不成立情形中根本就未召集股东会的情形最具有代表性。并且,从最高人民

① 参见最高法(2017)民申179号判决书。

② 参见最高法(2015)民申字第2491号裁定书。

法院的上述判决来看,此种情形下的决议不成立,对于后续判断越权代表行为的有效性而言几乎没有任何实质性的影响。这种令人遗憾的结果,同样表明了最高人民法院在类似案件中所坚持的裁判思路值得商榷。

不过,对于该条解释中(三)和(四)中所涉及的决议不成立的情形,本课题则不敢苟同。根据我们的观点,公司章程对董事会、股东大会表决权比例的限制,属于内部限制,虽然在针对公司内部的纠纷中,法院可以照此判决"决议不成立",但是,正如该解释第6条所言,此时的决议不成立,并不影响善意相对人的信赖利益。该条解释中(四)和(五)对法定的表决权比例和章程自定的表决权比例不进行区分,本课题因此认为是不合适的。课题组认为,将出席会议的人数和会议表决的结果达不到法定的或者公司章程要求的比例作为决议不存在的判断标准,是有问题的。

在实践中,虽然涉及关联担保利益的股东或代表实际控制人利益的股东依法回避了表决,且未参与表决,也未暗中拉拢无利益关联股东投票表决,但非关联股东在表决时出现了不足法定人数或者法定多数或者不足公司章程规定的人数或者法定多数的情况。例如,某公司只有两名股东,大股东自行回避表决,从而只有1个无关联股东表决,此时可否认为通过了股东会的决议?又如,某公司只有3名股东,大股东持股60%,两名小股东各持股20%,在大股东依法回避表决的情况下,两名小股东意见相左,支持该关联担保和反对该关联担保的表决都无法形成股东会决议。再如,某公司有若干小股东,在大股东回避表决的情况下,无论是支持关联担保还是反对关联担保的无利益关联的股东的表决权,都无法达到本公司章程规定的多数决,如此等等。对此,我们的原则性观点是,法官在此时仍然应当按照瑕疵决议是否违背第16条第3款中的实体性规定还是程序性规定，结合案件的具体情况，综合判定公司股东会是否通过了该决议。对于大股东未依法回避表决时做出的股东会决议，仍然要看倘若不将大股东的表决权计算在内时，能否通过股东会决议，倘若属于实质性不能通过决议，则法官应当结合案件的其他情况，综合判定担保合同的效力。为此，可以参照《特拉华州通用公司法》，倘若仅仅是违背了程序性的规定，也要看此种违背是否实质性影响到决议的通过。而对于无法达到法定的或者公司章程自定的表决权多数的情形，更应具体问题具体分析，综合判定。

由此可见，《公司法司法解释四》第 6 条，将"决议无效"与"决议可撤销"的效果等同，也是存在问题的。因为《民法总则》第 85 条仅仅是规定了公司机关决议被法院撤销时，这种撤销的效果，不影响公司与善意相对人的交易，但是，《民法总则》并未将"决议无效"和决议不存在时纳入对善意相对人的保护。当涉及《公司法》第 16 条第 2 款的决议被认定为"决议无效"或者"决议不存在"时，尽管此时公司可以以此主张对抗交易相对人，但是，交易相对人除非是信赖了公司出具的决议虚假证明，那么，这对于法院对交易相对人是否善意以及交易的有效性的判断，将可能是有影响的。

综上所述，我们建议，在兼顾《民法总则》第 61 条第 3 款，第 170 条第 2 款和第 85 条的基础上，整合我国《公司法》第 16 条第 2 款和第 3 款的规定以及《公司法》第 124 条的规定，参照国际立法经验，在我国《公司法》的总则中增加一条"涉董事冲突交易"冲突的全新"安全港程序"（明线规则），主要内容包括：

（1）涉事董事及关系人的利益披露义务；

（2）董事会表决程序（含表决权禁止与回避表决制度）；

（3）董事会无关联董事达不到法定人数或者董事会认为有必

要时提交股东(大)会表决;

(4)股东(大)表决程序(含表决权禁止与回避表决制度);

(5)违背本条规定的决议可以由人民法院认定无效或者撤销决议,但是相关的交易不得仅仅因为决议有瑕疵或者被判无效、撤销决议而被认定为无效或者撤销交易;

(6)当公司已获得赔偿或者当有关的交易无法恢复时,该交易不再可撤销。

二、我国《公司法》有关越权进行关联担保交易的司法实践

那么,我国的司法实践的情况又是如何呢? 是否按照前述分析的思路进行关联担保合同的效力的呢? 统计数据表明,在公司为他人提供担保的案件中,关联担保案件的数量远远大于非关联担保案件的数量,前者为303件,后者仅为116件。并且,非关联担保案件中,越权担保合同整体有效性达到了93.04%;而关联担保案件中,越权担保合同的整体有效性仅为78.88%,明显低于前者。[①] 这表明,法官对于关联担保案件的裁判,持更加审慎的态度,法官一方面要维护交易安全,但另一方面也要考虑《公司法》第16条的立法目的,从而综合判定交易相对人是否善意,以及关联担保是否符合公司的整体利益。

课题组研究发现,在越权从事关联担保交易的问题上,尽管最高人民法院于2015年公布的指导案例即招商银行诉大连振邦股份关联担保案确立了"表见代表"裁判思路,但面对类似的案件,仍然有不少的法院并不赞同最高人民法院的观点,而是采取了"无权代表"或者说"代表权滥用"的裁判思路。

我们认为,鉴于《公司法》第16条第2、3款对公司关联担保的

① 详情请参见本书案例统计部分。

规定属于法律的明文规定而不属于公司章程限制或者股东会决议限制的情形，在公司的代表人或代理人理应依法取得股东(大)会的授权而未取得授权从事越权担保的情形下，其行为不但构成了越权代表，而且也构成了代表权滥用，加之法律具有推定公知[①]的作用，因此，此种情况下相对人负有起码的形式审查义务，即索取股东大会决议证明，并合理审查股东大会决议内容的实质合法性(如关联股东是否回避表决)和形式合法性(例如，是否加盖公司印章，股东签名，并对印章和签名进行基本的形式审查)，倘若相对人未尽此种合理审查义务，即表明相对人存在过失，即使不能认定相对人不为善意，但也足以证明相对人具有过错。

这种观点，在海南高院"大寺坡矿产资源开发有限公司"涉担保纠纷案(2016)[②]的判决书中，表现得尤为明显。在该案中，该公司的原法定代表人越权从事关联担保交易，且未取得公司股东会或董事会的授权，加之该公司声称公司先后存在两枚不同的印章。倘若按照最高人民法院在一个案例中的观点，相对人无义务审查公司是否存在两枚印章("善意相对人无法辨别公司印章的真假")，即构成表见代表[③]。但在本案中，海南省高级人民法院则认为，无论如何，公司印章管理不严，公司起码也存在过错。加之该担保未取得公司股东会决议授权，因此，判决担保合同无效，按照过错责任规则，判决担保人和担保权人各自承担二分之一的责任。

这表明，最高人民法院在指导案例所坚持的观点，的确存在诸多商榷之处；并且我国《公司法》并未像英美公司法那样明确区分

---

① 参见江苏高院(2015)苏民终字第00606号判决书。

② 参见海南高院(2016)琼民再第12号判决书。

③ 参见山东兴康医疗机械公司关联贷款担保案，最高法(2016)民再第194号判决书。

涉董事、高管、实际控制人的关联交易特殊规则则是造成司法实践混乱的根本原因。

关于我国越权担保案件中涉及的决议存在瑕疵的案例统计，如图 6-3 所示。

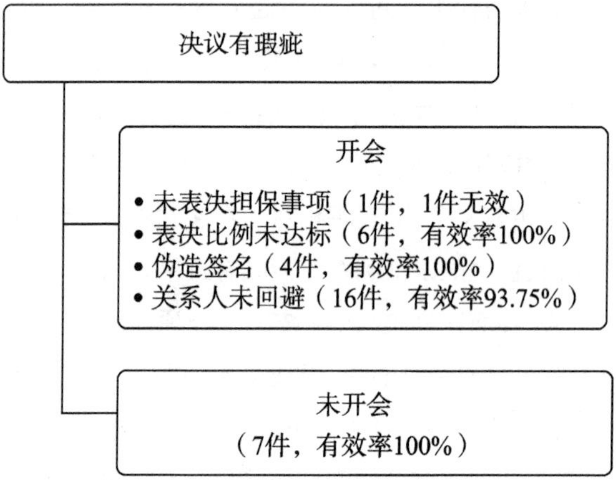

图 6-3　涉及决议瑕疵案件的统计

三、美国关联担保判例的启示

以上分析了中国对关联担保合同中公司机关决议对判断关联担保合同效力判断的影响，下面接着分析美国特拉华州最高法院的一个典型判决，这就是著名的 Drive-In 案。① 该判决及相关的司法、研究观点对我国而言具有重要的启示意义。Drive-In 案在本上诉程序中的主要问题（争议焦点）就是：（1）当有情况表明该公司的高管在执行担保时并未获得董事会授权，公司为关联公司债务提供的担保是否约束公司？（2）对关联担保是否需要采纳特殊的

① In the Matters of Drive－In Development Corp. United States Court of Appeals，Seventh Circuit，1966，371. F. 2d 215. 具体参见本书第四章第三节案例。

裁判规则？

我们认为，这是美国公司法上的一起典型的为公司股东和实际控制人提供担保的案件。该案的判决对我国的司法实践而言，其启示是多方面的。

第一，如何认定某人的行为代表了公司的行为？在本案中，公司的董事会主席“以公司的名义”（on behalf of）签订了担保合同（案件未披露是否加盖了公司的印章，而英美公司法并不强制要求代表人签字时加盖公司的印章），其行为当然对公司有约束力。不仅如此，公司秘书还出具了公司董事会决议的副本，并加盖了公司的印章。因此，公司董事长和公司秘书的行为共同构成了对公司的代表权。可以推定这种担保获得了公司的授权，因此，对公司具有约束力。在我国的公司实践中，也出现了类似的情况，即公司在担保合同上签字，并加盖了公司的印章，或者代表公司在担保协议上签字，并同时出具了一份经过鉴证（如加盖印章）的董事会决议或者股东会决议。从这个意义上说，这种行为足以让第三人相信行为人的行为代表了公司的意志。

第二，公司代表人提供虚假的公司决议或者决议不存在时，如何认定担保合同的效力？本案给人的启示就是，如果行为人提供了公司的虚假的公司决议，或者说，实际上证明决议是不存在的，善意第三人只能根据自己的合理注意义务去审查公司方面出具的有关决议的证明的真实性，而没有义务去探究证明背后的真实性。也就是说，第三人仅仅是有义务去审查公司出具的有关证明的外观的真实性，而无义务，也没有能力去追究证明文件背后的内幕和事情。第三人的信赖利益理应得到保护。

第三，倘若根据案件的具体情况，第三人“的确知道”，或者“不可能不知道”，或者“肯定应当知道”董事会决议是虚假的，那么结局又是如何呢？从美国法院的相关判决来看，如果出现了上述情况，法院也仅仅是说不支持对第三人的信赖利益保护，此时允许公司一方“反悔”，这起码表明该合同倘若不经过法院撤销，依然是有效的，除非双方恶意串通，损害公司或者其他当事人的合法权益，才可能导致合同自始无效(null and void)。英国《2006年公司法》第40条第2款已经明确规定，“知道或者应当知道本身并不构成恶意”。这一规则在美国也应当如此。[①] 虽然汉密尔顿的观点倾向于赞同这个案件中法官的观点。不过，在这方面，法院的裁判很可能出现不一致的情况，即是法官在结合案件的综合情况予以认定时交易相对人“知道或应当知道”这一事实到底会给案件带来什么样的影响。争议焦点是：“既然你已经知道我缺乏授权，还与我签订合同，那么你就不怀好意？”或者“我知道你缺乏授权，我还与你签订合同，难道我就一定不怀好意吗？”因为，交易相对人的主观状态如何认定，即签订合同当时到底是“善意”还是“恶意”还是“善意和恶意都有一点”？这完全取决于法官自己的主观判断。可见，无论法官怎么判，无论法官将利益的天平倾向哪一边，都没有“对与错”的分别，而仅仅是表明法官通过自己的判决，希望向公众传递什么样的价值观而已。

第四，对“关联担保合同”是否应采用有别于普通担保的裁判规则？本案的Swygert法官和评论人汉密尔顿教授都指出，在美国的公司实践中，为关联方提供担保也是司空见惯的，因此，这属于常规交易，而不属于非常规交易。言下之意，对关联担保和非关联

---

① 参见汉密尔顿援引的[美]Keystone Leasing Corp. v. People's Protective Life Ins. Co., 514 F Supp/ 841(E. D. N. Y. 1981)一案。Hamilton R W, Macey J R, Moll D K, *The Law of Business Organizations: Cases, Materials, and Problems*, West Academic Publishing, 2014, p. 438.

担保,原则上应实行相同的裁判规则,只不过,《美国示范商事公司法》和《特拉华州通用公司法》对于关联担保和董事、高管的利益冲突交易,已经有了安全港程序的特殊预防审查机制。而这种安全港规则,并不绝对安全。尤其值得注意的是,巡回法院的 Swygert 法官从"当代(美国)公司的商业实践现实"出发进行推理,等于是说,美国的法官在裁判过程中是将"商业实践"或者说"商业惯例"作为经验法则采用的。再者,常规交易也罢,非常规交易也罢,其实都是法官的经验法则的体现,是法官个人经验的判断范围之内的事情,只不过法官的个人判断,必须是在遵守法律的强制性规定和商业实践规则的基础上。

第五,倘若银行是担保合同的债权人,银行方面是否需要尽到更为严格的注意义务?本案恰好也是一起为金融机构提供担保的案件。在我国的司法实践中,常常有法官认为,金融机构应当比普通债权人尽到更为严格的注意义务。然而,通过本案的研究发现,美国的法官在裁判本案时,并没有刻意区分债权人的种类,而仅仅是从普通的第三人的角度去看待问题。这表明,要求金融机构承担更高的注意义务的观点是难以成立的。

第七节　《民法总则》相关规定的不足

如前所述,《民法总则》第 61 条第 3 款的规定与《合同法》第 50 条,以及《担保法司法解释》第 11 条的规定相比,以"善意相对人"取代了"知道或应当知道"的立法表述,无疑具有巨大的历史进步,不但更加符合司法实践的图景,而且也进一步与国际接轨。不过,《民法总则》的上述规定,也存在以下的美中不足:

第一,《民法总则》第 61 条第 3 款仅仅是针对法人(含公司)的法定代表人，无论是从国际比较来看，还是从我国的司法实践来看，课题组认为都不应当将越权代表行为的主体限定为法定代表人，而是应当将公司法人(或者说营利法人)的代表主体扩大至董事和高管。从公司的表意行为角度来看，有权代表公司进行意思表示的人，不仅包括公司的法定代表人，也包括了公司的董事、经理和其他授权代表人或代理人，但鉴于我国的公司立法和商业实践中均过分倚重法定代表人的代表权限而忽视了其他董事和经理应有的代表权限，才造成《民法总则》第 61 条第 3 款所调整的公司表意人主体过分狭窄的情况，而《担保法司法解释》第 4 条的规定，已经表明了不仅公司的法定代表人可能签订越权担保合同，而且除此之外的公司其他董事以及经理都可能越权签订担保合同。对此，前文已经进行了论述，此次只是重申，应当将《民法总则》第 170 条的规定，提升并整合至《民法总则》第 61 条第 3 款之后进行规定。

第二，《民法总则》第 61 条第 3 款忽视了一个必要的补充规定，即该条应当增加一款规定："交易相对人知道或应当知道公司的代表人超越公司章程或权力机关决议限制的权限本身，并不构成恶意"。①这一重要的补充，不但是英国《2006 年公司法》的重要内容，同时也得到了我国的司法实践的印证。并且，我们认为，正如本课题的研究表明，这一规则应当在修订《公司法》时予以进一步的细化，《民法总则》自身不可能对商事代表制度进行面面俱到的规定，而有待商法和商事单行法自身的不断完善。尤其是对公司的代表人的代表权行使中的预防性控制制度的完善，更与民法没有直接的关系。民法的归民法，商法的归商法。

① 参见英国《2006 年公司法》第 40 条的规定，以及前文的论述。

本章小结

《公司法》第16条区分了关联担保与非关联担保。由于《公司法》的立法者在进行立法时出于种种原因没有给违背该条3个条款的规定的担保合同的效力设置裁判规则，导致该条出现了"目的漏洞"，这是导致学术研究和司法实践至今争论不休的根本原因。

如今，《民法总则》第61条第3款和第170条第2款，以及第85条在一定程度上克服了第16条第1款中的法律漏洞。公司法司法解释也佐证了民法总则上述规定的合理性。为此，我们主张在民法典的制订过程中，全面地整合《合同法》中与民法总则相抵触的有关规定，尤其是《合同法》第50条的规定。然而，民法总则的漏洞填补，也仅仅是部分的，并未能全面消除司法实践和学术观点中的分歧。解决的办法，可以参照英国《2006年公司法》和香港《公司条例》等比较法上的规则，增加"交易相对人知道或应当知道本身并不构成恶意"等规定，从而真正填补上述漏洞。与此同时，本课题主张从民法自身的逻辑和民商关系出发，在《民法典》的制订过程中，进一步整合法人的代表人(法定代表人和"法人的工作人员")越权行为效果的相关条文；并以此为契机，合并或废除《合同法》相关条文；并对《公司法》和《担保法》进行相应的修订；我们主张废除《担保法司法解释》，将其某些合理内容整合到《公司法》《担保法》以及制定《民法典物权编》的担保物权的相应内容中。[①]

基于本书之目的，我们认为，区分关联担保与非关联担保，《公司法》第16条第1款关于非关联担保的规定，属于内部管理规

① 详情见本书第七章第六节。

范,对善意相对人无约束力,相对人并无法定的形式审查义务;反之,第16条第2款应属效力性强制规定,而非内部管理规定,违背第16条第2款之规定的关联担保合同,在效力判断上,首先法官应从"原则无效"的立场去进行判断,但是,倘若一项关联担保,对公司而言整体是公平的,则可以裁判例外有效;相应地,交易相对人对于涉及第16条第2款之规定的关联担保合同,负有法定的注意义务,或者说"形式审查义务"。

至于第16条第3款,则是对第16条第2款的补充规定,其内部控制的立法意图更为明显,但是,对于违背第16条第3款的关联担保合同,只要交易相对人尽到了形式审查义务,也即只要公司的代表人或其他为公司行事的人提供了表面上符合第16条第3款的证据,如股东会决议证明,则根据相对人仅富有形式审查义务而不负有实质审查义务的观点,决议应属于原则有效(即是针对第16条的例外)。因此,从整体上看,第16条第3款的规定的多数内容,在规范的性质上,总体而言应属于内部管理规范,但其中关于表决权禁止的规范,则应可以理解为效力性强制性规范。但无论如何,均应结合第16条第2款进行综合判断,而不能孤立认识。规范性质识别说,因此仍然具有司法实践的意义,正如英美法的司法实践所表明的那样。

此外,根据我们的研究,《民法总则》第85条对于可撤销的公司机关的决议对越权代表合同的影响,以及《公司法司法解释四》第6条的相关规定,也仅仅是一个原则性的规定,并不影响违背《公司法》第16条第2款和第3款关联担保合同的属于可撤销的合同这一基本结论。同时,我们还认为,《公司法司法解释四》第5条关于"决议不存在"的规定中不区分公司章程的表决权比例限制与法定的表决权比例限制,并不符合公司法的一般原理和我国《公司法》的立法背景与立法目的。

与此同时，我们还建议，根据《公司法》第16条第2、3款有关规范关联担保的预防性控制制度，以及《公司法》第124条针对上市公司关联交易的“安全港程序”（明线规则），以这两个条款为基础，并在借鉴域外立法和司法经验的基础上，在《公司法》总则中建立针对有限公司和股份公司的董事、高管、控制股东和实际控制人的利益冲突交易的一般性控制条款，即专门调整“董事及关系人的利益冲突交易”，强化涉事董事、高管的信息披露义务和内控机制，而不是仅仅局限于对关联担保的预防性控制或者仅仅是针对上市公司建立安全港程序。

最后，在司法裁判的过程中，《公司法》第16条的规范，依照立法背景和法条的中的“必须”和“不得”的表述，具有不同的对抗效力，但这种对抗效力更多的是改变了纠纷当事人之间的举证责任分配。与此同时，法官在裁判关联担保交易的效力时，仅仅是从第16条的条文出发进行裁判显然也是不够的，正如英美法系的法官在裁决类似纠纷所表明的那样，法官不仅要看公司法的程序性控制规定（安全港规则）是否得到遵循，法官对于涉及股东、实际控制人和董事高管的利益冲突纠纷进行司法审查时，往往同时会启动“内在公平”测试，也即交易的公正性才是决定交易有效性和相关的法律责任分配的裁判终极标准。在出现股东会僵局或董事会僵局时，由于安全港程序根本无法启动，此时，法官根本不能适用第16条第2款和第3款的规定，而应当从交易是否对公司公平出发来衡量交易的效力，为此又有“整体公平”和“内在公平”等不同的司法审查标准。

综上所述，我们认为，对公司代表人、代理人违背《公司法》第16条规定的越权担保合同的效力，如图6-4所示下。

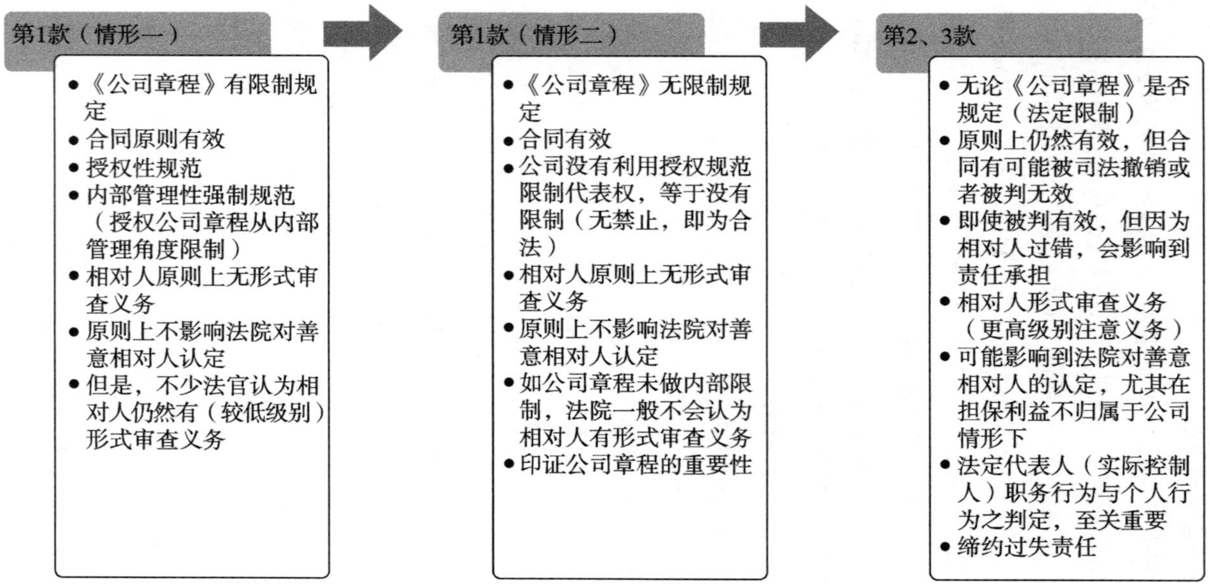

图6–4　违背《公司法》第16条规定的担保合同效力判断

除此之外，研究也表明，我国《公司法》在对关联交易的规制方面，还缺乏系统性的立法理念。为此，有必要效仿英美公司法，完善《公司法》，在我国公司法中，建立我国的关联交易安全港制度，并且通过公司法予以明确，违背关联交易法律规定的越权代表行为，可以是无效的，如表6-2所示。

表6-2　我国《公司法》关联交易的不足与完善

法　条	调整对象 适用主体	现有内容	缺少内容 (或不合理内容)	安全港程序 再造
《公司法》第16条第2、3款	公司为股东和实际控制人提供担保(关联担保) 适用主体 有限责任公司 股份有限公司	1. 股东会表决 (1)表决权禁止 (2)回避表决	1. 缺涉事董事利益披露义务 2. 缺董事会表决制度 说明：董事会作为一个集体决策机关，当然有权就关联担保先行表决，仅当董事会认为必要时，方可提交股东(大)会表决。 3. 缺违背本条款之法律后果(交易可无效/可撤销性)	整合第16条第2、3款以及第124条，总则中增加一条： [董事利益冲突交易] 1. 涉事董事利益披露义务 2. 董事会表决 (1)表决权禁止 (2)回避表决制度 3. 无关联董事不足法定多数或董事会认为必要时提交股东(大)会

续表

法条	调整对象 适用主体	现有内容	缺少内容 (或不合理内容)	安全港程序 再造
《公司法》第124条	涉董事关联交易的董事会决议 适用主体 仅适用上市公司	1. 董事会表决 (1)表决权禁止 2. 无关联董事不足三人时提交股东大会表决	1. 缺涉事董事利益披露义务 2. 缺回避表决制度 3. 缺股东(大)会表决程序 4. 适用主体过窄 说明:虽然本条因我国上市公司关联交易泛滥而诞生,但无疑具有普遍意义,但仅适用上市公司显然主体范围过窄。 5. 缺违背本规定之法律后果(交易可无效/可撤销性)	1. 股东(大)会表决(规则同董事会) 2. 违背本规定的交易可撤销,但不得仅因决议有瑕疵而无效 3. 公司已获得赔偿或交易不可逆转时,交易不可撤销 (包含涉事董事的关系人和关联企业,如控制股东/实际控制人/控股公司等)

此外,司法实践中判断越权担保合同的效力,不仅要看是否满足了公司机关决议批准等程序性的规定,更为重要的是看越权的代表行为是否对公司有利,是否对公司公平。

第七章　公司对外代表行为的归责模式与责任类型

本报告的前面章节分别论述了公司代表人、代理人越权的基础理论，越权代表行为的一般性效力规则以及在涉及董事、高管和实际控制人的关联交易中的越权效力特殊规则。本章接着探讨公司的代表人、代理人越权行为的归责原则和责任类型。本部分的研究，有助于促进我国《公司法》中的代表人、代理人责任制度的完善，同时也有助于扼制越权代表行为泛滥。

第一节　归入:代理学说与代表人责任的法理基础

一、归入规则(Attribution Rule)

公司作为市场经济活动的主体,要参与市场运行与商事交易活动,必须发挥其自身的人格属性。这种人格属性,被称为“法人性”(legal personality),是一种法律上的“人”。① 无论将法人的本质定位在“拟制说”还是“实在说”,②公司作为法人所具有的这种人格属性,才是决定其独立参与市场经济活动、独立承担经营风险与法律责任的本源所在。法人的这一属性来自法律的直接确认,并在法律上发生与自然人相同的后果,但是,法人毕竟不同于自然人,相反它是由自然人所组成,因此,法人的意思表示必须附着在自然人身上,方可变为交易的现实。换言之,公司的任何行动都必须由自然人来完成。公司的法律人格的概念独立于股东,这造成了一个巨大的困难,即法律很难确定一个自然人被认为是代表着公司(董事会或其他高管)的整体意志,并被考虑作为这个拟制的法律人格的意志。③ 因此,必须回答的追问在于,组织体中的哪些自然人所为的行为,可以被作为公司的行为予以看待?

作为一个抽象的法律框架,公司没有实体存在,因此,没有能力进行实际行动或拥有意图或知识。“为了使公司成为自愿交易

---

① 施天涛著:《公司法论》,法律出版社 2014 年版,第 4 页。

② 马俊驹、余延满著:《民法原论》,法律出版社 2005 年版,第 112~113 页。

③ [英]Hsiao M W H, “Abandonment of the Doctrine of Attribution for Gross Negligent Test on the Corporate Manslaughter and Corporate Homicide Act 2007”, *Social Science Electronic Publishing* 17(25), 2009, pp. 404-451.

的一方而必须采取的任何物理行为都必须由自然人代表公司行事。因此有必要建立判断在何种情势下一个或多个自然人的行为被视为公司行为的规则。”在 Meridian Global Funds Management Asia Ltd v. Securities Commission 一案中，霍夫曼法官（Lord Hoffmann）确定了“归入规则”用以确定某个自然人所为的交易行为，能够被确认为是公司的行为，从而由公司作为某一具体交易的相对人，而向对方承担债法上的义务与责任。霍夫曼勋爵建立起三个适用于公司的归入规则：

首先，是初始归入规则（Primary Rules of Attribution）。主要看章程中分配的权力和责任，董事会决议，股东决议以及其他有约束力的股东决定。它的基本规则通常在公司章程中被发现。这些条款通常赋予公司管理业务的行为，并赋予董事会将业务委托给董事总经理或委员会的权力。这些规则包括公司法的原则、股东约束公司的一致决定等。

其次，是一般归入规则（General Rules of Attribution）。它适用于自然人和公司，即代理规则。根据代理的一般原则和公司的归入规则，其仆人或代理人的行为将成为公司的行为。因此，公司可以根据禁止反悔或表面授权或侵权行为中的代理责任等一般规则，使自己承担合同责任。在这些情况下，责任取决于代理或雇员本身的不当行为或不作为，公司作为雇主对其负有责任，它不依赖于对他人精神状态的归属。换句话说，此时公司承担的更像是一种替代责任，而非直接的主体责任。

最后，则是特殊归入规则（Special Rules of Attribution）。当前述的两种归入规则都不能提供令人满意的解决办法的时候，该规则被用于明确规定某项实质性规则适用于公司。然后，法院必须解释规则，以确定公司的思想、知识或行为的状态，因为该规则旨在适用于公司。Meridian 案件涉及立法上的规则,但特殊的归因规则也适用于法院命令或合同规定。对此,霍夫曼法官解释道:“这总是一个解释上的问题:鉴于‘实质性规则’将适用于某家公司,那么它应该如何申请?通过应用通常的解释规则可以找到这个问题的答案,即考虑到规则的语言(如果是条款)及其内容和政策”。[①]在 Bilta(UK) Ltd. v. Nazir(No. 2)案件中,Lord Mance 思考了归入规则并观察到:任何归入问题的关键最终都在于考虑文本与目的。

二、归入规则是代理学说的理论基础

历史上,将权利、义务与责任归入公司,完全是根据代理原则而设想出来的。[②] 要将个人的行为、想法、过失等归因于公司,则必须立足于将个人识别为公司的代理人。[③] 要回答哪些自然人的行为会被视为法人的行为,必须厘清到底谁有权代表公司行事。代理是一种低成本的机制,使在职责范围内的事项,个别管理者也可以以公司的名义与他人签订合同,而不必依赖董事会对每一项交易进行决策。但必须关注的显见问题是,企业如何授予管理层以权力?较为普遍的是,公司代理人通过董事会授权和再授予管理权力的过程获得授权。董事会通常会任命具有广泛管理权力的公司高级管理人员,这些人员明确或含蓄地包括代表公司与第三方签约的权力。这些管理者可以任命更多的下级管理者,有权在其职能范围内签订合同等。其结果是在整个公司建立起分配权力的高度灵活的系统。在大型企业中,合同签约权可以广泛分散;而在

---

① [英]Meridian Global Funds Management Asia Ltd. v. Securities Commission [1995] 2 A. C. 500 at 507.

② [澳]Grantham R B,“The Limited Liability of Company Directors”, *Lloyds Maritime & Commercial Law Quarterly*3,2007,pp. 362-391.

③ [新西兰]Grantham R. Corporate Knowledge: Identification or Attribution? *The Modern Law Review*,1996,59(5).

小型企业中，章程可以将所有缔约权分配给董事会甚至股东，同时行使其他的合同订立授权都被建立起来。①

从归入的角度来看，代理成为理解这一逻辑转化的钥匙。为公司成为诸如合同那样的法律关系一方的目的，代理的这一法律概念被用于确立谁的行为将被归入公司。代理法律关系存在于称之为委托人和代理人这两人之间，倘若代理人有权限或资格在委托人和第三人之间建立法律关系，一个人是否是另一个人的代理人属于事实问题，并且代理可能从相关的情势中推断出来，尽管只有在委托人和代理人同意的前提下才能建立代理关系。② 代理人可以为公司执行公司文件，或者相反导致公司缔结合同。公司的代理人的行为仅在代理人在其权限范围内行事的前提下才能归入该公司，这在过去受公司能力的限制。倘若公司事实上不存在，就不可能存在代理，要么是因为公司尚未登记，要么是公司已经解散。在民法中，代理人并不必然为委托人行事承担责任，但是委托人通常对其代理人的任何行为承担连带责任。③ 通常情况下，如果一个第三方起诉一家公司违反对前者的义务（例如，违约或者侵权），或者公司违反法定条款而被起诉且该法律条款系规定的主体责任而非替代责任，则公司代理人的行为必须归入公司，以使代理人的行为与公司的行为同一。此时，拒绝将代理人行为归入公司，则意味着公司不会因违反合同或侵权行为而被起诉，或者法定

① ［英］Davies P. L., *Gower & Davies: The Principles of Modern Company Law*, Sweet & Maxwell, 2008, p. 380.

② ［英］Garnac Grain Co. Inc v. H M F Faure and Fairclough Ltd ［1968］, AC 1130.

③ ［英］French D., Mayson S., Mayson S. W., et al. Mayson, French & Ryan on Company Law, Oxford University Press, 2011: 506.

的主体责任条款将对公司失去约束力。①

三、归入规则是代表人行为归属的判断标准

丹宁法官在判决中说:“当董事会确定他们其中的一个作为公司的经理时,董事会不仅赋予经理默示的实际权限,也同时赋予了经理在其职权范围内经营活动的表见授权。”这是关于经理权代表公司的经典阐述,这一阐述意在表明自然人主体对公司的代表权,使得该代表主体的对外表意行为以及所产生的法律后果将被完整的归入公司。值得注意的是,将法定代表人的行为与公司的行为相等同,这与我国在民法理论上将代表与代理相区别有关。法定代表人理论的认知基础,在于我国民法通说所主张的“实在说”中的“社会组织体说”。该说认为,“法人者,乃适于为权利主体之法律上的社会组织体也。盖个人可以存在而表示其意思,则多数人所组织形成之团体,当然亦可表示其意思而有社会价值存在之必要也。”②依照此说,董事为法人之代表人,而非代理人。代表人的意志与思想,将作为其所代表的公司的意志与思想而存在,从对外效力上来说,公司往往成为法律后果承受的主体,但从内部来讲,作出意思表示客观行为的自然人主体是否应当承担责任,则完全是归入规则所判断的问题。亦即,从正向上来说,归入规则表达的是,自然人的行为被视为法人的行为的问题;从反向上来看,归入规则还可以作为一种标准,用以判断行为边界,并就此作为自然人承担相应责任的范围限定。以法定代表人为例,作为实际行为人的法定代表人,其行为如果超越其作为法定代表人的权限或范

---

① [新加坡]Lim E. Attribution in Company Law, Modern Law Review, 2014, 77(5):794-807.

② 参见林诚二著:《民法总则新解——体系化解说》(上),瑞兴图书股份有限公司2012年版,第207页。

围,抑或超越其合理行为的限度,例如,滥用法定代表人身份从事不当或违法行为,则该行为通常不会被归入公司的行为,或者行为人本身直接承担责任或与公司承担连带责任。因此,归入规则成为一种"除外"判断标准,来判断自然人行为作为自己责任承担的基础。

四、归入规则的例外情形

其一,不将董事的不法行为归入公司。在 Belmont Finance Corp Ltd. v. Williams Furniture Ltd. 案中,公司向三名董事中的两名提起诉讼,控告他们由于其不当行为造成公司损失。这两名董事以一个虚高的价格售卖了公司的财产,继而利用这笔钱从公司获取了股份。这样的操作导致公司事实上对它自己的股东的股权交易提供了资金上的支持,而这显然是违反法律规定的。一审法院否决了公司认为这是欺诈行为的主张,而将这些董事的行为归入了公司。Buckley L. J. 推翻了这一裁决,并明确拒绝将董事行为归入公司,同时尖锐地指出,这样的处理是"非理性的"。①

其二,即使董事的行为要归入公司,也并不免除其个体的直接侵权责任。基本方式则是,通过公司向违反义务的董事、高管提起诉讼。这说明,将董事不当行为归入公司,并不意味着可以将其作为对抗终局个体责任承担的依据,或者公司因归入规则的判断而丧失对不当行为董事的可诉性。在著名的 Miller v. American Telephone & Telegraph Co. 一案中,AT&T 公司怠于催讨的行为构成了变相的政治献金行为而为法律所不允许,法院判决原告胜诉,认为董事的决策违反了法律的规定,即便给公司带来利益,董事也应当承担责任。一方面,如果将董事的行为与意图完全等同

① ［英］Belmont Finance Corp Ltd v Williams Furniture Ltd［1979］Ch 250.

于公司的行为与意图，并由此阻却公司对违反行为的公司董事进行起诉，实际上会造成对独立法人人格原则的忽略；另一方面，将董事或高管的不当行为概而归入公司意味着公司完全丧失了向违反义务的董事和高管提起诉讼的机会，而这显然违反了公司法中对董事、高管义务的相关规定。①

第二节　以董事义务为中心的公司代表责任制度比较考察

董事向公司承担义务，是普通法上的一项重要阐释，并在成文立法上得以重述。在 1742 年英国 Charitable Corporation v. Sutton② 判决中，英国衡平法院将“信托”的概念运用到公司组织中，Loard Chancellor 将董事的地位解释为代理人及受托人，需尽到忠诚与勤勉而行为。在两权分离的理论预设之下，董事未必具有公司股东身份，而是受公司所有人——全体股东委托经营公司业务，因此通过对董事义务的解释与理解，来有效控制董事行为，降低代理成本，成为公司法的理性选择。本节所论述的内容，是以董事作为具备公司法定概括授权的主体，为讨论背景与对象展开的。

一、董事义务与代表责任的关联：来自司法裁判的疑问

公司董事的责任来自董事对其义务的违反。③ 关于董事义务与代表责任之间的关系，在不同的国家和地区有不同的表现形式

① ［新加坡］Lim E.，“Attribution in Company Law”，*Modern Law Review* (5)，2014，pp. 794-807.

② ［英］Charitable Corporation v. Sutton，2 AtK. 400，26 Eng. 642(1742).

③ 参见：《论公司董事责任的限制》，任自力、曹文泽，载《法学家》2007 年第 5 期，第 84~91 页。

与表达样态。但董事义务、董事责任、董事之代表行为及其责任承担之间,其实并非直接有所联结。进而,董事义务与代表责任之间何以发生关联,以及发生何种关联,其表现形式如何,需要进一步探讨。课题组首先选取“江苏泰瑞斯特新材料科技股份有限公司与江艳、陆秋枚损害公司利益责任纠纷二审判决”作为典型案例,用以管窥董事义务与代表责任之间的交互关系,并以此探讨代表权行使及其责任承担的理论逻辑,与可能存在的问题。

基本案情:①泰瑞公司于2015年10月22日由江苏泰瑞斯特新材料科技有限公司变更而来,江苏泰瑞斯特新材料科技有限公司于2015年2月10日由常州悦诚新材料科技有限公司(以下简称悦诚公司)变更而来。2014年1月21日,江艳作为出借人、常旺公司(法定代表人陆秋枚)作为借款人、泰瑞公司、常州大成纺织进出口有限公司、陆秋枚作为担保人签订了借款、担保合同,由常旺公司向江艳借款500万元。因常旺公司未能按时还款,江艳将常旺公司、泰瑞公司、陆秋枚诉至常州市新北区人民法院,请求返还借款。该院判决,常旺公司应归还借款本金300万元及利息,陆秋枚、泰瑞公司承担连带清偿责任且该判决业已生效。在上述借款、担保形成时,江艳系泰瑞公司的股东兼监事,陆秋枚系泰瑞公司的法定代表人。2014年12月31日,泰瑞公司新增包括陆秋枚在内的三名股东,同时公司法定代表人由陆秋枚变更为俞学功,并办理了工商变更登记。在上述借款、担保形成时,泰瑞公司的前身悦诚公司的公司章程内,并未有对外担保的相关规定。

一审法院认为,按照《公司法》第16条的规定,现生效判决已经认定泰瑞公司是为常旺公司借款提供担保,而并非为其股东或

---

① 参见(2016)苏04民终2892号裁判案例。

实际控制人提供担保,且在该担保行为形成时公司章程对此并无相应规定,因此,作为公司的法定代表人,陆秋枚的行为不能认定是违反《公司法》第 16 条的规定。前述涉案借款合同的判决是由常旺公司履行还款义务,由陆秋枚、泰瑞公司承担连带清偿责任,但泰瑞公司尚未承担清偿责任,公司利益也没有受到损害,泰瑞公司在利益未受损害之时就向江艳、陆秋枚主张赔偿不符合法律规定。综上所述,江艳、陆秋枚的行为不能认定为损害公司利益的行为,且尚未造成损害后果,泰瑞公司的诉讼请求于法无据,不予支持。

二审法院支持了一审法院的观点,并认为:泰瑞公司在正常经营过程中,泰瑞公司为常旺公司向江艳的借款提供了担保,虽然江艳系泰瑞公司监事,陆秋枚系泰瑞公司法定代表人,但泰瑞公司的公司章程上并没有规定公司对外行使担保权利必须通过股东大会决议等规定。公司法也没有规定公司高管不能代表企业行使对外担保权利。泰瑞公司并没有证据证明江艳、陆秋枚的行为损害泰瑞公司利益,且江艳个人作为涉案借款合同出借方承担了借款资金不能及时收回的巨大风险,陆秋枚个人也为涉案借款合同提供了连带担保责任。江艳、陆秋枚自身均承担了巨大的经济风险责任。企业在经营活动中,必然会发生多种经济往来关系,如果对公司高管限制权利过多,追究责任范围太滥,则必然导致公司高管人心危危,无法从事正常的经营管理活动。公司高管在公司法、公司章程没有禁止性规定的情况下,代表公司从事对其他企业借款提供担保行为,也属于企业之间正常的经营活动范畴。上诉人泰瑞公司认为江艳、陆秋枚违反公司法规定的忠实、勤勉义务及损害公司利益,要求江艳、陆秋枚承担赔偿损失责任的上诉请求不能成立,应予驳回;一审判决认定事实清楚,适用法律正确,应予维持。

本案的典型之处在于,该案例表明了虽然《公司法》第16条明确,要由公司章程明确对外担保的决策机关究竟为股东会还是董事会,但在未予规定的情况下,法定代表人或公司高管略去机关决议程序径直对外担保,系广义的权限逾越行为,其对外效力的判断,通常基于保护善意相对人交易安全的角度,而被认为有效。但从责任承担的角度来看,虽然公司须对外承担担保责任,但如果公司受有损害,是否得依董事、高管义务违反的规定而要求追究其责任?虽然二审维持原判,但较之于一审法院以未造成损害为由驳回起诉,二审法院的裁判理由更有讨论研判之必要,主要有如下两处:

(1)二审法院认为,"公司法也没有规定公司高管不能代表企业行使对外担保权利",该观点尤其值得商榷。首先,《公司法》第16条的规定明确,担保行为属于公司的重要行为,根据不同情况专属于股东会或者董事会等公司意思机关。即便在对外担保事项中,法律授权章程予以选择,但也仅将股东会与董事会作为候选。退一万步说,即便意思机关之外的个体,也有权行使对外担保权利,似乎也应考量这一权利的来源。对法定代表人来说,其基于概括的代表权,特别是在我国单一代表制的制度背景下,以此解读尚属妥帖的解释方案。但其他高管,如非法定代表人的经理、监事,如要代表公司对外行使则必须有确定的、明确的授权,否则其行为应作为无权代理进行处理,而法律明确无权代理是否发生效力均有赖于被代理人的追认与否,本案中公司作为原告提起诉讼则可明确判明其对无权代理行为之否定态度,此时如果法院仍径直以公司法没有规定高管不能对外担保为由,似乎难以完成法律解释的要求。

(2)二审法院认为,"企业在经营活动中,必然会发生多种经济往来关系,如果对公司高管限制权利过多,追究责任范围太滥,则必然导致公司高管人心危危，无法从事正常的经营管理活动。”公司正常的经营活动应受到司法的谨慎对待与妥适保护，但董事、高管的代理风险问题是公司法规制与公司治理中的永恒命题，对公司董事、高管进行有关忠实义务、注意义务的规定，其本质也在于规范道德风险，促进管理层以公司最大利益为行事准则。在公司作为原告，诉请法院判决当事法定代表人与高管承担损害责任时，法院应尽力比照相关规范标准，判断被告是否违反了公司的忠实与勤勉义务，而非直接以保护行为人从事的是经营管理事项的内在激励为理由，对公司的诉请不予支持。更何况，英美国家的立法与学说表明，对董事、高管忠实义务、注意义务的审查，本就应放置在“经营判断法则”当中，进而对董事、高管义务的审查，与其承担的经营管理事务之间并无根本之冲突。

基于本研究对代理权的类型化构造，我们需要探究的问题在于，代表公司对外行事（如对外担保）的主体（如法定代表人、董事、高管）之代表行为，归入公司之后，其自身责任承担的制度通道，与董事、高管义务承担之间有何关联？后文予以分析与阐述。

二、董事的责任与救济——以英国法为例

《英国2006年公司法》在第171~177条中，规定了董事的多项一般义务。包括在权力内行事的义务（第171条）；促进公司成功的义务（第172条）；独立判断的义务（第173条）；行使合理谨慎、技能和勤勉的义务；避免利益冲突的义务（第175条）；不得从第三人处接受权益的义务（第176条）；在拟议的交易或安排中公布利益的义务（第177条），并与如果相应的普通法规则或衡平法原则适用将产生的后果相同（第178条）。[①] 此乃英国对于董事义务的

---

① 《英国2006年公司法》，葛伟军译，法律出版社2017年版，第141~155页。

成文法尝试，下面结合 Simon Mortimore QC 教授在其编著的著作《公司董事：义务、责任与救济》中对董事责任进行的归纳与总结①，进行具体阐述。

（一）董事违反信义义务的救济

1. 董事的信义义务

总体而言，董事违反信义义务将导致公司采取一系列救济措施。首先，公司可以避免因违反信义义务而签订的交易，或者可以获得禁止令以防止该合同发生或被实际履行。其次，公司可能利用专有权利要求从董事或第三方处收回其财产。最后，公司可能会向董事或第三方追索赔偿或利润。在考虑这些索赔以及潜在的抗辩时，重要的是要关注董事或第三方在与公司财产关系中的信义义务（fiduciary duty）或受任人责任（trustee-like obligations）。

虽然从理论上来说，董事并非公司财产的受托管理人，但董事违反对公司的信义义务，仍被视为对信托的违反。In J. J. Harrison (Properties) Limited v. Harrison 案中，Chadwick LJ 确立了无可争议的四个原则性主张：（1）根据公司法设立的公司不是其财产的受托人，它是该财产的合法所有者和实际权益拥有者；（2）公司的财产不能被进行法律上的处分，除非根据公司组织章程或决议的规定；（3）根据组织章程赋予董事的公司财产的处置权力，必须由为公司目的并符合公司的利益而行使；（4）从这个意义上讲，董事应对公司承担与这些权力有关的信义义务，违反这些义务被视为违反信托。

值得注意的是，Millett L. J. 在 Paragon Finance plc v. Thakerar 中确定了两个独立的法定受托人类别：

---

① ［英］Mortimore Q C, *Company Directors: Duties, Liabilities, and Remedies*, Oxford University Press, 2019, p. 882

第一种情况下，一个人(尽管没有明确任命受托人)通过合法交易承担了受托人的义务，该合法交易独立于并且在违反信托之前，且并未受到受益人的指控。董事会在涉及公司财产时就属于这一类，因为在被任命为董事职位时承担了与公司财产有关的受托人的职责。在 Williams v. Central Bank of Nigeria①案中，最高法院重申存在两类法定信托，Lord Sumption JSC 称，第一类是合法承担与信托财产有关的受托责任但却没有被正式委任的人，它包括来自于共同的意图但从未正式创建的信托受托人，或其他由于他们的地位而具有高度类似责任的受托人，例如董事。

第二种法定受托人的情况则是，信托义务的产生是由于索赔人对非法交易进行指控，如欺骗。在这种情况下，被告根本不是受托人，从未承担过受托人的职责，但由于他涉嫌欺诈，他将被追究责任：如果他是一个与案涉财产相关的法定受托人，而案涉财产因他的非法交易而使索赔人受到不利影响，那么他将会受到索赔人的指控。在 In Williams v. Central Bank of Nigeria，Sumption 法官将这第二类法定受托人描述为：他们从不承担或从未打算承担受托人的地位，无论是正式的还是非正式的，但由于他们参与非法滥用信托资产而使自己暴露于公平救济之下。其中包括那些不诚信地协助受托人挪用基金的人，以及那些明知转移资金是违反信托而接受信托财产的人。

2. 交易阻却(Avoiding the transaction)

如果董事超出公司章程授予的权限而使公司进入一个与第三人的交易程序中，通常会被视作违反了信义义务。②这可能是违反

① [英][2014] AC 1189.

② [英]Rolled Steel Products(Holdings) Ltd v. British Steel Corporation [1986] Ch 246，CA.

《2006 年公司法》第 171 条在职责范围内为了正当目的而行事的义务,也可能属于违反第 172 条中的促进公司成功的义务的情况。这与本研究所探讨的越权代表相关,即董事作为法定的概括授权人,超越其权限范围所为交易,是否应当对交易相对人产生效力,即合同是否有效的问题。根据英国上议院在 Criterion Properties plc v. Stratford UK Properties LLC①中做出的决定,对于第三人是否有可继续履行的合同效力判断关键在于,由于导致公司被纳入到一项交易中的原因在于董事的行为,因此,需考察董事是否有实际授权(actual authority)或表见授权(apparent authority)。如果法院认定董事没有这类授权,那么它可以轻易地宣布交易无效。随之而来的就是其他个人的或专属的救济措施,必要情况下还可授予禁止令以防止交易被实际履行。以下是英国法院经常使用的救济措施:

(1)在董事行使罚没权(powers to forfeit)或股份回购权的如下情形时,法院宣布其无效:第一,如果公司和股东间的一项交易安排中,约定股东的股份将在其退休时因为履行出资义务而被没收,该约定因为超过了董事的权限而被认为是无效的;②第二,董事如果动用未缴付出资的股份作为对价来支付未支付的费用,将被认为是违反了为公司正当利益行事的义务;③第三,经理在其假定的代理授权之内进行的股份转让,这种声称董事向经理授权以回购股份的权力超越了其固有的权力;④第四,董事会决定没收股份

① [英][2004] 1 WLR 1846,HL.

② [英]Re Agriculturist Cattle Insurance, Stanhope's Case (1866) 1 Ch, App 161.

③ [英]Re European Central Rly Co. ,Sykes Case(1872) 13 Eq 255.

④ [英]Re County Palatine Loan & Discount Co. , Cartmell's Case (1874) 9 Ch, App 691.

以支付电话费被宣布无效,因为这是董事没有考虑他们应该考虑的事项的产物。①

(2)在行使发行新股权力时,法院宣布系列情形无效,除非该问题获得适当充分的批准:董事意图行使旨在维持控制权的不正当目的而发行股票的权力;②除非经股东大会批准,否则,所谓发行股份及关联贷款是为了不当目的而作出的;③为阻止收购要约的不当目的而分配股份,但通过随后的批准将分配豁免无效。

(3)在下列情形中,法院还授予了禁止令:以违反董事为公司正当目的行事的义务为由禁止举行发行新股的会议;④某些股东行使通话权的行为被视为违反义务而无效。⑤

如果董事违反义务的结果是与第三方进行交易,那么第三方维持交易的能力可能取决于他是否能够将自己置于《英国 2006 年公司法》第 40 条(董事约束公司的权力)或第 44 条(文件签署)的保护之下,以及他是否可以避免被发现缺乏善意,或者没有对询问进行调查,⑥违反董事权限的担保被认定为无法执行,这是基于一个人按事前规定处理公司事务,是董事以行使公司权力为目的,这与公司不能依靠董事的表面授权和不能让公司参与交易为目的是不同的。

3. 收回公司财产的专有主张(Proprietary claims)

在什么情况下,公司有权向董事提出收回财产的专有主张,这在过去的 200 年中争论不休。在 FHR European Ventures LLP

---

① [英]Hunter v. Senate Support Services Ltd. [2005] 1 BCLC 175.

② [英]Piercy v. S Mills & Co. Ltd. [1920] 1 Ch. 77.

③ [英]Hogg v. Cramphorn Ltd. [1967] Ch. 254.

④ [英]Punt v. Symons & Co. [1903] 2 Ch. 506.

⑤ [英]Galloway v. Halle Concert Society [1915] 2 Ch. 233.

⑥ [英][2007] BCC 139, CA.;[1986] Ch. 246, CA.

v. Cedar Capital Partners LLC 案中，最高法院的法官取得了较为一致的意见，Lord Neuberger PSC 则对该案的判决意见进行了延伸，他将其总结为两点：首先，如果违反信托义务，它有义务向委托人说明这种利益，并按照公平的标准支付与利润相等的金额。这种公平赋予的救济“主要是恢复性或回复性的，而不是赔偿性的”。其次，至少在某些情况下，代理人因其受托人地位或根据其受托人地位产生的机会而获得利益时，应将其看做是为委托人所获得的利益，并使其由委托人实际拥有这样的利益。该规则严格适用于属于其范围的案件。①

在企业领域，该规则适用于董事利用其身份所带来的机会获得未经授权的利益的情况。Cook v. Deeks 就是典型的例子。该案中，董事错误地以他们的名义获得了合同上的利益，而这样的机会本来应该属于公司。在 Bhullar v. Bhullar 案中，Jonathan Parker L. J. 认为，在受托人为了自己的利益错误地利用商业机会的情况下，将专有救济办法限制在那些被亏欠了义务的主体（如那些董事违反义务案件中的公司）在这些商业机会中有某种预先存在的利益，是过于形式化和限制性的。问题其实很简单，即“受托人对机会的利用是否是为了促进规则的适用”，此处所言的“规则”多种多样，例如，受托人因其职位而获得的利益应当被视为是为了委托人的利益。②

从最高法院颁布的一般公平规则的严格性来看，很明显，专有主张的救济是针对获得了原本属于公司机会的董事的，而不论机会是公司能够、将要或可能被实现，也不管这个机会是否属于公司

① ［英］Mortimore Q. C, *Company Directors: Duties, Liabilities, and Remedies*, Oxford University Press, 2019, p. 887.

② ［英］Mortimore Q. C, Company Directors: Duties, Liabilities, and Remedies, Oxford University Press, 2019, p. 888.

的业务范围。进而尚未解决的一个问题是，专有主张的提出是否存在于，包括董事义务的违反从而引起公司清偿现有债务的情况。很明显，董事可能违反义务导致公司偿还债务，例如，如果在随后的清算中支付该款项将构成优先权。上诉法院援引 **Re Washington Diamond Mining Company**① 指出，向董事进行债务的履行，可能构成欺诈倾向和盗用董事掌管的公司财产，但该决定没有提供可用救济的类型。有学者认为，在债务被实际履行与满足的前提下，专有主张应当得到尊重。**Patten L. J.** 认为，答案很可能存在于债务追索的一般规则中。例如，如果资金用于偿还债务，任何专有债权通常都会丧失，因为收款人可以声称自己是善意第三人。但是，如果接收方是违反义务的董事，那么前述答案则不太可能。有学者认为，更好的观点是，公司的资金虽然在清偿债务时被偿付了，但如果支付该债务构成违反信义义务，并且收款人同时也是违反义务的董事或者董事义务违反的知情人，意图清偿债务的这一事实，并不妨碍对收款人或其可追踪收益的专有主张。

公司的专有主张可能针对公司财产已经转让并仍保留该财产或其可追溯收益的第三方。其基本原则是，如同与信托受益人一样，第三方有权享有不仅在信托财产中的利益，同时也享有在可持续追踪的收益中的权利。追索权益的行使取决于是否存在受托责任。在公司寻求追索因董事违反受托责任而转移财产的董事情况下，这一条件必然得到满足。尽管通常被称为专有主张或救济措施，但追索既不是一项主张也不是一项救济措施，而是一个识别在申请人财产上发生了什么的过程。追索过程有三个方面：首先，识别本属于公司的财产正处于犯错者的掌控中；其次，将资产交给后

① ［英］［1893］3 Ch. 95.

手接收人;最后,追踪财产转移后遗留在违法者手中的盗用财产的收益。公司可以向后手接收人追索这些财产,除非他是善意第三人。[①] 公司可以将其财产置于随后的收款人手中,除非并且直到该财产被没有通知公司的索赔的善意购买者获得价值。如果信托财产与行使了不法行为的受托人的其他财产混在一起,则受托人有责任确定混合基金中的财产不属于信托财产,例如,Sinclair Investments(UK)Ltd. 诉凡尔赛贸易金融集团有限公司。[②] 因此,专有权利要求将针对任何保留财产或其可追溯收益的人,除了违反信托责任的善意第三人以外。

(二)董事违反注意义务的救济

违反行使合理谨慎、技能和勤勉的义务,将对义务的违反进行赔偿,这与普通法原则,包括普通法因果原则,可预见性和对损害的量化相一致。例如,董事因违反义务而被责令支付损害赔偿金,包括:Dorchester Finance Co. v. Stebbing,[③]该案对损失进行了调查;Re D'Jan of London,[④]考虑到根据英国《2006 年公司法》第 1157 条提供给董事的抗辩,Hoffmann LJ 命令董事支付的赔偿限额等于他将得到的分红以及从公司清算中得到的部分。此外,Re Simmons Box(Diamonds) Ltd. ,Cohen v. Selby,[⑤]上诉法院强调根据《破产法案》第 212 条,董事应被责令支付的数额必须与其违反义务造成公司损失的具体数额相关。

---

① [英]See eg Foskett v. McKeown [2001] 1 AC 102, 127, HL, per Lord Millett. See further para 19. 28 below.

② [英][2012] Ch 453, CA, per Lord Neuberger MR at para 141.

③ [英][1989] BCLC 498.

④ [英][1994] 1 BCLC 561.

⑤ [英][1994] 1 BCLC 561.

（三）英国董事责任承担规则小结

以董事越权行为为例，如果一个董事没有授权或者超越授权而行事，则其本身已经违反了第 171 条所规定的在权力内行事的义务。虽然该法第 40 条规定了，基于对善意第三人的保护，董事约束公司或者授权其他人这样做的权力，视为不受公司宪章之下的任何限制。然而该条第（5）则又明确了，本条不影响董事或任何其他人由于董事超越权力而产生的任何责任。因此，我们可以得知英国法上的三个体系性结论：

第一，董事超越权限所为行为，将被归入公司的行为并基于对善意第三人的保护，而通常为有效的行为；在董事缺乏事实授权和表见授权的情况下，董事超越权限的行为，将很容易发生效力上的障碍，交易将不发生继续履行的可能，即效力阻却。

第二，从内部关系上来讲，外部效力的正面评价（而这通常来自于相对人的善意认定），并不意味着董事不因其越权行为而承担相应的责任。董事是否承担责任，要回归到其行为是否违反法律规定的相关义务。例如，在英国法上，公司向董事提出专有主张（Proprietary claims），须建立在董事违反相应的忠实义务的基础上，其理论基础在董事的信义义务履行，而这正是为了保证为委托人（公司）的利益而行事，因此，对一般公平性原则的适用，在规范上体现为对受托人义务违反的审查。因此，对外交易（通常对交易相对方来说，即代表人）的董事，承担责任的基础并非直接的侵权行为引起的损害赔偿责任，而是来自于对该法第 171 条的义务违反，是一种组织法上的主体责任。

第三，根据第 41 条第（3）节对董事可能承担的责任所作的进一步规定，董事须向公司缴纳其直接或间接从该交易中取得的任何收益，且向公司补偿因该交易而造成的任何损失或损害。[1] 这表

---

① 林少伟著：《英国现代公司法》，中国法制出版社 2015 年版，第 453~454 页。

明,当董事的越权交易行为涉及关联交易的时候,公司还有权就关联交易的收益行使"归入权",并就因关联交易所生损害承担赔偿责任。这一损害赔偿责任,与董事不当行为中依第40条承担义务违反的主体责任显著不同。

三、董事义务及责任的其他典型域外立法

(一)欧盟法

欧盟法曾打算将英国形式的"私人有限公司"(Societa Privata Europaea,SPE)进行统一立法,但未成功。该类公司被设计为一种与成员国国内法,诸如德国法中的有限责任公司(GmbH)相对应的资本公司,即一种"欧洲有限责任公司"(Europa-GmbH),它是属于欧盟层面的一种法律形式。[①] 由于这类公司的设计,须与欧盟各国的公司形式予以对接,并具有跨国界等要素,因此,该公司的立法规则通常具有一定的普遍性,值得予以重视。《欧洲私公司法(草案)》中对董事的一般义务与责任(General duties and liabilities of directors)进行了规定。该草案第31条规定,董事应以公司的最佳利益行事,董事在经营活动中应当履行注意义务与实施技能的义务,并且向公司承担义务。从法律责任的角度来看,该条款规定:对于董事因违反法律、章程、股东会决议所确定的义务的行为与过失,造成对公司的损失或侵害,董事应对公司负责。如果前述义务违反由多名董事实行,有关董事应承担连带责任。由此可见,该法所规定,董事对公司承担责任的依据,来源于义务的违反。

(二)德国法

《德国股份法》第93条规定了董事的注意义务与责任。其第

---

① 张怀岭:《浅议欧洲私公司(SPE)与德国有限责任公司的立法技术——以章程自由为视角》,载《北航法律评论》2015年第1期,第360~373页。

(1)款规定,董事在其业务经营中应尽到一个通常的、认真的经营负责人的注意。如果董事在作出一个企业主决定时可以理性地认为,其是基于适当的信息为了公司的利益而行为,则不构成义务违反……第(2)款规定,违反其义务的董事,对由此产生的损害有义务作为连带债务人向公司赔偿。关于董事是否尽到一个通常的、认真的经营负责人的注意有争议的,由其承担证明责任。公司为确保董事免于其为公司实施的职务活动产生的风险而签订保险合同的,免赔额度应为从至少损失的10%到至少董事固定年薪的一倍半。① 德国《有限责任公司法》第43条也规定了业务执行人的责任,包括:业务执行人在公司事务上应尽到一个通常商人的注意。业务执行人违反其义务的,对由此产生的损害,向公司承担连带责任。②

(三)日本法

在日本法上,董事对于公司负有善良管理人义务及忠实义务。一方面,由于日本《公司法》明确公司与董事之间适用委任的法律关系,因此,善良管理人义务的理论基础来源于委任契约的受任人义务,对此,《公司法》第330条与《民法》第644条予以了确认。另一方面,董事所承担的忠实义务,则来自《公司法》第355条之规定,董事须遵守法令、章程及股东大会决议,并为股份有限公司忠实地执行其职务。③ 虽然关于两种义务之间有"同质说"与"异质说"两种观点,但前者为多数人之观点,认为忠实义务仅仅是对善管注意义务的进一步明确,而不得在牺牲公司利益的情况下谋求

---

① 胡晓静、杨代雄著:《德国商事公司法》,法律出版社2014年版,第107页。
② 胡晓静、杨代雄著:《德国商事公司法》,法律出版社2014年版,第43页。
③ 吴建斌著:《日本公司法:附经典案例》,法律出版社2017年版,第189页。

自身利益的义务当然包含在善管注意义务的范畴内。①

从责任承担的角度来看,董事责任同样来自对董事义务的违反。其不仅包括契约上的责任,也包括对公司的侵权责任,且不排除行政法和刑法上的责任。按照立法的相关规定,主要包括:(1)任务懈怠责任;(2)关于竞业交易责任;(3)关于利益相反交易的责任。其中,任务懈怠责任则是对善管注意义务与忠实义务的违反所生的责任,规定于日本《公司法》第423条,是对董事一般性的责任规定。责任人负有承担对股份公司由此产生损害的赔偿责任,其他责任人等负有责任的承担连带责任。②

(四)我国台湾地区规定

我国台湾地区的规定有其不同于前述国家立法的特点,核心区别在于规范对象并不仅仅针对"董事"或"高管",而是针对"公司负责人"。台湾地区"公司法"第23条作为一般性规范,表明公司负责人应尽重视执行业务并尽善良管理人之注意义务,如有违反致公司受有损害者,负损害赔偿责任。但除一般条款之外,针对董事的具体列举则在"公司法"第209条,规定董事为自己或他人为属于公司营业范围内之行为,应对股东会说明其行为之重要内容,并取得其许可,如有违反,股东会得以决议,将该行为之所得视为公司之所得。

第一,从私法上的权限逾越的角度观察。台湾地区"民法"第544条规定,"受任人因处理委托事务有过失,或因逾越权限之行为所生之损害,对于委任人应负赔偿之责",此乃民法典中对受任人

---

① [日]近藤光男著:《最新日本公司法》,梁爽译,法律出版社2016年版,第232页。

② 参见崔文玉著:《日本公司法精要》,法律出版社2014年版,第185~186页。

权限逾越的一般规定。又"公司法"第 23 条第 1 款明确,"公司负责人应忠实执行业务并尽善良管理人之注意义务,如有违反致公司受有损害者,负损害赔偿责任。"虽然"公司法"作为"民法"的特别法,具有优先适用的余地,但观诸台湾的司法判例,则均将二者作为同等列明的裁判依据,其原因在于:(1)台湾地区"公司法"第 192 条第 4 项明定,公司与董事间之关系,除公司法另有规定外,依照民法关于委任之规定而确定;(2)"民法"第 535 条则明确了无偿受任人的一般注意义务(处理自己事务为同一之注意义务)与有偿受任人的善良管理人注意义务。可见,由于董事为有偿受任人,因此负有民法与公司法明定的善良管理人之注意义务与损害赔偿责任。

第二,从法令违反的角度予以观察。台湾地区"公司法"第 23 条第 2 款规定,公司负责人对于公司业务之执行,如有违反法令致他人受有损害时,对他人应与公司负连带赔偿之责。从文义解释的角度出发,该条所指的"他人",并不包含公司在内。事实上,该条是对公司负责人行为违反法令之侵权责任的一般规定。该条之立法目的在于,防范机关担当人滥权致影响公司权益,并未使受害人有较高之获偿机会,因此规定连带责任。①

除却第 23 条第 2 款对公司(负责人)侵权责任的一般规定,从公司权利能力上的法令限制角度,台湾地区"公司法"上可总结出诸多情形,其中最为关键的是公司贷放款与公司保证。

1. 违反公司贷放款的法令限制

台湾地区"公司法"第 15 条规定了,公司之资金,除具体列明的情形之外,不得贷与股东或任何他人。该条第 2 款则言明,公司

① 王文宇著:《公司法论》,元照出版有限公司 2006 年版,第 130 页。

负责人违反前项规定时，应与借用人连带负返还责任；如公司受有损害者，亦应由其负损害赔偿责任。

2. 违反公司保证的法令限制

台湾地区“公司法”第16条第2款，明确公司负责人违反前项规定时，应自负保证责任，如公司受有损害时，亦应负赔偿责任。换言之，法律明确免除了公司的保证责任承担，当负责人违反该条规定时，以公司名义为他人保证，既不能认为系公司之行为，从效力上来看，对于公司也自始不发生效力。①

四、域外公司代表责任承担规则的整体启示

纵观各国各地区对董事责任的规定，可知董事等法定概括授权主体的代表行为，是法律关注的重点所在。这不仅是因为该类主体的权限范围由于法定的概括授权而较为宽广，更因为董事作为受任人在公司两权分离背景下容易发生代理风险。因此，对公司代表责任承担规则的梳理，主要围绕董事等法定概括授权主体的义务展开，并结合公司的其他代理人可能存在的对外代表权限，就公司代表责任承担规则，作如下总结：

以中国大陆与台湾地区为代表，大陆法系国家或地区立法中注重区分代表与代理，法定代表人（中国大陆），公司负责人（如董事长，我国台湾地区）等法律明定对外代表公司的自然人，其行为与公司具有高度同一性。而在英美法系国家，虽不注重厘清代表与代理的实质区别，而均以代理法（agency law）以及归入规则（attribution rule）作为规则适用的原点，但董事（会）作为公司经营管理的机关，其总体上对公司具有默示的、概括的代表权，甚至认为这样的权限是无限制的。从这个意义上来说，我国法上所表达

① 我国台湾地区“最高法院”95年度台上字第2959号民事判决。

的法定代表人的代表权,事实上等同于域外国家和地区中具有法定概括授权地位的公司董事或经理人等。加之法律明定的代表人,其通常都从董事中予以选任,因此,从责任追究与承担的角度来看,对董事、高管的责任追究,则以组织法上的义务设置为核心,以义务违反为担责前置条件。首先,作为法定代表人的董事长、执行董事或经理,其责任追究只能有所转圜,即需要通过对董事、高管的义务违反行为进行追究,方可实现对法定代表人不当行为的追究。其次,非法定代表人的董事、经理的对外代表行为,从对第三人效力的角度而言与代理无异,但从公司组织内部而言,其向公司承担责任的依据并非不当代理行为,而是组织法上的"义务—责任"模式。

回归本节开篇讨论的我国的案例来看,签订对外担保协议的是法定代表人,即属于法定的概括授权人,他是否存在不当行为,应以是否违反董事的相关义务为评价标准。即便是以监事身份签订对外担保协议,鉴于我国将董事、监事、高级管理人员的忠实勤勉义务一体设置,也应当从是否违反法定的义务为视角,展开问题的讨论。但遗憾的是,该二审判决不仅回避了是否对违反忠实义务进行审查,甚至还认为对正常经营活动限制过多将产生不利后果,实在令人费解。虽然我国立法中对董监高忠实勤勉义务的规定尚有诸多漏洞,但仍应结合相关条文进行忠实勤勉义务的审查,特别是在公司直接起诉的情况之下,代表人与公司的冲突已经毋庸置疑。例如,在美国法上,对注意义务的应用要经受"商业判断法则"(或称经营判断法则)的检验,而忠实义务(duty of loyalty)主要处理利益冲突的问题,即公司董事在处理公司事务时,必须出自于自己为公司之最佳利益的考量,不得图谋自己或第三人的利益。[①] 忠实义务的类型包含了董事与公司利益冲突或董事自利行为之忠实义务、[②]董事侵夺公司获利机会时的忠实义务[③],以及董事私下从事公司业务竞争行为的忠实义务等。在违反忠实义务时,适用"整体公平标准"(entire fainess standard)而非商业判断法则。[④] 而这则案例则表明,现有的司法仍未准确把握法定概括授权的代表人责任承担,与其他章程或个别授权的代理人责任承担具有完全不同的理论基础。

第三节 我国公司代表人越权代表的责任模式追问

一、法定代表人越权代表的责任模式

在国外,无论大陆法系国家和英美法系国家均将"能代表公司的人"设计为一个"机构"(body)[⑤]或"机关"(organ),也即机关代表制,如董事会。无论是股份公司、有限公司、合伙企业或民事合伙,法律都允许实行集体代表。与域外立法不同,我国公司法上的"法定代表人"制度设计理念是将设其定为"一个人",即采"唯一代表制"。[⑥] 法定代表人制度在我国法上的独特设计,事实上加重了实践中对于法定代表人背离章程所划定的公司内部机关决议程

---

① 刘连煜著:《董事忠实义务与独立性之司法审查》,载《月旦法学杂志》2009年第10期,第129~144页。

② [美]Emerald Partners v. Berlin, 726 A. 2d 1215 (Del. 1999).

③ [美]Broz v. Cellular Information System, Inc. ,673 a. 2d 148 (Del. 1996).

④ [美]Lewis v. Fuqua, 502 A. 2d 962, 968 (Del. Ch. 1985).

⑤ [荷兰] Werlauff E. , *EU-Company Law: Common Business Law of 28 States*, DJOF, 2003.

⑥ 杨汝轩:《论中国公司代表人制度的改革——以两大法系比较研究为视角》,载《河北法学》2012年第11期,第67~73页。

序及其职权范围,而向外部第三人提供越权担保的现象。表现在:一方面,法定代表人的单一代表制,使得法定代表人的行为原则上被作为法人的行为看待,因此,利益平衡的天平倒向了债权人。另一方面,较之于由法定代表人个人代表公司对外作出的意思,公司内部机关决议所形成的意思上升为公司团体意思更能符合法人的真实意志,法定代表人的单一代表制却无法实现个人意志与公司意志的有效分离。虽然从法律效果上,概由公司承担的设计既符合第三人保护的目的,也符合公司独立人格的要求,但却在客观上无法回答作为法定代表人的自然人其个人的意思,与其代表法人而为的意思之间如何通过事前厘清,从而为法定代表人恶意越权担保提供了巨大的空间:法定代表人为一己之私背离法人的目的事业范围,进而损害法人的整体利益。①

我国《公司法》上虽然在第147~149条规定了董事、监事、高管人员的义务、禁止行为以及损害赔偿责任,但并未对法定代表人的对内责任予以特别设计,没有明确代表人对包括股东在内的第三人的损害赔偿责任。就此而言,我国的立法设计,是通过对兼任法定代表人的董事长、执行董事、经理各自的、分别的义务约束,来实现对法定代表人的义务约束。这样的制度设计逻辑,缺乏法定代表人对第三人利益侵害的直接责任承担规则,造成仍须首先通过法人责任承担方可对有过错的法定代表人再行追偿,“实际上等同于以公司的财产代存在过错的代表人承担责任,这将间接损害到股东的利益、公司债权人的利益”。② 而对董事责任的追究,又必须

① 赖虹宇、吴越:《法定代表人越权担保中的内部责任配置方式》,载《四川理工学院学报》(社会科学版)2018年第1期。

② 杨汝轩:《论中国公司代表人制度的改革——以两大法系比较研究为视角》,载《河北法学》2012年第11期,第67~73页。

依赖于公司诉讼、股东代位诉讼等公司法具体制度环境的良好运行,事实上加重了责任追究的困难。

我国台湾地区“公司法”第23条第2款规定,公司负责人对于公司业务之执行,如有违反法令致他人受有损害时,对他人应与公司负连带赔偿之责。虽然该条款是公司负责人业务执行行为侵权责任的一般规定,但负责人(代表人)与公司共同承担连带责任,既可以约束公司代表人,又可以加强第三人保护的立法思路颇值得借鉴。我国大陆公司法上对法定代表人的这类规则仍属空白,造成法定代表人的代表权限范围无限扩大的同时,对代表权人的制度约束却异常狭窄,只能寄望于通过对董事、经理的义务拷问来实现对其最终责任的追究,不仅制度效率低下,同时还必须依赖于董监高义务违反司法审查的低成本、高质量,但包括股东诉讼在内的义务追究方式,在我国大陆的司法实践中并不理想,因此才会刺激代表人肆无忌惮的越权担保,从而将责任与损失置于公司身上。

二、非法定代表人越权担保追责模式探讨

基于法定代表人形式化、一元化的定位,法定代表人不当行为的对外担责是一种组织责任。但公司其他高管(法定代表人以外)的代表权与责任承担模式应如何确定呢?总结而言,公司、企业代表与代理的授权范围可大致分为三种:(1)个体企业主、执行合伙人、执行董事、(总)经理通常享有全面的法定概括授权,除法律、章程另有规定外,通常不受限;(2)公司的副经理、部门经理以及销售代理人的权限、店员的权限,通常是公司章程或契约予以限制,是一种有限的概括授权;(3)还存在委托或委任合同中就某一特定事务进行授权,并且通常是一次性的、有期限的个别授权,如公司委任项目经理等。从现有立法看,仍应放置在“归入规则”下予以认识。

首先,是其他职务代理人。除公司法定代表人之外,还有其他职务代理人可以对外代表公司为意思表示。《民法总则》也关注到这一问题,通过对原《民法通则》第43条"企业法人对它的法定代表人和其他工作人员的经营活动,承担民事责任"进行发展,在新法中确立了公司代表(理)权的二元化设计。也就是说,《民法总则》第61条通过设定法定代表人的代表权,与第170条设定"执行法人或者非法人组织工作任务的人员"的职务代理权,形成了公司法人对外代表的二元结构。这一新设立法的创新之处在于,它一方面更为详尽地表达了职务代理人在什么范围、从事什么活动方可对组织体本身发生效力,是对原先立法中"承担民事责任"的新概括与新拓展;另一方面,它同时通过该条(第170条)第2款的规定,设定了职权限制不得对抗善意第三人的规则。

进而,职务代理人的行为通常依据代理规则被归入公司的行为之中,对公司发生效力,由公司承担责任。《民法总则》第170条事实上对这样的职务代理行为设置了相应的限制,包括:(1)代理事项范围,必须是职权范围内的事项和(2)以被代理人,及法人或者非法人组织名义。因此,只要不违反前述限制性规定,职务代理行为就将被归入法人行为当中。但进一步的问题在于,如果职务代理人超越代理权限范围,又应当如何处理?回归到理论上的解释不难发现,《民法总则》第61条与第170条之间的区分,正是基于在理论上进行区分代表与代理的尝试。而在职务代理行为中,超越权限的行为,则被视为无权代理而看待,在符合表见代理的构成要件之时,则发生表见代理的适用。

其次,是除法定代表人以外的董事、经理。在我国法上,董事长、执行董事、(总)经理是法定代表人的候任来源,但被法律所登记的法定代表人只有一个自然人主体,因此,其他董事、经理因其在公司中占据的特殊地位,仍有可能对外实施越权担保行为。如前所述,董事(董事会)作为公司机关,其本身就具有之于公司而言法定的概括代表权,特别是对外代表权,这在世界各国中均有类似规定。但对经理而言,则不必然。我国《公司法》规定经理由董事会聘任或者解聘,应当将之理解为《合同法》上所规定的委托。①而这一"代理"定位,显然与法定代表人的"代表"定位不相符合。同时,我国立法上详细规定经理的内部管理权限,却未明确经理的对外代表权这一最为关键的部分,毋宁只是一种"断臂的经理权",从而只能经由"职务行为"的解释予以变通。② 但从组织法的角度观察,经理与董事的义务则有一定程度上的同一性。美国法律学会(American Law Institute)发布的《公司治理原则:分析与建议》(Principles of Corporate Governance:Analysis and Recommendations),将董事与经理人所负有的忠实义务作同等对待,美国多数实务判决也采相同见解。③

这一思路事实上完整体现在了我国的现行立法上。一方面,基于体系分析的角度,该类主体是能够被涵盖在《民法总则》第170条职务代理之下的。另一方面,就担保合同无效的情形,应如何承担责任,立法上还对董事、经理作出了特别规定。《担保法司法解释》第4条规定,董事、经理违反《公司法》第60条(1999年《公司法》第60条。——笔者注)的规定,以公司资产为本公司的股东或者其他个人债务提供担保的,担保合同无效。除债权人知

① 王保树、崔勤之著:《中国公司法原理》,社会科学文献出版社1998年版,第208页。

② 参见刘文科著:《商事代理法律制度论》,法律出版社2013年版,第43~88页。

③ [美]*Principles of Corporate Governance:Analysis and Recommendations*, American Law Institute Publishers,1994.

道或者应当知道的外,债务人、担保人应当对债权人的损失承担连带赔偿责任。同时,该解释第7条规定,主合同有效而担保合同无效,债权人无过错的,担保人与债务人对主合同债权人的经济损失,承担连带赔偿责任;债权人、担保人有过错的,担保人承担民事责任的部分,不应超过债务人不能清偿部分的二分之一。

但董事、经理越权行为的归责仍存在两大疑问。第一,基于我国法人实在说的基础性通说地位,为何法定代表人的行为就被作为"代表"而进行理论定位,而同样履行经营管理职能的董事、经理,其理论基础又只是"代理",两者之间的真实区别究竟如何?第二,无论是表见代理还是连带赔偿责任,立法设计的基本立场都是为了维护交易的稳定与安全,但法人本身的利益应当如何维护,现行立法仍未给出充分的答案。

第四节　公司中代理(代表)的归责类型

从本书进行的案例统计的结果来看,在越权担保案例中,法院很少考虑越权人与公司之间的责任分配问题。大部分法院更加关注公司与债务人之间如何承担责任的问题,因为一方面大部分法院认为越权人(无论是法定代表人,还是基于其他代表、代理关系被归入公司担责的情形)与公司的责任分担属于公司内部问题,应该通过其他诉讼或途径解决;另一方面,在越权担保实践中,债务人与越权行为人大部分时候是重合的,即越权人就是债务人,越权人以公司名义为自身债务提供担保,这样的案例有192件,占46%,还有一部分是越权行为人用公司财产为自己为主要股东或实际控制人的其他公司提供担保,有29件,占7%,这两类案例总共占53%。基于上述原因,在所有样本案例中,没有法院判决由公司与表意人（特别是法定代表人）承担连带责任的案例。①

从理论建构与逻辑分析的角度出发，基于本研究所指称的公司中代表与代理的复合结构，我们可将公司中的代表行为划分为如下几种归责类型：

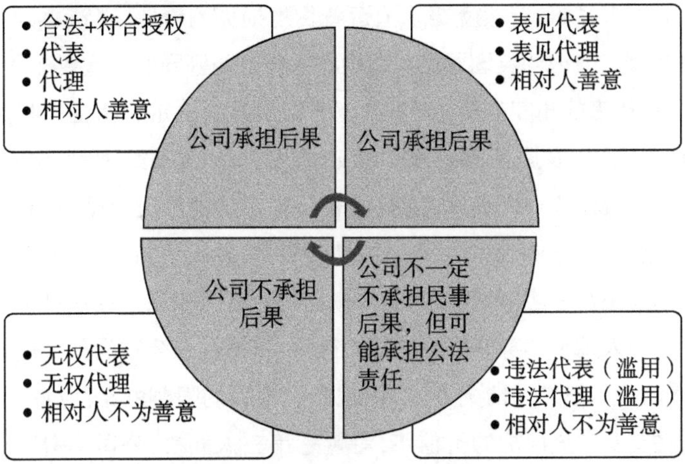

图 7-1　公司代表行为的归责类型

一、公司承担责任，代表人（代理人）不承担责任

从公司法自身的角度，来看待公司与董事、高管间的关系，最重要的学说，莫过于等同说或同一说（identification theory），即公司的董事会就是公司的他我（alter ego）。根据这一原理，董事、高管的行为和思想自然归入公司自身的行为和思想。在 Lennard's Carrying Co. Ltd v. Asiatic Petroleum Co. Ltd. ［1915］ AC 705 案中，运输汽油的蒸汽机动力船舶因为燃料不够导致船舶无力继续航行，继而搁浅，导致船上的油品爆炸。根据《1894 年商业船运

① 详见本书第二章第三节的案例统计。

法》,倘若船舶的所有权人无过错或过失,则对于船上所载的货物的损失免责。但是,船运公司的一名董事知道或者应当知道该船舶已经不适合航行,也即存在疏忽大意的过失。法院认为,“董事的心智和意图”(directing mind and will)即是公司的心智和意图,公司有过错,自然就要承担运载货物损失的责任。“董事的心智和意图”已成为英国司法实践中将人与公司等同的最重要标准。

从代表的角度来看,本书语境下则是具有法定的概括授权的情形。例如,根据英国《2006 年公司法》第 40 条第 1 款和第 3 款,董事会作为一个集体,拥有代表公司签约的广泛权限,这种权限通常是不受限制的。第一种情况是代表人所拥有的代表权限,本身是合乎法律规定的,拥有概括的对外代表权。在这种情况下,行为人基于其身份所为的相关行为,将被视为公司的行为而被归入法人。第二种情况则是,超越公司章程的限制的私法越权行为,在交易安全保护的价值下,对善意第三人而言,公司不得以公司章程的限制或者股东之间的协议为由主张董事会的权限受到限制。因此,同样由公司承担契约上的法律后果。

从代理的角度看,代理人的权限必须来自于章程的概括授权,或者个别的业务授权。代理人的授权本身没有实体与程序上违反法律的情形,加之其行事符合授权范围,则依据代理法的规则,代理人行为的法律后果将归属于被代理人。此时,虽然代理人的对外代理权,可以通过解释认为是在执行职务范围与执行授权事项范围内,但对第三人来说,由于其缺乏董事、法定代表人等法律明定的概括授权身份,因此,相信其具有代表公司行事的注意义务相应应予提高。

以我国为例,基于我国民事法律理论上对代表与代理在作出的区分,立法上也有相应的体现。《民法总则》第 61 条与第 170 条则分别从原则上规定了法定代表人(代表)与职务代理人(代理)的法律后果承受的问题。

二、代表人(代理人)承担责任,公司不承担责任

《民法总则》第171条明确,行为人没有代理权、超越代理权或者代理权终止后,仍然实施代理行为,未经被代理人追认的,对被代理人不发生效力。可见,在无权代理的语境下,如被代理人(公司)不予追认的,代理行为本身并不发生相应的效力,此乃无权代理效力待定的立法定位。但是否存在"无权代表"的情况呢?我国长期奉行的法人实在说,以及长期以来在理论上刻意区分代表与代理的做法,使法定代表人的所有行为均由法人予以承受,其权限似乎并未有任何限制。

例如,在《公司法》第16条规定的公司担保事项中,无论是第1款所确立的章程限制,还是第2款及第3款所确立的法定限制,其本质都是对法人本身决策程序的限制,而非对代表人行为的限制。并且,对法人的如此限制,并没有在立法上讲明,是对法人哪一机关的直接限制。其背后存在的问题是,我国公司法事实上并未对股东会、董事会、经理间的相关职权作出种属清晰、权责明确的界定与划分,现有的立法只是大致列举了决策事项而已。换言之,法人有何权限,法定代表人就有何权限,应属于对我国公司法甚至是法人法的一种当然认识。诚然,对代表人的法定概括授权在比较法上都有成例,例如,在美国司法实践中,大量的案件是针对公司的董事会主席适用表见授权理论,仅仅是因为董事会主席的职位特殊(拥有广泛的代表权)。尽管在过去,这一规则的适用曾经五花八门,但公认的现代规则是,董事长基于其职位拥有从事日常的商业行为的广泛的表见授权(除非是基于一项公司标准,第三人有

理由知道权力有限制)，但不包括“非常规行为”(extraordinary action)。[1] 对此区分应如何理解，可通过我国台湾地区的立法与司法经验予以阐释：

第一，代表人的职权范围以董事会职权范围为限。在有限公司与股份公司中，其法定代表人范围限制在董事之内。对有限公司而言，台湾地区“公司法”第 108 条第 1 款明确“公司应至少置董事一人执行业务并代表公司，最多置董事三人，应经股东表决权三分之二以上之同意，就有行为能力之股东中选任之。董事有数人时，得以章程置董事长一人，对外代表公司”。因此，在台湾法上，当有限公司董事人数超过 1 人之时，可设置一人为董事长且董事长为法定代表人，此时“其他非董事长之董事，即无代表公司之权”。但在有限公司中，并非必然设置董事长，如果没有设置董事长，则全体董事均有代表权，即各董事均为法定代表人，这一判断系回归到该法第 8 条对“公司负责人”的理解当中，并与法律规定之“应登记事项”相结合，引致到“民法”第 27 条第 2 款与第 31 条的体系性解释当中。由此也证明了，在“当然负责人”场合，对内其为负责人行使业务执行权，对外则可相对地行使公司代表权。同样，对股份公司而言，台湾地区“公司法”第 208 条第 3 项规定，“董事长对内为股东会、董事会及常务董事会主席，对外代表公司”。可见，在台湾地区的股份公司当中，系必然由董事长担任公司的法定代表人。以台湾地区“公司法”第 185 条设置的资产处置规定为例，由于董事长对外代表公司，其权限范围应限制在董事会权限之内，亦即普通的法定概括授权事项通常可由董事会决议并由董事

---

① ［美］Hamilton R. W., Macey J. R., Moll D. K., *The Law of Business Organizations: Cases, Materials, and Problems*, West Academic Publishing, 2014, pp. 436–438.

长对外代表为之。可见，在台湾相关规定上，私法上的权限逾越，整体上被限制在董事会经营决策的职权范围内，而非整个法人的职权范围。其权限限制大多来自于公司内部章程的约束。

第二，超越法令限制的代表人行为，应如何认识呢？在我国台湾地区规定上，当法律直接将非常规交易以特殊规定的形式列举时，代表人违背这一规定，表明代表人实际上超越了自身职权的固有授权范围，则不在其代表权范围内，因此不论第三人是否善意，该无权限行为都不能对公司发生效力。“惟公司得依无权代理规定，经股东会决议，于事后追认该无权限之行为，使其溯及于订约时对公司发生效力。”①因此在发生无权代理（表）的情况下，如果公司不予追认，则公司不承担责任，而行为人则需承担责任。《民法总则》第171条第3款规定，行为人实施的行为未被追认的，善意相对人有权请求行为人履行债务或者就其受到的损害请求行为人赔偿，但是，赔偿的范围不得超过被代理人追认时相对人所能获得的利益。

三、公司承担责任，代表人（代理人）的不同责任承担模式

无权代理制度，将代理人行为效力的判断系于被代理人的追认与否。从本质上来说，这意味着被代理人的意思与代理人的意思在嗣后取得一致，因此，回归到代理人拓展被代理人社会交往活动空间的制度目的之上。但被代理人的事后追认，容易引发道德风险，亦即赋予了被代理人过大的选择权，极易伤害交易相对人的善意信赖与交易安全，因此“表见代理”则作为一种矫正性的制度安排予以出现。在《民法总则》通过之前，表见代理主要来源于《合同法》第49条。《民法总则》第172条则基本延续《合同法》第49

① 曾宛如：《让与全部或主要部分营业或财产之探讨——兼论董事会与股东会权限划分之议题》，载《台大法学论丛》2006年第1期。

条的相关规则并明确，行为人没有代理权、超越代理权或者代理权终止后，仍然实施代理行为，相对人有理由相信行为人有代理权的，代理行为有效。

通常，在表见代理情形下，法人作为被代理人，须首先对交易第三人承担相应责任。但需要注意的是，公司法定代表人所为之行为，在我国大陆公司法语境下，无论在理论上还是在实务中，均将其作为“表见代表”而看待，亦即法定代表人身份本身，就是一种足以使对方产生合理信赖的表象。但这一观点，在我国台湾地区相关规定上却有不同看法，有学者认为对此观点应予反对。一方面，如果仅仅依法定代表人身份，即认许其所为之一切行为（特别是超越法令限制的行为）均须由公司对善意第三人负责，会使公司负担甚为严苛的主体责任，超出了对第三人交易安全保护的合理范围。另一方面，须股东会决议事项，须法律明确或章程保留，但公司章程在台湾地区“公司法”上属于应登记事项，故此法律与章程均为公开的事项，因此，交易相对人便有应尽之注意能力及应承担之资讯搜集成本。换言之，由于章程本身属于应登记事项，则其具有相应的对抗力。因此，“如要主张有表见代理情事而公司应负责任者，不能单以无权限行为系由公司董事长所为作为理由，而是仍须举证公司有使其信以为有代表权授予行为之可归责性，因而导致其误以为公司董事长系有权限，方可主张公司应负授权人责任。”①

① 例如，依原股东会决议而为之主要部分营业的转让，虽该决议事后被撤销，使公司转让行为成为无权限行为，但因公司先前有通过转让决议之行为，即可视为公司本人有表见之事实，足使善意相对人信公司董事长有代表权为公司进行营业转让，因此对善意相对人公司应负授权人责任。参见洪秀芬：《依股东会决议而为之营业转让于决议撤销后之效力》，载《月旦法学教室》2005年第51期。

与此同时，代表人（代理人）是否承担责任，以及承担何种责任则有不同情况。

第一，公司承担责任后，代表人（代理人）承担内部责任。“被代理人在承担表见代理的法律后果以后，如果有损失的，可以向代理人进行追偿。请求权基础或者存在于双方的基础关系，或者存在于侵权法。但仍然要以代理人存在过失为前提。尽管表见代理在本质上属于无权代理，代理人无权代理的事实本身即可推定代理人有过错，但是，代理人仍然可以证明自己对无权代理行为无过失而免责。”[①]但需要注意的是，基于我国学说上所采的“代表”与“代理”的分隔，法定代表人（法定概括授权人）承担内部责任的依据，是其作为公司具有法定概括授权的董事，违反了相应的义务；而其他职务代理人、授权委托代理人，其责任承担的依据则是此处所言的代理人责任。

第二，公司与代表人（代理人）的连带责任。在长期以来的司法实践中，这种方式都是一种应用已久的责任承担方式。这是由于，在原《民法通则》第 65 条第 3 款中，立法称“委托书授权不明的，被代理人应当向第三人承担民事责任，代理人负连带责任。”这一条规定与第 66 条第 1 款第 3 句一起被认为是《民法通则》中关于表见代理的零星规定。[②] 然而，这一规定在《民法总则》中已经难觅踪影，而被代理人与代理人承担连带责任的规定只存在于该法第 167 条所言之情形，即代理人知道或者应当知道代理事项违法仍然实施代理行为，或者被代理人知道或者应当知道代理人的代理行为违法未作反对表示的，被代理人和代理人应当承担连带

① 陈甦著：《民法总则评注》（下册），法律出版社 2017 年版，第 1233 页。

② 张俊浩著：《民法学原理》，中国政法大学出版社 1991 年版，第 289~290 页。

责任。

第三,公司与第三人分摊责任。就公司担保的情形而言,立足于《担保法司法解释》中,我国公司法实践,事实上还确立了一种公司与第三人的责任分担机制。该解释第4条规定,董事、经理违反《中华人民共和国公司法》第60条的规定,以公司资产为本公司的股东或者其他个人债务提供担保的,担保合同无效。除债权人知道或者应当知道的外,债务人、担保人应当对债权人的损失承担连带赔偿责任。同时,该解释第7条规定,主合同有效而担保合同无效,债权人无过错的,担保人与债务人对主合同债权人的经济损失,承担连带赔偿责任;债权人、担保人有过错的,担保人承担民事责任的部分,不应超过债务人不能清偿部分的二分之一。这两条规定中的"债权人"则为交易第三人,而"担保人"则为公司,无论是债务人与担保人的连带赔偿责任,抑或担保人责任承担的份额规定,其本质都是在调整作为担保人的公司与第三人之间就担保责任的履行责任分担问题。

四、公司承担公法(刑事)责任

公司作为主体可能承担刑事责任。公司是否应承担刑事责任,则主要基于两大判断标准。第一,基于罪刑法定的基本原则,一项犯罪行为是否可能由法人实施,是判断公司能否承担刑事责任的首要前提;第二,代表人的行为,是否是将公司的形式作为一项工具,抑或公司经营决策所为的事项即为违法犯罪行为。而这是判断公司承担刑事责任的关键所在。

与代表人民事责任的"归人"一样,确定一个有刑事责任的公司的主要问题是,确定并证明该自然人的犯罪意图是代表公司的意愿。通常情况下,由于公司的行为必须通过自然人行使,因此,在侵权法上,公司通常承担的都是替代责任。因此,传统的做法是仅在“身份证明”原则(identification doctrine)的基础上对公司苛加责任。该原则起源于法定的民事责任领域,后来才转入刑法领域。在 Lennard’s Carrying Co. Ltd. v. Asiatic Petroleum Co. Ltd. 案中①,法官要求公司具有“实际过错或相互关系”,采取这种表述的目的在于通过识别公司直接的过错,而排除替代责任的适用,进而使公司能够直接承担责任。霍夫曼法官(Lord Hoffmann)建立的“归入规则”,旨在判断自然人的想法和意愿(Mind and Will)就是公司独立人格的核心。②

在第二次世界大战后不久,霍夫曼法官建立的这一套规则,在刑法中予以了同样的适用,并且最终在 1972 年 Tesco Supermarkets Ltd v. Nattrass 案中获得上议院的批准和澄清,从而使“自己责任”取代了“替代责任”。该案中,Tesco 超市是一家大型连锁超市的分店,店员没有告知店长特价商品已经售罄的情况,且并未将优惠招贴海报取下,从而被控告违反《商品说明法》(Trade Descriptions Act 1968)中关于销售比实际价格更低商品的罪名。法人必须证明他人(another person)具有过错以及自己尽到相应的注意义务方能免责,因此,案件焦点集中于分店店长是否就是“他人”。该案法官认为,“如同自然人的手脑一样,法人也存在着手和脑,只有对应于脑的自然人意思能够被视为法人的同一意思”,同时,只有担负法人主导性的意思的(directing mind)自然人才有此资格。因此,该店店长只是众多分店长中的一个,并无经营决策权限,并非法人的

① [英]Lennard’s Carrying Co. Ltd. v. Asiatic Petroleum Co. Ltd. [1915] A. C. 705.

② [英]Lennard’s Carrying Co. Ltd. v. Asiatic Petroleum Co. Ltd. [1915] A. C. 705.

“头脑”,店长的过错无法等同于公司的过错。①

有许多权威的观点或事例表明,存在过失的董事或代理人的不当行为将被归咎于公司,以便对后者施加民事或刑事责任。以刑事责任为例,有案例表明法院在 *Attorney General's Reference* 中就拒绝了“仅仅是两个董事和股东的欺诈(思想与意愿)将不必归入公司”的抗辩。② 公司作为一个抽象的存在不能形成自己的意图,它必须通过一个自然人来行动。要使公司承担刑事责任,就需要对那些可以被认定为公司的化身的人确立犯罪意图。因此,对公司的另一个自我的识别,即一个人的思想和意志是否是是公司的意志,成为让公司承担责任的核心问题。③然而,上述的对公司追究刑事责任的理论分析框架,就是所谓的同一说或者等同说(identification theory)。

在刑法领域,刑法自身发展出了一套判定公司刑事犯罪和刑事责任的方法,这就是刑法自身的方法论,即不依据公司本质的有关学说,而是从刑法自身的角度来规制和打击公司犯罪行为。刑法中有两个重要的原则可以用于这种目的,即将公司相关人员的行为和思想归入公司。第一个原则就是严格责任(strict liability)原则,第二个原则即是连带责任(vicarious liability)原则。首先,是严格责任。英国刑法中的一项基本原则是,如果不能证明行为人的主观意图,即犯意,则不能追究此人的刑事责任。不过,依据严

---

① [英]Tesco Supermarkets Ltd. v. Nattrass [1972] A. C. 153.

② [新加坡]Lim E:“Attribution in Company Law”, *Modern Law Review* 77(5),2014,pp. 794-807.

③ [英]Hsiao M W H. Abandonment of the Doctrine of Attribution for Gross Negligent Test on the Corporate Manslaughter and Corporate Homicide Act 2007, Social Science Electronic Publishing, 2009, 17(25):404-451.

格责任,即使不能证明犯罪嫌疑人的主观意图,也可以构成犯罪,因为此时已经无需证明行为人是否具有犯罪意图。[①] 这样的归责原则同样适用于公司,尤其是体现在侵权责任领域。[②] 此时公司承担的是一种直接的法律责任。其次,是连带责任。对公司而言具有重要意义的另一刑事原则即是连带责任,即对雇主追究刑事责任的基础是,雇主所雇佣的雇员在行使其雇佣范围内职权的过程中发生的刑事违法行为归入雇主自身的责任。[③] 此时公司承担的毋宁是一种替代责任。

近年来,关于公司承担刑事责任的问题,还有了新的立法发展,这一过程是零散而琐碎的。相关的法案(Corporate Manslaughter and Corporate Homicide Act 2007)历经十数年才得以通过,该法案解决了公司过失杀人案的难题,并指向了在苏格兰发生的一起公司凶杀案。本条例所订明的罪行是,若组织的活动致人死亡,则被视为严重违反本组织对死者的注意义务。"组织"一词涉及广泛的机构,包括合伙、工会和协会。该法案直接指向公司的高级管理人员或者活动的管理人员,如果其管理活动以严重违反注意义务的方式导致某人死亡,则该机构应承担责任。

该法案没有明确违反注意义务的个人刑事责任(这是普通法的问题和困难),而是认为如果公司的高级管理层管理或组织的活动是致人死亡的重要因素,那么该活动行为将被归入公司。高级管理层(senior management)则是指作为在整个决策、管理或组织中具有重要角色的人,或者组织活动中的实质性部分。这与丹宁法

---

① [英] D. French, S. Mayson, C. Ryan, *Company Law*, 28th ed., 2011, Oxford, p. 654.

② [英]Alphacell Ltd. v. Woodward [1972] AC 824.

③ [英]Pearks, Gunston and Tee Ltd. v. Ward [1902] 2KB 1.

官在 Tesco v. Natrass 一案中的看法一致，即虽然分支经理没有被认为可以作为归入公司的头脑（mind），但资历和地位并不一定代表着将被归入公司。该法案修正性地解决了通过“管理”的简单含义来确定资历地位和谁是管理者的难题。该法案提出“管理”而不是“管理者”。这也避免了大公司由于结构的复杂，可能导致的逃避责任识别。① 因此，根据该法第 1 条，公司杀人的构成要件是：（1）致人死亡（causes a person's death）；并且（2）严重违背了公司对此人的照顾义务（amounts to a gross breach of a relevant duty of care owed by the company to that person）；“严重违背”是指公司在具体情形中的行为（照顾义务）明显低于合理的期待。公司为此受到的刑事处罚包括：刑事罚金；对受害人家属的赔偿；以及公司对相关犯罪事实和处罚的披露。②

第五节　我国公司代表人责任制度的重构

一、二元归责模式的理论阐述

根据前文的论述，我国公司代表人责任的归责模式可归纳为两种，即“代表型归责模式”与“代理型归责模式”。

（一）代表型归责模式

该种归责模式，主要适用于公司中具有法定代表人身份的主体，以及具有对经营管理决策，特别是对外代表公司具有法定概括

① ［英］Hsiao M W H，“Abandonment of the Doctrine of Attribution for Gross Negligent Test on the Corporate Manslaughter and Corporate Homicide Act 2007”，*Social Science Electronic Publishing* 17（25），2010，pp. 404-451.

② ［英］D. French，S. Mayson，C. Ryan，*Company Law*，28th ed.，2011，Oxford，p. 655.

授权地位的主体。例如,根据公司法的有关学说和比较法上的规则,不仅公司的法定代表人(国外公司法规定中的公司中的“第一人”,参考董事会主席/chairman of board; 董事会主席兼首席执行官/president and CEO),公司的其他董事、经理都享有在其通常的职权范围内的代表公司从事商业活动所必需的概括授权(collective authority)。[①] 之所以将其称为“代表型归责”,根源在于这类归责的理论基础乃法人实在说中的组织体说,这仍是目前我国民法所采用的通说,在事实上民商合一的制度背景下,对此应予以坚持,并作为商事法律制度改进的前提要素。

该种归责模式的具体内涵则可总结为:

第一,代表人或法定概括授权主体超越章程等公司意定限制所为的行为,其性质上属于“私法越权”,基于对交易第三人的保护、推定公知原则式微在全球范围内的趋同,就对外效力而言通常是有效的,不得以此限制对抗第三人,公司应首先承担起契约法上的责任。但如果因越权行为给公司造成损害,则代表人或法定概括授权主体须向公司承担责任,该项责任是商事组织法上的董事、高管对忠实义务、注意义务违反所应承担的责任。

我国台湾地区“最高法院”第2017年度台上字第472号判决裁判文书中提及,“是以公司负责人、受有报酬受任人依上述公司法及民法规定所负义务,与《民法》第184条所规定之侵权行为责任自有不同”。[②] 我们认为,这一表述可从两个方面来解读:首

① 但需要注意的是,我国的经理权并未规定对外代表的相应权限,因此其职务范围内的法定概括授权多在于义务执行,而缺乏业务决策作成或对外签约代表方面的权限。因此,不可简单将我国法上的经理对应等同于国外的具有对外签约代表权的经理。

② 我国台湾地区“最高法院”2017年度台上字第472号判决。

先,公司负责人、受有报酬受任人的对外行为效力,与其内部是否承担责任是两个层面的问题。亦即对外效力有效与否,并不直接标识前述主体内部责任承担与否,内部责任承担与否的判断之标尺在于是否违反相应义务。其次,公司负责人、受有报酬受让人的损害赔偿责任,虽也是一种侵权损害赔偿责任,但与《民法》第184条所规定的侵权行为之责任并不相同,该条中所列明的侵权行为,实则是考量侵权行为构成要件的一般侵权行为。而前述主体的损害赔偿责任,则是一种组织法、团体法上的义务违反所生的损害赔偿责任,而非侧重考察是否存在故意或者过失,以及不法侵害等要件情节,两者应有显著差异。因此,当董事长等代表人逾越公司章程设定的权限而为相关行为,其是否应当承担责任,则应放诸是否违反公司负责人的忠实义务与注意义务之上。

准此而言,我国《公司法》上第147~148条虽然以“一般+列举”的方式明确规定了董事、高管的忠实、勤勉义务,但在第149条却规定董事、监事、高级管理人员执行公司职务时违反法律、行政法规或者公司章程的规定,给公司造成损失的,应当承担赔偿责任。该条的主要问题在于,它并未直接规定董监高承担赔偿责任的前提是对忠实、勤勉义务的违反,而是采用了违反法律、行政法规、公司章程的表述,这一表述与对忠实勤勉义务的违反有一定相关性,却又是极其不准确的,两者不可完全等同。这一规定的直接弊端与不利影响就在于,司法裁判中对违反忠实勤勉义务的判断,直接替换成了是否对法律、法规、章程的形式违反。进而,英美国家所适用的“商业判断法则”(BJR)在司法实践中的适用空间被人为压缩,对忠实勤勉义务的理解也变窄。结合前述分析,应在修法完善过程中对这一条规定实施进一步改造。

第二,在代表型归责模式下,如果违反法令限制,则其本身就超越了法人自己的权利能力，不能再将其作为私法越权看待，而构成无权代表行为。无权代表行为则应当参照无权代理行为予以处理，此时该行为的对外效力状态应为效力待定，待被代理人选择是否予以追认，在此过程中行为人通常要自己向公司承担责任，其判断标准仍旧是基于代表人或法定概括授权人身份，是否违反董事、高管的忠实义务与注意义务。同时，因违反法令的行为，通常还对第三人造成损害。在我国台湾地区“公司法”第23条第2款中，因执行职务违反法令限制造成他人损害的，公司负责人还要与公司一起向他人承担连带赔偿责任。通常认为，该条所规定的侵权责任是特别侵权责任的一种，故仍须有故意、过失方可构成。

另须值得注意之处在于，代表人的无权代表行为，参照适用无权代理规则，则理论上存在表见代表（代理）规则适用的空间，对此当无疑义。对交易第三人来说，如果有足够的表象事实，足以使其信赖行为人有代表权（代理权），则应以表见代理规则用以平衡当事人之利益。例如，在我国台湾地区“最高法院”2007年度台上字1146号民事判决中，法官采用了“表见代表”的说理路径，认为综合其他表见事实，“纵未召集股东会为特别决议，是否仍对被上诉人公司不生效力？即非无推求余地。”①但是，仅仅以当事人之代表人身份，是否足够产生“表见”之信赖供给，不无疑义。前文已有述及，此处不赘述。

（二）代理型归责模式

除了法定代表人或具有经营决策管理事项法定概括授权的主体之外，公司中还存在章程概括授权与个别授权，即除开法定代表人、董事等之外的其他职务代理人以及委托代理人，在其权限范围

① 我国台湾地区“最高法院”2007年度台上字1146号民事判决。

内仍有可能代表公司为相应行为。这类主体与公司的关系,则是典型的代理或委任关系,这类主体是代理人,公司则为被代理人。其所实施的适法行为、权限内职务行为,均应基于代理的效果归属而归入公司并使公司承担法律后果。

准此而言,对其他职务代理人、个别委托代理人来说,其责任承担来源于代理责任模型。代理法的原则是,代理人只能在代理人的授权范围内(authority)行事:如果超出了代理人的授权范围,则委托人(被代理人)不受代理人建立的某一法律关系的约束,尽管委托人可以追认(ratify),即采纳该合同并以溯及既往的方式提供所缺少的授权。代理人代表公司缔结合约的授权可以是事实上的,或表见的。代理人在事实或者表见授权(有例外)范围内使得公司进入的某一法律关系对公司有约束力。但是,如果公司的代理人致力于代表公司缔约时超出了该代理人的事实上的或者表见的授权范围,那么就意味着公司不受该合同的约束,缔约人因此遭受损失的,可以起诉该代理人违背授权担保(warranty of authority)。①

因此,如果代理人超越权限而为代理行为或代理权滥用,则给被代理人造成的损害,应承担赔偿责任。此时赔偿责任的承担,完全区别于在“代理型归责模式”中所言的商事组织法上的义务违反担责,而是承担代理法上的损害赔偿责任。以我国现行立法为例,如果发生无权代理(表见代理)给公司(被代理人)造成损害的,应当根据《民法总则》第167条第1款承担民事责任。同样,依据本条的规定,代理人和相对人恶意串通,损害被代理人合法权益

① [英]D. French, S. Mayson, C. Ryan, *Company Law*, 28th ed., 2011, Oxford, p. 620.

的，代理人和相对人应当承担连带责任。

二、新设代表人与公司的连带责任承担规则

公司法定代表人违背权限限制（如越权担保）抑或发生代理权滥用时，公司法定代表人应当对谁承担责任？通过前文的梳理，无论是理论上还是立法上，对此采行的均是公司主体责任承担的在先性。但问题在于，如果公司无力承担相应责任时，交易相对人，特别是善意的交易相对人，其权利应当如何保护？同样地，如果法定代表人的行为概由公司一力承担容易引发道德风险，并刺激法定代表人不当行为的实行，而这必然影响其他利益相关者（stake holder）的利益实现，那么是否可以通过法律规则的设计予以约束与控制呢？

事实上，法定代表人越权担保的行为，与设立中公司发起人的归责具有类似性。设立中公司是一种特殊的民事主体，发起人均为设立中公司的业务执行机关与代表人。[①] 因此，发起人有权代表设立中公司为筹备公司的设立与外部第三人签订合同，其法律后果原则上归于设立中公司。然而，当发起人为一己之私以设立中公司名义向外签订合同之机恶意向公司转嫁债务时，为防范发起人的道德风险并制裁这种失信行为，《公司法司法解释（三）》第3条第2款明确了，发起人的前述行为本质上属于《合同法》上的代理权（代表权）滥用，应当由发起人承担合同责任。[②] 前述发起人的这种责任本质上属于一种“行为责任”，当公司发起人或其他行为人以公司名义从事的活动并不代表全体发起人意志或者仅当发起人或其他行为人的行为有其他过错时，该发起人才对其行为与

① 刘俊海著：《现代公司法》，法律出版社2015年版，第83页。

② 最高人民法院民事审判第二庭编著：《最高人民法院关于公司法解释（三）、清算纪要理解与适用》（注称版），人民法院出版社2011年版，第54页。

设立中公司一道承担连带责任。

在设立中公司发起人责任归责中，基于人格论下的“组织责任”与“身份责任”，与人格忽略论下的“合同—行为责任”被综合应用。① 在法定代表人越权担保情形下，由于内外有别法理的确立以及推定公知原则的扬弃，事实上已经将越权担保无效的情形限缩到了恶意串通等极端情形，因此，“组织责任”而非“合同—行为责任”是越权担保归责原则的主要模式，在合同无效的情形下，公司不应当承担责任，而由法定代表人为自己的越权行为承担相应的行为责任。但为实现债权人保护与其他主体利益平衡的多重目标，“身份责任”有必要作为一种补充，对概括性的组织责任进行反向约束。亦即通过法定代表人内部担责外部化的方式，对此进行设计。第一，从债权人保护的立场，法定代表人基于其特殊身份，与公司一道对债权人承担无限连带责任，提高了债权人获得清偿的可能性，无疑是强化了债权人保护；第二，从对公司利益保护的角度来看，由于连带责任对责任承担者而言是一种份额责任，债权人可以对责任人进行挑选，最大限度地减小了公司独立承担责任的窘境。公司独立承担责任之后，仍可以向越权之法定代表人追偿。值得注意的区别是，虽然此处的追偿仍然受制于公司法运行的系统环境，但这样的设计方案有助于提升法定代表人的注意，而使真正的越权担保行为受到极大的约束。

综述而言，我们应当借鉴我国台湾地区的立法理念，设计我国内地法律制度中的代表人与公司连带责任方式。例如，为规制当前的担保乱象，应当设计由法定代表人与公司连带承担担保责

① 吴越：《公司设立民事责任归责模式研究——兼评最高法院的司法解释意见稿》，载《法学研究》2007 年第 4 期。

任，且不予区分关联担保亦或非关联担保，以此抑制代表人的机会主义行为，同时保证真正的市场化的担保需求得以实现。①

三、承继担保人与债务人的连带责任与过错责任规则

《担保法司法解释》第 4 条是有关非法定代表人之外的董事、经理越权担保行为的有效性规定，针对董事、经理对本公司的股东的担保行为的效力界定的内容，仍然具有某些合理性，可以加以扬弃并完善改进。

第一，董事、经理为本公司股东提供的担保行为，本质上属于关联担保，虽然关联担保行为也并非一律无效，但是，从法院的司法实践来看，关联担保行为被判无效的概率，显然远远超出了非关联担保（对外担保）交易被判无效的概率。但根据前文的论述及本课题的结论，公司的董事、经理（越权）以公司名义签订的（无关联）担保合同（如果还有公司印章等作为见证），原则上仍然是有效的，而不是无效的，解释中的规定已经过时，对此不应再予坚持而应予废除。

第二，《担保法司法解释》第 4 条中，关于担保合同无效情形下有关债务人和担保人的法律责任的分配的规定，有一定的合理之处，值得借鉴。按理说担保合同无效，担保人即公司就不应当承担保证责任，但为何此处仍要求担保人承担连带责任呢？一个较为合理的解释是，倘若主合同已经得到实际的履行，此时法院若判决担保合同无效，且同时判决免除担保人的责任，不但是不公平的，而且可能助长公司一方的机会主义行为，即公司以董事、经理缺乏授权为由主张合同无效，从而损害债权人的信赖利益。其本

① 赖虹宇、吴越：《法定代表人越权担保中的内部责任配置方式》，载《四川理工学院学报》（社会科学版）2018 年第 1 期。

身是立足于债权人保护的立场，对担保人的行为进行约束。值得注意的是，该规定中存在一个但书，即参照《合同法》第50条的表述，“除相对人知道或者应当知道”，根据前文研究所述，这个但书应当参照现在的《民法总则》第61条第3款的表述进行修正。

第三，从第7条的角度来看。最高人民法院的解释规则，是直接根据过错责任来划分担保合同无效情形下各方的法律责任，即在债权人无过错之时，应当由担保人与债务人承担连带赔偿责任，并且此处的责任并非合同责任而是损害赔偿责任。在当债权人与担保人存在共同过错时，则按照二分之一的比例划定损害赔偿的范围。应当说，这一规则和理念成为当前某些法院判决作为担保人的公司承担越权担保责任的法律依据。

综合《担保法司法解释》的上述两条规定，不难看出，在担保合同无效的情形下，最高人民法院的确是根据过错责任原则来认定损害赔偿责任的。我们认为，抛开该解释中的一些过时的、不合理的内容，上述内容仍然是值得司法实践借鉴的。此外，结合本次民法典编纂的背景，对《民法总则》的制定中尚未完成的体系整合目标进行深入检视，应建立在公司多元化、层次化代表权模型的基础上，将《民法总则》第61条与第170条进行整合。

本章小结

本章着重讨论了公司法定代表人、代理人越权行为的归责模式与责任类型问题。这一问题的讨论，承继了本书前文所述的代表(代理)权的类型化区分，并在责任承担基础上进行深化探讨。归入规则是公司代表责任承担的基础理论，其作为代表人与代理人责任识别的前置性规则，被首先使用于如何确认代表人(代理人)行为之法律效果与第三人间的关系。具有法定概括授权的代表人越权行为的归责是立法关注的重点,通过对域外比较法的梳理,不难得出该类主体责任承担的前提是对董事忠实义务、注意义务的违反,其是否应当承担赔偿责任,应以其是否违反相应义务为判断前提,而英国法为我们提供了违反董事义务从而追究董事责任的诸多具体规则。我国当前代表人归责模式,受制于唯一代表制的立法设计,存在影响制度施行的诸多弊端,也在理论上无法获得妥适的解释结论,并缺乏对法定代表人直接归责的规范依据。通过结合本研究所阐释的公司代表权层次化区分模型,可将代表人(法定概括授权人)与代理人(章程概括授权、个别授权)的责任承担进行类型化的构造。

从立法完善的角度而言,我国公司代表人责任制度重构的关键,是从宏观理论上梳理"代表型归责模式"与"代理型归责模式",前者明确了法定概括授权人的代表人定位,并由此解答在越权行为及违反法令等背景下,对外效力与对内担责的理论逻辑;后者则明确了职务代理人、委托代理人基于代理法上的责任承担规则。微观上的制度改进方案在于,一是应当增补法定代表人与公司共同承担连带责任的规定,一方面加强对交易相对人的保护,另一方面进一步约束法定代表人的道德风险;二是对《担保法司法解释》等现有立法资源予以扬弃,吸收其合理成分,承继债务人与担保人的连带责任与过错责任归责。同时,《民法总则》虽然对许多规则有了更加完善的规定,但从体系整合的角度而言尚未完成相应目标,应进一步在分编制定与法律适用过程中加强规范之间的协调与统一。

立法与司法解释完善建议

一、《公司法》完善建议

（一）增加涉董事、高管、股东及实际控制人利益冲突交易内部控制条款

课题组建议整合《公司法》第16条、第124条中涉及需要股东（大）会决议批准的涉及董事、高管以及实际控制人利益冲突交易（关联交易），在公司法总则中增加涉及董事、高管以及实际控制人利益冲突交易的程序（安全港程序），增加的条文内容如下：

"涉及董事、高管、股东以及实际控制人的利益冲突交易，涉事的董事、高管等应将拟从事的交易事先报告董事会，由董事会决议批准，涉事董事应回避表决；

前款规定的事项，如董事会认为应提交股东会或股东大会表决的，应提交股东会或股东大会表决，涉事的股东应回避表决；

违背前款规定的未经公司机关决议授权的利益冲突交易,除交易公平且符合公司利益或者公司已经获得公平赔偿外,可以无效。”

立法理由:在我国的司法实践中,正是由于对于董事、高管、股东以及实际控制人的越权代表行为缺乏一般性的内部控制程序,才导致关联交易的泛滥,这尤其体现在关联担保领域。关联交易是一把“双刃剑”,并非所有的关联交易都对公司有害,因此,立法只需要对涉及董事、高管、股东和实际控制人的关联交易(利益冲突交易)进行重点把控即可。除此之外,对于未经公司机关决议授权的违法的关联交易行为的效力,由于我国《公司法》第16条并未明确,才导致司法裁判中出现了严重的分歧。我们认为,明确违法的关联交易“可以无效”,从而加大交易相对人的合理注意义务(形式审查义务),这样不仅有利于维护公司法的权威,同时也有利于交易安全。另外,依据公司法的规定,理应取得公司机关决议授权而实际上未经公司机关决议授权的越权代表行为仅仅“可以无效”,并非是绝对无效,关键是看交易是否公平,并且是否符合公司的整体利益,以及交易是否可以恢复原状。这种立法例,即是为了平衡公司治理的强制要求和交易安全两大价值目标。

参考立法例:美国《示范商事公司法》、美国《特拉华州通用公司法》、英国《2006年公司法》、我国香港特区《2012年公司条例》以及日本《2005年公司法》等。

(二)增加公司秘书、共同代表人的示范性规定

课题组建议,结合我国现有的法定代表人制度,增加公司秘书以及公司共同代表人的相关规定。具体而言,就是在《公司法》有关公司法定代表人设置的条文中,增列下列条款:

“公司可以设秘书,负责公司决议、文件的保管以及出具公司

决议、文件的证明等事项；

公司合同或公司文件的签署，除法定代表人、经理外，公司章程可以约定由两名执行董事或经理联署签名，或者由一名执行董事或经理签名，由公司秘书联署签名。”

立法理由：从课题组分析的大量案例不难看出，在许多的越权担保案件中，不仅是由于公司的法定代表人、总经理等缺乏严格的内部控制程序而导致关联担保等大量的利益冲突的实现，而且也与我国实行“法定代表人”这种唯一代表制有关。而国外的立法例中的共同代表权制度，例如，德国《商法典》中的共同经理权制度，英美公司法中的公司合同的联署制度，都有助于减少因为一人代表制所带来的交易隐患。鉴于我国的国情，不宜强行要求所有的公司合同都必须由二人或者二人以上联署签字，因此，法律可以进行示范规定，逐渐倡导公司合同中的联署签名制度。这样也有助于抑制我国公司合同中过分依赖公司印章，从而导致印章造假的现象。

参考立法例：德国《商法典》、美国《示范商事公司法》、美国《特拉华州通用公司法》、英国《2006 年公司法》、我国香港特区《2012 年公司条例》以及日本《2005 年公司法》等。

二、《民法总则》与《合同法》完善建议

（一）《民法总则》第 85 条以及《公司法司法解释四》完善建议

《民法总则》第 85 条的现行规定如下：

“营利法人的权力机构、执行机构作出决议的会议召集程序、表决方式违反法律、行政法规、法人章程，或者决议内容违反法人章程的，营利法人的出资人可以请求人民法院撤销该决议，但是营利法人依据该决议与善意相对人形成的民事法律关系不受影响。”

我们认为，该条未区分章程限制与法定限制的做法不妥，且于

法律后果上，决议违法，哪怕是程序违法的越权代表行为，也不一定就不会影响到交易的公正性。例如，在公司关联交易的有关决议中，涉事的董事或者控制股东是否回避会议的问题，表面上看似乎是一个程序法问题，然而实际上很可能左右整个表决的结果。因此，不能认为"表决方式"（尤其是表决权禁止与回避表决制度）违法属于轻微的程序违法行为。鉴于此，课题组建议进行区分性规定，修改如下：

"营利法人的权力机构、执行机构作出决议的会议召集程序、表决方式违反法律、行政法规，营利法人的出资人可以请求人民法院撤销该决议；营利法人依据该决议与相对人形成的民事法律关系，除交易对法人公平，符合法人利益或者法人已经获得公平赔偿外，可以同时撤销；

营利法人的权力机构、执行机构作出决议的会议召集程序、表决方式违反法人章程规定的，营利法人的出资人可以请求人民法院撤销该决议，但是营利法人依据该决议与善意相对人形成的民事法律关系不受影响。"

立法理由：课题组认为，上述对法定限制和章程限制进行区分立法的理念，不仅符合中外民法、商法中的公司代表人越权行为的区分公司内部法律关系与外部法律关系的原则，且能够与《民法总则》第 61 条第 3 款以及第 170 条第 2 款中的区分章程限制与法定限制的理念统一起来。区分章程限制与法定限制的另一个重要理由在于，章程限制对相对人而言通常是不知晓的，因而容易认定善意相对人，而法定限制对交易相对人而言，由于法律具有推定公知的属性，因此交易相对人明知决议违法，则不能认定其为"善意"相对人。

参考立法例：德国《民法典》、德国《商法典》、欧盟《公司法第一号指令》、美国《示范商事公司法》、美国《特拉华州通用公司法》、英国《2006 年公司法》、香港特区《2012 年公司条例》以及日本《2005 年公司法》、我国台湾地区“公司法”等。此外,还有大量的比较法上的判例可以佐证本条的建议。

相应地,我们建议《公司法司法解释四》中的对应条文也作相应的修改完善。

(二)《合同法》以及未来《民法典》完善建议

我们建议废除《合同法》第 50 条的规定。鉴于《合同法》第 50 条未明确区分章程限制与法定限制语境下的越权行为的效力,且其“知道或者应当知道”的表达范式已经过时,加之该条的内容已经被如今的《民法总则》第 61 条第 3 款和第 170 条第 2 款所取代,所以,《合同法》第 50 条在事实上已经作废了,理应废除。

我们同时还建议,鉴于《合同法》第 48 条至第 52 条有关表见代理以及合同效力的有关规定,大部分已经被《民法总则》的相关条文所取代,所以,《合同法》的相关条文,在事实上均被《民法总则》所取代,应当在未来制定《民法典》时,进行系统化的整合,合并同类项,以利于法律的统一适用,消除法律适用时的混乱。

参考立法例:德国《民法典》、德国《商法典》、欧盟《公司法第一号指令》、美国《示范商事公司法》、美国《特拉华州通用公司法》、英国《2006 年公司法》、我国香港特区《2012 年公司条例》以及日本《2005 年公司法》等。

三、《担保法司法解释》的废改建议

我们认为,《担保法司法解释》当中,涉及公司董事、经理等代表人的代表权限的内容,应当区分情况予以扬弃。

首先,关于该解释第 4 条。一方面,该条的前半部分规定董事、经理提供担保行为无效,根据本课题的研究,董事、经理也享有一定的对外代表权，特别是《民法总则》第 61 条第 3 款仅仅将主体限制在法定代表人的做法，在本课题研究中也予以了批判。因此，这一部分规定应当予以废除。但另一方面，该条后半段明确在担保合同无效且债权人善意（除知道或者应当知道）的情况下，由债务人与担保人承担连带责任的规定，有利于约束公司的机会主义行为，特别是在主合同已经履行而担保合同无效的场合。因此，应考虑予以保留，但现有的“除外表述”应当参照《民法总则》第 61 条第 3 款的表述进行修正。

其次，该解释第 5 条、第 6 条的规定，均已过时。《担保法司法解释》形成于 2000 年，该解释中涉及公司担保的部分，其实是根据我国的旧《公司法》（1993 年《公司法》），而我国 2005 年《公司法》经过了大幅度的修改，且这两条规定与如今的《民法总则》第 61 条第 3 款、第 170 条第 2 款的规定相抵触。因此，课题组建议废除《担保法司法解释》的相关规定。

最后，《担保法司法解释》第 7 条、第 8 条中有关主合同有效而担保合同无效时的责任承担划分的规定（“二分之一责任”和“三分之一责任的划分”的规定），课题组认为，虽然这一规定在过去的司法实践中得到了遵循，且大致是合理的；但课题组同时也认为，这种直接由司法解释来划分责任比例的做法，显得过于刚性。在担保合同无效时，根据合同法上的缔约过失责任原理，完全可以根据各方的过错责任程度来认定各方的责任。因此，上述规定在现在看来已经没有存在的价值。

此外，在我国制定《民法典》时，《担保法》以及《担保法司法解释》的合理内容预计也将整合到《民法典》的各编当中。届时，整个《担保法司法解释》也应当予以废除。

附件一：司法统计（2013～2017）越权担保裁判文书名录

序 号	案号/审理法院	案件名称	越权代表是否有效
1	（2017）最高法民申 1475 号 最高人民法院（再审）	河南恒和置业有限公司诉潘连堂等民间借贷纠纷案	有效
2	（2016）最高法民再 301 号 最高人民法院（再审）	绿能高科集团有限公司等诉安徽投资控股股份有限公司等企业借贷纠纷再审案	有效
3	（2017）最高法民终 310 号 最高人民法院（二审）	马鞍山小南山矿业有限公司诉交通银行股份有限公司武汉青山支行等金融借款合同纠纷案	有效
4	（2017）最高法民申 2340 号 最高人民法院（二审）	营口元亨曦地置业有限公司诉青岛天一集团樱珠山房地产开发有限公司等企业借贷纠纷案	有效
5	（2017）最高法民申 524 号 最高人民法院（再审）	亿达信煤焦化能源有限公司与刘富等民间借贷纠纷再审案	有效

续表

序 号	案号/审理法院	案件名称	越权代表是否有效
6	(2017)最高法民申2032号 最高人民法院(再审)	鼎邦实业投资江苏有限公司诉江苏银行股份有限公司盐城亭湖支行等股权金融借款合同纠纷案	有效
7	(2017)最高法民申1696号 最高人民法院(再审)	重庆赞立置业有限公司等诉何小平买卖合同纠纷案	有效
8	(2016)最高法民再194号 最高人民法院(再审)	山东兴康医疗器械有限公司与薛启盟民间借贷纠纷再审案	有效
9	(2016)最高法民再335号 最高人民法院(再审)	东莞市百盛投资发展有限公司与李晓中等借款合同纠纷再审案	有效
10	(2016)鄂民终286号 湖北省高级人民法院(二审)	湖北嘉弘达典当有限公司与黄石市虹鑫房地产开发有限公司、潘浩借款合同纠纷案	有效
11	(2016)最高法民申2633号 最高人民法院(再审)	河北敬业担保有限公司等诉永年县圣帝隆房地产有限公司追偿权纠纷案	无效
12	(2016)最高法民终271号 最高人民法院(二审)	海南中度旅游产业开发有限公司与李复借款合同纠纷上诉案	有效

续表

序 号	案号/审理法院	案件名称	越权代表是否有效
13	(2016)最高法民申字1006号 最高人民法院(再审)	襄阳骏盛置业有限公司等诉加金杰保证合同纠纷案	有效
14	(2016)最高法民申435号 最高人民法院(再审)	萍乡市万新小城镇开发有限公司诉西藏信托投资有限公司等借款合同纠纷案	有效
15	(2016)最高法民申607号 最高人民法院(再审)	河北华晨光伏科技有限公司与王建立、豆强等借款合同纠纷申请案	有效
16	(2016)最高法民再24号 最高人民法院(再审)	陈斌、陈浩钰等与陈斌、沈阳金盾防暴器材有限公司等民间借贷纠纷申请案	有效
17	(2016)最高法民申231号 最高人民法院(再审)	烟台华健检测工程有限公司与潘翠玉民间借贷纠纷上诉案	有效
18	(2016)最高法民申503号 最高人民法院(再审)	赵龙梅诉杨骅力等民间借贷纠纷案	无效
19	(2015)民申字第3236号 最高人民法院(再审)	丁浩与张大清等民间借贷纠纷申请再审案	无效

续表

序号	案号/审理法院	案件名称	越权代表是否有效
20	(2015)民二终字第176号 最高人民法院(二审)	林俨儒等与林梅灼股权转让合同纠纷上诉案	无效
21	(2015)民申字第2539号 最高人民法院(二审)	青海创新矿业开发有限公司等诉韩雪松民间借贷及担保合同纠纷	有效
22	(2015)民申字第2491号 最高人民法院(再审)	六安市创新小额贷款股份有限公司诉张运中等民间借贷合同纠纷案	有效
23	(2015)民申字第3011号 最高人民法院(再审)	湘潭高新区兆基复合材料有限责任公司诉刘奕等民间借贷纠纷案	有效
24	(2015)民申字第1558号 最高人民法院(再审)	福建省浩华房地产开发有限公司等诉中国农业银行股份有限公司仙游县支行等金融借款合同纠纷案	有效
25	(2015)民申字第2086号 最高人民法院(再审)	青海贤成矿业股份有限公司等诉周亚民间借贷纠纷案	有效
26	(2015)民申字第1062号 最高人民法院(再审)	新乡中新化工有限责任公司等诉郭俊玲等民间借贷担保合同纠纷案	有效

续表

序号	案号/审理法院	案件名称	越权代表是否有效
27	(2015)民一终字第72号 最高人民法院(二审)	山西华晋纺织印染有限公司等与戴某合资、合作开发房地产合同纠纷上诉案	有效
28	(2015)民申字第1058号 最高人民法院(再审)	新乡中新化工有限责任公司等诉王爱华借款担保合同纠纷案	有效
29	(2015)民申字第1059号 最高人民法院(再审)	新乡中新化工有限责任公司等诉郑其军民间借贷担保合同纠纷案	有效
30	(2015)民申字第418号 最高人民法院(再审)	盛隆资源再生(无锡)有限公司诉蔡兴南公司民间借贷纠纷案	有效
31	(2012)民提字第156号 最高人民法院(再审)	招商银行股份有限公司大远东港支行与大连振邦氟涂料股份有限公司、大连振邦集团有限公司借款合同纠纷案	有效
32	(2014)民申字第1876号 最高人民法院(再审)	吴文俊与泰州市天利投资发展有限公司、周文英民间借贷纠纷申请再审民事裁定书	无效
33	(2014)民一终字第109号 最高人民法院(二审)	高远控股有限公司、上海高远置业(集团)有限公司、毛钰萍与邹蕴玉、上海录润置业有限公司与李林福民间借贷纠纷二审民事判决书	无效

续表

序号	案号/审理法院	案件名称	越权代表是否有效
34	(2014)民申字第628号 最高人民法院(再审)	吉林省天合房地产开发有限公司与张思阳保证合同纠纷申请再审民事裁定书	有效
35	(2013)民申字第1785号 最高人民法院(再审)	上海明力德实业有限公司与中国光大银行股份有限公司上海分行其他借款合同纠纷申请再审民事裁定书	有效
36	(2013)民申字第2275号 最高人民法院(再审)	寿光广潍汽车销售服务有限公司、潍坊广潍汽车销售服务有限公司、潍坊广潍汽车销售服务有限公司寿光分公司与王龙江、梁廷国民间借贷纠纷申请再审民事裁定书	有效
37	(2013)民申字第2404号 最高人民法院(再审)	山东洪福投资担保有限公司与李红青、泰安市金润珠宝有限公司买卖合同纠纷申请再审民事裁定书	有效
38	(2017)沪民申934号 上海市高级人民法院(再审)	程纪西与天津桦清信息技术股份有限公司、原审被告潘子系、康文捷、石钦彦、陈长江民间借贷纠纷案再审申请民事裁定书	无效
39	(2016)沪民申2908号 上海市高级人民法院(再审)	上海虹梅农贸市场经营管理有限公司与上海徐汇华擎小额贷款股份有限公司、上海域豪实业有限公司、姚利华借款合同纠纷再审申请民事裁定书	有效

续表

序 号	案号/审理法院	案件名称	越权代表是否有效
40	(2016)津民终46号 天津市高级人民法院(二审)	郑香芬与天津桦科置业投资发展有限公司、张友麟等民间借贷纠纷二审民事判决书	有效
41	(2017)渝民申739号 重庆市高级人民法院(再审)	重庆市永川区巨丰小额贷款有限公司与重庆伟豪实业有限公司黄勇等民间借贷纠纷申诉、申请再审民事裁定书	有效
42	2016)渝民再202号 重庆市高级人民法院(再审)	重庆百事达兴新汽车销售服务有限公司与袁伟,万兴芳等民间借贷纠纷再审民事判决书	无效
43	(2017)渝民终13号 重庆市高级人民法院(二审)	贵州立翌房地产开发有限公司与张良竟保证合同纠纷二审民事判决书	有效
44	(2016)渝民终558号 重庆市高级人民法院(二审)	雷士照明(中国)有限公司与中国建设银行股份有限公司重庆南坪支行等金融借款合同纠纷二审民事判决书	有效
45	2016)渝民终520号 重庆市高级人民法院(二审)	陈怀灿,重庆三剑园林工程有限公司等与秦光明民间借贷纠纷二审民事判决书	有效
46	(2014)渝高法民初字第00009号 重庆市高级人民法院(一审)	魏强、郑志桥等与李凯、田密等合同纠纷案	有效

续表

序号	案号/审理法院	案件名称	越权代表是否有效
47	(2016)渝民终104号 重庆市高级人民法院(二审)	重庆超康电子科技有限公司与重庆市渝中区捷贷小额贷款有限公司,逢锦秀等借款合同纠纷案	有效
48	(2015)渝高法民终字第00480号 重庆市高级人民法院(二审)	重庆渝亚房地产开发建设有限公司与重庆嘉瑞动物生化药业有限公司,张新农等合同纠纷二审民事判决书	有效
49	(2014)渝高法民初字第00063号 重庆市高级人民法院(一审)	重庆市能源投资集团物资有限责任公司与吴燕华,孙律等合同纠纷一审民事案件判决书	有效
50	(2015)渝高法民申字第01844号 重庆市高级人民法院(再审)	重庆市涛峰建筑工程有限责任公司与苏明勇,杨晓林民间借贷纠纷申请再审民事裁定书	有效
51	(2015)渝高法民终字第00452号 重庆市高级人民法院(二审)	梁平县富国资源利用回收有限公司与重庆两江新区融资担保有限公司、重庆铁鑫汽车服务俱乐部、庞旭等追偿权纠纷二审民事判决书	有效
52	(2014)渝高法民终字第00385号 重庆市高级人民法院(二审)	重庆金凤建筑(集团)有限公司与丁浩,张大清等民间借贷纠纷二审民事判决书	无效
53	(2014)渝高法民初字第00072号 重庆市高级人民法院(一审)	文国富与云南志远房地产开发有限公司、昆明远建房地产开发有限公司等借款合同纠纷一审民事判决书	有效

续表

序 号	案号/审理法院	案件名称	越权代表是否有效
54	(2014)渝高法民终字第00368号 重庆市高级人民法院(二审)	贵州德林矿业发展有限公司,蔡朝明与贺颖,王智借款合同纠纷二审民事判决书	有效
55	(2014)渝高法民终字第00317号 重庆市高级人民法院(二审)	杨某某、重庆市达固物资有限公司与重庆市当红文化传播有限公司民间借贷纠纷民事判决书	有效
56	(2016)粤民申7879号 广东省高级人民法院(再审)	肇庆市安信贸易有限公司诉陈瑞霞等民间借贷纠纷案	有效
57	(2016)粤民申5833号 广东省高级人民法院(再审)	河南世为动漫之都产业园有限公司诉深圳富隆特体育用品有限公司等借款合同纠纷案	有效
58	(2015)粤高法民二破终字第27号 广东省高级人民法院(二审)	陈某某与佛山市三水康之田压力容器制造有限公司、柯全周普通破产债权确认纠纷案	有效
59	(2014)粤高法民二终字第64号 广东省高级人民法院(二审)	东莞百盛投资发展有限公司与李晓中,郑敬辉借款合同纠纷案	有效
60	(2015)粤高法民二申字第544号 广东省高级人民法院(再审)	深圳市红光阳真空工艺有限公司等诉庄明民间借贷纠纷案	有效

续表

序号	案号/审理法院	案件名称	越权代表是否有效
61	(2015)粤高法民四终字第45号 广东省高级人民法院(二审)	珠海市中广置业有限公司与姚文衷等借款合同纠纷上诉案	有效
62	(2014)粤高民二终字第68号 广东省高级人民法院(二审)	黄世就等诉柯杰才等股权转让纠纷案	有效
63	(2014)粤高法民二破终字第95号 广东省高级人民法院(二审)	青海贤成矿业股份有限公司等诉广东科汇发展有限公司等债权转让合同纠纷案	有效
64	(2014)粤高法民二申字第1061号 广东省高级人民法院(再审)	深圳市朗捷置业有限公司等诉李少勤民间借贷纠纷案	有效
65	(2013)粤高法民二终字第34号 广东省高级人民法院(二审)	深圳市国野股份有限公司与黄飞林、深圳市中联环投资有限公司股权转让纠纷二审民事判决书	无效
66	(2016)冀民终288号 河北省高级人民法院(二审)	韩军诉锦州市鑫泽锰业有限公司等民间借贷纠纷案	有效
67	(2015)冀民一终字第93号 河北省高级人民法院(二审)	唐山润华房地产开发有限公司与任亚利等民间借贷纠纷上诉案	有效

续表

序号	案号/审理法院	案件名称	越权代表是否有效
68	(2014)冀民再终字第27号 河北省高级人民法院(再审)	青龙满族自治县燕山冶金铸造有限公司与孟丽娜、董庆芳借款合同纠纷案	有效
69	(2014)冀民一终字第134号 河北省高级人民法院(二审)	唐山中桥铁路道岔制造有限公司诉王连成等民间借贷纠纷案	有效
70	(2016)晋民终218号 山西省高级人民法院(二审)	介休市金岩洗煤有限公司诉晋中市寿阳利元小额贷款有限公司等借款合同纠纷案	有效
71	(2015)晋商终字第61号 山西省高级人民法院(二审)	山西中达铝业有限责任公司等诉运城市合盛小额贷款有限责任公司等借款合同纠纷案	有效
72	(2014)晋民申字第276号 山西省高级人民法院(再审)	上海市鑫茂置业有限公司等诉山西合聚工贸集团有限公司民间借贷纠纷案	有效
73	(2013)晋民终字第53号 山西省高级人民法院(二审)	山西曜鑫煤焦有限公司等诉山西焦煤集团国际发展股份有限公司担保合同纠纷案	有效
74	(2017)辽民终230号 辽宁省高级人民法院(二审)	上海北杰集团关东药业有限公司与上海浦东发展银行股份有限公司大连分行等金融借款合同纠纷上诉案	有效

续表

序号	案号/审理法院	案件名称	越权代表是否有效
75	(2016)辽民终635号 辽宁省高级人民法院(二审)	樊国全等诉王然等合同纠纷案	有效
76	(2016)吉民申2334号 吉林省高级人民法院(再审)	延边国际贸易大厦有限责任公司等诉延吉市延河农村信用合作社等金融借款合同纠纷案	有效
77	(2016)吉民申2333号 吉林省高级人民法院(再审)	延边国际贸易大厦有限责任公司等诉延吉市延河农村信用合作社等金融借款合同纠纷案	有效
78	(2016)吉民申2330号 吉林省高级人民法院(再审)	延边国际贸易大厦有限责任公司诉吉林珲春农村商业银行股份有限公司等金融借款合同纠纷案	有效
79	(2016)吉民申2137号 吉林省高级人民法院(再审)	延边国际贸易大厦有限责任公司诉吉林珲春农村商业银行股份有限公司等金融借款合同纠纷案	有效
80	(2016)吉民申2332号 吉林省高级人民法院(再审)	延边国际贸易大厦有限责任公司诉吉林珲春农村商业银行股份有限公司等金融借款合同纠纷案	有效
81	(2016)吉民申2331号 吉林省高级人民法院(再审)	延边国际贸易大厦有限责任公司诉吉林珲春农村商业银行股份有限公司等金融借款合同纠纷案	有效

续表

序号	案号/审理法院	案件名称	越权代表是否有效
82	(2016)吉民申2138号 吉林省高级人民法院(再审)	延边国际贸易大厦有限责任公司诉吉林珲春农村商业银行股份有限公司等金融借款合同纠纷案	有效
83	(2016)黑民申2218号 黑龙江省高级人民法院(再审)	青岛九上商务大酒店有限公司与付智清、绥芬河市圣源经贸有限责任公司、东宁通泰木业有限公司、郑立东民间借贷纠纷一案	有效
84	(2014)黑高商终字第87号 黑龙江省高级人民法院(二审)	伊春市交通路桥建筑有限公司与马金建设集团有限公司、马金建设集团有限公司伊春分公司等买卖合同纠纷案	有效
85	(2014)苏商终字第00472号 江苏省高级人民法院(二审)	许尔兵诉金烁置业公司、汪陆军等公司为其股东提供担保效力认定纠纷案	有效
86	(2016)苏民申3834号 江苏省高级人民法院(再审)	泰州市华隆置业有限公司与江苏鑫舟信用担保有限公司民间借贷纠纷上诉案	有效
87	(2017)苏民申35号 江苏省高级人民法院(再审)	常州市海潮铁艺装饰有限公司等诉陈锡平民间借贷纠纷案	有效
88	(2015)苏审二商申字第00626号 江苏省高级人民法院(再审)	苏州华伦企业发展有限公司等诉苏州通鼎担保投资有限公司等担保追偿权纠纷案	有效

续表

序号	案号/审理法院	案件名称	越权代表是否有效
89	(2016)苏民申2786号 江苏省高级人民法院(再审)	启东市银宏建筑材料有限公司诉丁海燕等民间借贷纠纷案	有效
90	(2016)苏民申2784号 江苏省高级人民法院(再审)	启东市银宏建筑材料有限公司诉秦国生等民间借贷纠纷案	有效
91	(2016)苏民申5421号 江苏省高级人民法院(再审)	蒋德宝诉江苏阜宁农村商业银行股份有限公司芦蒲支行等民间借贷纠纷案	无效
92	(2016)苏民终1093号 江苏省高级人民法院(二审)	交通银行股份有限公司泰州分行诉泰州市鸿宝消防器材有限公司等金融借款合同纠纷案	无效
93	(2015)苏审二民申字第00109号 江苏省高级人民法院(再审)	连云港中豪房地产开发有限公司诉苏秋娣等民间借贷纠纷案	有效
94	(2014)苏民终字第00373号 江苏省高级人民法院(二审)	巢菊风与常州恒基置业有限公司、秦刚等民间借贷纠纷案	无效
95	(2016)苏民申2353号 江苏省高级人民法院(再审)	昆山市沪成农村小额贷款有限公司等诉鹰潭丰华建设工程有限公司借款合同纠纷案	无效

续表

序号	案号/审理法院	案件名称	越权代表是否有效
96	(2015)苏民终字第00606号 江苏省高级人民法院(二审)	蒋炜与金坛市钢材物流城有限公司、王华等民间借贷纠纷案	无效
97	(2016)苏民申267号 江苏省高级人民法院(再审)	苏州华伦企业发展有限公司诉中国民生银行股份有限公司苏州分行等金融借款合同纠纷案	有效
98	(2015)苏审二民申字第02091号 江苏省高级人民法院(再审)	南通东利德工具有限公司等诉倪贵金民间借贷纠纷案	有效
99	(2015)苏商终字第00608号 江苏省高级人民法院(二审)	中国工商银行股份有限公司徐州泉山支行与徐州新中组房地产开发有限公司、孙英杰等金融借款合同纠纷二审民事判决书	有效
100	(2014)苏商终字第00448号 江苏省高级人民法院(二审)	刘兵头与甘肃苏鑫投资担保有限公司、章桂星等民间借贷纠纷二审民事判决书	无效
101	(2015)苏民终字第00508号 江苏省高级人民法院(二审)	谢涛与泗洪县容大房地产开发有限公司保证合同纠纷二审民事判决书	无效
102	(2015)苏审二民申字第02352号江苏省高级人民法院(再审)	苏州华伦企业发展有限公司、朱盛鹰与苏州华伦企业发展有限公司、朱盛鹰等民间借贷纠纷再审复查与审判监督民事裁定书	有效

续表

序号	案号/审理法院	案件名称	越权代表是否有效
103	(2015)苏商终字第00560号 江苏省高级人民法院(二审)	鲍斌铨与屠狄龙、卓红军等保证合同纠纷二审民事判决书	无效
104	(2015)苏审二商申字第00600号江苏省高级人民法院(再审)	江苏如东农村商业银行股份有限公司城中支行保证合同纠纷再审复查与审判监督民事裁定书	有效
105	(2015)苏审二商申字第00340号 江苏省高级人民法院(再审)	江苏康非特动力科技有限公司诉中国建设银行股份有限公司南通城东支行等金融借款合同纠纷案	有效
106	(2014)苏商终字第00505号 江苏省高级人民法院(再审)	南京德轩投资管理有限公司(二审审理中更名为南京星际园温泉休闲有限责任公司)与唐保平等民间借贷纠纷上诉案	有效
107	(2015)苏民终字第00111号 江苏省高级人民法院(二审)	盐城广厦建筑集团有限公司诉金昌盐城机电科技有限公司等建设工程施工合同纠纷案	有效
108	(2015)苏商终字第00041号 江苏省高级人民法院(二审)	无锡市仁信实业有限公司等与无锡市百达建设发展有限公司借款合同纠纷上诉案	有效
109	(2014)苏民终字第00361号 江苏省高级人民法院(二审)	姚启虎与江苏金烁置业有限公司、汪陆军等民间借贷纠纷案	有效

续表

序号	案号/审理法院	案件名称	越权代表是否有效
110	(2014)苏民终字第00362号 江苏省高级人民法院(二审)	白丽与江苏金烁置业有限公司、汪陆军等民间借贷纠纷案	有效
111	(2014)苏商终字第00438号 江苏省高级人民法院(二审)	淮安诚泰房地产开发有限公司诉林志挺等民间借贷纠纷案	有效
112	(2014)苏审二商申字第423号 江苏省高级人民法院(再审)	扬州金马房地产开发有限公司诉江苏扬州农村商业银行股份有限公司泰安支行等借款合同纠纷案	有效
113	(2014)苏商终字第207号 江苏省高级人民法院(二审)	南通荣华混凝土有限公司诉江苏海门建信村镇银行有限责任公司等保证合同纠纷案	有效
114	(2014)苏商再提字第0025号 江苏省高级人民法院(再审)	镇江新区中小企业投资担保有限公司诉常州金凤凰动力机械有限公司等担保追偿权纠纷再审案	有效
115	(2014)苏审二商申字第0287号 江苏省高级人民法院(再审)	杨振华等与邳州市福华农村小额贷款有限公司民间借贷纠纷申请案	有效
116	(2013)苏商再提字第0012号 江苏省高级人民法院(再审)	江苏恒龙万相房地产开发有限公司诉徐州市中央百货大楼股份有限公司等返还投资款纠纷再审案	有效

续表

序号	案号/审理法院	案件名称	越权代表是否有效
117	(2014)苏商终字第0055号 江苏省高级人民法院(二审)	扬州华亭置业有限公司与李吉虎等股权转让纠纷上诉案	有效
118	(2014)苏民终字第0009号 江苏省高级人民法院(二审)	泰州市天利投资发展有限公司诉吴文俊等民间借贷保证合同纠纷案	无效
119	(2016)浙民申3922号 浙江省高级人民法院(再审)	朱晓红等诉嘉兴市开元建筑工程有限公司民间借贷纠纷案	无效
120	(2016)浙民申971号 浙江省高级人民法院(再审)	叶舒娇、张怡与台州恩都酒店有限公司、玉环县德嘉置业有限公司等股权转让纠纷复查与审判监督案	有效
121	(2016)浙民终30号 浙江省高级人民法院(二审)	准格尔旗景福煤炭有限责任公司等与朱建林等民间借贷纠纷上诉案	有效
122	(2015)浙湖商终字第284号 浙江省湖州市中级人民法院(二审)	太湖县新屹汽车城有限责任公司诉赵英等民间借贷纠纷案	无效
123	(2015)浙商提字第52号 浙江省高级人民法院(二审)	浙江驰成建设有限公司与周中耘民间借贷纠纷上诉案	有效

续表

序 号	案号/审理法院	案件名称	越权代表是否有效
124	(2015)浙民申字第968号 浙江省高级人民法院(再审)	湖南精锐置业发展有限公司等诉徐光林民间借贷纠纷案	有效
125	(2015)浙商外终字第12号 浙江省高级人民法院(二审)	温州市玖玖旅馆管理有限公司等与温州市大富林精品酒店有限公司债权转让合同纠纷上诉案	有效
126	(2014)浙金商终字第33号 浙江省金华市中级人民法院(二审)	卢喜红与浙江凯越工贸有限公司等民间借贷纠纷上诉案	有效
127	(2014)浙商终字第57号 浙江省高级人民法院(二审)	杭州馨华园房地产开发有限公司诉陈炳奎等民间借贷纠纷案	有效
128	(2014)浙民申字第648号 浙江省高级人民法院(再审)	浙江天洁新能源股份有限公司与共和县金河水泥有限责任公司等股权转让纠纷申请案	无效
129	(2013)浙民申字第1455号 浙江省高级人民法院(再审)	应国培等与杭州玉翰置业有限公司债务转移合同纠纷申请案	有效
130	(2014)浙民申字第6号 浙江省高级人民法院(再审)	宁波绣丰彩印实业有限公司与励文杰民间借贷纠纷申请案	有效

续表

序 号	案号/审理法院	案件名称	越权代表是否有效
131	(2013)浙民申字第1466号 浙江省高级人民法院(再审)	宁波绣丰彩印实业有限公司与鲍黎平民间借贷纠纷申请案	有效
132	(2013)浙商外终字第131号 浙江省高级人民法院(二审)	东方巨龙投资发展(杭州)有限公司与郑念民等民间借贷纠纷上诉案	有效
133	(2015)皖民二终字第01013号 安徽省高级人民法院(二审)	宁国融鑫小额贷款有限公司诉马义龙等民间借贷纠纷案	有效
134	(2015)皖民二终字第00926号 安徽省高级人民法院(二审)	周军民与安徽省宣城建丰房地产开发有限公司、谢圣山等民间借贷纠纷二审民事判决书	有效
135	(2015)皖民二终字第01069号 安徽省高级人民法院(二审)	安徽玄凯房地产开发有限公司与六安农村商业银行股份有限公司确认合同无效纠纷案	有效
136	(2015)皖民二终字第00670号 安徽省高级人民法院(二审)	吕全明与安徽省宣城建丰房地产开发有限公司、谢圣山等民间借贷纠纷案	有效
137	(2015)皖民二终字第00559号 安徽省高级人民法院(二审)	安徽省天森烟草机械有限公司与钱立成、赵中、安徽富林包装印刷有限公司、李桂林民间借贷纠纷案	有效

续表

序号	案号/审理法院	案件名称	越权代表是否有效
138	(2015)皖民二终字第00563号 安徽省高级人民法院(二审)	安徽省东方金河房地产开发有限公司等诉刘辉等民间借贷纠纷案	有效
139	(2015)皖民二终字第00579号 安徽省高级人民法院(二审)	罗青与安徽钰之哲贸易有限公司、高琳琳等民间借贷纠纷二审民事判决书	有效
140	(2015)皖民二终字第00383号 安徽省高级人民法院(二审)	安徽颜氏实业有限公司与李婷借款合同纠纷上诉案	有效
141	(2015)皖民二终字第00234号 安徽省高级人民法院(二审)	杨骅力等与赵龙梅民间借贷纠纷上诉案	无效
142	(2015)皖民二终字第00168号 安徽省高级人民法院(二审)	董向明等诉胡龙久等民间借贷纠纷案	有效
143	(2014)皖民二终字第00636号 安徽省高级人民法院(二审)	安徽华域置业有限公司与沈守芳等民间借贷纠纷上诉案	有效
144	(2014)皖民二终字第00114号 安徽省高级人民法院(二审)	湖南悦禧置业有限公司诉安庆市炜业矿业有限公司等借款及保证合同纠纷案	有效

续表

序号	案号/审理法院	案件名称	越权代表是否有效
145	(2016)闽民终882号 福建省高级人民法院(二审)	陈全财与厦门世侨投资管理有限公司、厦门三江世侨集团有限公司等民间借贷纠纷案	有效
146	(2016)闽民终204号 福建省高级人民法院(二审)	叶建辉等与泉州建江汽车配件制造有限公司股权转让纠纷上诉案	有效
147	(2016)闽民申2008号 福建省高级人民法院(再审)	漳州市锐诚金属制品有限公司诉漳州龙池酒店有限公司等房屋租赁合同纠纷案	有效
148	(2015)闽民终字第258号 福建省高级人民法院(二审)	张航泉与方圆九洲(福建)房地产开发有限公司、陈龙金民间借贷纠纷二审民事判决书	有效
149	(2015)闽民终字第595号 福建省高级人民法院(二审)	品乘有限公司等诉林伟等民间借贷纠纷案	有效
150	(2014)闽民终字第1054号 福建省高级人民法院(二审)	山东宁建集团济宁中兴置业有限公司等诉邱丰收等民间借贷纠纷案	有效
151	(2014)闽民终字第525号 福建省高级人民法院(二审)	华安县华龙矿业有限责任公司诉黄培育等民间借贷纠纷案	有效

续表

序号	案号/审理法院	案件名称	越权代表是否有效
152	(2014)闽民终字第374号 福建省高级人民法院(二审)	福建省武平县锦麟房地产开发有限公司诉郑立等民间借贷纠纷案	有效
153	(2016)赣民再138号 江西省高级人民法院(再审)	江和平保证合同纠纷案	有效
154	(2016)赣09民终456号 江西省宜春市中级人民法院(二审)	江西省福隆房地产开发有限公司与舒慧英等民间借贷纠纷上诉案	有效
155	(2016)赣民再6号 江西省高级人民法院(再审)	江西嵩汇科技管业有限公司诉艾四英等民间借贷纠纷再审案	无效
156	(2016)赣民再5号 江西省高级人民法院(再审)	江西嵩汇科技管业有限公司诉龚四仔等民间借贷纠纷再审案	无效
157	(2015)赣民一终字第257号 江西省高级人民法院(二审)	安远县腾益服装有限公司与钟恢炎、唐金旺、赣州国旺泰矿业集团股份有限公司民间借贷纠纷案	有效
158	(2015)赣民一终字第274号 江西省高级人民法院(二审)	九江中盛地产集团有限公司与殷志明、江西国盛钨业有限公司、张丙娥、郑家地、武宁县天元金属材料有限公司民间借贷纠纷案	有效

续表

序号	案号/审理法院	案件名称	越权代表是否有效
159	(2015)赣民二终字第93号 江西省高级人民法院(二审)	江西双胞胎控股有限公司与永州市惠康科技有限公司、贺太元股权转让纠纷案	无效
160	(2015)赣民一终字第169号 江西省高级人民法院(二审)	赣州天龙包装彩印有限公司、辜赣英、张湘梅、赣州聚中环保科技有限公司民间借贷纠纷案	有效
161	(2015)赣民一终字第78号 江西省高级人民法院(二审)	上饶市华丰铜业有限公司与黄旭等民间借贷纠纷上诉案	有效
162	(2017)鲁民终527号 山东省高级人民法院(二审)	山东蓝帆化工有限公司、中国工商银行股份有限公司淄博临淄支行金融借款合同纠纷二审民事判决书	有效
163	(2016)鲁民终273号 山东省高级人民法院(二审)	曲维红、刘兆虎与烟台市莱山区万光小额贷款有限公司、山东大众投资管理有限公司等民间借贷纠纷二审民事判决书	有效
164	(2016)鲁民终492号 山东省高级人民法院(二审)	刘荻、董红霞与德州中商博大置业有限公司、张云东等民间借贷纠纷二审民事判决书	有效
165	(2016)鲁民终204号 山东省高级人民法院(二审)	朱宁同与山东瑞中医药有限公司民间借贷纠纷二审民事判决书	有效

续表

序 号	案号/审理法院	案件名称	越权代表是否有效
166	(2015)鲁民再终字第7号 山东省高级人民法院(二审)	张硕与田传祥、山东海润电子有限公司民间借贷纠纷再审民事判决书	有效
167	(2014)鲁民提字第218号 山东省高级人民法院(再审)	济宁圣源伟业液压有限公司、山东益铭融资担保有限公司与济宁圣源伟业液压有限公司、山东益铭融资担保有限公司等借款合同纠纷再审民事判决书	有效
168	(2014)鲁商终字第270号 山东省高级人民法院(二审)	中国建设银行股份有限公司济南高新支行与菏泽林海包装制品有限公司、济南东业物流有限公司等金融借款合同纠纷二审民事判决书	有效
169	(2013)鲁民一终字第414号 山东省高级人民法院(二审)	吴法顺与山东聊城鑫昌置业有限公司、北京枫泉博凌国际投资担保有限公司等民间借贷纠纷二审民事判决书	无效
170	(2014)鲁民一终字第359号 山东省高级人民法院(二审)	安孝芬与淄博美隆砂浆有限公司、黑卓地产有限公司等民间借贷纠纷二审民事判决书	有效
171	(2014)鲁民一终字第291号 山东省高级人民法院(二审)	夏晓明与济宁福泰阳光汽车销售服务有限公司、殷明亮等民间借贷纠纷二审民事判决书	有效

续表

序号	案号/审理法院	案件名称	越权代表是否有效
172	(2014)鲁民终字第300号 山东省高级人民法院(二审)	李艳荣与德州市德裕置业有限公司、张裕民间借贷纠纷二审民事判决书	无效
173	(2013)鲁民提字第241-1号 山东省高级人民法院(再审)	山东省聊城天昊置业有限公司与郑喜梅、朱云海等民间借贷纠纷再审复查与审判监督民事裁定书	有效
174	(2014)鲁民一终字第39号 山东省高级人民法院(二审)	王全收与郓城日日顺电器有限公司、郓城县圣锦纺织有限公司等民间借贷纠纷二审民事判决书	无效
175	(2016)鲁民终1717号 山东省高级人民法院(二审)	栾小文与烟台市莱山区万光小额贷款有限公司、山东大众投资管理有限公司等民间借贷纠纷二审民事判决书	有效
176	(2016)鲁民终1718号 山东省高级人民法院(二审)	栾小文与烟台市莱山区万光小额贷款有限公司、青岛鑫基房地产集团有限公司等民间借贷纠纷二审民事判决书	有效
177	(2016)豫民再359号 河南省高级人民法院(再审)	邢新兰、洛阳市鑫兰铸造有限公司等与民间借贷纠纷再审民事判决书	有效
178	(2015)豫法民二终字第429号 河南省高级人民法院(二审)	王会敏与王丰卫、邓州市金江房地产开发有限公司民间借贷纠纷二审民事判决书	有效

续表

序 号	案号/审理法院	案件名称	越权代表是否有效
179	(2016)豫民终120号 河南省高级人民法院(二审)	程红旗与济源市万科阻燃材料有限公司保证合同纠纷二审民事判决书	有效
180	(2015)豫法民二终字第96号 河南省高级人民法院(二审)	贾建强与信阳五岳置业有限公司、鲲鹏地产集团有限公司等民间借贷纠纷二审民事判决书	有效
181	(2015)豫法民一终字第78号 河南省高级人民法院(二审)	马银娥与新乡中新化工有限责任公司、毕殿峰民间借贷纠纷二审民事判决书	有效
182	(2014)豫法民一终字第276号 河南省高级人民法院(二审)	晋学吉与段良录、安阳市亿银光伏科技有限公司民间借贷纠纷二审民事判决书	有效
183	(2017)鄂民终399号 湖北省高级人民法院(二审)	平安银行股份有限公司武汉分行等与湖北鑫盛德隆商贸有限公司等金融借款合同纠纷上诉案	有效
184	(2016)鄂民申2088号 湖北省高级人民法院(再审)	随州市晨鑫齿轮制造有限公司等诉随州经济开发区程力小额贷款有限公司保证合同纠纷案	有效
185	(2016)鄂民终1033号 湖北省高级人民法院(二审)	湖北正信天益资产管理有限公司等与麻城市宇盛工贸有限公司等民间借贷纠纷上诉案	有效

续表

序号	案号/审理法院	案件名称	越权代表是否有效
186	（2016）鄂民终 665 号 湖北省高级人民法院（二审）	湖北荆楚种业股份有限公司与赵春青等民间借贷纠纷上诉案	有效
187	（2016）鄂民终 619 号 湖北省高级人民法院（二审）	武汉蓝空房地产开发有限公司诉武汉潮江商贸发展有限公司等民间借贷纠纷案	有效
188	（2016）鄂民终 286 号 湖北省高级人民法院（二审）	湖北嘉弘达典当有限公司与黄石市虹鑫房地产开发有限公司、潘浩借款合同纠纷案	有效
189	（2016）鄂民终 198 号 湖北省高级人民法院（二审）	华夏银行股份有限公司武汉徐东支行与龙江龙汽配紧固件制造股份有限公司、武汉市恒晶经贸有限公司储蓄存款合同纠纷案	有效
190	（2016）鄂民终 480 号 湖北省高级人民法院（二审）	中国农业银行股份有限公司罗田广场支行与潜江市富阳化工有限公司、湖北瑞富阳化工科技有限公司金融借款合同纠纷案	有效
191	（2015）鄂民一终字第 00272 号 湖北省高级人民法院（二审）	曹银霞与湖北世达房地产投资有限公司、毛贵龙民间借贷纠纷二审民事判决书	有效
192	（2015）鄂民二终字第 00187 号 湖北省高级人民法院（二审）	武汉瑞航贸易有限公司等诉交通银行股份有限公司武汉汉阳支行等金融借款合同纠纷案	有效

续表

序号	案号/审理法院	案件名称	越权代表是否有效
193	(2015)鄂民二终字第00192号 湖北省高级人民法院(二审)	李宗银与湖北兴恒融资担保有限公司、湖北帝旺实业投资有限公司借款合同纠纷案	有效
194	(2015)鄂民申字第01885号 湖北省高级人民法院(再审)	十堰市时新纺织品有限公司与李武、十堰市武当山特区天尊置业有限公司民间借贷纠纷再审复查与审判监督民事裁定书	有效
195	(2015)鄂民一终字第00035号 湖北省高级人民法院(再审)	梅端钦与王成林、欧志广民间借贷纠纷案	有效
196	(2013)鄂民二终字第00088号 湖北省高级人民法院(二审)	长阳长丰水电有限公司诉白某某等借款合同纠纷案	有效
197	(2017)桂民再74号 广西壮族自治区高级人民法院(再审)	广西漓昇电力建设有限责任公司诉冼杰等债务转移合同纠纷再审案	有效
198	(2016)琼民再12号 海南省高级人民法院(再审)	牛雅丽与李庆年、临澶县大寺坡矿产资源开发有限责任公司企业借贷纠纷案	无效
199	(2015)琼民一终字第52号 海南省高级人民法院(二审)	海南兆南小额贷款股份有限公司与周五良、海南天奇宝藏旅游发展有限公司等企业借贷纠纷二审民事判决书	有效

续表

序号	案号/审理法院	案件名称	越权代表是否有效
200	(2015)琼民一终字第43号 海南省高级人民法院(二审)	王明开与海南兆祥置业有限公司、符利民间借贷纠纷二审民事判决书	有效
201	(2017)川民申1127号 四川省高级人民法院(再审)	达县蜀川木业有限责任公司等诉鲍继析等民间借贷纠纷案	有效
202	(2016)川民终631号 四川省高级人民法院(二审)	丽江世星文化旅游开发有限公司与四川洪雅七里坪半山旅游开发有限公司等企业借贷纠纷上诉案	有效
203	(2016)川民终849号 四川省高级人民法院(二审)	三台县德成置业有限公司与银洪彭喜等确认合同无效纠纷上诉案	有效
204	(2016)川民终619号 四川省高级人民法院(二审)	凉山州西昌市鑫庄小额贷款有限责任公司等诉胡奇临等民间借贷纠纷案	有效
205	(2016)川民终671号 四川省高级人民法院(二审)	成都新方向科技发展有限公司等与通联资本管理有限公司纠纷上诉案	无效
206	(2016)川民终27号 四川省高级人民法院(二审)	四川昊鑫融资担保有限公司与成都市武侯惠信小额贷款有限责任公司等借款合同纠纷上诉案	有效

续表

序号	案号/审理法院	案件名称	越权代表是否有效
207	(2015)川民初字第30号 四川省高级人民法院(一审)	大连银行股份有限公司成都分行与四川科亨矿业(集团)有限公司合同纠纷案	有效
208	(2014)川民终字第757号 四川省高级人民法院(二审)	邓富军等与李寒峰借款合同纠纷上诉案	有效
209	(2014)川民提字第334号 四川省高级人民法院(再审)	龙召刚与杨光等股权转让合同纠纷申请案	有效
210	(2014)川民申字第1198号 四川省高级人民法院(再审)	自贡市万象农业开发有限公司等诉周孝华民间借贷纠纷案	无效
211	(2014)川民申字第381号 四川省高级人民法院(再审)	雅安市雨城融和小额贷款有限责任公司与马勇等金融借款合同纠纷申请案	无效
212	(2016)黔民终29号 贵州省高级人民法院(二审)	贵州中铝恒泰合矿业有限公司与上海浦东发展银行股份有限公司贵阳分行及一审被告贵州省纳雍县泰伟精煤有限公司、贵州中铝恒泰合矿业有限公司钟山区老鹰山镇石板河煤矿、六盘水方圆房地产开发有限公司、六盘水鑫泰诚投资发展有限公司、杨某、王铁成金融借款合同纠纷案	有效

续表

序号	案号/审理法院	案件名称	越权代表是否有效
213	(2015)黔高民申字第935号 贵州省高级人民法院(再审)	都匀市新华建筑工程公司与都匀融通村镇银行有限责任公司等确认合同效力纠纷一案民事裁定书	有效
214	(2015)黔高民申字第227号 贵州省高级人民法院(再审)	黔西县顺风机动车驾驶学校有限公司诉齐恒等民间借贷纠纷案	有效
215	(2014)黔高民申字第410号 贵州省高级人民法院(再审)	贵州紫光佳瑞房地产开发有限公司等诉贵州省物资协作公司等借款合同纠纷案	有效
216	(2013)黔高民申字第498号 贵州省高级人民法院(再审)	六盘水云峰商贸有限公司与裘祖设等民间借贷纠纷申请案	有效
217	(2017)云民申228号 云南省高级人民法院(再审)	云南中油华气天然气有限公司诉尤勇等民间借贷纠纷案	有效
218	(2016)云民初18号 云南省高级人民法院(一审)	招商银行股份有限公司昆明顺城支行诉昆明旭然石化有限公司等金融借款合同纠纷案	有效
219	(2013)云高民二终字第178号 云南省高级人民法院(二审)	十四冶建设集团云南矿业工程有限公司与云南华威融资担保有限公司保证合同纠纷上诉案	有效

续表

序号	案号/审理法院	案件名称	越权代表是否有效
220	(2013)云高民一初字第13号 云南省高级人民法院(一审)	高玉珍诉杨稳昆等民间借贷纠纷案	有效
221	(2013)云高民一终字第225号 云南省高级人民法院(二审)	云南高泰高贸易有限公司诉王希朝等民间借贷纠纷案	有效
222	(2015)陕民一终字第00163号 陕西省高级人民法院(二审)	陕西锦城新元置业有限公司与陕西富力房地产开发有限公司等借款合同纠纷上诉案	有效
223	(2015)陕民一终字第00267号 陕西省高级人民法院(二审)	瀚华担保股份有限公司陕西分公司与陕西豪诚太阳光能实业有限公司、陕西豪诚国际酒店有限公司、三原明德亭大酒店有限责任公司、郭明芬、陈根生、陈敏、陈甸担保追偿权纠纷二审民事判决书	有效
224	(2015)陕民一终字第00115号 陕西省高级人民法院(二审)	张志强诉安康市公信担保有限公司等追偿权纠纷案	有效
225	(2014)湘高法民二终字第60号 湖南省高级人民法院(二审)	张鸿翊与甘剑、湖南兴嘉置业发展有限公司等股权转让纠纷二审民事判决书	有效

续表

序号	案号/审理法院	案件名称	越权代表是否有效
226	(2014)湘高法民二终字第43号 湖南省高级人民法院(二审)	湖南天行健置业有限公司与交通银行股份有限公司湖南省分行等借款合同纠纷二审民事判决书	有效
227	(2014)湘高法民再终字第88号 湖南省高级人民法院(再审)	息烽明晋公司与曾劲松、石伟民间借贷纠纷再审民事判决书	无效
228	(2014)湘高法民一终字第4号 湖南省高级人民法院(二审)	株洲政成电子科技有限公司与吴文华、湖南华苑房地产开发有限公司民间借贷纠纷二审民事判决书	无效
229	(2014)湘高法民三终字第128号 湖南省高级人民法院(二审)	永州市零陵东湘锰业有限公司诉吕中华等借款合同纠纷案	有效
230	(2016)湘民终167号 湖南省高级人民法院(二审)	怀化市中小企业信用担保有限公司与怀化市城南农资有限公司、向宏波等追偿权纠纷案	有效
231	(2015)新民二终字第172号 新疆维吾尔自治区高级人民法院(二审)	新疆实信典当有限公司与若羌县融汇小额贷款有限公司、师红梅、姚红升、河北威泰投资有限责任公司小额借款合同纠纷二审民事判决书	有效
232	(2015)新民一终字第248号 新疆维吾尔自治区高级人民法院(二审)	新疆海川远航新型建材有限责任公司与陈胜兵民间借贷纠纷案	有效

续表

序号	案号/审理法院	案件名称	越权代表是否有效
233	(2013)新民一终字第222号 新疆维吾尔自治区高级人民法院(二审)	乌鲁木齐市鲤鱼山饭店有限责任公司诉李素梅等民间借贷纠纷案	有效
234	(2017)宁民终75号 宁夏回族自治区高级人民法院(二审)	陕西宇佳投资置业有限公司达旗羊场煤矿诉宁夏益商小额贷款有限公司等小额借款合同纠纷案	有效
235	(2015)宁民终字第134号 宁夏回族自治区高级人民法院(二审)	宁夏宇光能源实业有限公司与马文虎等民间借贷纠纷上诉案	有效
236	(2016)甘民终212号 甘肃省高级人民法院(二审)	上诉人马仲彪、上诉人甘肃宏伊房地产开发有限公司为与被上诉人安春锋民间借贷纠纷一案二审民事判决书	有效
237	(2014)甘民二终字第38号 甘肃省高级人民法院(二审)	兰州市红古区金辉小额贷款有限责任公司等与陈建强借款合同纠纷上诉案	有效
238	(2017)湘13民再18号 湖南省娄底地区(市)中级人民法院(再审)	湖南鸿荣房地产开发有限公司诉张国际民间借贷纠纷再审案	无效

续表

序号	案号/审理法院	案件名称	越权代表是否有效
239	(2017)湘民申832号 湖南省高级人民法院(再审)	长沙市雨花区华晨小额贷款有限公司诉贺亚婷等民间借贷纠纷案	有效
240	(2016)湘民终588号 湖南省高级人民法院(再审) 湖南省高级人民法院(二审)	资兴浦发村镇银行股份有限公司与湖南省资兴焦电股份有限公司、郴州湘阴建筑有限公司资兴分公司等金融借款合同纠纷案	有效
241	(2017)最高法民申370号 最高人民法院(再审)	安徽省投资集团控股有限公司等诉中原银行股份有限公司濮阳开州路支行借款担保合同纠纷案	有效
242	(2017)最高法民申168号 最高人民法院(再审)	厦门世侨投资管理有限公司诉姚道恩等民间借贷纠纷案	有效
243	(2017)最高法民申179号 最高人民法院(再审)	济源市万科阻燃材料有限公司诉程红旗保证合同纠纷案	有效
244	(2016)最高法民申3008号 最高人民法院(再审)	范巧英等诉山西开园鑫融融资担保股份有限公司借款合同纠纷案	有效

续表

序号	案号/审理法院	案件名称	越权代表是否有效
245	(2016)最高法民申1796号 最高人民法院(再审)	山东日照焦电有限公司等诉山东潍焦集团薛城能源有限公司股权转让、保证合同纠纷案	有效
246	(2016)最高法民申2374号 最高人民法院(再审)	谢涛诉泗洪县容大房地产开发有限公司担保合同纠纷案	无效
247	(2015)民申字第3571号 最高人民法院(再审)	蔡永余、杨淑敏等与蔡永余、杨淑敏等民间借贷纠纷申请案	有效
248	(2014)民申字第1264号 最高人民法院(再审)	康健乐等与秦昕等债权转让合同纠纷再审申请案	有效
249	(2016)最高法民申230号 最高人民法院(再审)	阳朔一尺水实业投资开发有限公司与广西汇荣融资性担保有限公司保证合同纠纷再审申请案	有效
250	(2015)二中民(商)终字第12699号 北京市第二中级人民法院(二审)	北京碧海舟腐蚀防护工业股份有限公司等与天津雷石信锐股权投资合伙企业(有限合伙)股权转让纠纷二审民事判决书	有效
251	(2016)京03民初24号 北京市第三中级人民法院(一审)	北京中厚财富投资中心(有限合伙)与王政昌等股权转让纠纷一审民事判决书	无效

续表

序号	案号/审理法院	案件名称	越权代表是否有效
252	(2017)京02民终8991号 北京市第二中级人民法院(二审)	西安伯龙高速智能电器有限公司与王培仁保证合同纠纷上诉案	有效
253	(2016)京01民终4496号 北京市第一中级人民法院(二审)	朝阳嘉能特钢有限公司上诉北京北方诺信科技有限公司等买卖合同纠纷案	有效
254	(2016)京01民终4492号 北京市第一中级人民法院(二审)	北京恒天军工电气工程有限公司上诉中国民生银行股份有限公司总行营业部等金融借款合同纠纷案	有效
255	(2016)京01民终2671号 北京市第一中级人民法院(二审)	张俊超诉中国民生银行股份有限公司总行营业部等金融借款合同纠纷案	有效
256	(2015)四中民商(初)字第372号 北京市第四中级人民法院(一审)	广发银行股份有限公司北京宣武门支行诉中国有色金属工业再生资源有限公司等金融借款合同纠纷案一审民事判决书	有效
257	(2014)三中民初字第01385号 北京市第三中级人民法院(一审)	北京庆兴源商贸有限公司与黄金龙等借款合同纠纷案	有效
258	(2016)京02民终8512号 北京市第二中级人民法院(二审)	李金喜与李迎冬民间借贷纠纷上诉案	有效

续表

序 号	案号/审理法院	案件名称	越权代表是否有效
259	(2014)二中民初字第06054号 北京市第二中级人民法院(一审)	魏卓夫诉北京百姓家园房地产开发集团有限公司保证合同纠纷案	有效
260	(2015)三中民(商)终字第15502号 北京市第三中级人民法院(二审)	中商汇融资担保有限公司与阮昌文等确认合同无效纠纷上诉案	有效
261	(2017)京03民终9547号 北京市第三中级人民法院(二审)	北京国信金证网络有限公司与中航鑫港担保有限公司等保证合同纠纷上诉案	有效
262	(2017)京03民终11516号 北京市第三中级人民法院(二审)	上海赛迪信息技术有限公司等与链园(北京)文化产业发展有限公司借款合同纠纷上诉案	有效
263	(2016)京03民终4949号 北京市第三中级人民法院(二审)	宝鸡忠诚机床股份有限公司与恩和融资租赁(北京)有限公司确认合同无效上诉案	有效
264	(2015)三中民(商)终字第09184号 北京市第三中级人民法院(二审)	北京莲花山滑雪场有限公司诉付金华等民间借贷纠纷案	有效
265	(2014)三中民终字第11546号 北京市第三中级人民法院(二审)	北京雍雅居餐饮有限公司等诉黄庆元等民间借贷纠纷案	有效

续表

序 号	案号/审理法院	案件名称	越权代表是否有效
266	(2016)京0114民初3460号 北京市昌平区人民法院(一审)	张英与刘全印等民间借贷纠纷一审民事判决书	有效
267	(2015)东民(商)初字第03467号 北京市东城区人民法院(一审)	黄建清诉黄承攀等民间借贷纠纷案	有效
268	(2015)西民(商)初字第33785号 北京市西城区人民法院(一审)	杨建勇诉任敏等股权转让纠纷案	无效
269	(2016)京0115民初8658号 北京市大兴区人民法院(一审)	刘世春诉北京时代全芯科技有限公司公司民间借贷纠纷案	有效
270	(2013)顺民初字第1876号 北京市顺义区人民法院(一审)	斯固特纳柔性材料(北京)有限公司诉青岛银洽实业有限公司等买卖合同纠纷案	有效
271	(2014)平民(商)初字第4556号 北京市平谷区人民法院(一审)	张景华诉安徽万明置业有限责任公司六安分公司等民间借贷纠纷案	有效
272	(2013)朝民初字18982号 北京市朝阳区人民法院(一审)	兴业银行股份有限公司北京分行诉北京中网晨麒通讯网络技术有限责任公司等借款合同纠纷案	有效

续表

序 号	案号/审理法院	案件名称	越权代表是否有效
273	(2017)津01民终6952号 天津市第一中级人民法院(二审)	王锁庄诉中信银行股份有限公司天津分行等金融借款合同纠纷案	有效
274	(2017)津01民申78号 天津市第一中级人民法院(再审)	东联创兴科技(天津)有限公司诉张家祥等民间借贷纠纷案	有效
275	(2015)一中民三终字第0490号 天津市第一中级人民法院(二审)	中国光大银行股份有限公司天津华苑支行与天津大都会汽车销售有限公司、胡金宝等金融借款合同纠纷案	有效
276	(2016)津02民初362号 天津市第二中级人民法院(一审)	北车(天津)投资租赁有限公司诉包头市慧鑫实业有限公司等融资租赁合同纠纷案	有效
277	(2015)二中民二初字第268号 天津市第二中级人民法院(一审)	齐鲁银行股份有限公司天津分行诉天津利盈钢铁贸易有限公司等金融借款合同纠纷案	有效
278	(2014)二中保民初字第0013号 天津市第二中级人民法院(一审)	天津市正元小额贷款有限公司诉天津天联滨海复合材料有限公司等小额贷款合同纠纷案	有效
279	(2015)和民三初字第0476号 天津市和平区人民法院(一审)	津国投滨海小额贷款有限公司诉天津市天恩实业有限公司等借款合同纠纷案	有效

续表

序号	案号/审理法院	案件名称	越权代表是否有效
280	(2015)蓟民二初字第0862号 天津市蓟县人民法院(一审)	宋大伟与杨铁林、郭建华等民间借贷纠纷一审民事判决书	无效
281	(2014)蓟民二初字第0572号 天津市蓟县人民法院(一审)	金永刚诉王志忠等民间借贷纠纷案	无效
282	(2016)津0110民初926号 天津市东丽区人民法院(一审)	高翔男诉天津盛世弘兴汽车销售有限公司等民间借贷纠纷案	无效
283	(2016)沪01民终4151号 上海市第一中级人民法院(二审)	上海久鹏辐照科技发展有限公司等诉查红霞等民间借贷纠纷案	有效
284	(2016)沪01民申287号 上海市第一中级人民法院(再审)	宜宾叙州液酒业有限公司诉王毅等民间借贷合同纠纷案	有效
285	(2015)沪一中民四(商)终字第2623号 上海市第一中级人民法院(二审)	江苏省永信钢材市场经营管理有限公司诉吴钧等保证合同纠纷案	有效
286	(2016)沪01民终6734号 上海市第一中级人民法院(二审)	李福诉曹信贤民间借贷纠纷案	有效

续表

序 号	案号/审理法院	案件名称	越权代表是否有效
287	(2016)沪01民终6487号 上海市第一中级人民法院(二审)	枣庄恒瑞钢材市场有限公司诉张辉民间借贷纠纷案二审民事判决书	无效
288	(2016)沪01民终6487号 上海市第一中级人民法院(二审)	枣庄恒瑞钢材市场有限公司诉张辉民间借贷纠纷案二审民事判决书	无效
289	(2016)沪01民终6835号 上海市第一中级人民法院(二审)	合肥菱湖家具有限公司诉远东国际租赁有限公司融资租赁合同纠纷案二审民事判决书	有效
290	(2015)沪一中民四(商)终字第1626号 上海市第一中级人民法院(二审)	上海新华联制药有限公司与赵岗等借款合同纠纷上诉案	有效
291	(2015)沪一中民六(商)终字第91号 上海市第一中级人民法院(二审)	上海录润置业有限公司与上海浦东新区金浦小额贷款有限公司等金融借款合同纠纷上诉案	有效
292	(2014)沪一中民四(商)终字第1334号 上海市第一中级人民法院(二审)	上海立鸿投资合伙企业(普通合伙)与浙江中宙光电股份有限公司、杭州中宙科技有限公司、朱晓飚、王保萍股权转让纠纷案	无效

续表

序号	案号/审理法院	案件名称	越权代表是否有效
293	(2015)沪一中民一(民)终字第1707号 上海市第一中级人民法院(二审)	上海总章投资管理有限公司与魏重景等民间借贷纠纷上诉案	有效
294	(2015)沪二中民六(商)终字第6号 上海市第二中级人民法院(二审)	上海大不同天山茶城有限公司诉兴业银行股份有限公司上海分行等金融借款合同纠纷案	有效
295	(2014)沪二中民四(商)终字第819号 上海市第二中级人民法院(二审)	江苏蓝天阳光投资集团有限公司等与王家虎民间借贷纠纷上诉案	有效
296	(2014)徐民一(民)初字第8435号上海市徐汇区人民法院(一审)	胡守伟诉倪军等公司民间借贷纠纷案	无效
297	(2015)沪一中民四(商)终字第2213号 上海市第一中级人民法院(二审)	倪力诉徐景森合伙协议纠纷案	有效
298	(2014)浦民二(商)初字第1022号 上海市浦东新区人民法院(一审)	张永利诉柏松乔等股权转让纠纷案	有效

续表

序号	案号/审理法院	案件名称	越权代表是否有效
299	(2016)沪0115民初868号 上海市浦东新区人民法院(一审)	朱秋明诉上海磊凯实业有限公司抵押合同纠纷案	有效
300	(2015)浦民六(商)初字第11911号 上海市浦东新区人民法院(一审)	交银金融租赁有限责任公司诉山东弘庆危险品运输有限公司等融资租赁合同纠纷案	有效
301	(2014)浦民六(商)初字第13946号 上海市浦东新区人民法院(一审)	美联信金融租赁有限公司诉中高柴油机重工有限公司等融资租赁合同纠纷案	有效
302	(2014)浦民六(商)初字第323号 上海市浦东新区人民法院(一审)	远东国际租赁有限公司诉江苏天地永鑫重型钢构有限公司等融资租赁合同纠纷案	有效
303	(2012)浦民六(商)初字第6115号 上海市浦东新区人民法院(一审)	远东国际租赁有限公司诉东莞市大步纸业有限公司等融资租赁合同纠纷案	有效
304	(2014)奉民二(商)初字第947号 上海市奉贤区(县)人民法院(一审)	上海汉夏实业有限公司诉孙芳清等借款合同纠纷案	无效

续表

序号	案号/审理法院	案件名称	越权代表是否有效
305	(2014)奉民二(商)初字第1040号 上海市奉贤区(县)人民法院(一审)	中国银行股份有限公司上海市奉贤支行诉上海鹏炫物资有限公司等金融借款合同纠纷案	无效
306	(2014)松民一(民)初字第5469号 上海市松江区人民法院(一审)	周水木诉沈园林等民间借贷纠纷案	无效
307	(2015)金民二(商)初字第1269号 上海市金山区人民法院(一审)	上海能越贸易商行与赵辉明等借款合同纠纷案	有效
308	(2016)沪0113民初15999号 上海市宝山区人民法院(一审)	林娜诉缪再兴等民间借贷纠纷案	无效
309	(2015)普民五(商)初字第9868号 上海市普陀区人民法院(一审)	上海俊承投资有限公司诉田祥开等民间借贷纠纷案	有效
310	(2016)沪0114民初12920号 上海市嘉定区人民法院(一审)	陈晓锋与李成杰、上海成耀物流股份有限公司民间借贷纠纷一审民事判决书	无效

续表

序号	案号/审理法院	案件名称	越权代表是否有效
311	(2015)普民五(商)初字第8729号 上海市普陀区人民法院(一审)	上海普陀延华小额贷款股份有限公司诉黄如震等借款合同纠纷案	有效
312	(2015)青民二(商)初字第1013号 上海市青浦区(县)人民法院(一审)	上海青浦东佳建筑工程有限公司诉耿荣刚等民间借贷纠纷案	无效
313	(2015)青民一(民)初字第1271号 上海市青浦区(县)人民法院(一审)	杨勤明诉邵荣等民间借贷纠纷案	有效
314	(2015)杨民二(商)初字第228号 上海市杨浦区人民法院(一审)	上海金麟天麒投资中心(有限合伙)诉张振宇等股权转让纠纷案	无效
315	(2014)黄浦民五(商)初字第7077号 上海市黄浦区人民法院(一审)	海通恒信国际租赁有限公司诉广西巨东种养集团有限公司等融资租赁合同纠纷案	无效
316	(2014)普民二(商)初字第11667号 上海市普陀区人民法院(一审)	李英诉吴政中等民间借贷纠纷案	无效

续表

序号	案号/审理法院	案件名称	越权代表是否有效
317	(2014)青民二(商)初字第627号 上海市青浦区(县)人民法院(一审)	上海兰翔商务服务有限公司诉清华同方(鞍山)环保设备股份有限公司等公司股权转让纠纷案	无效
318	(2014)嘉民二(商)初字第1858号 上海市嘉定区人民法院(一审)	上海嘉定银丰小额贷款股份有限公司诉上海东球混合机有限公司等小额借款合同纠纷案	有效
319	(2014)普民二(商)初字第3142号 上海市普陀区人民法院(一审)	兰金波诉张德军等民间借贷纠纷案	无效
320	(2014)黄浦民五(商)初字第1116号 上海市黄浦区人民法院(一审)	北京银行股份有限公司上海分行诉上海浙甘实业有限公司等金融借款合同纠纷案	有效
321	(2014)奉民二(商)初字第443号 上海市奉贤区(县)人民法院(一审)	中国银行股份有限公司上海市奉贤支行诉上海隆村物资有限公司等金融借款合同纠纷案	无效

续表

序号	案号/审理法院	案件名称	越权代表是否有效
322	(2013)静民二(商)初字第2339号 上海市静安区人民法院(一审)	兴业银行股份有限公司上海大柏树支行诉肖妹珠等金融借款合同纠纷案	无效
323	(2017)渝01民终509号 重庆市第一中级人民法院(二审)	忠县同怡医院有限公司诉××芳等民间借贷纠纷案	有效
324	(2016)渝01民初607号 重庆市第一中级人民法院(一审)	万血川诉重庆市沙坪坝区东方房地产开发有限公司等民间借贷纠纷案	有效
325	2014)渝一中法民初字第01261号 重庆市第一中级人民法院(一审)	重庆市江北区金圆小额贷款股份有限公司与重庆第十建设有限公司、重庆东田实业有限公司等借款合同纠纷案	有效
326	(2016)渝01民终6485号 重庆市第一中级人民法院(二审)	重庆市正腾实业有限公司与陈建华民间借贷纠纷上诉案	有效
327	(2016)渝01民终1063号 重庆市第一中级人民法院(二审)	重庆市星鑫机动车驾驶培训有限公司等与荣凤玲等公司借款合同纠纷上诉案	有效
328	(2015)渝一中法民终字第06728号 重庆市第一中级人民法院(二审)	重庆市合川区泓锦小额贷款有限公司与四川九彩文化产业投资开发有限公司、周中华借款合同纠纷案	有效

续表

序 号	案号/审理法院	案件名称	越权代表是否有效
329	(2015)渝一中法民初字第00773号 重庆市第一中级人民法院(一审)	廖国泉与孙勇滨、肖桂兰等民间借贷纠纷案	有效
330	(2015)渝一中法民申字第00103号 重庆市第一中级人民法院(再审)	重庆市莎苑食品有限公司诉罗昌浩等民间借贷纠纷案	有效
331	(2014)渝一中法民初字第01105号 重庆市第一中级人民法院(一审)	吴才好与李波、重庆浪高购物中心借款合同纠纷案	有效
332	(2015)渝一中法民终字第05234号 重庆市第一中级人民法院(二审)	陈先涛与贵州丰彩大地农业投资有限公司、吴廷中等民间借贷纠纷二审民事判决书	有效
333	(2015)渝一中法民初字第00024号 重庆市第一中级人民法院(一审)	罗贵华与陈体国、贵州明旭房地产开发有限公司企业借贷纠纷一审民事判决书	有效
334	(2014)渝一中法民初字第01070号 重庆市第一中级人民法院(一审)	汪建萍与廖强华、杨莺等民间借贷纠纷案	有效
335	(2014)渝一中法民初字第01505号 重庆市第一中级人民法院(一审)	重庆建工集团物流有限公司与重庆科沃商贸有限公司、重庆第十建设有限公司买卖合同纠纷案	有效

续表

序号	案号/审理法院	案件名称	越权代表是否有效
336	(2014)渝一中法民终字第04428号 重庆市第一中级人民法院(二审)	重庆市立鼎钢制品有限责任公司与四川宏基房地产开发有限公司等保证合同纠纷上诉案	有效
337	(2015)渝三中法民终字第01946号 重庆市第三中级人民法院(二审)	重庆市美天弘建材有限公司与李中兰,许忠文等民间借贷纠纷二审民事判决书	有效
338	(2015)渝三中法民初字第00042号 重庆市第三中级人民法院(一审)	钱柳与徐朝飞,吴弘洋等借款合同纠纷判决书	有效
339	(2017)渝05民终4921号 重庆市第五中级人民法院(二审)	张志东等与胡贤勇等股权转让纠纷上诉案	有效
340	(2017)渝01民终3115号 重庆市第五中级人民法院(二审)	重庆市葆春堂蜂业有限公司与冯国亭等民间借贷纠纷上诉案	有效
341	(2017)渝05民终334号 重庆市第五中级人民法院(二审)	资阳弘盛置业有限公司诉重庆市永川区亿发小额贷款有限责任公司等民间借贷纠纷案	有效
342	(2015)渝五中法民终字第07950号 重庆市第五中级人民法院(二审)	张羽与李雪、重庆九成建筑劳务有限公司等民间借贷纠纷案	有效

续表

序号	案号/审理法院	案件名称	越权代表是否有效
343	(2014)渝五中法民终字第04024号 重庆市第五中级人民法院(二审)	殷果与李德坪等民间借贷合同纠纷上诉案	有效
344	(2015)渝北法民初字第16916号 重庆市渝北区人民法院(一审)	重庆两江新区同谊小额贷款有限公司等诉重庆新华立地产(集团)有限公司等民间借贷纠纷案	有效
345	(2016)渝0107民初12088号 重庆市九龙坡区人民法院(一审)	中国农业银行股份有限公司重庆九龙坡支行诉王爱华等金融借款合同纠纷案	有效
346	(2016)渝0102民初7511号 重庆市涪陵区人民法院(一审)	王文兴诉刘冰等民间借贷纠纷案	无效
347	(2016)渝0112民初17953号 重庆市渝北区人民法院(一审)	徐登华诉丁明等民间借贷纠纷案	无效
348	(2016)渝0113民初12107号 重庆市巴南区人民法院(一审)	刘云彬诉袁永标等民间借贷纠纷案	有效
349	(2016)渝0103民初7904号 重庆市渝中区人民法院(一审)	肖建中诉陈增芬等借款合同纠纷案	有效

续表

序 号	案号/审理法院	案件名称	越权代表是否有效
350	(2016)渝 0112 民初 16512 号 重庆市渝北区人民法院(一审)	徐晓红诉丁明等民间借贷纠纷案	有效
351	(2016)渝 0111 民初 619 号 重庆市大足区(县)人民法院(一审)	刘大刚诉魏朝建等民间借贷纠纷案	有效
352	(2015)巴法民初字第 10256 号 重庆市巴南区人民法院(一审)	周林诉郭朝榀等民间借贷纠纷案	有效
353	(2016)渝 0112 民初 02274 号 重庆市渝北区人民法院(一审)	龚远伦与重庆四花生态农业发展有限公司,白太斌等民间借贷纠纷案	有效
354	(2016)渝 0111 民初 296 号 重庆市大足区(县)人民法院(一审)	左元祥诉重庆市莎苑食品有限公司抵押合同纠纷案	有效
355	(2016)渝 0112 民初 02271 号 重庆市渝北区人民法院(一审)	李琳与罗颖颖,重庆四花生态农业发展有限公司等民间借贷纠纷案	有效
356	(2016)渝 0111 民初 3928 号 重庆市大足区(县)人民法院(一审)	徐启洪诉蒋达彬等公司民间借贷纠纷案	有效

续表

序号	案号/审理法院	案件名称	越权代表是否有效
357	(2015)武法民初字第01603号 武隆县人民法院(一审)	李钰与赵某某、四川煤田地质一三七总公司等民间借贷纠纷一审民事判决书	有效
358	(2015)永法民初字第07110号 重庆市永川区人民法院(一审)	郭龙云与杜勇,重庆智开粘土矿有限公司等民间借贷纠纷一审民事判决书	有效
359	(2015)足法民初字第02620号 重庆市大足区(县)人民法院(一审)	重庆市大足区华申小额贷款股份有限公司诉黄磊等小额借款合同纠纷案	有效
360	(2015)合法民初字第04893号 重庆市合川区(市)人民法院(一审)	周中清诉刘昌菊等民间借贷纠纷案	有效
361	(2015)合法民初字第04892号 重庆市合川区(市)人民法院(一审)	周灵新诉刘昌菊等民间借贷纠纷案	有效
362	(2015)合法民初字第07678号 甘肃省白银市平川区人民法院(一审)	罗远强诉刘昌菊等民间借贷纠纷案	有效
363	(2015)彭法民初字第03506号 重庆市彭水苗族土家族自治县人民法院(一审)	谭玲与彭水县海天水电开发有限公司,四川省正雄投资有限公司等民间借贷纠纷案	有效

续表

序号	案号/审理法院	案件名称	越权代表是否有效
364	(2015)九法民初字第13130号 重庆市九龙坡区人民法院(一审)	李光弼与孙成均,叶青等民间借贷纠纷一审民事判决书	有效
365	(2015)足法民初字第02619号 重庆市大足区(县)人民法院(一审)	重庆市大足区华申小额贷款股份有限公司诉周康荣等小额借款合同纠纷案	有效
366	(2014)万法民初字第08525号 重庆市万州区人民法院(一审)	牟洋与重庆市石柱土家族自治县远林小贷有限责任公司、谭佑林、重庆托拉斯机械设备有限公司、陈立铭担保合同纠纷案	有效
367	(2014)九法民初字第02008号 重庆市九龙坡区人民法院(一审)	王平与张德光,重庆嫦娥房地产开发有限公司民间借贷纠纷案	有效
368	(2015)长法民初字第04384号 重庆市长寿区(县)人民法院(一审)	杨颖华诉袁世昌等买卖合同纠纷案	无效
369	(2015)长法民初字第04595号 重庆市长寿区(县)人民法院(一审)	华丽诉严红江等民间借贷纠纷案	有效

续表

序号	案号/审理法院	案件名称	越权代表是否有效
370	(2014)九法民初字第10047号 重庆市九龙坡区人民法院(一审)	陈协洪与李安剑,重庆嘉钢仓储有限责任公司股权转让纠纷判决书	有效
371	(2015)九法民初字第07875号 重庆市九龙坡区人民法院(一审)	王忠国诉雷雪峰等民间借贷纠纷案	有效
372	(2014)江法民初字第06277号 重庆市江北区人民法院(一审)	重庆鼎圣律师事务所诉李有强等民间借贷纠纷案	有效
373	(2014)江法民初字第06746号 重庆市江北区人民法院(一审)	罗代权诉林海光等民间借贷纠纷案	有效
374	(2014)合法民初字第06256号 重庆市合川区(市)人民法院(一审)	向艺诉杨林等民间借贷纠纷案	有效
375	(2014)丰法民初字第01889号 重庆市丰都县人民法院(一审)	邹光灿诉彭虹等民间借贷纠纷案	无效
376	(2014)江法民初字第05791号 重庆市江北区人民法院(一审)	中国民生银行股份有限公司重庆分行诉张兴明等借款合同纠纷案	有效

续表

序 号	案号/审理法院	案件名称	越权代表是否有效
377	(2014)长法民初字第04620号 重庆市长寿区(县)人民法院(一审)	李勇诉杨锡明等民间借贷纠纷案	有效
378	(2014)九法民初字第08364号 重庆市九龙坡区人民法院(一审)	重庆市九龙坡区融盛小额贷款有限责任公司诉陈娇等借款合同纠纷案	有效
379	(2014)长法民初字第00536号 重庆市长寿区(县)人民法院(一审)	李勇诉王键等借款合同纠纷案	有效
380	(2013)万法民初字第07556号 重庆市万州区人民法院(一审)	重庆市黄浦建设(集团)有限公司诉熊青松等合同纠纷案	无效
381	(2017)黑民申2157号 黑龙江省高级人民法院(再审)	哈尔滨依米兰香农业科技有限公司诉张丽等借款纠纷案	有效
382	(2017)黑民终239号 黑龙江省高级人民法院(二审)	王章龙等与崔文民间借贷纠纷上诉案	有效
383	(2015)浙民申字第2989号 浙江省高级人民法院(再审)	赵英诉太湖县新屹汽车城有限责任公司等民间借贷纠纷案	无效

续表

序 号	案号/审理法院	案件名称	越权代表是否有效
384	(2015)浙商提字第51号 浙江省高级人民法院(再审)	严成敏等诉赵华芳等股权转让纠纷案	无效
385	(2016)闽民再84号福建省高级人民法院(再审)	厦门聚畅典当有限责任公司诉张碧珍保证合同纠纷再审案	有效
386	(2014)闽民申字第1048号 福建省高级人民法院(再审)	林凯等诉林小华民间借贷纠纷案	有效
387	(2016)赣民申213号江西省高级人民法院(再审)	九江尚诺电子有限公司与邓福刚、王玉亮民间借贷纠纷复查与审判监督案	有效
388	(2016)鲁民终867号山东省高级人民法院(二审)	菏泽市海港房地产开发有限公司诉丁明春等民间借贷纠纷案	有效
389	(2016)鲁民终276号山东省高级人民法院(二审)	烟台市莱山区万光小额贷款有限公司诉曲维红等民间借贷纠纷案	有效
390	(2015)鲁商终字第223号 山东省高级人民法院(二审)	江苏联峰实业股份有限公司与山东日照焦电有限公司、中圣天下能源技术发展有限公司股权转让纠纷二审民事判决书	无效
391	(2015)鲁民一终字第92号 山东省高级人民法院(二审)	莱芜市塑料彩印厂与苏敏等民间借贷纠纷上诉案	有效

续表

序 号	案号/审理法院	案件名称	越权代表是否有效
392	(2014)鲁商终字第370号 山东省高级人民法院(二审)	聊城市财信投资担保有限公司诉山东阳谷恒泰实业有限公司等担保追偿权纠纷案	有效
393	(2014)民申字第528号 最高人民法院(再审)	济宁菲斯特印务有限公司与济宁市任城区农村信用合作联社金融借款合同纠纷再审申请案	有效
394	(2014)豫法执复字第00073号 河南省高级人民法院(执行)	林春艳、王拥军2对下级法院执行异议裁定的复议案	有效
395	(2014)桂民提字第52号广西壮族自治区高级人民法院(再审)	黄红等诉毛小玲等公司股权转让合同纠纷案	无效
396	(2016)川民终58号四川省高级人民法院(二审)	乐山华泰中顺投资有限公司与峨眉山市兴鑫小额贷款有限责任公司,四川博基鸿发投资有限责任公司、肖月平、李海东、范忠荣、党庆和借款合同纠纷案	有效
397	(2014)川民终字第145号 四川省高级人民法院(二审)	黄俊等与何舟扬民间借贷纠纷上诉案	有效
398	(2015)云高民申字第194号 云南省高级人民法院(再审)	云南高泰高贸易有限公司与王希朝、昆明钰滇工艺美术品有限公司民间借贷纠纷案	有效

续表

序号	案号/审理法院	案件名称	越权代表是否有效
399	(2016)藏01民初68号 西藏自治区拉萨市中级人民法院(一审)	麦建民诉西藏中棱矿业开发有限公司等股权转让合同纠纷案	无效
400	(2014)藏法民一初字第4号 西藏自治区高级人民法院(一审)	梁银诉邢乾等民间借贷纠纷案	有效
401	(2014)渝一中法民初字第01100号 重庆市第一中级人民法院(一审)	重庆银华融资担保有限公司诉重庆市巴南区诚通小额贷款股份有限公司申请确认仲裁协议效力纠纷案	有效
402	(2017)粤民申5497号 广东省高级人民法院(再审)	上海浦东发展银行股份有限公司惠州分行、金钻(惠州)房地产开发有限公司金融借款合同纠纷再审审查与审判监督民事裁定书	有效
403	(2017)宁民终82号 宁夏回族自治区高级人民法院(二审)	陕西宇佳投资置业有限公司达旗羊场煤矿诉宁夏益商小额贷款有限公司等小额借款合同纠纷案	有效
404	(2016)浙民申3923号 浙江省高级人民法院(再审)	朱荷珍等诉嘉兴市开元建筑工程有限公司民间借贷纠纷案	无效

续表

序号	案号/审理法院	案件名称	越权代表是否有效
405	(2017)沪0115民初1883号 上海市浦东新区人民法院(一审)	吴浩与上海金煌煌综合市场经营管理有限公司、沈志祥股权转让纠纷一审民事判决书	无效
406	(2016)沪02民终10521号 上海市第二中级人民法院(二审)	程纪西诉天津桦清信息技术股份有限公司等民间借贷纠纷案	无效
407	(2017)最高法民申4565号 最高人民法院(再审)	十堰市辰泓木材有限公司、中国信达资产管理股份有限公司湖北省分公司金融借款合同纠纷案	无效
408	(2018)最高法民申803号 /最高人民法院(再审)	贵阳皇嘉酒店管理有限公司(原贵阳皇嘉旅游有限公司、原贵阳闽华旅游有限公司)合同纠纷案	有效
409	(2018)最高法民申206号 最高人民法院(再审)	雷士照明(中国)有限公司、广东南粤银行股份有限公司重庆沙坪坝支行金融借款合同纠纷案	有效
410	(2018)最高法民申220号 最高人民法院(再审)	六盘水金太阳房地产开发有限公司、熊德尧民间借贷纠纷案	有效
411	(2017)渝民申2781号 重庆市高级人民法院(再审)	重庆市葆春堂蜂业有限公司与杨金华冯国亨民间借贷纠纷案	有效

续表

序号	案号/审理法院	案件名称	越权代表是否有效
412	（2018）苏民申701号 江苏省高级人民法院（再审）	句容市明新日用化工有限公司、傅明新与句容市崇明农村小额贷款有限公司、镇江澳鑫皮业有限公司等民间借贷纠纷案	有效
413	（2018）苏民申1122号 江苏省高级人民法院（再审）	江苏丹上电气成套有限公司与毛国忠、江苏东源物流有限公司等民间借贷纠纷案	有效
414	（2018）苏民终79号 江苏省高级人民法院（二审）	徐有赞与扬州瘦西湖酒店有限公司、许萍等民间借贷纠纷案	不生效力
415	（2017）浙民终592号 浙江省高级人民法院（二审）	西安研苑置业有限公司与浙江城建建设集团有限公司等合同纠纷案	有效
416	（2017）皖民终657号 安徽省高级人民法院（二审）	安徽阜阳保利汉铭投资有限公司、邵轶群企业借贷纠纷案	有效
417	（2017）闽民终1204号 福建省高级人民法院（二审）	陈林珊与潘家平等股权转让纠纷案	无效
418	（2017）闽民终1205号 福建省高级人民法院（二审）	卢祖建与潘家平等股权转让纠纷上诉案	无效

续表

序号	案号/审理法院	案件名称	越权代表是否有效
419	(2017)闽民终1206号 福建省高级人民法院(二审)	夏惠琛与潘家平等股权转让纠纷上诉案	无效
420	(2017)闽民终1203号 福建省高级人民法院(二审)	黄清艳与潘家平等股权转让纠纷上诉案	无效
421	(2018)赣民终94号 江西省高级人民法院(二审)	江西中森礼花股份有限公司诉郑月英等民间借贷纠纷案	有效
422	(2018)鲁民终20号 山东省高级人民法院(二审)	滁州市绿都房地产有限公司诉黄金忠等民间借贷纠纷案	有效
423	(2017)湘民终755号 湖南省高级人民法院(二审)	衡阳市金宇再生物资回收有限公司诉中国民生银行股份有限公司衡阳分行等金融借款合同纠纷案	有效
424	(2017)粤民终3195号 广东省高级人民法院(二审)	深圳新都酒店股份有限公司、马岳丰保证合同纠纷二审民事判决书	有效
425	(2018)川民申675号 四川省高级人民法院(再审)	侯永胜、戴永能民间借贷纠纷案	无效

续表

序号	案号/审理法院	案件名称	越权代表是否有效
426	（2017）川民申3018号 四川省高级人民法院（再审）	四川龙宇贸易有限公司、四川金德投资有限责任公司买卖合同纠纷案	有效
427	（2018）新民申81号 新疆维吾尔自治区高级人民法院（再审）	森禾控股集团有限公司诉黄健峰民间借贷纠纷案	有效
428	（2016）新民终53号 新疆维吾尔自治区高级人民法院（二审）	陈丽荣等诉吴小宝等民间借贷纠纷案	无效

附件二：早期司法统计（2008～2013）越权担保裁判文书名录

序号	案例名称	裁判法院	审级	案件字号	效力认定	责任承担
1	上海创宏建筑材料有限公司与上海农村商业银行股份有限公司吴淞支行等借款合同纠纷上诉案	上海市第二中级人民法院	终审	（2008）沪二中民三（商）终字第182号	有效	连带责任
2	海门市某塑胶制品有限公司诉上海某搪瓷厂等买卖合同纠纷案	上海市奉贤区（县）人民法院	初审	（2008）奉民二（商）初字第1055号	有效	连带责任
3	浙江嘉伦房地产开发有限公司诉杨红阳等民间借贷纠纷案	浙江省高级人民法院	终审	（2008）浙商终字第43号	有效	连带责任
4	任华诉嘉善天凝金叶房产开发有限公司等民间借贷纠纷案	浙江省嘉善县人民法院	初审	（2008）善西民二初字第390号	有效	连带责任
5	沈阳中弘再生资源投资发展有限公司诉中国银行股份有限公司宁波市江北支行等信用证开证纠纷案	浙江省高级人民法院	终审	（2009）浙商外终字第42号	有效	连带责任

续表

序号	案例名称	裁判法院	审级	案件字号	效力认定	责任承担
6	台州市亿金广告传媒有限公司与王小萍等民间借贷纠纷上诉案	浙江省台州市中级人民法院	终审	(2009)浙台商终字第123号	无效	承担债务人不能清偿部分50%的责任
7	中国银行股份有限公司宁波市江北支行诉宁波新易宏进出口有限公司等金融借款合同纠纷案	浙江省宁波市中级人民法院	初审	(2008)甬民二初字第120号	有效	连带责任
8	朱建德与沈炜民间借贷纠纷上诉案	浙江省湖州市中级人民法院	终审	(2008)浙湖商终字第127号	有效	连带责任
9	台州市中东石化有限公司与上海银行股份有限公司杭州分行等金融借款合同纠纷上诉案	浙江省高级人民法院	终审	(2009)浙商终字第116号	有效	连带责任
10	宜章县兴宜建设投资有限责任公司诉宜章县农村信用合作联社等借款、担保合同纠纷案	湖南省郴州市中级人民法院	终审	(2009)郴民三终字第14号	无效	承担70%的连带赔偿责任
11	蒋金荣与任华等民间借贷纠纷上诉案	浙江省嘉兴市中级人民法院	终审	(2009)浙嘉商终字第240号	有效	连带责任

续表

序号	案例名称	裁判法院	审级	案件字号	效力认定	责任承担
12	朱建芳诉金美生等民间借贷纠纷案	浙江省嘉兴市秀洲区人民法院	初审	(2008)秀洲民二初字第962号	有效	连带责任
13	浙江丰惠建设集团有限公司与陈纪孟民间借贷纠纷上诉案	浙江省绍兴市中级人民法院	终审	(2009)浙绍商终字第154号	无效	承担债务人不能清偿部分50%的责任
14	沈阳中弘再生资源投资发展有限公司诉中国银行股份有限公司宁波市江北支行等金融借款合同纠纷案	浙江省高级人民法院	终审	(2009)浙商终字第247号	有效	连带责任
15	中建材集团进出口公司诉江苏银大科技有限公司等担保合同纠纷案	北京市高级人民法院	终审	(2009)高民终字第1730号	有效	连带责任
16	周国方等诉金文泉等民间借贷纠纷案	浙江省高级人民法院	终审	(2009)浙商终字第270号	无效	承担债务人不能清偿部分50%的责任

续表

序号	案例名称	裁判法院	审级	案件字号	效力认定	责任承担
17	冯尚君诉林明龙等民间借贷纠纷案	浙江省临海市人民法院	初审	（2009）台临商初字第205号	无效	承担债务人不能清偿部分50%的责任
18	马俊诉洪春芳等民间借贷纠纷案	浙江省玉环县人民法院	初审	（2009）台玉商初字第3405号	有效	连带责任
19	浙商银行股份有限公司杭州萧山支行诉杭州萧山姚江石材市场有限公司等金融借款合同纠纷案	浙江省杭州市萧山区（市）人民法院	初审	（2009）杭萧商初字第5074号	有效	连带责任
20	上海海孚彩色包装有限公司等与南京银行股份有限公司上海分行金融借款合同纠纷上诉案	上海市高级人民法院	终审	（2010）沪高民五（商）终字第4号	有效	连带责任
21	陆平龙诉尹占明等民间借贷纠纷案	浙江省宁波市鄞州区人民法院	初审	（2009）甬鄞商初字第2314号	有效	连带责任
22	尤赛珍诉宁波开汇电子产业有限公司等民间借贷纠纷案	浙江省宁波市江东区人民法院	初审	（2009）甬东商初字第895号	有效	连带责任

续表

序号	案例名称	裁判法院	审级	案件字号	效力认定	责任承担
23	浙江嘉诺机械制造有限公司与蔡兴忠等民间借贷纠纷上诉案	浙江省湖州市中级人民法院	终审	（2010）浙湖商终字第 24 号	有效	连带责任
24	东营市永信汽车销售服务有限公司与山东东营胜利农村合作银行借款合同纠纷上诉案	山东省东营市中级人民法院	终审	（2010）东商终字第 55 号	有效	连带责任
25	严剑波等诉张理平等保证合同纠纷案	浙江省宁波市中级人民法院	终审	（2010）浙甬商终字第 287 号	有效	连带责任
26	黄某等与上海禹某实业有限公司等民间借贷纠纷上诉案	上海市第一中级人民法院	终审	（2010）沪一中民五（商）终字第 8 号	有效	连带责任
27	重庆市忠县华怡建筑工程有限责任公司与张林等民间借贷纠纷上诉案	重庆市第二中级人民法院	终审	（2010）渝二中法民终字第 972 号	有效	连带责任
28	甘肃省林业厅物资供应站等与中国农业银行股份有限公司兰州城关支行借款合同纠纷上诉案	甘肃省高级人民法院	终审	（2010）甘民二终字第 048 号	有效	连带责任

续表

序号	案例名称	裁判法院	审级	案件字号	效力认定	责任承担
29	四川金顶(集团)股份有限公司与章树根等民间借贷纠纷上诉案	浙江省金华市中级人民法院	终审	(2010)浙金商终字第918号	有效	连带责任
30	绍兴兰亭雕刻艺术有限公司与中国农业银行股份有限公司绍兴越中支行金融借款合同纠纷上诉案	浙江省绍兴市中级人民法院	终审	(2010)浙绍商终字第559号	有效	连带责任
31	中国建设银行股份有限公司长兴支行诉浙江长兴玻璃有限公司等金融借款合同纠纷案	浙江省湖州市中级人民法院	初审	(2010)浙湖商初字第7号	有效	连带责任
32	唐河县农村信用合作联社营业部与南阳市盛华苑房地产开发有限公司保证合同纠纷案	河南省南阳市中级人民法院	终审	(2010)南民商终字第190号	有效	连带责任
33	杭州横奇电气设备有限公司与申屠烽民间借贷纠纷上诉案	浙江省杭州市中级人民法院	终审	(2010)浙杭商终字第1128号	有效	连带责任
34	陕县支建矿业有限公司与中国光大银行股份有限公司郑州文化路支行、三门峡惠能热电有限责任公司金融借款合同纠纷案	河南省郑州市中级人民法院	终审	(2010)郑民四终字第710号	无效	连带责任

续表

序号	案例名称	裁判法院	审级	案件字号	效力认定	责任承担
35	广州市花都第二建筑工程有限公司与广州市世基置业有限公司等工程款纠纷上诉案	广东省广州市中级人民法院	终审	(2010)穗中法民二终字第1152号	无效	承担债务人不能清偿部分50%的责任
36	甲银行与乙公司等金融借款合同纠纷上诉案	上海市第一中级人民法院	终审	(2010)沪一中民六(商)终字第168号	有效	连带责任
37	浙江爱信宏达汽车零部件有限公司诉中国光大银行股份有限公司台州支行等金融借款合同纠纷案	浙江省高级人民法院	终审	(2010)浙商终字第73号	有效	连带责任
38	广东发展银行股份有限公司某某分行诉浙江绍兴陶某某有限公司等金融借款合同纠纷案	浙江省绍兴市中级人民法院	初审	(2010)浙绍商初字第81号	有效	连带责任
39	浙江省××电力资源开发有限公司与叶某某等民间借贷纠纷上诉案	浙江省台州市中级人民法院	终审	(2011)浙台商终字第35号	有效	连带责任
40	浙江省台州电力资源开发有限公司与应伟强等民间借贷纠纷上诉案	浙江省台州市中级人民法院	终审	(2011)浙台商终字第36号	有效	连带责任

续表

序号	案例名称	裁判法院	审级	案件字号	效力认定	责任承担
41	台州创历泵业有限公司与浙江温岭农村合作银行等金融借款合同纠纷上诉案	浙江省台州市中级人民法院	终审	(2011)浙台商终字第51号	有效	连带责任
42	天瑞集团三门峡铝业有限公司等与三门峡湖滨区交口乡宏力联合运输中心买卖合同及担保纠纷上诉案	河南省三门峡市中级人民法院	终审	(2010)三民三终字第236号	有效	连带责任
43	天瑞集团三门峡铝业有限公司等与陕县硖石乡红卫煤矿买卖合同及担保纠纷上诉案	河南省三门峡市中级人民法院	终审	(2010)三民三终字第237号	有效	连带责任
44	天瑞集团三门峡铝业有限公司等与陕县燃料公司维凯服务中心买卖合同及担保纠纷上诉案	河南省三门峡市中级人民法院	终审	(2010)三民三终字第238号	有效	连带责任
45	天瑞集团三门峡铝业有限公司等与三门峡西泰兴煤炭购销有限责任公司买卖合同及担保纠纷上诉案	河南省三门峡市中级人民法院	终审	(2010)三民三终字第243号	有效	连带责任

续表

序号	案例名称	裁判法院	审级	案件字号	效力认定	责任承担
46	南通新大港储开发有限公司诉上海金泰国际粮油贸易有限公司等进出口代理合同纠纷案	上海市高级人民法院	终审	(2011)沪高民二(商)终字第16号	有效	连带责任
47	浙江宏新鞋业有限公司与谢赛君担保追偿权纠纷上诉案	浙江省台州市中级人民法院	终审	(2011)浙台商终字第162号	有效	连带责任
48	浙江圣大建设集团有限公司与光宇集团有限公司等企业借贷纠纷上诉案	浙江省高级人民法院	终审	(2011)浙商终字第20号	有效	连带责任
49	桂林鑫伟锡业有限公司诉广西贺州桂东农村合作银行等抵押借款合同纠纷案	广西壮族自治区高级人民法院	终审	(2011)桂民一终字第57号	有效	连带责任
50	华容县农村信用合作联社诉姚正辉等金融借款合同纠纷案	湖南省华容县人民法院	初审	(2010)华民初字第1155号	无效	连带责任
51	海宁宏达小额贷款股份有限公司诉海宁市新腾龙布艺有限公司保证合同纠纷案	浙江省海宁市人民法院	初审	(2011)嘉海商初字第849号	有效	连带责任

续表

序号	案例名称	裁判法院	审级	案件字号	效力认定	责任承担
52	航宇控股集团有限公司与郁继民民间借贷纠纷上诉案	浙江省金华市中级人民法院	终审	(2011)浙金商终字第982号	有效	连带责任
53	邓建中诉蔡永培等民间借贷纠纷案	广东省东莞市第二人民法院	初审	(2011)东二法民一初字第3412号	无效	承担债务人不能清偿部分50%的责任
54	华融金融租赁股份有限公司诉浙江工程玻璃有限公司等融资租赁合同纠纷案	浙江省绍兴市中级人民法院	初审	(2011)浙绍商初字第74号	有效	连带责任
55	朱某某诉某某塑料机械有限公司等民间借贷纠纷案	浙江省慈溪市人民法院	初审	(2011)甬慈商外初字第28号	有效	连带责任
56	叶纪招等与陈楚娟民间借贷纠纷上诉案	浙江省台州市中级人民法院	终审	(2011)浙台商终字第518号	有效	连带责任
57	叶某某等与戈某某民间借贷纠纷上诉案	浙江省台州市中级人民法院	终审	(2011)浙台商终字第562号	有效	连带责任

续表

序号	案例名称	裁判法院	审级	案件字号	效力认定	责任承担
58	招商银行股份有限公司金华分行诉金华市意欣进出口贸易有限公司等金融借款合同纠纷案	浙江省金华市婺城区人民法院	初审	(2010)金婺商初字第1608号	有效	连带责任
59	张美娥诉钟祝书等民间借贷纠纷案	浙江省湖州市中级人民法院	初审	(2012)浙湖商初字第4号	有效	连带责任
60	金塔县砂业建材有限责任公司与金塔县农村信用合作联社等借款合同纠纷上诉案	甘肃省高级人民法院	终审	(2012)甘民二终字第028号	有效	连带责任
61	中国信达资产管理股份有限公司深圳市分公司与江苏雄狮数码科技有限公司借款合同纠纷上诉案	广东省高级人民法院	终审	(2012)粤高法民二终字第18号	无效	承担债务人不能清偿部分50%的责任
62	中国信达资产管理股份有限公司深圳市分公司与江西省翠林山庄有限公司借款合同纠纷上诉案	广东省高级人民法院	终审	(2012)粤高法民二终字第19号	无效	承担债务人不能清偿部分50%的责任

续表

序号	案例名称	裁判法院	审级	案件字号	效力认定	责任承担
63	中国信达资产管理股份有限公司深圳市分公司与珠海市金世纪房地产有限公司等借款合同纠纷上诉案	广东省高级人民法院	终审	（2012）粤高法民二终字第24号	无效	承担债务人不能清偿部分50%的责任
64	中国信达资产管理股份有限公司深圳市分公司与江西省翠林山庄有限公司承兑协议纠纷上诉案	广东省高级人民法院	终审	（2012）粤高法民二终字第25号	无效	承担债务人不能清偿部分50%的责任
65	中国信达资产管理股份有限公司深圳市分公司与珠海市金世纪房地产有限公司承兑协议纠纷上诉案	广东省高级人民法院	终审	（2012）粤高法民二终字第26号	无效	承担债务人不能清偿部分50%的责任
66	锟鹏公司与连岳公司等买卖合同纠纷上诉案	上海市第一中级人民法院	终审	（2012）沪一中民四（商）终字第592号	有效	连带责任
67	虞某某诉王某等债权转让纠纷案	浙江省杭州市萧山区（市）人民法院	初审	（2012）杭萧商初字第1366号	有效	连带责任

续表

序号	案例名称	裁判法院	审级	案件字号	效力认定	责任承担
68	洪某某诉陈某某等民间借贷纠纷案	湖南省长沙市芙蓉区人民法院	初审	(2012)芙民初字第309号	无效	承担债务人不能清偿部分50%的责任
69	无锡农行诉沪通公司等合同纠纷案	江苏省无锡市中级人民法院	终审	(2012)锡商终字第0008号	有效	连带责任
70	沈毅诉钟祝书等民间借贷纠纷案	浙江省湖州市中级人民法院	初审	(2012)浙湖商初字第13号	有效	连带责任
71	杭州市萧山区某甲小额贷款股份有限公司诉杭州萧山某乙涤纶有限公司等借款合同纠纷案	浙江省杭州市萧山区(市)人民法院	初审	(2012)杭萧商初字第1829号	有效	连带责任
72	金波诉钟祝书等民间借贷纠纷案	浙江省湖州市中级人民法院	初审	(2012)浙湖商初字第7号	有效	连带责任
73	浙江某电子控股公司与某银行杭州分行金融借款合同纠纷上诉案	浙江省杭州市中级人民法院	终审	(2012)浙杭商终字第1123号	有效	连带责任
74	曹某诉彭某等民间借贷纠纷案	湖南省长沙县人民法院	初审	(2012)长县民初字第1465号	无效	连带责任

续表

序号	案例名称	裁判法院	审级	案件字号	效力认定	责任承担
75	扬州明茂汽车配件有限公司与江苏富源达担保有限公司追偿权纠纷上诉案	江苏省扬州市中级人民法院	终审	(2012)扬商终字第0233号	有效	连带责任
76	宿迁经济开发区申拾农村小额贷款有限公司与沈红亮等买卖合同纠纷上诉案	江苏省宿迁市中级人民法院	终审	(2012)宿中商终字第0220号	有效	连带责任
77	洪志强诉洪诗转等民间借贷纠纷案	福建省厦门市思明区人民法院	初审	(2012)思民初字第6594号	有效	连带责任
78	小贷公司诉甲公司等金融借款合同纠纷案	江苏省苏州市中级人民法院	终审	(2012)苏中商终字第0623号	有效	连带责任
79	夏县鑫海矿业有限公司与蒲县农村信用合作联社借款合同纠纷上诉案	山西省高级人民法院	终审	(2012)晋民终字第202号	有效	连带责任
80	上诉人郑州市神马迪汇达冶金有限公司与被上诉人许占应及原审被告付建甫、宋炜、李国英、吴玉妮保证合同纠纷案	河南省郑州市中级人民法院	终审	(2012)郑民三终字第992号	有效	连带责任

续表

序号	案例名称	裁判法院	审级	案件字号	效力认定	责任承担
81	某某银行诉章某某等金融借款合同纠纷案	浙江省杭州市萧山区（市）人民法院	初审	（2012）杭萧商初字第1529号	有效	连带责任
82	A公司等诉D公司等民间借贷纠纷案	上海市第一中级人民法院	终审	（2012）沪一中民四（商）终字第1951号	有效	连带责任
83	程某某诉胡某某等民间借贷纠纷案	重庆市垫江县人民法院	初审	（2012）垫法民初字第01974号	无效	承担债务人不能清偿部分50%的责任
84	上海晨间贸易有限公司与马某某等借款合同纠纷上诉案	上海市第二中级人民法院	终审	（2013）沪二中民四(商)终字第17号	无效	连带责任
85	杨某某诉贺某某等民间借贷纠纷案	湖南省长沙市雨花区人民法院	初审	（2012）雨民初字第2629号	无效	连带责任

续表

序号	案例名称	裁判法院	审级	案件字号	效力认定	责任承担
86	昆明某某建设某某建筑工程有限公司与程某某民间借贷纠纷上诉案	重庆市第三中级人民法院	终审	(2013)渝三中法民终字第00509号	无效	承担债务人不能清偿部分50%的责任
87	陈庆平等与何晓敏民间借贷纠纷上诉案	安徽省高级人民法院	终审	(2013)皖民二终字第00242号	有效	连带责任
88	东莞市建工集团有限公司与东莞市沛锦园林景观工程有限公司建设工程施工合同纠纷上诉案	广东省东莞市中级人民法院	终审	(2013)东中法民二终字第794号	有效	连带责任
89	东莞市建工集团有限公司与李细文建设工程施工合同纠纷上诉案	广东省东莞市中级人民法院	终审	(2013)东中法民二终字第805号	有效	连带责任
90	某某银行股份有限公司宁波余姚支行诉宁波某某有限公司等金融借款合同纠纷案	浙江省余姚市人民法院	初审	(2013)甬余商初字第471号	有效	连带责任
91	某某酒业有限公司与朱某民间借贷纠纷上诉案	浙江省湖州市中级人民法院	终审	(2013)浙湖商终字第407号	有效	连带责任

续表

序号	案例名称	裁判法院	审级	案件字号	效力认定	责任承担
92	宋某某与衢州市衢江区某某小额贷款有限公司金融借款合同纠纷上诉案	浙江省衢州市中级人民法院	终审	(2013)浙衢商终字第345号	有效	连带责任
93	江苏润昊混凝土有限公司与胡正侠保证合同纠纷上诉案	江苏省宿迁市中级人民法院	终审	(2013)宿中民终字第1077号	有效	连带责任
94	广发银行股份有限公司无锡支行诉无锡市溢富贸易有限公司等金融借款合同纠纷案	江苏省高级人民法院	终审	(2013)苏商终字第0175号	有效	连带责任

图表索引目录

参考文献

一、著作类

1. [德]伯恩・魏德士著:《法理学》,丁晓春、吴越译,法律出版社 2013 年版。

2. [德]托马斯・莱塞尔、吕迪格・法伊尔著:《德国资合公司法》,高旭军等译,法律出版社 2005 年版。

3. [德]格茨・怀克、克里斯蒂娜・温德比西勒著:《德国公司法》,殷盛译,法律出版社 2010 年版。

4. [日]大塚久雄著:《股份公司发展史论》,胡企林等译,中国人民大学出版社 2002 年版。

5. [日]近藤光男著:《最新日本公司法》,梁爽译,法律出版社 2016 年版。

6. [日]山本为太郎著:《日本公司法精解》,朱大明等译,法律出版社 2015 年版。

7. [意]彼得罗·彭梵得著:《罗马法教科书》,黄风译,中国政法大学出版社2005年版。

8. [美]阿格雷斯蒂著:《社会科学统计方法》,朱红兵、何丽娟译,电子工业出版社2011年版。

9. [美]罗伯特·W. 汉密尔顿著:《美国公司法》,齐东祥等译,法律出版社2008年版。

10. [美]威廉姆森、西德尼·G. 温特编著:《企业的性质》,商务印书馆2007年版。

11. [奥地利]凯尔森著:《法与国家的一般理论》沈宗灵译,商务印书馆2013年版。

12. 杜景林、卢谌著:《德国商法典》,中国政法大学出版社2000年版。

13. 刘俊海译著:《欧盟公司法指令全译》,法律出版社2000年版。

14.《英国2006年公司法》,葛伟军译,法律出版社2017年版。

15.《法国商法典》,罗结珍译,北京大学出版社2017年版。

16. (秦)《吕氏春秋》,上海古籍出版社2014年版。

17. (汉)司马迁著:《史记》,学苑出版社1999年版。

18. (汉)许慎著:《说文解字》,岳麓书社2006年版。

19. (明)陶宗仪著:《南村辍耕录》,文化艺术出版社1998年版。

20. (清)徐松著:《宋会要辑稿》,刘琳等校点,上海古籍出版社2014年版。

21. 孔庆明著:《中国民法史》,吉林人民出版社1996年版。

22. 王保树、崔勤之著:《中国公司法原理》,社会科学文献出版社1998年版。

23. 马俊驹、余延满著:《民法原论》,法律出版社 2005 年版。

24. 赵旭东著:《公司法学》,高等教育出版社 2006 年版。

25.《英国现代公司法》,林少伟译,中国法制出版社 2015 年版。

26. 胡晓静、杨代雄著:《德国商事公司法》,法律出版社 2014 年版。

27. 施天涛著:《公司法论》,法律出版社 2014 年版。

28. 刘俊海著:《现代公司法》,法律出版社 2015 年版。

29. 吴建斌著:《日本公司法:附经典案例》,法律出版社 2017 年版。

30. 陈甦著:《民法总则评注》(下册),法律出版社 2017 年版。

31. 张俊浩著:《民法学原理》,中国政法大学出版社 1991 年版。

32. 刘文科著:《商事代理法律制度论》,法律出版社 2013 年版。

33. 崔文玉著:《日本公司法精要》,法律出版社 2014 年版。

34. 王利明著:《合同法研究》(第 1 卷),中国人民大学出版社 2002 年版。

35. 刘俊海著:《新公司法的制度创新:立法争点与解释难点》,法律出版社 2006 年版。

36. 林诚二著:《民法总则新解——体系化解说》(上),瑞兴图书股份有限公司 2012 年版。

37. 王文宇著:《公司法论》,元照出版有限公司 2006 年版。

38. 刘连煜著:《现代公司法》,新学林出版股份有限公司 2015 年版。

39. 最高人民法院民事审判第二庭编著:《最高人民法院关于

公司法解释(三)、清算纪要理解与适用》,人民法院出版社 2011 年版。

40. Gabaldon T. A. , Sagers C. L. , *Business Organizations*, Wolters Kluwer Law & Business,2016.

41. Hamilton R. W. , Macey J. R. , Moll D. K. , The Law of Business Organizations: Cases, Materials, and Problems, West Academic Publishing,2014.

42. Wien A. Handels – und Gesellschaftsrecht: eine praxisorientierte Einführung,Springer–Verlag,2013.

43. Wolf M. , Neuner J. , Larenz K. , Allgemeiner Teil des Bürgerlichen Rechts[M]. München:CH Beck,2004.

44. French D,Mayson S,Mayson S W,et al. ,Mayson,French & Ryan on Company Law[M]. Oxford University Press,2011.

45. Brox H. Handelsrecht und Wertpapierrecht,Beck,2003.

46. A. Romain,K. Macmahon,D. Rutter:Dictionary of Legal and Commercial Terms[M]. German–English,C. H. Beck,1994.

47. Harrison J L,Theeuwes J. Law and Economics,New York: WW Norton & Company,2000.

48. Dean J. Directing Public Companies: Company law and the Stakeholder Society,Routledge,2001.

49. G E Dal Pont. Law of Agency,Butterworth,2001.

50. Simon Mortimore Q C. Company Directors: Duties, Liabilities,and Remedies,Oxford University Press,2013.

51. Palmiter A R. Corporations: Examples and Explanations, Aspen Publishers,2013.

52. Hamilton R W. The Law of Corporations in a Nutshell,West

Pub. Co. ,2000.

53. Münchner Kommentar / Krebs, Handelsgesetzbuch § § 1 – 104a, 3. Auflage, München 2010.

54. Werlauff E. EU–Company Law: Common Business Law of 28 States, DJOF, 2003.

55. VanDuzer A J, Daniels R J. Law of Partnerships and Corporations, The. Essentials of Canadian Law, Irwin Law Incorporat-ed, 2009.

56. Kraakman R, Armour J. The Anatomy of Corporate Law: A Comparative and Functional Approach, Oxford University Press, 2017.

57. Davies P L. Gower & Davies: The Principles of Modern Company Law, Sweet & Maxwell, 2008.

58. Mortimore Q C. Company Directors: Duties, Liabilities, and Remedies, Oxford University Press, 2019.

59. Principles of Corporate Governance: Analysis and Recommendations, American Law Institute Publishers, 1994.

60. R. R. Pennington. Company Law, Butterworths, 2001.

61. Hüffer U. Gesellschaftsrecht, Beck, 2003.

62. Schneider A. Vollmachten im Unternehmen, Gwv Fachverlage Gmbh, 2005.

63. Charles R. T. O'kelley & Robert B. Corporations and other Business Associations: Selected Statutes, Rules and Forms, Thompson, Wolters Kluwer, 2014.

64. Wilhelm J. Kapitalgesellschaftsrecht, Walter de Gruyter, 1998.

二、论文类

1. 罗培新:《公司担保法律规则的价值冲突与司法考量》,载

《中外法学》2012年第6期,第1232~1246页。

2. 钱玉林:《公司法第16条的规范意义》,载《法学研究》2011年第6期,第126~135页。

3. 钱玉林:《寻找公司担保的裁判规范》,载《法学》2013年第3期,第32~37页。

4. 蒋建湘:《商法强制性规范的类型、性质与边界》,载《法学杂志》2012年第7期,第51~57页。

5. 甘培忠:《公司法适用中若干疑难争点条款的忖度与把握》,载《法律适用》2011年第8期,第6~15页。

6. 朱广新:《法定代表人的越权代表行为》,载《中外法学》2012年第3期,第484~502页。

7. 高圣平:《担保物权司法解释起草中的重大争议问题》,载《中国法学》2016年第1期,第228~246页。

8. 周伦军:《公司对外提供担保的合同效力判断规则》,载《法律适用》2014年第8期,第2~9页。

9. 吴前煜:《从两大法系间的冲突与融合构建商事代理制度——以商事代理授权行为之无因性为契机》,载王保树主编:《商事法论集》(2009年第1卷),法律出版社2009年版,第57~73页。

10. 李金泽:《〈公司法〉有关公司对外担保新规定的质疑》,载《现代法学》2007年第1期,第84~89页。

11. 曹士兵:《〈公司法〉修订前后关于公司担保规定的解读》,载《人民司法》2008年第1期,第22~28页。

12. 曹嘉力:《越权代表行为的法律效力初探——兼评〈合同法〉第50条》,载《当代法学》2002年第9期第,第40~42页。

13. 张学文:《董事越权代表公司法律问题研究》,载《中国法学》2000年第3期,第105~111页。

14. 崔建远、刘玲伶：《论公司对外担保的法律效力》，载《西南政法大学学报》2008年第4期，第29～36页。

15. 张舫：《法定代表人越权签约对公司的拘束力——对〈公司法〉相关条文的分析》，载《法学论坛》2011年第3期，第136～141页。

16. 高圣平：《公司担保相关法律问题研究》，载《中国法学》2013年第2期，第104～114页。

17. 吴越：《法定代表人越权担保行为效力再审——以〈民法总则〉第六十一条第三款为分析基点》，载《政法论坛》2017年第5期，第94～104页。

18. 吴越：《公司人格本质与社会责任的三种维度》，载《政法论坛（中国政法大学学报）》2007年第6期，58～69页。

19. 高圣平：《公司担保中相对人的审查义务——基于最高人民法院裁判分歧的分析和展开》，载《政法论坛》2017年第5期，第136～147页。

20. 虞政平：《公司可以为其股东提供担保——〈公司法〉第60条第3款之解读》，载《法律适用》2003年第7期，第54～57页。

21. 任自力、曹文泽：《论公司董事责任的限制》，载《法学家》2007年第5期，第84～91页。

22. 张怀岭：《浅议欧洲私公司（SPE）与德国有限责任公司的立法技术——以章程自由为视角》，载李昊、朝辉主编：《北航法律评论》2015年第1辑，法律出版社2016年版。

23. 杨汝轩：《论中国公司代表人制度的改革——以两大法系比较研究为视角》，载《河北法学》2012年第11期，第67～73页。

24. 赖虹宇、吴越：《法定代表人越权担保中的内部责任配置方式》，载《四川理工学院学报（社会科学版）》2018年第1期。

25. 吴越:《公司设立民事责任归责模式研究——兼评最高法院的司法解释意见稿》,载《法学研究》2007 年第 4 期,第 42 ~ 54 页。

26. 郑曙光、胡新建:《论我国代理商制度的立法构造》,载《宁波大学学报(人文版)》2009 年第 6 期,第 119 ~ 125 页。

27. 张楚:《论商事代理》,载《法律科学(西北政法学院学报)》1997 年第 4 期,第 40 ~ 47 页。

28. 于新循:《论代理商:法律上的严格判断——以〈深圳经济特区商事条例〉为参照》,载《重庆工商大学学报(社会科学版)》2007 年第 3 期,第 88 ~ 91 页。

29. 杜怡静:《关于董事长之代表权与民法代理规定之适用问题——兼评"最高法院"台上字第一九八一号判决》,载《月旦法学教室》2012 年第 15 期。

30. 王志诚:《公司之保证行为——评"最高法院"二〇〇八年台上字第六四二号判决及二〇〇九年台上字第二三四六号判决》,载《月旦裁判时报》2012 年。

31. 刘连煜:《董事忠实义务与独立性之司法审查》,载《月旦法学杂志》2009 年第 10 期,第 129 ~ 144 页。

32. 曾宛如:《〈让与全部或主要部分营业或财产〉之探讨兼论董事会与股东会权限划分之议题》,载《台大法学论丛》2006 年第 1 期,第 267 ~ 310 页。

33. 洪秀芬:《依股东会决议而为之营业转让于决议撤销后之效力》,载《月旦法学教室》2005 年第 51 期。

34. 孙晓光:《加强调查研究探索解决之道——就民商事审判工作中的若干疑难问题访最高人民法院民二庭庭长宋晓明》,载《人民司法》2007 年第 7 期,11 ~ 20 页。

35. 陈甦:《印章的法律意义》,载《人民法院报》2002 年 8 月 23 日。

36. 蔡晖:《新公司法对公司担保的规范》,载《人民法院报》2006 年 4 月 5 日。

37. Grantham R., "Corporate Knowledge: Identification or Attribution?", *The Modern Law Review*59(5),1996.

38. Pound R. Law in books and law in action, Am. L. Rev., 1910,44.

39. Hopt K. J., Merkt H., Baumbach A. Handelsgesetzbuch; 34, Auflage, München, 2010.

40. Morrison D. The Continued Role of the Common Law Indoor Management Rule Due Inquiry Exception, Queensland U. Tech. LJ, 1996,12.

41. Morrison D. Barriers to Entry and Exit for Australian Businesses: The Solvency Impact of Disruption, Insolvency Law Journal, 2015, 23(2).

42. Lim E. Attribution in Company Law, Modern Law Review, 2014,77(5).

43. Mukherjee A., Balmer J. M. T. Preface: New frontiers and Perspectives in Corporate Brand Management: In Search of a Theory, International Studies of Management & Organization, 2007, 37(4).

44. Ramsay I., Stapledon G., Fong K. Affixing of the Company Seal and the Effect of the Statutory Assumption in the Corporations Law, 1999.

45. Kisswani N. M., Al – Bakri A. A. Regulating the Use of Electronic Signatures given the Changing Face of Contracts, Macquarie

J. Bus. L. ,2010,7:53.

46. Chen X. Die Leitung und Überwachung der chinesischen und der deutschen Aktiengesellschaft: ein Rechtsvergleich auch mit Rücksicht auf börsennotierte Tochtergesellschaften,2015.

47. Coase R. H. The Nature of the Firm, Economica, 1937, 4 (16).

48. Grantham R. B. The Limited Liability of Company Directors, Lloyds Maritime & Commercial Law Quarterly,2007,3.

49. Vetter J. Regelungsbedarf für Related Party Transactions?,Zhr Zeitschrift Für Das Gesamte Handelsrecht Und Wirtschaftsrecht, 2015,179.

50. Hsiao M. W. H. Abandonment of the Doctrine of Attribution for Gross Negligent Test on the Corporate Manslaughter and Corporate Homicide Act 2007, Social Science Electronic Publishing, 2009, 17 (25).

西南财经大学法学院 光华法学文丛

- 契约正义论 胡启忠 著
- 刑法科学主义初论 文海林 著
- 经济宪法学导论
  ——转型中国经济权与权力之博弈 吴 越 著
- 中国农民工非正式的利益抗争
  ——基于讨薪现象的法社会学分析 王伦刚 著
- 公司经理权问题研究 杜 军 著
- 论保险代位权制度的建构
  ——以权利法定代位的制度选择为中心 黄丽娟 著
- 我国民间金融规范化的法律规制 高晋康 唐清利 等 著
- 修正金融刑法适用研究：
  立法·理论·实务 胡启忠 石 奎 等 著
- 银行监管权边界问题研究 熊 伟 著
- 金融控股公司内部治理机制研究 梁远航 著
- 城市住宅区业主自治运行实效研究
  ——基于个体决策的视角 陈 丹 著
- 遵从·背离·弥合
  ——我国中央与地方财政关系的重构 马 骁 唐清利 等 著
- 中国农民专业合作社运行的民间规则研究
  ——基于四川省的法律社会学调查 王伦刚 著
- 公私权模糊领域的合作治理研究 唐清利 著
- 民法法典化的历史追究：
  侧重于民族统一与复兴的视角展开 吴治繁 著
- 疑罪新论 金 钟 著
- 中国相互制保险公司治理的法律规制
  ——基于公司治理主体权利视角 方国春 著
- 民间金融协同规制论 林越坚 著
- 公私权模糊领域的合作治理研究 唐清利 著
- 土地利用制度变化下的乡村社会治理法律机制研究
  何 真 等 著

西南财经大学法学院 光华法学文丛

- 我国地方政府间竞争失范法律治理机制研究　　刘弘阳　著
- 法人代表权限制的效力规则研究
  ——基于案例统计和两大法系的比较法研究　　吴　越等　著

图书在版编目(CIP)数据

法人代表权限制的效力规则研究：基于案例统计和两大法系的比较法研究 / 吴越等著. -- 北京：法律出版社，2019
ISBN 978-7-5197-4139-6

Ⅰ.①法… Ⅱ.①吴… Ⅲ.①法人制度—关系—民法—研究—中国②法人制度—关系—商法—研究—中国
Ⅳ.①D923.04

中国版本图书馆 CIP 数据核字(2019)第 271822 号

法人代表权限制的效力规则研究
——基于案例统计和两大法系的比较法研究
FAREN DAIBIAOQUAN XIANZHI DE XIAOLI GUIZE YANJIU
—JIYU ANLI TONGJI HE LIANGDA FAXI DE BIJIAOFA YANJIU

吴　越　龙　涓
宋　雨　赖虹宇　著
庄　斌　张怀岭

策划编辑 郑　导
责任编辑 郑　导
装帧设计 汪奇峰

出版 法律出版社
总发行 中国法律图书有限公司
经销 新华书店
印刷 北京虎彩文化传播有限公司
责任校对 郭艳萍
责任印制 张建伟
编辑统筹 独立项目策划部
开本 A5
印张 14.5
字数 324 千
版本 2019 年 12 月第 1 版
印次 2019 年 12 月第 1 次印刷

法律出版社/北京市丰台区莲花池西里 7 号(100073)
网址/www.lawpress.com.cn
投稿邮箱/info@lawpress.com.cn
举报维权邮箱/jbwq@lawpress.com.cn
销售热线/400-660-8393
咨询电话/010-63939796

中国法律图书有限公司/北京市丰台区莲花池西里 7 号(100073)
全国各地中法图分、子公司销售电话：
统一销售客服/400-660-8393/6393
第一法律书店/010-83938432/8433
西安分公司/029-85330678
重庆分公司/023-67453036
上海分公司/021-62071639/1636
深圳分公司/0755-83072995

书号:ISBN 978-7-5197-4139-6　　**定价**:58.00 元
(如有缺页或倒装,中国法律图书有限公司负责退换)